中國經學

選堂題

第二十二輯

主　编◎彭　林
副主编◎張焕君

GUANGXI NORMAL UNIVERSITY PRESS
广西师范大学出版社
·桂林·

圖書在版編目（CIP）數據

中國經學．第二十二輯／彭林主編．—桂林：廣西師範大學出版社，2018.6
ISBN 978-7-5598-1104-2

Ⅰ．①中… Ⅱ．①彭… Ⅲ．①經學—研究—中國
Ⅳ．①Z126

中國版本圖書館 CIP 數據核字（2018）第 174093 號

廣西師範大學出版社出版發行
（廣西桂林市五里店路 9 號　郵政編碼：541004
網址：http://www.bbtpress.com）
出版人：張藝兵
全國新華書店經銷
衡陽順地印務有限公司印刷
（湖南省衡陽市雁峰區園藝村 9 號　郵政編碼：421008）
開本：787 mm ×1 092 mm　1/16
印張：15.75　　　　字數：250 千字
2018 年 6 月第 1 版　　2018 年 6 月第 1 次印刷
印數：0 001～1 000 册　　定價：88.00 圓

清華大學中國經學研究院集刊

本刊入選『中文社會科學引文索引（CSSCI）2017-2018年來源集刊』

陳鱣畫像，録自《錢江流韻——錢鏡塘捐獻元明清錢塘名家書畫作品展特集》
（香港：中國文化藝術出版社，2007 年）

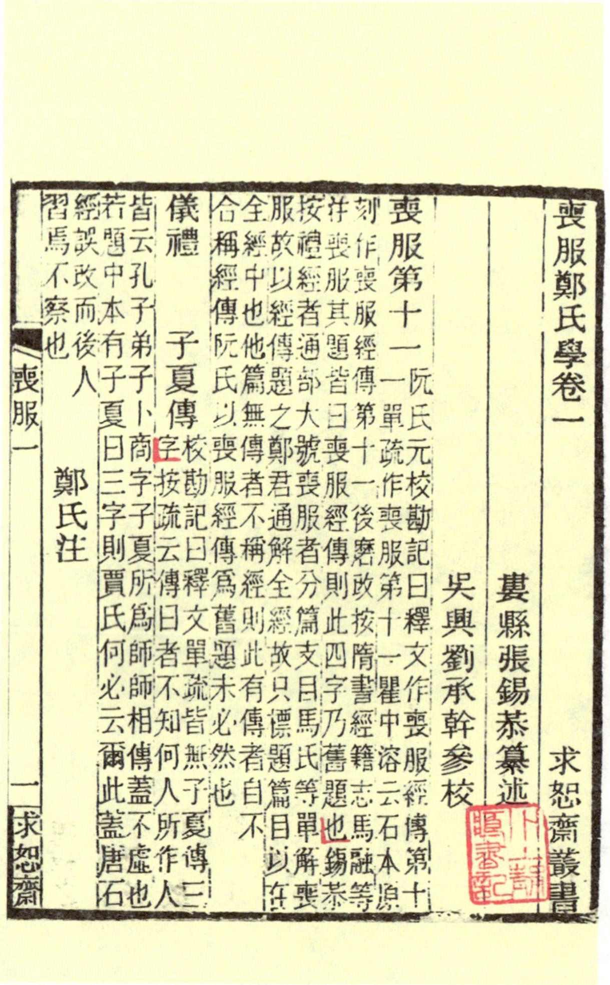

《喪服鄭氏學》刻本

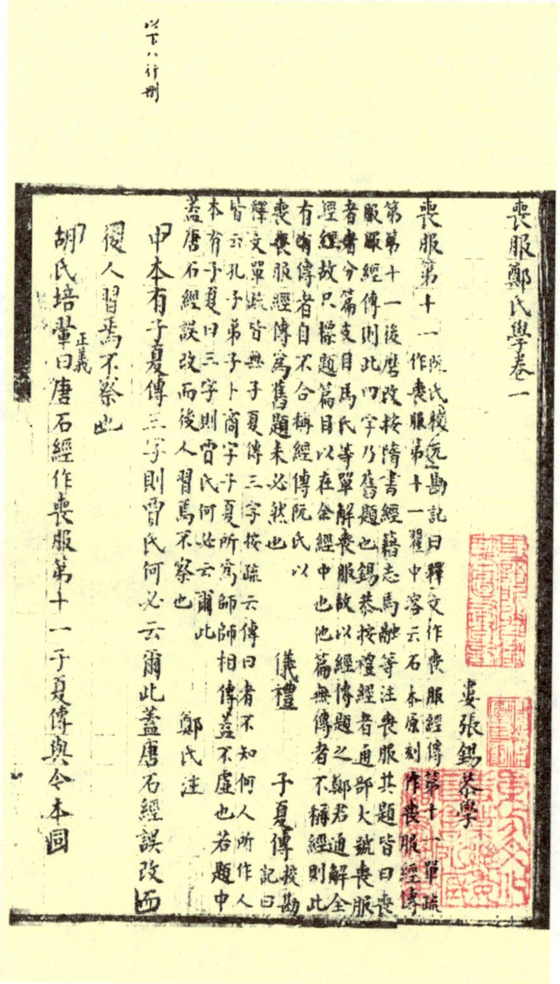

《喪服鄭氏學》手稿（傅斯年圖書館藏）

目　録

Contents

清華簡《耆夜》的飲酒方式

葉國良

内容摘要 《清華大學藏戰國竹簡(壹)》有《耆夜》一篇,文章稱武王時戡耆凱旋,飲至於文太室。内容叙述武王、畢公、召公、周公、辛公、作策逸、吕尚七人參加,其中武王、畢公、周公三人飲酒作歌。文章既有明文稱"飲至",於是有學者據此篇暢論"飲至之禮"如何如何。又學者多將"壽"字讀爲"酬",將"夜爵"讀爲"舍爵"、"奠爵"或"舉爵",而攀附《儀禮》中的酬酒方式,但没有依據禮書的描述去檢驗其説究竟妥當與否。彭林教授以爲若據《儀禮》其説均扞格難通。本文認爲作"壽"字聲旁之形者,應當直接讀爲"上壽"的"壽",乃是祝福之意,不能"借爲酬"。"夜爵"也不能讀爲"舍爵","舍爵"乃是告廟的儀式之一,"舍爵"之後即不飲酒而進行"策勳",因此讀"夜爵"爲"舍爵",文意不可通。"奠爵"與"舉爵",都是《儀禮》中具有特定意義的術語,"奠爵"乃暫時將酒擱置、以待後"舉"之意,"舉爵"乃再度發起飲酒之意,都不能符合《耆夜》中的文意。"夜爵"當讀爲"掖爵",乃"上壽"的動作之一,與作歌祝福對方相配合。又,"夜爵"既不能讀爲"舉爵",則"耆夜"二字自不能理解爲一種特殊的"舉"酒方式。總之,《耆夜》的内容不是該次"飲至之禮"的完整記録,而僅記載該次飲至禮的尾聲,即旅酬之後無筭爵階段君臣"上壽"祝福時敬酒與作歌祝福的一段。當時應已入夜,因此"耆夜"乃"伐耆慶功之夜"之意。

關鍵詞 《耆夜》 壽 夜爵 無筭爵

一　前言

《清華大學藏戰國竹簡(壹)》有《耆夜》一篇,文章稱武王時戡耆凱旋,飲至於文太室。内容叙述武王、畢公、召公、周公、辛公、作策逸、吕尚七人參加,其中武王、畢公、周公三人飲酒作歌。文章既有明文稱"飲至",於是有學者據此篇暢論"飲至之禮"如何如何,然而經籍並没有飲至禮細節的記載,因此其説難以驗證。

《耆夜》中作"壽"字聲旁之形者,乃本篇最重要之關鍵詞,整理者趙平安先生大概以爲獻、酢、酬的飲酒之禮中,只有酬有自飲之事,篇中既有"周公秉爵未飲"之文,便認定該字"借爲酬"。趙平安又將另一個關鍵詞"夜爵"解爲"舍爵"或"奠爵",裘錫圭先生則認爲當讀爲"舉爵",[①]於是大部分學者便認定該文所述的飲酒方式乃是《儀禮》中的"酬酒",但没有根據禮書中所描述的酬酒禮儀去檢驗。

2014年3月香港嶺南大學召開"經學之傳承與開拓國際學術會議",會中清華大學彭林教授發表《清華簡〈耆夜〉酬酒、作歌考辨》一文,根據《儀禮》所見飲酒禮儀分析,指出《耆夜》所見與《儀禮》所載酬酒方式不同,若據《儀禮》解讀《耆夜》,萬不可通。其結論稱:"拙作雖揭示若干難解之處,然亦無力破解。"

本文認爲作"壽"字聲旁之形者,應當直接讀爲"上壽"的"壽",乃是祝福之意,不能"借爲酬"。"夜爵"也不能讀爲"舍爵","舍爵"乃是告廟的儀式之一,"舍爵"之後即不飲酒而進行"策勳",因此讀"夜爵"爲"舍爵",文意不可通。"夜爵"也不宜解爲"奠爵"或"舉爵",因爲兩者在《儀禮》中都是具有特定意義的術語,並不符合《耆夜》的文意(詳本文第三節)。筆者認爲"夜爵"當讀爲"掖爵",乃"上壽"的動作之一,與作歌祝福對方相配合。總之,《耆夜》的内容不是該次"飲至之禮"的完整記録,而僅記載該次飲至禮的尾聲,即旅酬之後無筭爵階段君臣"上壽"敬酒與作歌祝福的一段。當時應已入夜,因此"耆夜"乃"伐耆慶功之夜"之意。

下文通過"壽"形聲旁與"夜爵"兩個關鍵詞逐層解析。

二　論"壽"形聲旁即"奉觴上壽"之"壽"

彭林教授揭示了《耆夜》中的飲酒方式確實並非《儀禮》所謂的"酬",凡稱文中的飲酒方式爲"酬"的論述恐怕都不正確。據筆者的了解,他們也都没考慮過該字爲何必須"借爲酬"。

筆者以爲:此字本作"壽"形聲旁,應當直接讀爲"奉觴上壽"的"壽",不必改讀。"壽"乃動詞,是祝福之意,故亦可稱爲"祝"。古人祝福他人的内容可以很多元,而以《莊子·天地篇》華封人三祝堯"壽"、"富"、"多男子"最爲典型,其中最常見者爲祝福對方壽考,爲自己祈福時亦然,廣見於周代金文、《詩經》和其他典籍,故祝福可稱爲

---

① 見裘錫圭先生《説夜爵》一文,載《清華簡研究》第1輯《清華大學藏戰國竹簡(壹)國際學術研討會論文集》,上海:中西書局,2012年。

"壽",但當時並無慶生之禮,[①]所以不是慶生做壽之意。彭林教授雖知以"酬"字釋讀《耆夜》不可通,但仍循着"酬"字去思考,因而"無力破解"。

其實先秦飲酒之禮,《儀禮》所見,有獻、酢、酬、旅酬、無筭爵之法,有《士冠禮》的"醴冠者"和"醮冠者"、《士昏禮》的"主人醴使者"、"贊醴婦"的"醴"、"醮"之法。不見於《儀禮》者,還有"奉觴上壽"之法。"上壽"或稱"爲壽",或單稱"壽"。秦漢以後,還有行酒和大行酒之法。當今東亞人士飲酒之禮,亦大多自以上諸法演變而來。爲了清楚區别,兹先臚列並説明先秦暨秦漢以後的飲酒之法於下,以利解説:1.獻:主人將杯子清洗後倒一杯酒給客人喝以敬客,客人乾杯。2.酢:客人將杯子清洗後倒一杯酒(或由他人代替)給主人喝以回敬主人,主人乾杯。3.酬:主人更换大杯子倒一杯酒自己乾杯,清洗後再倒一杯酒給客人喝以敬客。以上飲酒均有預定數量。4.旅酬:甲倒一大杯酒自己乾杯,再倒一大杯酒給乙喝,乙乾杯後再倒一大杯酒給丙喝,如此傳遍參與的人。過程之中立飲,且不洗杯。爲防酒過,始設有司正。5.無筭爵:以上正式飲酒禮之後,脱屨升席,在較輕鬆的氛圍中飲酒,没有預定數量,醉而止。6.醴:將杯子清洗後賓倒一杯醴給冠者(或贊給客人),冠者(或客人)淺嘗而止,祝誦讀醴辭以祝福。7.醮:將杯子清洗後賓倒一杯酒給冠者,冠者淺嘗而止,祝誦讀醮辭以祝福。三次。8.奉觴上壽:用雙手端着滿杯酒乾杯,並以歌、舞、言詞或禮物在飲酒之前後祝福對方。其形式猶如今日所行的"敬酒",對方若接受也飲酒。唐代以後則端酒給對方喝並予祝福,端者未必飲酒。9.行酒:提壺挈杯至他人席前傾酒勸飲,受酒者以乾杯爲常。10.大行酒:提壺挈杯至衆多座客前逐一傾酒勸飲,受酒者以乾杯爲常。

門人彭美玲教授,曾於十五年前撰有《説"奉觴上壽"》一文,[②]叙述該飲酒禮之源流甚詳。兹先依時代先後引用其中資料,再評述其説,然後據以釋讀《耆夜》。

> 十月穫稻,爲此春酒,以介眉壽。……躋彼公堂,稱彼兕觥,萬壽無疆。(《詩經·豳風·七月》)
>
> 桓公、管仲、鮑叔牙、甯戚四人飲,飲酣,桓公謂鮑叔牙曰:"闔不起爲寡人壽乎?"鮑叔牙奉杯而起曰:"使公毋忘出如莒時,使管子毋忘束縛在魯也,使甯戚毋忘飯牛車下也。"(《管子·小稱》,《吕氏春秋·直諫》、《新序·雜事四》略同)
>
> 將軍戰勝,王觴將軍,將軍爲壽於前,而捍匕首,當死。(《戰國策·秦策五》)
>
> 秦王飲酒酣……秦之群臣曰:"請以趙十五城爲秦王壽。"藺相如亦曰:"請以

---

① 顧炎武著,黄季剛、張溥泉校記:《原鈔本日知録》卷一七"生日"條,臺南:平平出版社,1974年。

② 彭美玲:《説"奉觴上壽"》,收入臺灣大學中文系編《張以仁先生七秩壽慶論文集》,臺北:臺灣學生書局,1999年,第521—555頁。

秦之咸陽爲趙王壽。"(《史記・廉頗藺相如列傳》)

(嚴仲子)自觴聶政母前,酒酣,嚴仲子奉金百鎰,前爲聶政母壽。(《戰國策・韓策二》、《史記・刺客列傳》)

(漢武帝)拜(倪)寬爲御史大夫,從東封泰山。還,登明堂。寬上壽曰:"臣寬奉觴再拜,上千萬歲壽。"制曰:"敬舉君之觴。"(《漢書・倪寬傳》)

(車千秋)迺與御史、中二千石共上壽,頌德美,勸上施恩惠、緩刑罰、玩聽音樂、養志和神,爲天下自虞樂。上(武帝)報曰:"……朕媿之,其何壽之有?敬不舉君之觴。"(《漢書・車千秋傳》)

百官賀正月,二千石以上上殿稱萬歲,舉觴御坐前。(《後漢書・禮儀志》)

帝親奉觴上壽,如家人禮。(《晋書・安平獻王孚傳》)

咸寧注:……侍中、中書令、尚書令各於殿上上壽酒。登歌,樂升,太官又行御酒。御酒升階,太官令跪授侍郎,侍郎跪進御坐前,乃行百官酒。(《晋書・禮志下》)

凡言"爲壽",謂進爵於尊者,而獻無疆之壽。(《漢書・高帝紀》顔師古注)

壽者人之所欲,故卑下奉觴進酒,皆言"上壽"。(《後漢書・明帝紀》李賢注)

彭美玲教授的引據相當全面翔實,此處無法盡引。彭教授又在文中做了一些歸納性的描述:一、"上壽"此一詞彙固流行於秦、漢以後,然而"上壽"之禮却早在《豳詩》時代已有之。二、行禮時兩造皆必飲酒,而所飲之酒必由施禮者親酌,待來人致辭祝壽,受禮者並無異議,雙方隨即一飲而盡。三、上壽者必須在相禮人員的導引之下,親自爲對方與己方酌酒。四、"奉觴上壽"例由卑下行於尊者,驗諸史傳,實亦不乏平輩或是上對下的種種情形。

對於以上四條歸納性的描述,筆者以爲第一、第四條可以完全接受,即"上壽"之禮確實起源甚早,至於"平輩或是上對下"亦可上壽,《晋書・安平獻王孚傳》"帝親奉觴上壽"一條已足以證明,而下引《史》、《漢》武安侯"田蚡起爲壽"一條更可證實,即尊者亦可向卑下者上壽。尊者既可向卑下者上壽,平輩自然亦可。但是,彭文描述具體進行方式的第二、第三條,若對照上引及其他資料,則尚可修正。

首先,先秦上壽之禮,是否兩造皆飲?如"躋彼公堂,稱彼兕觥,萬壽無疆"、"鮑叔牙奉杯而起"("奉"字當讀爲"捧")、"舉觴御坐前"、"嚴仲子自觴聶政母前",均爲上壽者捧杯自飲,並無對方亦飲酒之記載,不能證明"雙方隨即一飲而盡",也不能證明"上壽者必須在相禮人員的導引之下,親自爲對方與己方酌酒"。不過,上引資料顯示上壽之禮大多在“酒酣”後“奉杯而起”、“起爲壽”、“爲壽……前”,因爲古代無筭爵階段脱屨升席,故上壽時起立捧杯至人前敬酒祝福也,這説明了上壽之禮乃是在無筭爵的階段進行的。禮無不答,對方既然敬酒祝福,受祝者亦應當飲酒。因此《漢書・東方朔傳》有“敬舉君之酒”之言,表示接受祝福,《車千秋傳》有“敬不舉君之酒”之言,表示愧無以當,應非常態。

其次,秦漢以後又有行酒之法。斟酒者若爲數人逐一斟酒勸飲,謂之行酒。若爲衆多座客逐一傾酒勸飲,謂之大行酒。行酒時受勸者以乾杯爲常,①而傾酒者未必飲。《晉書・孝懷帝紀》:“劉聰大會,使帝着青衣行酒。”劉聰使懷帝着卑賤之青衣行酒以侮辱之,可見單純行酒並未蘊含上壽的意思。但秦漢以後,酒宴之中二者可先後舉行。《晉書・禮志下》所述朝廷上壽禮儀,先是“上壽酒”,應是侍中、中書令、尚書令代表百官上壽,皇帝飲酒受祝。其後“行御酒”,專供皇帝飲用,“乃行百官酒”,則與百官同慶,此即上壽、行酒先後舉行,與下引《漢書・竇田灌韓傳》(《史記・魏其武安侯列傳》略同)所述情景相同:

> 夏,(田)蚡取燕王女爲夫人,太后詔召列侯宗室皆往賀。……酒酣,蚡起爲壽,坐皆避席伏。已(竇)嬰爲壽,獨故人避席,餘半膝席。(灌)夫行酒,至蚡,蚡膝席曰:“不能滿觴。”夫怒,因嘻笑曰:“將軍貴人也,畢之!”時蚡不肯。行酒次至臨汝侯灌賢,賢方與程不識耳語,又不避席。夫無所發怒,乃罵賢曰:“平生毁程不識不直一錢,今日長者爲壽,乃效女曹兒呫囁耳語!”

據此,當是上壽者起立自飲,坐客既有避席而伏者、有膝席者,自然無法如彭美玲教授所言“雙方隨即一飲而盡”,但座客等隨後自可起身飲酒受祝。《史記》“武安起爲壽”句下魏如淳注云:

> 上酒爲稱壽,非大行酒。

如淳所謂“爲稱壽”非大行酒,指武安侯田蚡與魏其侯竇嬰起立爲壽,灌夫則另行酒,

---

① 干寶《搜神記》卷一:“葛玄,字孝先。……爲客設酒,無人傳杯,杯自至前,如或不盡,杯不去也。”可見受酒者例需乾杯。另參尚秉和《歷代風俗事物考》,臺北:臺灣商務印書館,1971年,卷七,“古飲酒一飲須一栝不盡則有罰”條、“古少者與長飲亦一飲一栝但有後先”條。

當日列侯宗室人數衆多,當是大行酒,[①]灌夫强迫武安侯田蚡乾杯,田蚡不肯,故導致灌夫不悦。總之,上壽者先自飲,受祝者隨後可以飲酒,行酒則受勸者飲酒,勸者未必飲,故知上壽與行酒乃是二法,但二者可以前後接續而行。田蚡、竇嬰既上壽先飲,灌夫接着行酒勸客,故有"今日長者爲壽"之言,"長者"指武安侯與魏其侯而言。可惜如淳"上酒爲稱壽"之語語焉不詳,易致誤解。尚秉和似據灌夫"今日長者爲壽"一語,以"長者"爲"灌夫"自稱,並將"上壽"與"行酒"等同視之,[②]若以其他行酒文獻如本文以下所引《金瓶梅詞話》等書中所見者予以對照,便知其不然。

不過,華夏歷史悠久,幅員廣大,禮儀未必毫無因革,各地尤未必一致。顔師古、李賢所述上壽之禮,應是唐代習俗,當時卑下獻爵於尊者,尊者飲酒,獻爵者則未必飲酒,蓋猶如明清章回小説中所描述之"遞酒",[③]或今河南民間所謂"端酒",皆僅受酒者飲用而已,而進酒者未必飲也,與先秦漢代之上壽不同,而與行酒、大行酒並無差異。除此之外,受酒者可以回敬,謂之"回奉"。[④]

不過,本文討論的既是先秦撰寫的《耆夜》,漢代以後的各種飲酒方式在此可以摒除不論,而將焦點拉回先秦。須注意者,即先秦上壽之禮上壽者先行自飲,受祝者再飲或不飲,與《儀禮》所見"酬酒"之法類似,但不若酬與旅酬之法拘謹,筆者以爲乃是無算爵階段所衍生之禮。

無論如何,先秦上壽之禮與禮書所見獻、酢、酬、旅酬之飲酒禮儀的確不同。獻、酢、酬、旅酬乃正式之飲酒禮,行禮有固定次第與方式,即使鄉飲酒禮、燕禮、祭禮亦然。

---

① 許慎《説文解字》:"酌,盛酒行觴也。"段玉裁《説文解字注》:"盛酒於觶中以飲人,曰行觴。"飲人人數多者爲大行酒,如《三輔黄圖》:"始皇營朝宫於渭南上林苑庭中,可受十萬人,車行酒,騎行炙。"干寶《搜神記》卷一:"左慈,字元放,廬江人也。……放乃賚酒一甖,脯一片,手自傾甖,行酒百官,百官莫不醉飽。"人數少者爲行酒,如《宋史・趙普傳》載:"太祖數微行過功臣家,普每退朝,不敢便衣冠。一日,大雪向夜,普意帝不出。久之,聞叩門聲,普亟出,帝立風雪中,普惶懼迎拜。帝曰:'已約晋王(按:即日後之太宗)矣。'已而太宗至,設重裀地坐堂中,熾炭燒肉,普妻行酒,帝以嫂呼之。"

② 尚秉和《歷代風俗事務考》卷七"漢時貴人恃勢不肯多飲"條、"漢人行酒時禮節"條、"漢行酒不用侍從"條。

③ 參考《金瓶梅詞話》第二十一回"吴月娘掃雪烹茶　應伯爵替花邀酒",第三十二回"李桂姐趨炎認女　潘金蓮懷妒驚兒";《水滸傳》第四十二回"還道村受三卷天書　宋公明遇九天玄女",第一百一十回"張順夜伏金山寺　宋江智取潤江城";《二十年目睹之怪現狀》第十二回"查私貨關員被累　行酒令席上生風"。

④ 《金瓶梅詞話》第十六回:"婦人(潘金蓮)遞酒與西門慶,磕下頭去説道……西門慶吃畢,亦斟滿一杯回奉,婦人吃畢,安席坐下。"可見受酒者亦得回奉。

至旅酬階段立飲，則遍及少長無遺，以均其惠（或神惠），[1]奉觴上壽則不然，可施行於慶賀祝福之情況，往往在"酒酣"之後的"無筭爵"階段進行，時已升席，與旅酬時立飲不同，致意須"起"。大體上雖常爲卑下賀尊長之禮，而平輩或上對下亦無不可。

三　論"夜爵"不能讀爲"舍爵"、"奠爵"或"舉爵"，當讀爲"掖爵"

據上所論，以觀《耆夜》全文，其非正式主客獻、酢、酬、旅酬之飲酒禮之記載甚明，僅記凱旋飲至武王、畢公、周公三人行無筭爵時君臣彼此相祝之事而已。因在場七人中飲酒者僅三人，其餘四人因已行過旅酬之禮而未加入。學者多據《左傳》讀"夜爵"爲"舍爵"，不可通。按《左傳》桓公二年載："冬，公至自唐，告于廟也。凡公行，告于宗廟。反行，飲至，舍爵、策勳焉，禮也。"杜注："既飲置爵，則書勳勞於策，言速紀有功也。"文公十八年："乃謀弒懿公，納諸竹中，舍爵而行。"杜注："飲酒訖乃去。"可見舍爵（放下酒杯不再飲酒）、策勳（記録功勳並將簡册置於廟中）乃飲至後之事，[2]《耆夜》既有"周公秉爵未飲"之文，則當時未至舍爵階段可知，則"夜爵"不得釋爲"舍爵"。學者或謂"舍爵"即"奠爵"，此亦未妥。《儀禮》中"奠爵"有二義：其一乃行禮之前先奠爵（將酒杯置於地上），以便跪拜；其二則先奠爵暫時不飲（亦稱爵止，詳下），以待稍後再"舉"（詳下），此二義置《耆夜》中讀之均不通。又裘錫圭先生認爲夜爵當讀爲"舉爵"，然而先秦飲酒禮中所謂"舉"有特殊意義，乃"發起飲酒"之意，即其稍前因禮儀的需要，"酬酒奠而不舉"，暫時"奠爵（觶）"，之後有人"舉"前"奠"之爵（觶），以發起旅酬，並非一般"舉杯"之"舉"，故讀"夜爵"爲"舉爵"亦不妥善。兹舉淩廷堪《禮經釋例》卷三《飲食之例上》"凡酬酒，奠而不舉。禮殺者，則用爲旅酬、無筭爵之始"條之説，以爲明證：

> 廷堪案：《鄉飲酒》、《鄉射》，主人酬賓，坐奠觶于薦西，主人拜送後，"賓北面坐，奠觶于薦東"，注："酬酒不舉。君子不盡人之歡，不竭人之忠，以全交也。"《燕

---

[1] 《鄉飲酒禮》"賓北面坐，取俎西之觶，阼階上北面酬主人，主人降席，立于賓東"句下鄭注云："初起旅酬也。凡旅酬者，少長以齒，終於沃盥者，皆弟長而無遺矣。"

[2] 《左傳》襄公十三年經："春，公至自晉。"傳："春，公至自晉，孟獻子書勞于廟，禮也。"杜注據桓公二年經，説明經、傳之書法云："凡公行，告於宗廟。反行，飲至、舍爵、策勳焉，禮也。桓十六年傳又曰：'公至自伐鄭，以飲至之禮也。'然則還告廟及飲至及書勞三事，偏行一禮，則亦書至。悉闕乃不書，至傳，因獻子之事以發明凡例。"又其《春秋釋例》卷三："凡反行飲至，必以嘉會昭告于祖禰。有功則舍爵、策勳，無勳、無勞，告成事而已。"武王伐耆既凱旋，必有書勞策勳之事，但飲至則在告廟之後、舍爵之前。

禮》、《大射》,主人酬賓,拜送爵後,"賓升席,坐,祭酒,遂奠于薦東",注:"奠之者,酬不舉也。"《有司徹》,主人酬尸,尸拜受爵,主人答拜後,"尸北面坐,奠爵于薦左",是酬酒皆奠而不舉也。《特牲饋食禮》,主人酬賓,"奠觶于薦北,賓坐取觶,……奠于薦南",賓位東面,薦北即薦左也,薦南即薦右也。此觶至嗣舉奠後,與兄弟弟子所舉之觶,同爲旅酬發端。《有司徹》,主人酬賓,"賓拜受爵,主人拜送爵,賓西面坐,奠爵于薦左",此觶至旅酬後,與兄弟後生所舉之觶,同爲無筭爵發端,皆祭畢之飲酒。是酬酒禮殺者,即用爲旅酬、無筭爵始也。蓋《特牲》旅酬之禮,同於《有司徹》無筭爵之禮,而《有司徹》旅酬,則别使二人舉觶於尸與侑爲之始,是士禮殺於大夫也。

蓋飲酒之時,不盡人之歡,酬酒照例不"舉"而先"奠"。禮殺者,則有他人"舉"其酒以行旅酬,禮隆者,則别使他人另"舉爵(觶)"以行旅酬。

"夜爵"讀爲"舍爵"、"奠爵"、"舉爵"既均不宜,筆者以爲"夜爵"可讀爲"掖爵",夜、掖同爲喻母鐸部,古音同,可通,《説文》"掖"字:"以手持人臂投地也。从手夜聲。一曰臂下也。"《左傳》僖公二十五年《釋文》引此,無"投地"二字。"掖爵"即舉起杯盞敬酒之意,以其動作如"以手持人臂"而得名,與文中"秉爵"義近。然若以語體翻譯,"夜爵"宜譯爲"拿起酒杯","秉爵"宜譯爲"拿着酒杯"。

四　論飲酒作歌乃飲至之末的上壽之禮

《耆夜》云當時於文太室舉行飲至之禮,據前文注釋所引《左傳》襄公十三年杜注,知於文大室飲至者爲飲至後將策勳也,可惜飲至之禮細節如何,古無明文記載,故無法取以兩相比較,不能確定其中飲酒作歌之禮屬於飲至禮之哪一階段。但依本文推論,則該文所載者乃正式飲酒禮之後的"上壽"禮,作歌的目的在祝福對方,周公壽武王的歌中也確實有"萬壽亡疆"之句。然則該文之主要儀節依序爲:

武王掖爵壽畢公,作歌一終;
武王掖爵壽周公,作歌一終;
周公掖爵壽畢公,作歌一終;
周公掖爵壽武王,作歌一終;
周公秉爵未飲,蟋蟀降於堂,又作歌一終。

由於當時爲壽之禮乃是上壽者先飲,因此文中有"周公秉爵未飲"之記載。反過來説,有“周公秉爵未飲”的記載,正可證明當時乃上壽者先飲,與上引先秦上壽資料相符。再者,武王壽畢公作歌云“嘉爵速飲,後爵乃從”,壽周公作歌云:“嘉爵速飲,後爵乃復”,乃勸畢公、周公受祝多飲。周公壽畢公作歌云:“王有脂酒……既醉又侑”,周公壽武王作歌云:“作兹祝誦,萬壽亡疆”,更可證明《耆夜》所載乃是酒酣之後的上壽之禮,而非前一階段的正式飲酒之禮。第三,此次飲至,參加者七人,除武王外,畢公爲客、召公爲夾、[1]周公爲主、辛公爲位、作策逸爲東堂之客、[2]吕尚爲司正監飲酒,以《儀禮·燕禮》衡之,可以理解爲武王乃真正之主人,周公爲受命扮演飲至禮之主人,畢公爲客,吕尚自旅酬始即爲司正監飲酒,猶如《燕禮》中之公、主人與司正。又依《儀禮》所見各種飲酒禮之後場合,酒必徧及在場上下人等,而《耆夜》所見上壽及飲酒者僅三人而已,可以推論《耆夜》並非該次飲至禮之完整記載,而僅記載最後的無筭爵階段時上壽的部分。

五 論“耆夜”二字之意

《耆夜》一文之得名,乃第十四支簡簡背有此二字。裘錫圭先生既讀“夜爵”爲“舉爵”,遂據《禮記·檀弓下》“杜舉”之故事,以爲“耆夜”之得名原因類似,主張定名爲“耆舉”更爲恰當。[3] 按:“杜舉”乃特殊狀況下之“舉”酒,故得其名,此篇所記飲酒方式,似無特殊之處,是否能得“耆舉”之名,殊未能定。筆者以爲:“耆夜”當爲“伐耆慶功之夜”之意。蓋周人質明行事,“大事斂用日出”,不僅明文見於《禮記·檀弓上》,凡《儀禮》各篇,除親迎及婦至成禮、相見禮外,冠昏喪祭鄉射朝聘,莫不皆然。武王凱旋告廟,必在質明。其後飲至,必行正式獻、酢、酬、旅酬之禮,且當時飲酒之禮,賓主百拜,[4]耗時甚長,進入無筭爵階段若已昏夜,則設燭或庭燎。[5]《耆夜》所記者,應是當天飲至之禮已進入尾聲,亦即從旅酬階段進入無筭爵階段,當時吕尚仍爲司正監酒,武

---

① 整理者趙平安先生稱“夾訓爲介”,筆者以爲當“讀爲介”。夾,見母葉部,介,見母月部。

② 竊謂:周公既受武王命爲主人,則畢公、召公、辛公、作策逸、吕尚亦均爲客,唯各有職司耳。疑作策逸所以與宴者,蓋待武王、畢公、周公王等舍爵後,將策勳置於文廟也。所以在東堂者,武王之私臣也。

③ 見裘錫圭先生《説夜爵》,文載《清華簡研究》第1輯《清華大學藏戰國竹簡(壹)國際學術研討會論文集》,上海:中西書局,2012年。

④ 《禮記·樂記》:“是故先王因爲酒禮,壹獻之禮,賓主百拜,終日飲酒而不得醉焉,此先王之所以備酒禍也。”鄭注:“百拜以喻多。”

⑤ 據《儀禮》,燕禮若進行至黄昏之後,可設燭、燎。《禮記·郊特牲》云:“庭燎之百,由齊桓公始也。”鄭注:“僭天子也。庭燎之差,公蓋五十,侯、伯、子、男皆三十。”由此可知時至昏夜得設燭、燎,繼續宴會。

王、周公、畢公君臣三人酒酣之際掖爵上壽,故謂之"耆夜"。

六　結論

《耆夜》一文,記載周武王伐耆凱旋,在告廟、飲至之後,行無筭爵,時已入夜,武王、畢公、周公君臣三人酒酣耳熱之際,相互敬酒慶賀作歌祝福之事。

(本文關於明清章回小説之資料,倩門人鄭雯馨博士檢出,誌此申謝。)

作者簡介:

葉國良,臺灣大學中國文學系教授,主要研究經學、金石學、詩學,著有《宋人疑經改經考》、《宋代金石學研究》、《石學蠡探》、《古代禮制與風俗》等。

僎的"復古"與鄉飲酒禮流變

楊　華

内容摘要　通過僎位的存廢及其地位之升降,可以審視古代鄉飲酒禮之流變。上古"三禮"文本中,對於鄉飲酒禮中是否設立"遵者"(即"僎")一席,包括其身份、位置、入禮的時間等,本有明確規定。然而,歷代在制禮過程中,對之理解各不相同。唐代鄉飲酒禮中無僎。宋代開始强調僎,並在國家禮典中將其制度化和法理化;朱熹定禮,對僎的制度化和法理化起到推波助瀾的作用。明代相沿成俗,改僎爲僎賓,其地位似有下降,清初沿用明禮。乾隆八年的鄉飲酒禮改革,取消了僎的席位。在這個歷史流變中,宋代制禮時打着復古的旗號,認爲唐代鄉飲酒禮不合上古禮制;而清人廢棄宋代以來的僎位,也是打着復古的旗號,認爲僎位之設不合上古禮制。這種復古與再復古(或反復古)的波浪式流變,或許是中國禮學史乃至整個經學史的重要規律之一。

關鍵詞　鄉飲酒禮　僎　《儀禮》　禮制改革

清代禮學家黄以周説:"凡飲酒必立賓、介,或謂鄉人飲酒不立賓、介,似亦未是。"[①]鄉飲酒禮中最關鍵的一點,是確立賓、介。這看似簡單,其實未必。本文擬以鄉飲酒禮中"僎"(即"遵者")的取捨爲綫索,考察鄉飲酒禮的歷史流變。

一　清代的鄉飲酒禮改革

《清史稿》卷八九《禮志八》記載清朝初年的鄉飲酒儀式如下:

> 順治初元,沿明舊制,令京府暨直省府、州、縣,歲以孟春望日、孟冬朔日,舉行學宫。前一日,執事敷坐講堂習禮,以致仕官爲大賓,位西北;齒德兼優爲僎賓,位

① 黄以周著,王文錦點校:《禮書通故》,北京:中華書局,2007年,第1042頁。

東北;次爲介,位西南;賓之次爲三賓,位賓、主、介、僎後;府、州、縣官爲主人,位東南。若順天府則府尹爲主人,司正一人主揚觶,教官任之。贊引、讀律各二人,生員任之。屆日執事牽牲具饌,主人率屬詣學,迺速賓。賓至,迓門外,主東賓西,三揖讓迺升,相嚮再拜。賓即席,延僎、介入,如賓禮。①

從該儀式可看出,清朝立國之初規定,各省的府、州、縣每年正月、十月在地方學宫舉行兩次鄉飲酒禮。地方長官是此禮的主人,而擔任賓客的一方,有賓(或稱大賓)、介、三賓、僎(或稱僎賓)。僎和介的地位在賓之後,當賓先入而即位後,再延請他們即位。以學校坐北朝南計,賓(大賓)位於西北,僎(僎賓)位於東北,介賓在西南。

然而,此禮實行近一百年之後,即乾隆八年(1743),對鄉飲酒禮的儀式進行了一場不小的改革:

乾隆八年,以各省鄉飲制不畫一,或頻年闕略不行。舊儀載圖有大賓、介賓、一賓、二賓、三賓,與一僎、二僎、三僎,名號紛歧。按古《儀禮》:"賓若有遵者,諸公大夫。"注云:"今文讀爲僎,此鄉之人仕至大夫,來助主人樂賓,主人所榮而遵法者。"《戴記》:"坐僎於西北,以輔主人。"其言主人親速賓及介,拜至、獻酬、辭讓之節甚繁,無一言及僎,所謂"不干主人正禮"者也。嗣後鄉飲賓、介,有司當料簡耆紳碩德者任之,或鄉居顯宦有來觀禮者,依古禮坐東北,無則寧闕,而不立僎名。②

此次改革的重點,是統一鄉飲酒禮的賓主名號。因各地鄉飲酒的"名號紛歧",竟然生出大賓、介賓、一賓、二賓、三賓,以及一僎、二僎、三僎這些複雜的貴賓。所以朝廷下令統一名號,取消了"僎",不再爲僎設立迎送環節,在獻酒階段自然也没有"獻僎"這一環節。

《清史稿》謂此項改革的依據是"古《儀禮》",《儀禮》是否如此?

二　禮書所見鄉飲酒禮中的"遵者"

根據禮書,鄉飲酒禮的儀式大致是鄉大夫作爲主人,對賓客行獻酒之禮。順序如下:1.謀賓、邀賓、迎賓;2.賓主行獻酒之禮;3.作樂;4.旅酬;5.飲無筭爵,行無筭樂;6.送

① 《清史稿》卷八九《禮志八》,北京:中華書局,1977年,第2654頁。

② 《清史稿》卷八九《禮志八》,第2655頁。内引《禮記》,文見《鄉飲酒義》,"坐僎於西北"當爲"坐僎於東北"。

賓。檢《儀禮·鄉飲酒禮》,其中並未提到"僎",但提到"遵者",共有三次:

1.升堂環節。賓若有遵者:諸公、大夫,則既一人舉觶,乃入。席於賓東,公三重,大夫再重。公如大夫,入,主人降,賓、介降,衆賓皆降,復初位。主人迎,揖讓升。公升如賓禮,辭一席,使一人去之。大夫則如介禮,有諸公,則辭加席,委於席端,主人不徹;無諸公,則大夫辭加席,主人對,不去加席。

2.徹俎環節。司正升,立於序端。賓降席,北面。主人降席,阼階上北面。介降席,西階上北面。遵者降席,席東,南面。

3.補記徹俎。賓、介、遵者之俎,受者以降,遂出授從者;主人之俎,以東。

鄭注謂:"今文遵爲僎,或爲全。"清代鄉飲酒禮改革中涉及的"僎",就是上古鄉飲酒禮中的"遵者"。據《鄉飲酒禮》,遵者(僎)有幾個特點:第一,鄉飲酒禮舉行之前,在邀請賓客(即謀賓和速賓)階段,都没有提到遵者(僎):"主人就先生而謀賓、介。"安席時,也没有其位:"乃席賓、主人、介、衆賓之席,皆不屬焉。"第二,遵者(僎)是半途加入的,"既一人舉觶,乃入",之所以這樣,是因爲擔心遵者(僎)的進入,打擾了正在進行的鄉飲儀節。第三,遵者(僎)的位置,是在主人的東方。第四,遵者排序在賓、介之後。

鄉射是緊接着鄉飲之後的禮儀,其中也提到"遵者":"大夫若有遵者,則入門左。主人降。賓及衆賓皆降,復初位。主人揖讓,以大夫升,拜至,大夫答拜。"①《鄉飲酒禮》和《鄉射禮》都用"若"字,表明遵者(僎)的到來只是一種可能性。如果他到來,便按照賓的規格對待,讓他們由門左進入,主人降迎。

《禮記·鄉飲酒義》對賓、介、僎的席位處所做了義理闡釋:

> 賓主象天地也,介僎象陰陽也,三賓象三光也。……主人者尊賓,故坐賓於西北,而坐介於西南以輔賓。賓者,接人以義者也,故坐於西北。主人者,接人以德厚者也,故坐於東南。而坐僎於東北,以輔主人也。

同樣,《禮記·少儀》"客爵居左,其飲居右,介爵、酢爵、僎爵皆居右"下,鄭注也對遵者(僎)的功能做了闡釋:

> 古文《禮》"僎"作"遵"。遵爲鄉人爲卿大夫來觀禮者,酢,或爲作。僎,或爲騶。

雖然遵者(僎)是以賓客的身份入門的,但是其席位安在主人一邊(東北)。爲什麽?鄭注解釋説:"僎音遵,輔主人者。……以僎輔主人,以其仕在官也。"原來,所謂遵

① 阮元校刻:《十三經注疏》,北京:中華書局,1980年,第995頁。

(僎)只是本鄉有任在肩的官員。如《鄉飲酒禮》所言,他們可以是在任的諸公、大夫。但按照禮制,這場鄉飲酒禮的主持者是該鄉的地方長官(鄉大夫),故而對於本鄉的其他高官必須以禮尊之。他們的到來,有兩種可能:一是爲輔助主人(鄉大夫)行禮(《鄉飲酒義》);二是前來觀禮(《少儀》鄭注)。無論如何,他們與鄉大夫同爲在朝之官,與鄉飲酒禮要招待的對象——德高年長的地方耆宿——不同,所以坐在東邊,即主人的一方;但他們的地位、德行、年齒有可能高於主人,於是將其席安在東方靠北一點。

鄭玄注三禮時,古、今文互用,有時用古文"遵"(《鄉飲酒禮》和《鄉射禮》注),有時用今文"僎"(《少儀》和《鄉飲酒義》注)。《説文・人部》:"僎,具也,從人巺聲。"古文獻中,常有"具員"或"具員而已"的説法,指某人居於某職位只是徒具名額,並不起實際作用。從文字學考證,遵者(或僎)這個角色在鄉飲酒禮中可有可無。所以,乾隆八年的鄉飲酒禮改革説,"無則寧闕",比較符合先秦古禮。

三　對"僎"的復古和反復古

那麼,鄉飲酒禮從何時開始將遵者(僎)的席位正式固定下來,並演繹出清人所見的一僎、二僎、三僎之類的複雜名目呢?

漢晋皆行鄉飲酒禮,但文獻均載之不詳。① 東漢光武帝建武五年(29),伏湛奏行鄉飲酒禮;次年,丹陽太守李忠舉行鄉飲酒禮;東漢明帝永平二年(59),皇帝下詔,天下郡、國、縣、道舉行鄉飲酒禮於學校。晋武帝泰始六年(270),在辟雍舉行過鄉飲酒禮,史籍稱爲"鄉事"。1931 年出土於河南洛陽縣城外東郊的石碑,正面碑額題爲"大晋龍興|皇帝三臨辟雍|皇太子又再莅之|盛德隆熙之頌",背面刻人名共 408 位,並附記其身份,多與皇帝三臨辟雍舉行鄉飲酒禮有關,余嘉錫先生已有詳論。② 北魏孝文帝太和十一年(487),令天下恢復舉行鄉飲酒禮。隋代確立了一種制度,國子寺和地方官學每年都要舉行一次鄉飲酒禮。然而,這些記載都没有詳細説明當時行禮的細節,無由考知是否有遵者(僎)的存在。

唐初貞觀六年(632),唐太宗有感於"比年豐稔,閭里無事,乃有墮業之人,不顧家産,朋遊無度,酣宴是耽,危身敗德",於是頒佈了一卷官方的《鄉飲禮》規範,讓天下各

① 鄉飲酒禮之流變,可参杜佑著,王文錦等點校《通典》卷七三《嘉禮・鄉飲酒》,北京:中華書局,1988 年,第 2002-2008 頁;秦蕙田《五禮通考》卷一六八《嘉禮四十一・鄉飲酒禮》。另可参吕思勉《鄉飲射禮》,見氏著《吕思勉讀史劄記》,上海:上海古籍出版社,1982 年,第 1258-1259 頁。

② 余嘉錫:《晋辟雍碑考證》,《余嘉錫文史論集》,長沙:嶽麓書社,1997 年,第 123-159 頁。

州縣每年照此執行。① 其内容文獻闕載,儀節不詳。

隨着科舉制度的流行,從唐代開始,鄉飲酒禮中的"尊賢"、"尚齒"兩大功能發生分化。鄉飲酒禮與貢舉聯繫起來,流變爲所謂"鹿鳴宴"的形式。鹿鳴宴的核心,是地方爲朝廷貢舉之士送行,主人是刺史,其側重點在於"尊賢"。《大唐開元禮》的嘉禮部分,有《鄉飲酒》一篇:

> 鄉飲酒之禮。刺史爲主人,先召鄉之致仕有德者謀之。賢者爲賓,其次爲介,又其次爲衆賓,與之行禮而賓舉之。(介以下無其人則闕)……其日質明,設賓席於楹間近北,南向。設主人席於阼階上,西向。設介席於西階上,東向。設衆賓席於三賓席之西,各南向。皆不屬焉。又設堂下衆賓席於西階西南,東面,北上。②

同書中緊接着《鄉飲酒》的,是《正齒位》之禮,是以縣令爲主人的鄉間養老尊賢之禮,其規格較鹿鳴宴低,也更接近上古以來的鄉飲酒。其儀式如下:

> 每年季冬之月,縣令爲主人,鄉之老人年六十以上有德望者一人爲賓,次一人爲介,又其次爲三賓,又其次爲衆賓。其日質明,設賓席於楹間近北,南向。設主人席於阼階上,西向。設介席於西階上,東向。設三賓席三於賓席之西,各南向。皆不屬焉。又設賓席於楹間近南,北面東上。③

從《開元禮》看來,無論鹿鳴宴,還是正齒位禮,都未見有僎(遵者)的身影,只有古禮中的主人、賓、介、三賓。再證之以北宋人所撰的《新唐書》:

> 州貢明經、秀才、進士身孝悌旌表門閭者,行鄉飲酒之禮,皆刺史爲主人。先召鄉致仕有德者謀之,賢者爲賓,其次爲介,又其次爲衆賓,與之行禮,而賓舉之。……其日質明,設賓席於楹間,近北,南向;主人席於阼階上,西向;介席於西階上,東向;衆賓席三於賓席之西,南向;皆不屬。又設堂下衆賓席於西階西南,東面北上。④

這是各州貢舉的鹿鳴宴,而冬天的正齒位之禮,也没有僎(遵者)之位:"季冬之月正齒位,則縣令爲主人,鄉之老人年六十以上有德望者一人爲賓,次一人爲介,又其次爲三賓,又其次爲衆賓。"⑤總之,迤及唐代,僎(遵者)仍不是鄉飲酒禮中的必要賓客,在當

① 《通典》卷七三《嘉禮·鄉飲酒》,第2007頁。
② 《大唐開元禮》卷一二七,北京:民族出版社影印本,2000年,第603頁。
③ 《大唐開元禮》卷一二七,第606頁。"設三賓席三",後"三"字恐爲訛字。
④ 《新唐書》卷一九《禮樂志第九》,北京:中華書局,1977年,第435頁。
⑤ 《新唐書》卷一九《禮樂志第九》,第439頁。

時禮書和稍後所撰的正史中,均無此制。

然而,根本性的變化發生在宋代。北宋重視文教,專設有議禮局。政和二年(1112),議禮局專門上呈了一道劄子,謂:

> 惟今州郡貢士之日設鹿鳴宴,正古者賓興賢能,行鄉飲酒之遺禮也。竊詳古者鄉飲酒儀立賓、主、僎、介,則與今之禮不同。其器以籩、豆、尊、俎,則與今之器不同。賓坐於西北,介坐于西南,主人坐於東南,僎坐于東北,則與今之位不同。主人獻賓,賓酢主人,主人酧(酬)賓,次主人獻介,介酢主人,次主人獻衆賓,則與今之儀不同。①

這段見於《政和五禮新儀》卷首的話,也同樣見於《宋史》。② 北宋人認爲,當時流行的鹿鳴宴,在行禮者、禮器、禮位、禮儀這四方面都與古禮不符,顯然,這是對《開元禮》所代表的唐代禮制的大否定。最終,皇帝同意將鹿鳴宴的名字也改回到鄉飲酒禮的古名。這場變革,與整個北宋的復古風氣互爲表裏。當時的禮官認爲,漢唐時期的禮制"有違古意",他們在賓、主、介之外,補上僎的席位,方合古禮。③

北宋開始的這種復古潮流,決定了近千年僎位的設立。紹興十三年(1143),宋高宗根據明州地區復興鄉飲酒禮的地方經驗,以及國子祭酒高閌的設計,向全國頒佈了一個鄉飲酒禮的定式,並"鏤版頒行"於各州縣。在這個鄉飲酒禮儀式中,"有主、賓、僎、介、三賓,有肅賓、序賓、祭酒、主獻、賓酬、主人酬介、介酬衆賓、修爵無筭、沃洗、揚觶、拜送、拜既,及約束九事"。④ 由此,僎的身份更加制度化、法理化了。

有學者根據《宋會要輯稿》,總結出紹興十三年所頒鄉飲酒禮的兩個特點:第一,明確行之於州和縣。第二,設立主(州以郡守、縣以縣令爲主)、賓(擇鄉里寄居年德高及致仕者爲賓)、僎(州以通判、縣以丞或簿)、介(以次長)、三賓(以賓之次者爲之)。其主、賓、僎、介的位置與古禮相同。開元禮無"僎",紹興儀制則有"僎",顯然紹興鄉飲酒禮的復古傾向更爲明顯。⑤ 此次國頒鄉飲之禮,不僅使僎的身份和位置得到進一步合法化,而且對其擔任者的原身份也做了規定。若州之郡守爲主人,則以通判爲僎;若縣令爲主人,則以縣丞或簿爲僎。

這裏涉及主人與僎的地位高低問題。在《儀禮·鄉飲酒禮》中,專門規定了當遵

---

① 鄭居中等:《政和五禮新儀》卷首《御筆指揮》,《景印文淵閣四庫全書》第647册,第34頁。

② 《宋史》卷一一四《禮志第十七》,北京:中華書局,1977年,第2720-2721頁。

③ 王美華:《唐宋時期鄉飲酒禮演變探析》,《中國史研究》2011年第2期,第105-107頁。

④ 王應麟:《玉海》卷七三《禮儀》,南京:江蘇古籍出版社、上海:上海書店出版社,1987年,第1366頁。

⑤ 《宋會要輯稿》禮四六之一至三,北京:中華書局,1957年,第1468-1469頁。王美華:《唐宋時期鄉飲酒禮演變探析》,《中國史研究》2011年第2期,第107-110頁。

者(僎)在行禮途中到來時應當如何處理。其遵者(僎)的身份,可能會是諸公或大夫。而在鄉飲酒禮中擔任主人的鄉大夫,其級别會是卿(天子之鄉)或大夫(諸侯之鄉)。[①]據此斷定,僎的地位應當高於或至少等於主人。然而在宋代,擔任僎的通判,其地位不會高於擔任主人的州郡之守;擔任僎的縣丞或縣簿,其地位也不會高於擔任主人的縣令。這與古禮中似有不合。

在僎之席位固定化和制度化的過程中,朱熹起到了重要作用。紹興十三年的國頒鄉飲酒禮公佈後,天下儒生對之仍不滿意,認爲"僎介之位,皆與古制不合,諸儒莫解其指意"。時人認爲,復古的程度不够,或不够準確,爲此發生了不小的争論。這時候,博學的朱熹給出了答案:

> 慶元中,朱熹以《儀禮》改定,知學者皆尊用之,主賓、僎介之位,始有定説。其主,則州以守、縣以令,位于東南;賓,以里居年高及致仕者,位于西北;僎,則州以倅、縣以丞或簿,位東北;介以次長,位西南;三賓,以賓之次者;司正,以衆所推服者;相及贊,以士之熟於禮儀者。其日質明,主人率賓以下,先釋菜于先聖先師,退各就次,以俟肅賓。[②]

朱熹的這次定禮,距離紹興十三年所頒行全國的高閌設計的鄉飲酒禮,又過去了半個世紀。關於賓、主、介、僎的整體框架,並未大動。只是僎由誰來擔任的問題,朱熹的表述略有不同,縣級鄉飲,仍然是縣長做主人,丞或簿爲僎;州級鄉飲,仍然是郡守做主人,不過將原來的通判爲僎,改爲以倅爲僎。"倅",副也,是廣義的貳副之官,比通判的範圍更爲擴大了,但是其地位低於郡守,這一點也更加明確了。這可能與宋代地方行政制度的變化有關,與地方官員的職掌範圍和同級官員的地位對比有關。

總之,朱熹和宋人更加强調了鄉飲酒禮中的僎(遵者)"以輔主人"的職能,對於《儀禮》中原來年高德劭、前來觀禮的那些前提條件都一概抹去了。這正符合朱熹簡化古禮的總體策略,因爲他曾多次抱怨鄉飲酒禮:"節文甚繁","如鄉飲酒禮,向來所行,真成强人,行之何益! 所以難久。"[③]他認爲,唯其太難太繁,所以不能持久,"古人制度恐不便於今"。[④] 就像他對冠婚喪祭等其他禮制的改革一樣,他的辦法"取今之禮酌而行之",[⑤]也就是説用當時流行的吃飯喝酒之法來删改鄉飲酒禮,"就今時宴飲之

---

① 《周禮·地官·鄉大夫》:"每鄉,卿壹人。"而在諸侯中的鄉大夫,會以大夫爲之。參錢玄《三禮辭典》,南京:江蘇古籍出版社,1998年,第882頁。

② 《宋史》卷一一四《禮志第六十七》,第2722頁。

③ 黎靖德編,王星賢點校:《朱子語類》卷八七,北京:中華書局,1986年,第2226頁;卷三九,第1009頁。

④ 黎靖德編,王星賢點校:《朱子語類》卷八七,第2226頁。

⑤ 黎靖德編,王星賢點校:《朱子語類》卷八七,第2226頁。

禮中删改行之”。[①] 多少有些從俗的意味。

由於朱熹對後代禮制的影響,元明清各朝之鄉飲酒禮,都設有僎。元代士人在蒙古人的壓迫下,遥憶南宋鄉飲故事,仍在民間舉行鄉飲酒禮,然細節不詳。[②] 明初洪武三年(1370)完成的《大明集禮》卷二九《鄉飲酒禮》,其中有“僎人”一節,謂:

> 《儀禮》“賓有僎者,諸公、大夫則既一人舉觶,……皆如賓禮。”唐禮無之。宋禮有僎,而與《儀禮》不同。今擬特存此條,以待致仕而有德、行者。[③]

《明集禮》的《鄉飲酒禮》之後,還專有《縣邑飲酒讀律儀注》之禮:

> 每冬季行事,縣令爲主,以鄉之老人年六十以上有德行者一人爲賓,其次一人爲介,又其次爲三賓,又其次爲衆賓。鄉人嘗爲大夫士而致仕者,或寄居之士大夫年德可尊禮者一人爲僎(如無,則以縣丞主簿爲之,無則闕)。以衆所推服者一人爲司正。……
>
> 陳席,設位、次(席,謂坐席;位,謂立位;次,謂更衣服之所)。設賓席於堂北兩楹之間,少西,南面(冠禮醮于客位,今世亦指此處爲客位)。主席於阼階上,西面(在東楹之東少北)。介席於西階上,東面(在西楹之西少北)。僎席於賓東,南面(謂兩楹之間少東,世俗謂此處爲主位)。三賓席於賓西,南面(與賓共爲一列),皆專席,不屬。[④]

《大明集禮》纂於明初,還有諸禮雜陳、考古證今的意味。在國家層面的鄉飲酒禮規定中,只是注明,唐人無僎,宋人有僎,“今擬特存此條,以待致仕而有德、行者”。但在民間的鄉飲儀式上,不僅有僎,而且特别指明“世俗謂此處爲主位”,可知當時民間認爲居於賓東的僎,地位與主人一樣。

政權穩固後,明朝開始大規模的禮制建設。洪武五年(1372)詔禮部奏定鄉飲禮儀,命有司與學官率士大夫之老者,在學校行鄉飲酒禮,命“民間里社亦行之”。洪武十六年(1383),下詔向全國頒定《鄉飲酒禮圖式》,規定每年正月十五日、十月初一日在學校舉行。其儀式如下:

> 其儀,以府州縣長吏爲主,以鄉之致仕官有德行者一人爲賓,擇年高有德者爲僎賓,其次爲介,又其次爲三賓,又其次爲衆賓,教職爲司正。贊禮、贊引、讀律,皆

---

① 黎靖德編,王星賢點校:《朱子語類》卷三九,第1009頁。

② 申萬里:《宋元鄉飲酒禮考》,《史學月刊》2005年第2期,第34-35頁。

③ 徐一夔等:《明集禮》卷二九,《景印文淵閣四庫全書》第650册,第7頁。

④ 徐一夔等:《明集禮》卷二九,《景印文淵閣四庫全書》第650册,第8-9頁。

使能者。

前期,設賓席於堂北兩楹之間,少西,南面;主席於阼階上,西面;介席於西階上,東面;僎席於賓東,南面;三賓席於賓西,南面。皆專席不屬。衆賓六十以上者,席於西序,東面北上。賓多則設席於西階,北面東上;僚佐席於東序,西面北上。設衆賓五十以下者,位於堂下西階之西,當序,東面北上。賓多則又設位於西階之南,北面東上。司正及讀律者,位於堂下阼階之南,北面西上。設主之贊者位於阼階之東,西面北上。設主及僚佐以下次於東廊,賓介及衆賓次於庠門之外,僎次亦在門外。①

在明朝的鄉飲儀式上,僎改名爲"僎賓",身份在賓、介之後。其席位設在賓東,與《儀禮·鄉飲酒禮》相合,但與《禮記·鄉飲酒義》、《政和五禮新儀》、紹興高閌設計、朱熹設計的"位東北"又不同。另,明朝的設計中,主、賓、介、僎都專門設有"次"(臨時休息之所,以布帷或蘆席張設)。在供饌環節,"執事者舉饌案至賓前,次僎,次介,次主,三賓以下各以次舉訖",僎的身份又在介之前。在獻酒環節,僎緊隨賓之後;在酬酒環節,"賓起,僎從之";在徹饌環節,"徹饌,在坐者皆興。僎、主、僚屬居東,賓、介、三賓、從賓居西,皆再拜"。這些都説明,僎的地位僅次於賓,在介和衆賓之前。僎的身份更加制度化、法理化,但其地位則似乎更下降了。

清代禮制承襲明朝。如前所述,順治初年,鄉飲酒儀式規定"齒德兼優爲僎賓,位東北",僎賓的重要地位也得以承襲下來。直至乾隆八年(1743)的鄉飲酒禮改革,才取消了僎的席位,兹不贅述。乾隆二十一年(1756)撰成《欽定大清通禮》卷三八中,鄉飲酒禮便没有僎,只設有賓、介、衆賓等席。

現將傳統鄉飲酒禮中僎的流變過程,用簡表展示如下:

	僎之有無	設席順序	僎席位置	僎入禮時機
《儀禮·鄉飲酒禮》	遵者	賓、介、遵者	不設專席。若有,席東,南面	行禮半途,"既一人舉觶,乃入"
《禮記·鄉飲酒義》	僎		東北	
唐代	無			
北宋	僎	賓、主、僎、介	"(古禮)僎坐東北,則與今之位不同"	
南宋	僎	主、賓、僎、介	東北	

① 《明史》卷五六《禮志十》,北京:中華書局,1974年,第1419-1420頁。

續表

	僎之有無	設席順序	僎席位置	僎入禮時機
明代	僎賓	賓、介、僎、三賓	賓東，南面	門外設有僎次，設饌案時賓、僎、介、主
清初	僎	賓、主、介、僎	東北	賓即席，延僎、介入
乾隆以後	不立僎名			

綜上，上古"三禮"文本中，對於鄉飲酒禮中是否設立"遵者"（即"僎"）一席，包括其身份、位置、入禮的時間等，本有明確規定。然而，歷代在制禮過程中，則對之理解各異。唐代鄉飲酒禮中無僎。宋代開始强調僎，並在國家禮典中將其制度化和法理化；朱熹定禮，對僎的制度化和法理化起到推波助瀾作用。明代相沿成俗，改僎爲僎賓，其地位似有下降，清初沿用明禮。乾隆八年的鄉飲酒禮改革，取消了僎的席位。在這個歷史流變中，宋代制禮時打着復古的旗號，認爲唐代鄉飲酒禮不合上古禮制；而清人廢棄宋代以來的僎位，也是打着復古的旗號，認爲僎位之設不合上古禮制。這種復古與再復古（或反復古）的波浪式流變，或許是中國禮學史乃至整個經學史的重要規律之一。

作者簡介：

楊華，1967 年生，湖北鍾祥人，武漢大學歷史學院教授、博士生導師，武漢大學中國傳統文化研究中心（教育部人文社會科學重點研究基地）主任。主要從事先秦秦漢史、中國文化史，尤其是中國古代禮制方面的研究。注重經學與史學結合、傳世文獻與出土材料互證的研究方法。出版有《先秦禮樂文化》、《新出簡帛與禮制研究》、《古禮新研》、《楚國禮儀制度研究》、《中國文化史》等專著，並在《歷史研究》、《中國史研究》等雜誌上發表學術論文近百篇。

宋刻纂圖本《周禮》中的禮圖與禮學※

馮　茜

内容摘要　纂圖本《周禮》是自南宋中葉開始流行的一種《周禮》通俗讀本。文章考證傳世宋刻纂圖本《周禮》中的禮圖是以南宋俞言《周禮圖》爲本編輯而成,並通過對禮圖内容的分析揭示通俗讀本所反映出的禮圖學之核心特征並非是對圖像或文字内容的簡化,而是從根本上改變了圖文關係,即從經學本位轉向了圖像、器物本位,從對經學問題的討論轉向了對於名物圖像的注解。禮圖學在通俗層面的表現形式又與學術層面的禮圖學由經學向名物考證的轉變有關。

關鍵詞　《周禮》　纂圖本　禮圖

一　傳世宋刻纂圖本《周禮》禮圖的底本

存世《周禮》的宋刻傳本,附圖的版本有四種,據張麗娟先生研究,此四本可分爲十二行本《纂圖互注周禮》與十一行本《周禮》兩個系統。① 十二行本《纂圖互注周禮》有三本,包括:一、鐵琴銅劍樓舊藏宋刻十二行本《纂圖互注周禮》十二卷圖一卷,今藏國家圖書館。二、袁克文舊藏宋刻十二行本《纂圖互注周禮》十二卷圖一卷,今藏國家圖書館。此兩本版式、字體微異,屬於不同版本但存在密切的淵源關係。三、陸心源舊藏宋刻十二行本《纂圖互注周禮》十二卷圖一卷,今藏日本静嘉堂文庫。此本與前兩本有一定的淵源關係,當屬同一版本系統,但也有明顯差異。北京大學圖書館藏宋刻十一行本《周禮》十二卷圖一卷,與前三者屬於不同系統。鐵琴銅劍樓舊藏本《纂圖互注周禮》與北京大學圖書館藏十一行本《周禮》均有《中華再造善本》影印本;袁克文舊

※本文爲教育部人文社會科學研究青年基金項目“唐宋之際禮學思想的轉型:文獻與思想史研究”(17YJC770008)階段研究成果。感謝匿名評審人對本文提出寶貴意見!

① 張麗娟:《宋代經書注疏刊刻研究》第三章《纂圖互注重言重意本》,北京:北京大學出版社,2013年,第200-227頁。

藏本近年始入藏國家圖書館,故《北京圖書館古籍善本書目》及《中國古籍善本書目》未著録,[1]亦未攝製膠捲,未見;陸心源舊藏本今在静嘉堂文庫,亦未見,揆其内容,此兩本當與鉄琴銅劍樓本不異。故今據鉄琴銅劍樓藏《纂圖互注周禮》(以下簡稱"纂圖互注本")與北京大學圖書館藏十一行本《周禮》(以下簡稱"北大本")中的禮圖展開討論。

這兩種纂圖本的禮圖在内容和排列次序上存在差異,今將兩本所有之禮圖列表如下(○表示有此圖):

編號	内容	纂圖互注本	北大本
1	王畿鄉遂采地圖		○
2	王國經緯涂軌圖	○	○
3	朝位寢廟社稷圖	○	○
4	次扆筵几圖	○	
5	世室重屋明堂圖		○
6	王五冕之圖	○	
7	六寢制圖		○
8	九室制圖		○
9	弁服之圖	○	
10	王畿千里之圖		○
11	邦國畿服之圖		○
12	王后六服之圖	○	○
13	周制井田之圖		○
14	天子玉路圖	○	○
15	王后翟車圖	○	○
16	井邑縣都百里之圖		○
17	天子圭璋繅藉之圖	○	○
18	六鄉圖		○
19	六遂圖		○
20	諸臣圭璧繅藉之圖	○	○

① 張麗娟:《宋代經書注疏刊刻研究》附録《今存宋刻經書注疏版本簡目》,第423頁。

續表

編號	内容	纂圖互注本	北大本
21	遂人溝洫之圖		○
22	六尊圖	○	○
23	尊(六)罍圖	○	○
24	任地法		○
25	征税法		○
26	圭璋瓚圖	○	○
27	禮神玉圖	○	○
28	土圭法圖		○
29	水地法圖		○
30	新舊鼎組之圖	○	
31	籩豆簠簋登爵之圖	○	
32	罍洗勺篚圖	○	
33	㔶概散脩圖	○	
34	諸禮器圖	○	
35	六器圖	○	
36	六舞之圖	○	
37	龜筮圖	○	
38	舊六彝圖		○
39	新六彝圖		○
40	犧牲圖	○	
41	器用之圖	○	
42	鳧氏爲鐘圖	○	○
43	磬氏爲磬圖	○	○
44	鐘磬總圖	○	○
45	樂器之圖	○	○
46	鼓制圖上	○	○
47	鼓制圖下	○	○
48	九旗制圖	○	○
49	六幣圖	○	

續表

編號	内容	纂圖互注本	北大本
50	八節圖	○	
51	兵器總圖	○	
52	兵甲之圖	○	
53	車制之圖	○	
54	蓋末圖	○	
55	輂輦圖	○	
56	傳授圖	○	○

據上表可知，纂圖互注本與北大本共有者十九幅，纂圖本有而北大本無者二十幅，北大本有而纂圖本無者十六幅。對比兩本共有的十九幅禮圖，除排列順序有所不同、個别内容略有差異外，内容大致重合，而兩本各自獨有的三十六幅禮圖，圖文風格與兩者重疊的部分一致，表明這些禮圖當出自同一部禮圖著作。蓋纂圖本所附之禮圖出自書商吸引讀者的商業動機，故以直接利用現成禮圖最爲便利。此外，兩本在版本上也當有共同的底本來源。如《王國經緯涂軌圖》，纂圖互注本與北大本如下：

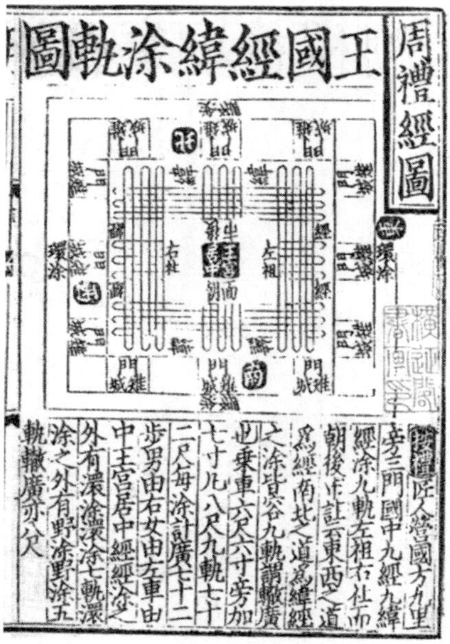

《纂圖互注周禮》

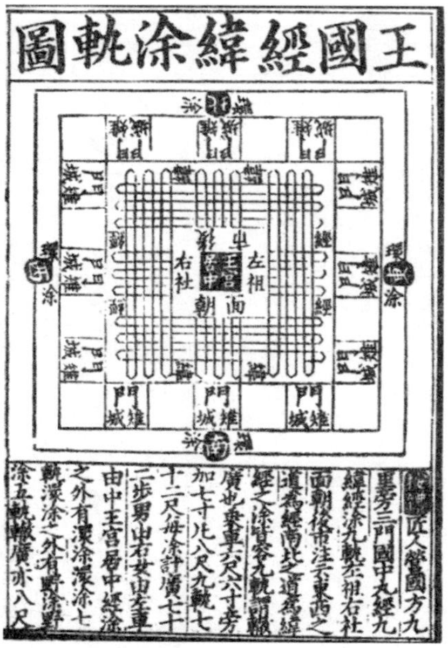

北大藏十一行本《周禮》

兩圖除四面標記的“東南西北”的位置略有不同外,圖像與文字内容均無出入。圖下注文云:“按《禮》,‘匠人營國方九里,旁三門,國中九經九緯,經涂九軌,左祖右社,面朝後市’。注云:‘東西之道爲經,南北之道爲緯。經之涂皆容九軌,謂輒廣也。乘車六尺六寸,旁加七寸,凡八尺,九軌七十二尺,每涂計廣七十二步。男由右,女由左,車由中,王宫居中。’”案此文據聶崇義《三禮圖》“王城圖”注文裁剪而成。“東西之道爲經,南北之道爲緯”爲賈疏解釋經文,當作“東西之道爲緯,南北之道爲經”,圖像與此吻合,但兩本誤同,當是底本已如此。又“每涂計廣七十二步”爲鄭注,“七十二步”應作“十二步”,兩本皆誤,當亦爲底本之誤。又如“六尊圖”之“著尊”,引《禮書》云:“著加今壺,又外有流。”“加”當作“如”,顯係刻工之失而兩本誤同,可知兩本當有共同的版本來源。傳世刻本並不是纂圖本《周禮》禮圖的最早編輯與刻印之本,儘管如此,它們依舊是我們推斷這種通俗本禮圖來源的基本依據,下面嘗試推論其淵源。

首先嘗試推論這些禮圖的成書時間。在這兩本禮圖中,有七幅圖爲“禮局樣”或標明圖樣來自“禮器局”,分别是纂圖互注本與北大本共有的“尊罍圖”(北大本作“六罍圖”),僅見於纂圖互注本的“新舊鼎俎之圖”、“籩豆簠簋登爵之圖”、“罍洗之圖”、“蜃概散脩圖”,以及僅見於北大本的“六彝圖”,“六彝圖”還記載了“禮局王鈇的尊罍議”。諸圖所謂“禮器局”或“禮局”,當爲高宗紹興十四年(1144)爲改制郊廟祭器而設立的製造禮器局。史料載:

> (紹興)十四年七月八日,上諭宰執曰:“國有大禮,器用宜稱,如郊壇須用陶器,宗廟之器亦當用古制度等,卿可訪求通曉禮器之人,令董其事。”尋以命給事中段拂、户部侍郎王鈇、内侍王晋錫。①

蓋高宗南渡之初,庶事草創,新制郊廟禮器多依本《三禮圖》製造。紹興四年(1134),太常博士王普以聶崇義未嘗親見古器,《三禮圖》出於臆度,不合古制,請改用政和新成禮器,其時因朝廷尚無《宣和博古圖》,事不果行。② 紹興初,高宗稍留意禮樂,意欲復古,紹興十年(1140)丙寅,太常寺奏上大禮祭服事,高宗云:

> 朕嘗考三代禮器,皆有義。後世非特制作不精,且失其義。朕雖艱難,亦欲改作,漸令復古。③

---

① 《中興禮書》卷九《嘉禮九·郊祀祭器》,《續修四庫全書》第822册,第37頁;又見《宋會要輯稿》禮一四之八一,中華書局影印本第一册,第627頁。

② 《中興禮書》卷九《嘉禮九·郊祀祭器》,第36頁。

③ 李心傳:《建炎以來繫年要録》卷一三七“紹興十年七月丙寅”條,北京:中華書局,1988年,第2204頁。

高宗君臣所理解的三代古制，其實是以《宣和博古圖》所代表的古器物學建立起來的標準。至少不晚於紹興十三年(1143)，南宋朝廷訪得《宣和博古圖》，故紹興十三年即開始依《博古圖》改制郊壇祭器，①十四年，高宗又命討論宗廟禮器，並設立製造禮器局，命段拂、王鈇、王晋錫專董其事，王鈇即北大藏宋刻十一行《周禮》"六彝圖"所載"禮局王鈇"其人。紹興十五年(1145)，禮器局的圖樣成册編印爲《紹興製造禮器圖》。② 纂圖本禮圖中的"禮局樣"當即出此《紹興製造禮器圖》。由於《紹興製造禮器圖》主要針對的是郊廟祭器，因此只有這七幅圖繪郊廟祭器的禮圖有"禮局樣"字樣。由此可知，這本禮圖的成書時間不早於紹興十五年。作爲商業出版，纂圖本應采用較爲常見易得、且具備一定讀者基礎的禮圖，究係何本禮圖，不妨從目録著作中尋找綫索，以下是目録著録的南宋禮圖：

作者	書名	目録	存佚
夏休	《周禮井田譜》二十卷	《中興館閣書目》③	佚
鄭景炎	《周禮開方圖説》一卷	《宋史・藝文志・禮類》④	佚
項安世	《周禮丘乘圖説》一卷	《直齋書録解題・禮類》⑤	佚
佚名	《周禮圖説》	《經義考・周禮》⑥ (出自《周禮訂義・編類姓氏世次》)	佚
王與之	《周禮十五圖》	《國史經籍志》⑦	佚
楊甲	《六經圖》六卷	《中興館閣書目》⑧	存
葉仲堪	《六經圖》七卷	《直齋書録解題・經解類》⑨	佚

① 《中興禮書》卷九《嘉禮九・郊祀祭器》，第36頁。

② 《文公漳州牒州學備準指揮》載朱文公申云："伏見政和年中議禮局鑄造祭器，皆考三代器物遺法，制度精密，氣象淳古，足見一時文物之盛，可以爲後世法。故紹興十五年曾有聖旨，以其樣制開説印造，頒付州縣遵用。"《紹熙州縣釋奠儀圖》，《朱子全書》(修訂本)第13册，上海：上海古籍出版社、合肥：安徽教育出版社，2010年，第22-23頁。

③ 趙士煒：《中興館閣書目輯考》卷一，《宋元明清書目題跋叢刊・宋代卷》第1册，北京：中華書局，2006年，第370頁。

④ 《宋史》卷二〇二《藝文一・禮類》，北京：中華書局，1977年，第5051頁。

⑤ 陳振孫：《直齋書録解題》卷二《禮類》，徐小蠻、顧美華點校，上海：上海古籍出版社，1987年，第45頁。

⑥ 朱彝尊：《經義考》卷一二五，影印《四部備要》本，北京：中華書局，1989年，第666頁。

⑦ 焦竑：《國史經籍志》卷二《禮類》，《宋元明清書目題跋叢刊・明代卷》第2册，北京：中華書局，2006年，第718頁。

⑧ 趙士煒：《中興館閣書目輯考》卷一，第378頁。

⑨ 陳振孫：《直齋書録解題》卷三《經解類》，第82-83頁。

續表

作者	書名	目録	存佚
俞言	《六經圖説》十二卷	《宋史·藝文志·經解類》①	佚
	《周禮圖》一部	《文淵閣書目》②	佚
	《周官禮圖》十四卷	《國史經籍志》③	佚

按前三種禮圖爲《周禮》地制問題的專門禮圖，與纂圖本禮圖性質不符。楊甲《六經圖》成書於紹興中，爲《易》、《書》、《詩》、《周禮》、《禮記》、《春秋》作圖，其中有《周禮文物大全圖》六十五幅。楊甲《六經圖》今存，比對其中的《周禮》圖，可知並非纂圖本禮圖的來源所在。葉仲堪重編《六經圖》七卷即以楊甲圖增損而成。王與之《周禮十五圖》與纂圖本禮圖相比，在篇幅上差異太大。剩下的可能性只有佚名《周禮圖説》與俞言《六經圖説》或《周禮圖》。關於佚名《周禮圖説》，王與之云："《禮圖説》未詳誰氏所編，得自閩中，大概用《三禮圖》、《禮象》圖，或立新説，考證最明。"④"大概用《三禮圖》、《禮象》圖"的特點，與今見纂圖本的内容大體吻合。但《三禮圖》、《禮象》是宋代的重要禮圖，襲用《三禮圖》、《禮象》不足爲怪。此本佚名禮圖，王與之嘗采入《周禮訂義》，題爲"禮圖曰"，今考《周禮訂義》所引此本禮圖的内容，可知此佚名禮圖並非纂圖本禮圖的來源，姑舉其所引以明：

1.《周禮訂義》卷九"掌四豆之實"下引：禮圖曰：案《考工記》旊人爲豆，高一尺。又鄭注《周禮》及《禮記》云豆以木爲之，受四升，口圓，徑尺二寸有蓋。盛昌本、脾析、豚拍之齏，醓贏、兔雁之醢，韭菁芹筍之菹，麋臡、鹿臡之屬。鄭注《鄉射記》云豆宜濡物。⑤

纂圖本"豆"下注文云：豆高並口圓徑一尺二寸，漆赤中以盛濡物。⑥

2.《周禮訂義》卷九"王舉則共醢六十甕，以五齊，七醢七菹三臡實之"下引：禮圖曰：甕以盛醯醢，高一尺，受二升。今以黍寸之尺計之，口徑六寸五分，腹徑九寸五分，底徑六寸五分，高一尺，腹下漸殺六寸。⑦

---

① 《宋史》卷二〇二《藝文一·經解類》，第 5072 頁。

② 《文淵閣書目》卷二《周禮》，《宋元明清書目題跋叢刊·明代卷》第 1 册，北京：中華書局，2006 年，第 28 頁。

③ 焦竑：《國史經籍志》卷二《禮類》，第 718 頁。

④ 王與之：《周禮訂義·編類姓氏世次》，康熙十九年(1680)刻《通志堂經解》本，第 1b 頁。

⑤ 王與之：《周禮訂義》卷九，第 5a-b 頁。

⑥ 《纂圖互注周禮》，國家圖書館藏宋刻本，第 12a 頁，國家圖書館出版社《中華再造善本》影印本，2003 年。北大藏宋刻十一行本《周禮》文同。

⑦ 王與之：《周禮訂義》卷九，第 7a 頁。

纂圖本"甕"下注文云:《禮書》曰:方壺、圓壺無飾。醯人、醢人,王舉則供醯醢各六十甕,致饔餼於賓客,各供五十甕,所受二十。①

3.《周禮訂義・總論溝洫》引:禮圖曰:地形有逆順,水勢有遲速,故《遂人》之溝洫密,而《匠人》之溝洫疏。蓋匠人所營,有司之事而已。故其營國也,爲朝在某處,爲市在某處,爲涂若干,爲門若干,皆有常制。其爲溝洫也,爲溝洫若干,爲川澮若干,其廣幾何,其深幾何,亦皆有常制。若夫遂人則異於是。蓋隨地而制之,有出入焉,要之使治可也。故曰凡治野,其爲法大率圓而無弊,夫是之謂治。然則《匠人》之法死,《遂人》之法圓。②

由第一、二條可見,《訂義》所見佚名禮圖蓋因襲聶崇義《三禮圖》,與纂圖本内容大異。第三條,纂圖本以《遂人》溝洫制度與《匠人》制之間只是計量方法的差别,本質上二者是一致的,其云:"《遂人》以萬夫而計之,而《匠人》以井田而計之,其實一井九夫,而遂溝洫澮以百里而會之,則一而已。"③與上引佚名禮圖觀點相左。綜上基本可以排除此佚名禮圖作爲傳世纂圖本《周禮》禮圖底本的可能性。

最後剩下俞言禮圖。王與之《周禮訂義》在介紹其引書來源的《編類姓氏世次》中雖未提及俞言《周禮圖》,但《周禮訂義》引用了數條"俞氏曰",其内容均見於今傳纂圖本《周禮》禮圖。又,元陳友仁輯《周禮集説》亦有題名"俞氏曰"而内容見於今傳纂圖本《周禮》禮圖者,下面將《周禮訂義》與《周禮集説》中的"俞氏曰"與此纂圖本中的内容加以對比:

1.《周禮訂義》卷七三"中其莖設其後"下引:俞氏曰:中其莖則易於把握,設其後則張而易制。④

《周禮集説》卷一〇:俞氏曰:中其莖則易把握,設其後則張而易制。⑤

《纂圖互注周禮》:劍以桃氏名,取其辟除不祥也。臘,劍肉也,其廣二寸有半寸,謂兩刃各徑二寸有半。兩從廣謂之劍脊中高,兩殺而起鍔也。中其莖則易於把握,設其後則張而易制。故劍長而重者,上士服之;短而輕者,下士服之;中制則中士服焉。⑥

2.《周禮訂義》卷七三:俞氏曰:舞在鉦上,聲之震動於此者故云舞。⑦

《周禮集説》卷一〇:俞氏曰:鼓則于上所擊處,故云鼓。鉦在鼓上居鐘體之正,

① 《纂圖互注周禮》,第13a頁。
② 王與之:《周禮訂義》卷七九,第3a頁。
③ 北大藏宋刻十一行本《周禮》,第9b頁。
④ 王與之:《周禮訂義》卷七三,第9a頁。
⑤ 陳友仁:《周禮集説》卷一〇,國家圖書館藏明刻本,第32b頁。
⑥ 《纂圖互注周禮・禮圖》,第23頁。
⑦ 王與之:《周禮訂義》卷七三,第9b頁。

鼖、舞之正中者,故云鉦。舞則在鉦上,聲之震動於此者,故云舞。①

《纂圖互注周禮》:鼓則于上之所擊處,注於㢘、隧皆云擊處。鉦則鼓舞之正中者,舞則聲之震動於此者,甬出舞上者也。②

3.《周禮訂義》卷七八:俞氏曰:車之六建,夷矛建於酋矛之前,酋矛建於戟之前,戟建於殳之前,殳建於戈與人之前。③

《周禮集説》卷一一:俞氏曰:車之六建,夷矛建於酋矛之前,酋矛建於戟之前,戟建於殳之前,殳建於戈與人之前也。④

《纂圖互注周禮》:車之六建,夷矛建於酋矛之前,酋矛建於戟之前,戟建於殳之前,殳建於戈與人之前,此六建也而軫則不與焉。⑤

4.《周禮集説》卷一〇:俞氏曰:鑽空以受綫,欲其窻小而不寬緩。⑥

《纂圖互注周禮》:革堅者札長,札,葉也,故其注著者少。其次札短,故其注著者多。鑽空以受綫,欲宛小而不寬緩。⑦

5.《周禮集説》卷一一:俞氏曰:古者制磬,形垂下以象天傾西北,屈而下覆之意。倨句一矩有半,鄭云上曲者爲句,下直者爲倨。句即股也,倨即鼓也。股在上,廣而短;股在下,狹而長。以長掩短,則鼓長於股者半矩,是倨得一矩有半也。以廣掩狹則股廣於鼓者亦半矩,是句亦得一矩有半也。⑧

《纂圖互注周禮》:古者制磬,形垂下以象天傾西北,屈而下覆之意。磬氏爲磬,倨句一矩有半。先儒云上曲者爲鉤,下直者爲倨,句即股也,倨即鼓也。股在上,廣而短;鼓在下,狹而長,以長掩短,則鼓長於股者半矩,是倨得一矩有半也。以廣掩狹則股廣於鼓者亦半矩,是句亦得一矩有半也。⑨

《周禮訂義》、《周禮集説》所引"俞氏曰"與傳世纂圖本《周禮》禮圖之間的複見關係,可以説明,《周禮訂義》與《周禮集説》未予明言的"俞氏曰",當出自俞言《周禮圖》,同時也即傳世纂圖本《周禮》圖的淵源所在。在此還需排除一種可能性,即纂圖本《周禮》禮圖並非本自俞言《周禮圖》,而只是引據了其中的部分内容而已。觀纂圖

① 陳友仁:《周禮集説》卷一〇,國家圖書館藏明刻本,第 33a–b 頁。
② 《纂圖互注周禮·禮圖》,第 16 頁。
③ 王與之:《周禮訂義》卷七八,第 6a 頁。
④ 陳友仁:《周禮集説》卷一一,第 17b 頁。
⑤ 《纂圖互注周禮·禮圖》,第 24a 頁。
⑥ 陳友仁:《周禮集説》卷一〇,第 40a 頁。
⑦ 《纂圖互注周禮·禮圖》,第 24b 頁。
⑧ 陳友仁:《周禮集説》卷一一,第 6a 頁。
⑨ 《纂圖互注周禮·禮圖》,第 16b 頁。

本禮圖的引文特點,凡於他書有所引用,一般皆注明出處。纂圖本多有引聶崇義《三禮圖》而不注出處的情況,實爲鈔撮《三禮圖》所引之經文或注疏文字,纂圖本引俞言禮圖而完全隱没其名的可能性非常小。有理由推斷,傳世纂圖本《周禮》禮圖是以俞言《周禮圖》爲本編輯而成的。俞言其人,今已無從考其事跡之詳,在南宋大部分禮圖作品均已亡佚的情況下,其《周禮圖》藉纂圖本《周禮》的刊刻與流行,成爲南宋中葉以降通俗本禮圖之淵藪。

二 纂圖本《周禮》圖中的禮圖學

纂圖本雖係書賈所爲,但其禮圖的來源並非雜亂無章,而是基於既成禮圖編輯加工而成,其淵源之本在史料中尚有跡可尋。因此可以將這些禮圖視作一部整體性的、具有同一思想傾向的禮圖著作來對其禮學展開討論。不難發現,這部禮圖的大部分内容係出聶崇義《三禮圖》、陳祥道《禮書》與陸佃《禮象》,三部禮圖構成了纂圖本《周禮》圖的禮學背景。不過,《三禮圖》與《禮書》、《禮象》的學術取向不同,纂圖本禮圖如何整合三者,其裁剪編輯具有怎樣的傾向性?以下嘗試對纂圖本禮圖的思想特征加以分析。由於傳世版本並非纂圖本最早的編輯刻印之本,史料所限,亦無以確知纂圖本禮圖對俞言《周禮圖》作了何種程度的加工改編,因此下文仍以纂圖本《周禮》圖視之,而不稱俞言《周禮圖》。

(一)《三禮圖》與《禮書》、《禮象》

要理解纂圖本的編輯意圖,首先需明《三禮圖》與《禮書》、《禮象》各自的禮學性質。

聶崇義《三禮圖》是完整流傳至今、年代最早的一部禮圖。聶圖的撰作,緣起於後周顯德年間的制禮作樂,其書初成於顯德四年(957)。宋初,宋太祖繼承後周朝的禮樂制作,於建隆二年(961)詔頒《三禮圖》於天下,《三禮圖》由此成爲宋代第一部官方禮圖。以圖繪禮器爲内容的禮圖繪制由來已久,聶崇義在撰作《三禮圖》時並非無所據依,而是以舊圖爲基礎,博采當時所能得到的禮圖文本,竇儼《三禮圖序》言聶崇義"博采三禮舊圖,凡得六本"。[①] 不過,聶崇義對這些舊圖抱有很强的批判態度,並在作圖中貫徹了明確的指導思想與作圖標準。聶崇義之不滿舊圖,在於舊圖往往不遵經文或者注疏。如"緇布冠"條云:"此皆不本經義,務在相沿,疾速就事,今别圖于左,庶典

---

① 竇儼:《三禮圖序》,載聶崇義《三禮圖》,國家圖書館藏宋淳熙二年(1175)鎮江府學刻本,國家圖書館出版社《中華再造善本》影印本,2003年。

法不墜。"[1]又,"璋瓚"條云:"阮氏、梁正圖内三璋之勺及裸圭,所説節略,多不依經,故後人圖畫皆失形制。"[2]又,"登"條云:

梁正、阮氏圖云:"登盛湆,以瓦爲之,受斗二升,口徑尺二寸,足徑尺八寸,高二尺四寸,小身有蓋似豆狀。"所記制度並非禮文……況此圖以"三禮"爲目,梁、阮二氏自題,又何捨此正經,别資他説,貴從典故,豈好是非?今依《周禮·旊人》制度爲定。[3]

類似以經注疏作爲標準批判舊圖的情況,在《三禮圖》中比比皆是。從聶崇義所保留的舊圖來看,在聶崇義之前的禮圖學傳統中,經文或注疏並非唯一的作圖依據,不本經注的情況並不鮮見。這些與經不合的禮圖往往有現實禮制的根據,不少可能來自實際禮制當中的器物。聶崇義的意義就在於他的經學性,他是以經學作爲核心標準繪製禮圖。如聶崇義於"璧琮"條云:"今此璧琮等皆宗經解義,顧注爲圖……今定此器玉並依禮圖、《爾雅》,三禮經注,孔賈疏義、毛傳鄭箋,不敢雜取他文,曲從外義,苟違正典,斯謬良多。"[4]並自謂其圖下的注文皆"周公正經,仲尼所定,康成所注,傍依疏義"。[5]聶崇義所參考的舊圖大致與《隋志》及新舊《唐書》著録的範圍相吻合,可謂全面整理了當時所能見到的禮圖文獻,因此可以認爲,《三禮圖》在禮圖學史上的意義是對禮圖學傳統的經學化。[6]

北宋中葉,以金石學、古器物學的興起爲背景,學者對《三禮圖》的不滿與質疑之聲漸起。神宗時期,陸佃《禮象》、陳祥道《禮書》對《三禮圖》做了系統改正。陸佃與

① 聶崇義:《三禮圖·冠冕圖》卷三,第 2a 頁。
② 聶崇義:《三禮圖·匏爵圖》卷一二,第 3a 頁。
③ 聶崇義:《三禮圖·鼎俎圖》卷一三,第 7b 頁。
④ 聶崇義:《三禮圖·目録》卷二〇,第 1a 頁。
⑤ 聶崇義:《三禮圖·目録》卷二〇,第 1a 頁。
⑥ 需要補充説明的是,《三禮圖》與舊有的禮圖傳統之間並非截然斷裂,由於經典中的器物形制有時語焉不詳,《三禮圖》在批判舊圖的同時,一部分禮圖仍不得不繼續沿用舊圖。其次,《三禮圖》的經學性、理論性和它的實踐目的是統合在一起的。《三禮圖》本爲朝廷制作郊廟禮器而作,聶崇義認爲,禮器的製作必須合乎經典、經義。關於《三禮圖》在經學上的特徵,金中樞先生的觀點與本文有所不同。金先生指出,《三禮圖》反映了宋代經學的變古與當代化。其説主據《宋史·儒林傳·聶崇義傳》"崇義所進《三禮圖》,令太子詹事尹拙集儒學三、五人參議;拙多所駁正,崇義復引經以釋之"。金先生認爲這反映了聶崇義不重視注疏之學,這是他改變了漢唐以來經學家的觀點,而開創"變古"之風,見《宋代的經學當代化初探——聶崇義的三禮圖學》,《宋代的學術和制度研究》第 1 册《宋代學術思想研究》,臺北:稻鄉出版社,2009 年,第 3-5 頁。本文認爲金先生對《聶崇義傳》的這一解讀不够準確,故結合《三禮圖》的内容立説如上。又,金先生在文中指出,《三禮圖》"禮其本也,圖其末也",引聶崇義"惟聖人務其本以求理,存其末以致用,故能通天下之變,而至於道也"語,則深具啓發。

陳祥道俱爲北宋重要禮學家。陳祥道(？-1093)《禮書》約始作於熙寧初年,書成進獻於元祐七年(1092)。陸佃(1042-1102)《禮象》的成書時間與《禮書》約爲同一時期,兩書在性質、形式與内容上都頗爲近似,均被視作對《三禮圖》的矯正。陳祥道於《禮書》自云:"其於歷代諸儒之論,近世聶崇義之圖,或正其所失,或補其所闕,庶幾古人之仿佛可以類推而見之。"[①]陸佃於《禮象序》亦自言著《禮象》"以救舊圖之失"。[②] 故在類型上,《禮書》與《禮象》也屬於禮圖一類的著作,形式與《三禮圖》近似,采用圖文配合的方式。《禮象》、《禮書》是在何種意義上補正《三禮圖》,以下試論《禮象》、《禮書》與《三禮圖》實屬不同性質的禮學。

如前所論,《三禮圖》奉注疏爲標準,以經學學説爲作圖準則,聶崇義將圖注的取材範圍自覺且嚴格地限定在經文、注疏之内,"不敢雜取他文,曲從外義,苟違正典,斯謬良多"。也就是説,《三禮圖》的繪圖是以經文、注疏的權威性爲前提的,屬於典型的經學研究。而《禮象》與《禮書》在立説的文獻範圍和宗旨上與《三禮圖》大爲不同。陳祥道《禮書序》自言:"嘗考六藝百家之文,以究先王禮樂之跡。凡寓於刑名度數者必辨其制,凡藏於道德仁義者必發其藴。"[③]故《禮書》的立説並不專據於經典、注疏,而是"考六藝百家之文",廣征文獻,博考論證。據不完全統計,《禮書》所征引的文獻大致包括《周禮》、《禮記》、《儀禮》、《尚書》、《詩》、《周易》、《左傳》、《公羊》、《穀梁》、《孝經》、《論語》、《爾雅》、《孟子》、《大戴禮》、《尚書大傳》、《荀子》、《莊子》、《淮南子》、《管子》、《司馬法》、《世本》、《韓詩外傳》、《國語》、《吕氏春秋》、《山海經》、《史記》、《説文》、《漢書》、《後漢書》、《三國志》、《晋書》、《白虎通》、《風俗通》、《漢舊儀》、《獨斷》、《明堂章句》、《法言》、《釋名》、《廣雅》、《文選》、《三禮義宗》、《江都集禮》、《隋書》、《開元禮》、唐《月令》、《春秋集傳纂例》、《五禮精義》、《通典》、《唐會要》、《開元禮義鑒》、《唐書》、《唐郊祀録》、《三禮圖》、《開寶禮》、《開寶本草》、《嘉祐本草圖經》等等。陳祥道的禮學並没有一個基於經典權威或經學理念建立的文獻秩序,更不以鄭玄或某家之説爲標準,而是以名物制度爲綱,博考文獻,綜合論證。禮圖學上名物考證方法的形成,又與宋人對經典的特定理解相關。陸佃於《禮象序》言:"《禮記》、《詩》、《書》、《春秋》元爲殘缺,縉紳先生罕能言之,而學者抱殘缺不全之經以求先王制作之方,可謂難也。余嘗本之性情,稽之度數,求讀經之大旨,自《孟子》始,以余之所能言與上之所可盡者爲十五卷,名曰《禮象》,以救舊圖之失。"[④]陸佃以經

① 陳祥道:《禮書・進禮書表》,北京:書目文獻出版社《北京圖書館古籍珍本叢刊》本,2000年,第1頁。
② 章如愚:《山堂考索・前集》卷二三《禮門》,臺北:新興書局影印明正德刻本,1996年,第619頁。
③ 陳祥道:《禮書・進禮書表》,第1頁。
④ 章如愚:《山堂考索・前集》卷二三《禮門》,第619頁。

書爲殘缺不全之經，故需博考文獻、古器物以求先王制作，這一觀念對宋人來説並不陌生，正如劉敞《先秦古器記》云：

> 三王之事，萬不存一。《詩》《書》所記，聖王所立，有可長太息者矣，獨器也乎哉！……孔子曰："多見而識之，知之次也"，衆不可概，安知天下無能盡辨之者哉？[①]

又，吕大臨《考古圖序》：

> 漢承秦火之余，上視三代如更晝夜夢覺之變，雖遺編斷簡，僅存二三。然世移俗革，人亡書殘，不復想見先王之緒余、至人謦欬。不意數千百年後，尊彝鼎敦之器，猶出於山岩屋壁、田畝墟墓間……觀其器，誦其言，形容仿佛，以追三代之遺風，如見其人矣。以意逆志，或探其制作之原，以補經傳之闕亡，正諸儒之謬誤，天下後世之君子，有意於古者，亦將有考焉。[②]

金石學發遑於宋代，宋人將古器物視爲先王制作的歷史遺存，可補經傳之闕亡，是追三代遺風的重要途徑。同樣在"經傳闕亡"的觀念下，北宋禮學發展了一種博考文獻的考證方法。宋人對先王制作的理解不是基於經書的權威性、整全性，以對經典文本本身的完滿解釋爲方法，而是"多見而識之"、廣征經籍文獻與古器物的博古考證。陳振孫言陸佃《禮象》："尊彝爵舟皆取公卿家及秘府所藏古遺器，與聶圖大異。"[③]《禮象》之"爵"取自李公麟所得古爵，"象尊"取自章惇家藏，可見《禮象》圖受金石古物學浸染之深。《禮象》、《禮書》對《三禮圖》的批判，本質上即以名物爲核心、廣參文獻與古器物的考古式禮圖學對於傳統注疏之學的取代。陸佃、陳祥道的禮學在宋代廣爲流行，蔚爲主流。陸、陳爲王安石門人，但時人對其禮學的稱賞，超越了黨派門户之見。《四庫提要》云："陳振孫稱其（陳祥道）論辨精博……晁公武元祐黨家，李廌蘇門賓客，皆與王氏之學異趣。公武則稱其書甚精博，廌亦稱其禮學通博，一時少及，則是書固甚爲當時所重，不以安石之故廢之矣。"[④]至南宋，朱子及其門人對二人的評價甚高。《語類》記朱子評陸佃云："荆公門人陸農師自是煞能考禮。"[⑤]又評陸佃與陳祥道，謂："禮書，如陸農師《禮象》、陳用之《禮書》亦該博，陳底似勝陸底。後世禮樂全不足録。"[⑥]

---

① 劉敞：《公是集》卷三六，《叢書集成初編》本，北京：中華書局，1985年，第437頁。
② 吕大臨著，廖蓮婷整理：《考古圖》，上海：上海書店出版社，2016年，第2頁。
③ 陳振孫：《直齋書録解題》卷二，上海：上海古籍出版社，1987年，第50頁。
④ 《四庫全書總目提要》卷二二《經部·禮類四》，北京：中華書局，1965年，第179頁上。
⑤ 《朱子語類》卷八七，《朱子全書》（修訂本）第17册，第2990頁。
⑥ 《朱子語類》卷八七，《朱子全書》（修訂本）第17册，第2942頁。

門人林擇之云:“自《通典》後無人理會禮,本朝但有陳祥道、陸佃略理會來。”[1]蓋宋人重之如此。基於以上背景,纂圖本《周禮》圖對前代禮圖的裁剪編輯實際延續了《禮象》、《禮書》而非《三禮圖》式的禮學,下面通過對纂圖本《周禮》圖的文本分析加以論證。

(二)纂圖本《周禮》圖與《三禮圖》

纂圖本《周禮》圖有大量圖文因襲、裁剪自《三禮圖》,但其内在旨趣與《三禮圖》迥然有别。首先,纂圖本禮圖改變了《三禮圖》中的圖文關係。如前所論,《三禮圖》中,注文部分是聶崇義對作圖依據及其合理性的説明,是作圖的宗旨和標準。但在纂圖本禮圖的圖文之間並不存在這種相關性或對應關係,表現在,纂圖本禮圖的不少圖文之間是不相應的。譬如,“弁服之圖”采陸佃《禮象》之圖,但注文則删節自陳祥道《禮書》;“六尊圖”出《三禮圖》,注文則集采《三禮圖》、《禮書》、《禮象》;“新舊鼎俎之圖”圖采《三禮圖》、禮局樣,注文則以《禮書》爲主體,“罍洗勺篚圖”亦同;“甗概散脩圖”、“諸禮器圖”出自《三禮圖》、禮局樣,注文則雜采《三禮圖》、《禮書》、王昭禹《周禮詳解》;“世室重屋明堂圖”圖不知所自,並非出自《禮書》,注文則删節《禮書》而成;“鼓制圖上”圖出《三禮圖》,注文則采《禮書》、《禮象》等等,不備舉。纂圖本禮圖的注文具有“集注”性質,是對圖像的一種“集注”。聶崇義《三禮圖》儘管也自稱“集注”,但内容實際以舊圖、經注疏爲主,且注文與圖像之間存在“依經作圖”的緊密關聯。纂圖本禮圖與《三禮圖》的區别就在於它從根本上改變了注文性質與圖文關係,即由文本本位、“依經作圖”,轉向了圖像名物本位、集注諸説的“以文注圖”。這一轉變亦導致纂圖本在編輯裁剪上大大弱化了《三禮圖》的經學性,如:

1.纂圖本《王國經緯涂軌圖》注文云:

> 按禮,“匠人營國,方九里,旁三門,國中九經九緯,經涂九軌,左祖右社,面朝後市。”注云:“東西之道爲經,南北之道爲緯。經之涂皆容九軌,謂輙廣也。乘車六尺六寸,旁加七寸,凡八尺,九軌七十二尺,每涂計廣七十二步。男由右,女由左,車由中。王宫居中經。”經涂之外有環涂,環涂七軌,環涂之外有野涂,野涂五軌,輙廣亦八尺。[2]

---

① 《朱子語類》卷八五,《朱子全書》(修訂本)第17册,第2902頁。
② 《纂圖互注周禮・禮圖》,第1a頁。

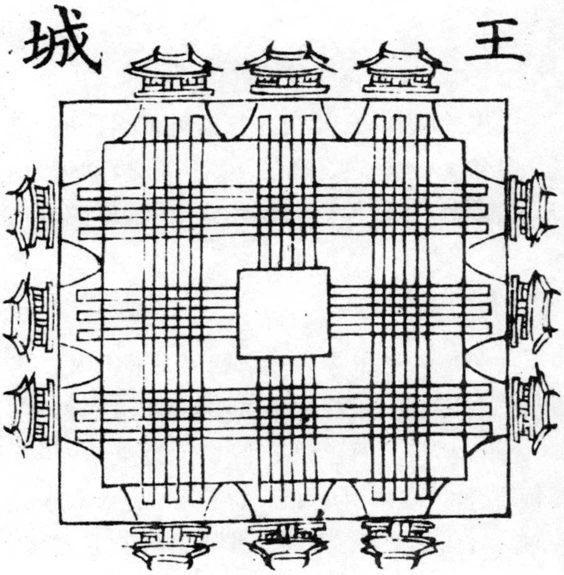

聶崇義《三禮圖》

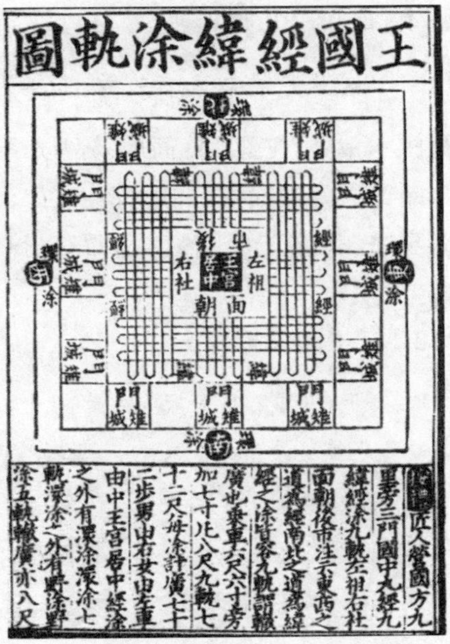

北大藏宋刻十一行本《周禮》圖

按上文"注云"以下鄭注與賈疏相混不分,實爲纂圖本删節《三禮圖》原注,而刊落"賈釋注云"之"賈釋"二字。《三禮圖》云:"賈釋注云:'營謂丈尺,其大小,天子十二門通十二子,謂以甲乙丙丁等十日爲母,子丑寅卯等十二辰爲子。'"①纂圖本删去賈疏疏解鄭注意涵、屬於經學範圍的論述,而僅保留與城制、寬廣相關的制度記載,混稱"注云"而不細別鄭注、賈疏。在作圖上,《三禮圖》圖像簡潔,其性質是經注疏的示意圖,纂圖本則增飾了更多細節。首先,《三禮圖》的作者聶崇義强調作圖的經典、經説憑據,故每稱引經文、注疏,論證層次分明;其次,聶崇義注文多關涉經學討論,纂圖本於經注疏每混淆不别,凡與經學相涉者,往往盡皆刊落。

2.《三禮圖》"扆"云:

> 《司几筵》云:"凡大朝覲、大饗射,凡封國、命諸侯,王位設黼依。"注云:"斧謂之黼,其繡白黑采,以絳帛爲質。依音扆,其制如屏風。"賈釋云,諸文多作斧字,若據采色而言,即《繢人職》白與黑謂之黼。若據繡於物上,即爲金斧之文。近刃白,近銎黑,則曰斧。取金斧斷割之義。屏風之名出於漢世,故引爲況。②

① 聶崇義:《三禮圖·宫室圖》卷四,第 2b 頁。

② 聶崇義:《三禮圖·弓矢圖》卷八,第 5a 頁。

纂圖本《次扆筵几圖》云：

司几筵設黼依名曰黼，其繡白黑文，以絳帛爲質，依制如屏風。①

按纂圖本裁剪《三禮圖》而成，鄭注"斧謂之黼"，纂圖本云："司几筵設黼依名曰黼"乃捏合經文與鄭注而成，曲解鄭注。鄭注《司几筵》云"斧謂之黼"，注《繢人職》則云"白與黑謂之黼"，《三禮圖》又引賈疏分析兩處鄭注不同、各自的立説緣由，爲纂圖本所不取。

3.《三禮圖》"几"云：

阮氏圖几長五尺，高尺二寸，廣二尺，兩端赤，中央黑。馬融以爲長三尺。案《司几筵》掌五几，左右玉、彫、彤、漆、素。詳五几之名，是無兩端赤，中央黑漆矣，蓋取彤漆類而楘之也。下云左右五几，此經所云，王皆立不坐，設左右几者，優至尊也。祀先王唯言昨席，不言几，左者王馮之，右者神所依。詳此經義，則似生人几在左，鬼神几在右，即下云右彫几，右漆几，右素几，俱爲神設也。又云筵國賓，左彤几，爲生者設也。②

纂圖本《次扆筵几图》云：

《司几筵》五几，左右玉、彫、漆。阮氏圖几長五尺，高二尺，廣二尺。兩端赤，中央黑漆。馬融以爲長三尺，無兩端赤中央黑漆之義。③

按纂圖本"無兩端赤、中央黑漆之義"實爲聶崇義駁阮圖之辭，可知纂圖本實爲裁剪《三禮圖》而成，並將聶崇義語誤系馬融之下。聶崇義又論生人與鬼神設几之别，發明經文文例與經義，亦爲纂圖本所不取。

4.《三禮圖》"豆"云：

舊圖云豆高尺二寸，漆赤中，大夫已上畫赤雲氣，諸侯飾以象，天子加玉飾，皆謂飾口足也。臣崇義案《考工記》旊人爲豆，高一尺，又鄭注《周禮》及《禮記》云豆以木爲之，受四升，口圓，徑尺二寸，有蓋。盛昌本、脾析、豚拍之齏，醓蠃、兔雁之醢，韭菁芹筍之菹，麋臡之屬，鄭注《鄉射記》云豆宜濡物，籩宜乾物故也。④

圖本《籩豆簠簋登爵之圖》云：

---

① 《纂圖互注周禮・禮圖》，第2a頁。
② 聶崇義：《三禮圖・弓矢圖》卷八，第5b頁。
③ 《纂圖互注周禮・禮圖》，第2a頁。
④ 聶崇義：《三禮圖・鼎俎圖》卷一三，第7a頁。

豆高並口圓徑一尺二寸，漆赤中，以盛濡物。[①]

按纂圖本云"豆高並口圓徑一尺二寸"，實爲糅合《三禮圖》載"舊圖云豆高尺二寸"與鄭注《周禮》、《禮記》以豆口圓，徑尺二寸而成。但聶崇義原不以舊圖爲然，而據《考工記》以豆高一尺，纂圖本尋文摘句，完全背離聶崇義作圖的經學背景。纂圖本的興趣要在名物制度、大小尺寸，於經學内容則一概忽略。

5.《三禮圖》"登"云：

梁正、阮氏圖云："登盛湆，以瓦爲之，受斗二升，口徑尺二寸，足徑尺八寸，高二尺四寸，小身有蓋似豆狀。"所記制度並非禮文，類之於豆則形制全大，比之豐坫，又高下相殊，既非正經，不可依據。臣崇義案：《爾雅》云木豆謂之豆，竹豆謂之籩，瓦豆謂之登，《大雅·生民》篇曰："于豆于登。"《毛傳》云："木曰豆，瓦曰登。"其在《周禮·旊人》爲瓦豆而實四升，高一尺，空徑二寸，厚半寸。又《生民傳》云："豆薦葅醢，登盛大羹，以其盛湆，故有蓋也。"然則瓦木竹之三豆，隨材造作殊名，其制大小無異。况此圖以"三禮"爲目，梁、阮二氏自題，又何捨此正經，别資他説，貴從典故，豈好是非？今依《周禮·旊人》制度爲定。[②]

纂圖本《籩豆簠簋登爵之圖》云：

盛湆以瓦爲之，足徑尺八寸，高二尺四寸，小身上有蓋。[③]

按：纂圖本僅録《三禮圖》所載梁正、阮氏圖所記"登"之大小。但聶崇義實以此制度"並非禮文"、"既非正經，不可依據"，進而以《爾雅》、《毛詩》、《周禮》論證"登"在《周禮》實爲"瓦豆"，其制度大小，經有明文，當據以爲定。聶崇義的用心之處在於禮圖的經學憑據，故注文每詳引經文、注疏，且多爲經學理論討論，故詳於文理而略於圖形。纂圖本引録《三禮圖》的核心則在圖而不在文，文字的意義只在於注解圖形相關的名物度數，《三禮圖》原有的經學特征在纂圖本中已蕩然無存。

（三）纂圖本《周禮》圖與《禮象》、《禮書》

從《三禮圖》到纂圖本禮圖的以上轉變，與禮圖學中名物考證方法的興起有關，因纂圖本在禮學傾向上實爲繼踵陸佃、陳祥道一系的禮學。纂圖本雖大量裁剪自《三禮圖》，但通常只爲鈔撮經注疏文，或與名物度數有關的内容，而絶無引據聶崇義觀點，稱"聶崇義云云"者，其集注觀點、論説實際以《禮書》、《禮象》爲主。上文指出，纂圖

① 《纂圖互注周禮·禮圖》，第 12a 頁。

② 聶崇義：《三禮圖·鼎俎圖》卷一三，第 7b 頁。

③ 《纂圖互注周禮·禮圖》，第 12a 頁。

本禮圖的注文帶有"集注"性質,内容則以《禮象》、《禮書》最爲大宗。《禮書》采《三禮圖》圖文配合的形式編纂,以名物爲綱,每一名物,首先排列與之相關的經史子集文獻、先儒諸説,再綜合這些文獻、學説對名物進行考辨,也即是陳祥道所自稱的"考六藝百家之文"、"其於歷代諸儒之論、近世聶崇義之圖,或正其所失,或補其所闕"。[①] 基於此,《禮書》所形成的圖文關係便與《三禮圖》有所不同。《禮書》的注文並非像《三禮圖》那樣作爲禮圖的依據或標準而存在,而是陳祥道圍繞名物制度所作的考證工作的一部分。纂圖本禮圖便裁剪編輯這些論説集注於禮圖之下。與陸佃、陳祥道相比,纂圖本禮圖表現出更加單純地關注圖像的名物度數。譬如《禮書》"周明堂"條,陳祥道詳細排比有關明堂的文獻記載,進而討論明堂之形制、辯論鄭玄明堂、太廟、路寢異名同制説之非、據《禮記》論明堂之作不始於周公、據《孟子》論四岳亦有明堂、論《月令》言四時乘異路載異旂之非、周公朝諸侯於明堂非踐位受朝等等,蓋就傳統禮學疑難提出新解。[②] 纂圖本《周禮》圖較之《禮書》圖更爲細緻,但僅録陳祥道梳理的三代明堂制度尺寸以爲注。

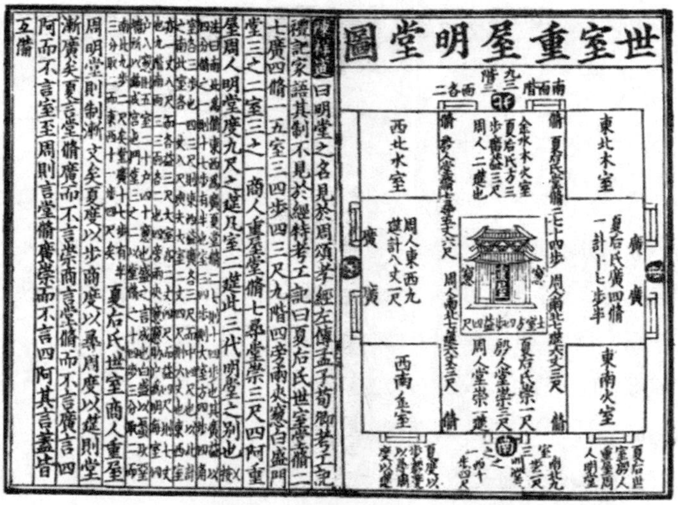

北大藏宋刻十一行本《周禮》

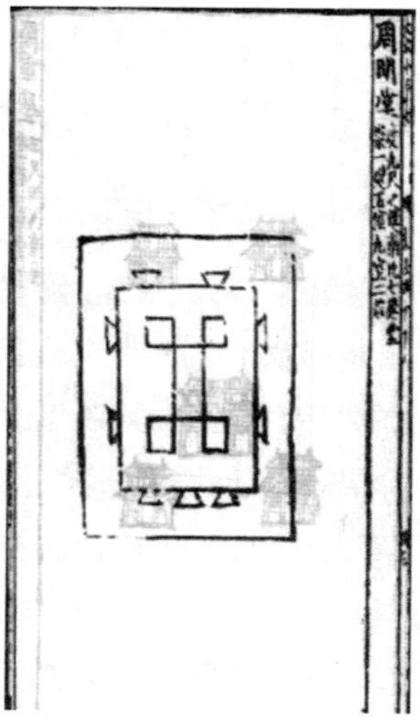

《禮書》周明堂圖

又如纂圖本《周禮》圖之六尊圖。六尊圖以删采聶崇義《三禮圖》爲主體,增以《禮書》、《禮象》:

① 陳祥道:《禮書·進禮書表》,第1頁。
② 陳祥道:《禮書》卷四〇,第159頁。

山尊 畫山雲形,一盛盎齊。《記》曰山罍。《禮書》狀如今酒壺,頸小,有足,有流,畫山。

著尊 秋嘗冬烝,朝獻用之,以着地無足,故名著。《記》云殷尊,《禮書》著如今壺,又外有流。

壺尊 秋嘗冬烝,饋獻用兩壺尊,一盛玄酒,一盛盎齊。《禮書》云以壺爲尊,有流。

象尊 與犧尊同用於春祠夏禴,先儒謂飾以象骨。陸佃謂章惇得此器,三足,象其鼻。①

纂圖本"山尊"、"著尊"、"壺尊"、"象尊"圖采聶崇義《三禮圖》,引《禮書》、《禮象》則爲補充兩書有關器形的記載。《禮書》、《禮象》以名物爲綱,廣引文獻,仍重在對文獻的分析與討論,《禮書》尤其如此,至纂圖本禮圖則演變爲單純對於名物形制、度數的注解。

三 結語

以上嘗試對傳世纂圖本《周禮》圖的内容淵源及其知識背景作了探源。向爲人所忽視的俞言《周禮圖》,實爲南宋以來通俗本《周禮圖》之淵藪。作爲通俗本禮圖,纂圖本禮圖在内容編纂上的核心特質是對圖文性質及其關係的改變。從《三禮圖》到纂圖本禮圖,禮圖的圖文從經學本位轉向了圖像、器物本位,這一變化與北宋時期陸佃、陳祥道禮學的出現及其對《三禮圖》的系統批判有關。纂圖本禮圖與俞言禮圖之間的淵源關係則進一步表明,通俗本禮圖所反映出的思想特征是南宋時期的禮學與禮圖學當中已然存在的一種演變趨勢。

作者簡介:

馮茜,女,1988年生,四川成都人,北京大學中國史博士,現爲中山大學博雅學院博士後,主要研究經學史、禮學史。近年代表作品有《中晚唐郊廟禮制新變中的儒學色彩——禮制意義上的"太祖"在唐代郊廟中的出現及其地位的凸顯》(《文史》2014年第3期)、《〈師友談記〉所記陳祥道事迹考辨》(《中華文史論叢》2015年第3期)、《聶崇義〈新定三禮圖〉與宋初禮學》(《朱熹禮學基本問題研究》,中華書局2015年版)、《〈宋史·禮志·宗廟之制〉補正九則》(《文史》2016年第3期)等。

① 《纂圖互注周禮·禮圖》,第9a頁。

張錫恭《喪服鄭氏學》整理本出版

張錫恭《喪服鄭氏學》由北京大學吴飛教授整理,於 2017 年 10 月在上海書店出版社出版。

張錫恭(1858-1924),字聞遠,松江人,少時就讀於江陰南菁書院,從黄以周問業,終成晚清重要經學家,而尤精禮經喪服之學。

張錫恭原本規劃《喪禮鄭氏學》一書,欲以《喪服》一篇爲綱,遍解《周禮》、《儀禮》、大小《戴記》中相關篇章,而解《喪服》之書自然最系統,亦應最先完成。1916 年,《喪服鄭氏學》十六卷完稿,張氏摯友曹元忠將之携至嘉業堂劉承幹處。劉承幹時正刊刻《求恕齋叢書》,遂付梨棗。而後張氏又用十年時間,成《禮經鄭氏學》十一卷、《禮記鄭氏學》三十二卷,附所修《大清通禮喪禮》一卷,此四十四卷總稱《喪禮鄭氏學》。《喪服鄭氏學》、《喪禮鄭氏學》共六十卷,實本一書,張氏一生之學,俱匯於此,可以看作清世喪服學集大成之作。

曹元弼序此書云:"囊括大典,網羅衆家,删裁繁誣,刊改漏失,精微廣大,直與鄭注、賈疏並重。"《喪服鄭氏學》體例,首以經傳注疏,次采諸儒闡發鄭學之説,在諸説相持之處,則下以按語。張氏學尊鄭氏,家法謹嚴,但對於與鄭氏不同者,如王肅、敖繼公、郝敬以及程瑶田諸家,也都給以充分重視。全書采擇精當,立論審慎,極得鄭氏學精義。比如論婦人不杖、子服出母嫁母之服、高祖玄孫之服、爲人後之服,皆爲不刊之論,足息千年聚訟。而此書最突出之處,則在正尊降服之説,不僅是讀此書的鎖鑰,也是張氏學術的關竅所在。

《求恕齋叢書》本《喪禮鄭氏學》,有先後印之别,後印本始載曹元弼序一篇。此次整理,主要依後印本,置曹序於前。又有喪服形制圖與釋髻髮札記,此前或於書前,或於書末。此次將形制圖置於書前,而釋髻髮札記調整到卷三論髻髮之末,以便讀者參看。張氏所作《自書覆校喪服鄭氏學刊本後》一文,描述此書刊刻始末,指出書中錯誤,以及所用《儀禮疏》版本,亦附於書末,另增主要校勘用書與人名索引兩項,可爲讀者研習之一助。此整理本的出版,使張氏之學再顯於世,對今人研讀《喪服》,亦功莫大焉。

孔穎達、賈公彦門闑制度異説辨正※

彭　林

禮學研究之基礎在名物度數，古制茫昧，書闕有間，糾葛之處，在在多有。如門中之“闑”，是一是二？牽涉門制及兩君朝聘之儀，至關緊要，故歷代經學耆宿，如孔穎達、賈公彦、焦循、王引之、黄以周等輩，悉數裹挾其中，聚訟迭興。近百年來，禮學式微，此事遂歸於沉寂。兩年前，與諸弟子會讀《儀禮・鄉射禮》，而觸及此一舊案。門人徐到穩君撰《闑與中門：三説源流考鏡》一文，②詳細綜述諸家争議。③ 讀之，感覺意猶未盡，本文擬在徐文基礎上，辨析異議，正本清源，提出新説。

一　宫室之門：闑、閾、棖与中門

爲廓清背景，方便下文討論，本文先行介紹闑、閾、棖，以及中門等先秦宫室門制之大端。經書涉及門制而最爲人熟知者爲以下數處：

《論語・鄉黨》：“立不中門，行不履閾。”

《儀禮・士冠禮》：“布席於門中，闑西閾外，西面。”

《禮記・曲禮》：“爲人子者，立不中門。”④

《禮記・玉藻》：“公事自闑西，私事自闑東。”

古時單扉稱户，雙扉稱門。雙扉閉合後，爲使之固定於同一水平綫上，而於地面豎一木

※本文爲國家社科基金重大項目“《儀禮》復原與當代日常禮儀重建研究（14ZDB009）”、特别委托項目“中外典禮制度比較研究”（17@ZH009）階段研究成果。

② 徐到穩：《闑與中門：三説源流考鏡》，《中國經學》第十五輯，桂林：廣西師範大學出版社，2015年，第229頁。

③ 該文將諸説歸納爲“闑一中門二”、“闑二中門一”、“闑一中門一”等三説；其中闑一中門一之説，倡自朱子，但應者寥寥，未能成軍，故本文不論。

④ 《禮記・曲禮》與《論語・鄉黨》均有“立不中門”語，爲行文簡捷計，以下凡引此語，均只標《曲禮》。

塊以抵門,令不得向外逆推,此物稱"闑",文獻或作閫,或作橜、橛,或稱弋。王引之云:"闑以硋門兩扇之交處也。"①

"閾",俗稱門限,或作柣,《爾雅·釋宫》:"柣,謂之閾。"《説文》云:"閾,門柣也。"或作梱,《説文》:"梱,限也。"段注:"梱、閾、柣,亦一物三名矣。"②

上引闑、閾、閫、梱,橜、橛、梱、柣,字形生僻,字義晦澀,文獻轉相訓釋,竟至滚作一團,難以拆解。如《説文》云"梱,門橛也",又云"闑,門梱也",注疏家則據以説經,如《士冠禮》"闑西閾外",鄭注:"闑,門橛。閾,閫也。"賈疏:"閫,門限,與閾爲一也。"將"閫"與"閾"混同。《説文解字繫傳》:"橜,弋也。從木,厥聲。一曰門梱也。臣鍇按:《爾雅》樴謂之杙,注:橜也。蓋直一段之木也。其初謂之橜、杙、樴,及其入用,各隨所在爲名。故曰:在地謂之臬,臬,門限也。大者謂之栱,長者謂之閣。"③王引之辨其非:

> 閫,闑也,非閾也。閾,門限也。《爾雅》"柣,謂之閾",郭注曰:"門限。""橜,謂之闑",郭注曰:"門閫。"《説文》閫作梱,曰:梱,門橜也。橜,門梱也。闑,門梱也。閾,門榍也。榍,限也。(榍與柣同)……是閾與閫不同物,不得以閫爲閾也。④

黄以周亦以"闑"與"捆"爲二物,形制與位置所在均有明顯區别:"闑,門橜豎木。捆,門限横木。"⑤焦氏認定之門闑制度,與其他學者所見不盡相同,認爲門限與閾並非一物,兩闑與閾爲一體:

> 掩兩扉則用門限,……啓兩扉則除去門限而設兩闑。設兩闑則門分爲三,其兩闑之間爲中門,闑東、闑西爲人臣出入所由,則不設闑,兩闑間則設闑。⑥

焦循所論,太過複雜,不易驟然定其是非,爲集中筆墨討論本文主題,故存而不論,有興趣者可另作探討。

闑、閾之外又有"棖"。棖或名楔,爲樹於門兩側之長木,《詩·鄭風·豐》"俟我乎堂兮",鄭箋:"堂,當爲棖。棖,門梱上木近邊者。"《爾雅·釋宫》:"棖謂之楔。"鄭注《玉藻》:"棖,楔也。"郝懿行疏引皇侃疏:"門左右兩樘,各豎一木,名之爲棖。棖以禦

① 王引之:《經義述聞》卷一六《儀禮》之"闑、中門"條,南京:江蘇古籍出版社,2000年,第394頁。
② 段玉裁:《説文解字注》六篇上,上海:上海古籍出版社,1981年,第256頁。
③ 徐鍇:《説文解字繫傳》,北京:中華書局,1978年,第116頁。
④ 王引之:《經義述聞》卷一〇《儀禮》之"闑西閾外"條,第230頁。
⑤ 黄以周:《禮書通故》第二,北京:中華書局,2007年,第61頁。
⑥ 焦循:《禮記補疏》卷二,《清經解》(柒)第一百三十二種,南京:鳳凰出版社,2005年,第8787頁。

車過,恐觸門也。"[①]若如皇説,則棖並非門框兩側之豎木,乃是爲防止車輛出入撞壞門框而外加之長木。

古人行禮,多在宫室,君臣、賓主,各色人等,無不出入於門,故門爲禮之大節之一。周代天子、諸侯有朝聘之禮,《禮記·王制》云:"諸侯之于天子也,比年一小聘,三年一大聘,五年一朝。"鄭注:"小聘使大夫,大聘使卿,朝則君自行。"[②]是周代諸侯邦交,以大夫爲正使稱"小聘",以卿爲正使稱"大聘",國君親自出聘稱"朝"。文獻所見,凡諸侯朝聘,均經由中門;若卿大夫爲聘賓則否,《玉藻》云"賓入不中門,公事自闑西,私事自闑東",郑注:

> 公事自闑西者,謂行聘享之禮。聘享是奉君命而行,故謂之公事。自闑西,用賓禮也。私事自闑東者,謂私覿、私面,非行君命,故謂之私事。自闑東者,從臣禮,示將爲主君之臣也。[③]

足見大聘、小聘之賓,入門之禮有兩種情况:若是奉君命、以賓之身份行聘享之禮,則由闑西進門;若是以私人身份與對方卿大夫見面,則從闑東進門,表示此時是主國之君的臣下。禮書提及卿大夫爲賓之處甚多,每每與兩君相聘之禮同時並提,爲集中筆墨於朝禮,避免枝蔓,故先行略述聘賓入門之禮於此,下文不再贅述。然兩國之君進入之正門,形制究竟如何?雙方入門之儀,當遵循何種原則?兩君之隨行官員,入門之位置又是如何?因典籍行文簡略,鄭注或語焉不詳,學者理解有異,見仁見智,莫衷一是,故亟待董理與辨正。

二 "雁行":兩君交聘入門之法

周代兩君交聘之特色有二,一是雙方國君當處處對等;二是不同級别之屬員,站立、行走,均有嚴格之差等。據《禮記·王制》,双方國君之副貳皆有三位,朝君一方統稱"介",地位最高者爲上介,或徑稱介,由卿擔任;其次爲由大夫擔任之介,地位低於上介;再次爲由士擔任之介,地位又低於大夫之介。主君之三位副貳統稱"擯",分别爲上擯、大夫擯、士擯,位階與朝君一方之上介、大夫之介、士介對等。此外,三介、三擯站立之方位、入門之先後,均有差等,極之講究,《禮記·玉藻》云:

---

① 郝懿行:《爾雅義疏》(二),《釋宫》,北京:中國書店,1982年,第3頁。

② 鄭玄注,孔穎達疏:《禮記正義》卷一六《王制》,上海:上海古籍出版社,2008年,第488頁。

③ 鄭玄注,孔穎達疏:《禮記正義》卷四〇《玉藻》,第1243頁。

君入門，介拂闑，大夫中棖與闑之間，士介拂棖。

朝君與一行入門，在門之西半部，三介之具體位置爲：介拂闑，大夫中棖與闑之間，士介拂棖。上介之位在近闑處，大夫介在棖闑之間，士介在近棖處。主君一方三擯之位置，在門之東半部，與三介左右對稱。然經義猶有遊移之處：三介、三擯爲齊頭並進，抑或魚貫而入？《玉藻》文字簡奥，驟然讀之，不易曉白，鄭注云：

君入必中門，上介夾闑，大夫介、士介鴈行於後，示不相沿也。

鄭注以“雁行”一詞補充説明君與三介入門之位置：兩君在中門，左右並立；三介、三擯呈梯狀分别斜向左右，略如群雁飛行之隊形。如此安排之主旨，在“示不相沿”，突顯隨員之身份差等。鄭注直可補益經義，可謂精妙。

在《儀禮・聘禮》“聘享”節“公揖入，每門、每曲揖”句下，鄭注再次提及“雁行”，並作闡發：

凡君與賓入門，賓必後君，介及擯者隨之，並而雁行。既入，則或左或右，相去如初。……介與擯者雁行，卑不逾尊者之跡，亦敬也。①

鄭注對上引“示不相沿也”語再作鋪叙：“卑不逾尊者之跡，亦敬也。”前行者尊，後行者卑，卑者不得逾尊者之跡，旨在表敬。如此，經義愈益清晰。

“雁行”一詞，不見於《玉藻》、《聘禮》經文，而其他文獻時有所見。如《詩・鄭風・大叔于田》“兩服上襄，兩驂鴈行”，鄭箋：“鴈行者，言與中服相次序。”是夾轅兩服馬與外側兩驂馬之位序略有先後，如雁行之形。錯次之義，當亦相同。又《禮記・王制》云：“父之齒隨行，兄之齒雁行，朋友不相逾。”諸家在理解上，並無歧義。

三　孔疏、賈疏肇啓一闑二闑之争

上文論交聘時擯介之位，然則兩君之位何在？《玉藻》“君入門”，鄭注：“君入必中門。”此“中門”究指何處？至爲關鍵。崔靈恩、皇侃沿襲鄭注《曲禮》以中門乃“棖闑之中央”解讀《玉藻》，云：“君必中門者，謂當棖闑之中，主君在闑東，賓在闑西。主君上擯在君之後，稍近西而拂闑。賓之上介在賓之後，稍近東而拂闑。大夫擯、介各當君後，在棖闑之中央。”②二氏將“中門”解釋爲“棖闑之中”，自是以一門僅一闑立論，故

① 鄭玄注，賈公彦疏：《張敦仁本儀禮疏》卷二〇《聘禮》，杭州：浙江古籍出版社，2017 年，第 683 頁。
② 鄭玄注，孔穎達疏：《禮記正義》卷四〇《玉藻》，孔疏引，第 1243 頁。

認定“主君在闑東,賓在闑西”,而各自“當棖闑之中”。

孔穎達疏稱崔、皇之説“義或當然,今依用之”,並以此爲基礎鋪叙之:

君必中門。介拂闑者,介謂上介,稍近君,故拂闑。大夫中棖與闑之間者,大夫之介,微遠於闑,故當棖與闑之間。士介拂棖者,士介卑,去闑遠,故拂棖。……云鴈行於後,示不相沿也者,鴈行,參差節級。①

孔疏將經注“拂闑”、“拂棖”之“拂”解讀爲“近”:上介“稍近君,故拂闑”;士介“去闑遠,故拂棖”;大夫之介“微遠於闑,故當棖與闑之間”;如此,雙方隨員均由近闑而漸次向外至近棖處,呈雁行之“人”字,此即“參差節級”。孔疏兩君入門之法如下圖:

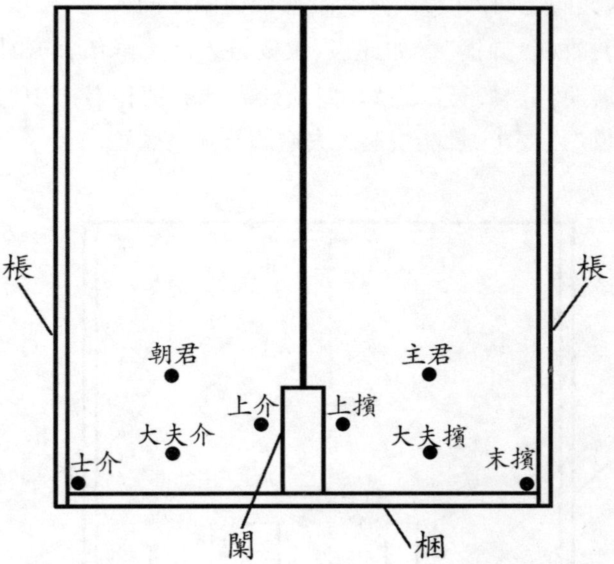

圖一　一門一闑

孔説影響甚大,爲後世多數學者所宗。但若細考禮書相關文字,則知其説未臻嚴密,其要害在兩君從棖闑之間入門,而大夫之介亦從此處通過,與鄭注“卑不逾尊者之跡”之原則顯相抵牾。

賈公彦《儀禮·聘禮》疏另闢蹊徑,認爲一門有二闑,東西各一。《玉藻》鄭注“君入門介拂闑”“門中門之正”“卑不逾尊者之跡”云云,乃是“聊爲一闑言之”,鄭注不過

① 鄭玄注,孔穎達疏:《禮記正義》卷四〇《玉藻》,第1243頁。

是就一側之闑而言：

> 君最近闑，亦拂之而過，上介則隨君而行，拂闑而過，所以與君同行者，臣自爲一列。主君既出迎賓，主君與君併入，主君於東闑之内，賓於西闑之内，並行而入。上介於西闑之外，上擯於東闑之外，皆拂闑。次介、次擯皆大夫，中棖與闑之間，末介、末擯皆士，各自拂棖，如是得君入中門之正。上擯、上介俱得拂闑，又得不逾尊者之跡矣。①

依賈説，二闑之間方爲“門中”，乃主客雙方國君並行入門處，主君在東闑之内，朝君在西闑之内。東側棖闑之間，爲主君一方隨員之通道；西側棖闑之間，爲朝君一方隨員之通道。爲此，上擯在東闑之東入門，上介在西闑之西入門，皆擦闑而入，故稱“拂闑”；稍後，次擯從東邊棖與闑之間入門，次介從東邊棖與闑之間入門；再後，末擯擦東棖入門，末介擦西棖入門，故稱“拂棖”。如此，賓主雙方入門之隊伍，均由國君領頭，分别向左右錯落有致地展開，呈“雁行”之狀。賈疏此説，既可“得君入中門之正”，亦符合“上擯、上介俱得拂闑”之要求，且能規避大夫逾國君跡之尷尬。

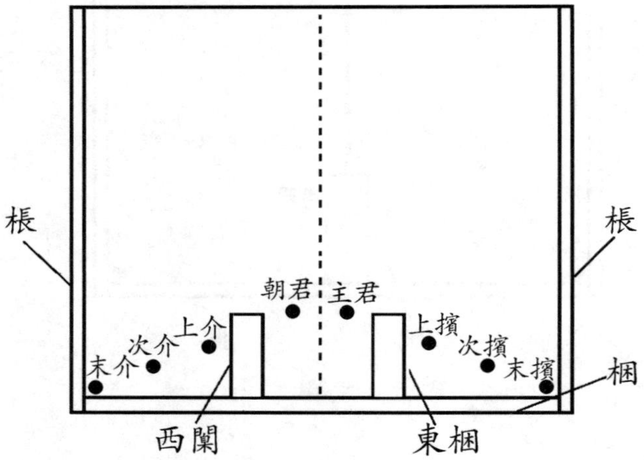

圖二　一門二闑

平心而論，賈疏一門二闑説，乍聽之似有悖常理，然而不如此，則無以妥善解讀經義，其説自較孔疏更勝一籌。然二位禮學經師不過各抒己見，未曾當面交鋒，便先後謝世，至爲遺憾。

---

① 鄭玄注，賈公彦疏：《張敦仁本儀禮疏》卷二〇《聘禮》，第684-685頁。

四　焦循力辯孔疏之非

賈説虽言之有理，持之有故，無奈學者不爲所動，多從孔而不從賈。如以撰作同名《儀禮圖》聞名之宋儒楊復、清儒張惠言，均不贊同賈疏之説。楊復《儀禮圖》之聘禮圖，大門僅有一闑，並云："闑居中，棖謂兩旁長木。"①張惠言亦云："門一闑，依孔疏。賈氏以爲二闑。"②又云：

> 案此文云門中闑西，不言東闑西闑，則惟一闑明矣。鄭注《論語》"立不中門"云："立行不當棖闑之中央。"則鄭以一闑可知。③

江永爲清初禮學大師，所著《鄉黨圖考》、《禮書綱目》，考辯名物，多有創獲，在學界負有盛名。然面對孔、賈一闑二闑之争，居然毫無推動，僅云"《儀禮》賈疏謂門有兩闑，其説非是"，④僅此而已。

清代號稱禮學極盛，而研究諸家，對《玉藻》所及闑數之争幾無發明，大多采用"選邊站"之態度，如朱彬《禮記訓纂》從孔疏，以皇氏、崔氏之説爲説，以爲門止一闑。⑤孫希旦《禮記集解》云："門惟一闑明矣。賈氏説非是。"⑥至乾嘉之時，焦循、王引之出，一闑二闑之争，方再現波瀾。

焦循乃乾嘉學術中堅，著述饒豐，所撰《群經宫室圖》、《禮記補疏》等，於宫室制度有專精研究。焦氏力挺賈説："賈氏云二闑，其説自當。"⑦焦氏緊扣經注文字，辨析一闑二闑之説，其要點可約略歸納如下：

其一，"中門"为"兩闑之間"。焦循贊同門有兩闑之説，即左右扉前各有一闑，故"兩闑之間爲中門"，⑧凡《禮記》、《論語》言中門者，均是指此。

其二，"中門"與"中棖與闑之間"有别。兩者久被混淆爲一，焦氏力辯其異：棖闑之間爲一扉之中，而非門之中，故不得稱"正"；兩闑之間在門之正中，故得稱"正"，且由君獨行：

---

① 楊復：《儀禮圖》之《擯出迎賓圖》，《通志堂經解》(十二册)，揚州：廣陵古籍刻印社，1993年，第290頁。
② 張惠言：《儀禮圖》卷一，《宫室一》，《鄭氏大夫士堂室圖》，杭州：浙江古籍出版社，2016年，第5頁。
③ 張惠言：《讀儀禮記一》，《清經解續編》卷五八，南京：鳳凰出版社，2005年，第1760頁。
④ 江永：《鄉黨圖考》四《棖闑閾考》，《清經解》第三十三種，南京：鳳凰出版社，2005年，第2052頁。
⑤ 朱彬：《禮記訓纂》卷一三，北京：中華書局，1996年，第474頁。
⑥ 孫希旦：《禮記集解》卷三〇，《玉藻》，北京：中華書局，1989年，第831頁。
⑦ 焦循：《群經宫室圖卷上》，《焦循全集》(八)，揚州：廣陵書社，2005年，第3824頁。
⑧ 王引之：《經義述聞》卷一〇，《儀禮》之"闑西閾外"條，第230頁。

兩棖之間統謂之門,門之司啓閉者爲扉。臬則所以介此門者。一門介而爲三,必用二臬,曰"中門",則必中於門,即中於兩棖兩臬之中央;曰"中棖與臬之間",則中於一棖一臬之間;曰闔門左扉,立於其中,則居扉之中;扉自棖而過臬,當兩臬之中,則扉中又異乎棖與臬之間。

其三,"中門"與"門中"不同。焦氏指出,"門中",與室中、房中、廟中等相類,乃是"大名";"中門",與中堂、中庭、中席等相類,必在其正中:

鄭氏注《聘禮》引《玉藻》而釋之云:"門中,門之正也。"[1]以門中明中門,知爲門之中,非棖臬之間。棖與臬之間,非正也。又云"不敢與君並由之,敬也",正以兩臬之中,惟君獨行,賓不敢並。若一臬分兩畔,不可爲並矣。

有時謂之門中,猶不必其正中,猶《士冠禮》、《特牲饋食禮》云"門中,臬西閾外",《聘禮》言"立於門中以相拜",此如室中爲一室之中,房中爲一房之中,廟中爲一廟之中,是亦門爲大名之證。若中門,則正中矣,猶中堂必中于堂,中庭必中於庭,中席必中于席,中道必中於道。棖與臬之間可稱中門,將中堂兩楹之間可稱中堂,中庭以東亦可稱中庭矣。[2]

其四,孔疏以棖闑之間爲"中門",然賓入不中門,大夫中棖闑之間,豈非大夫反而入中門?以棖闑之間爲"中門",便是"以偏爲中",與經文悖逆,繆不可通:

按棖闑之間,大夫所行,卿則近闑,是近闑處尊於棖闑之間矣。謂棖闑之間爲中門,可乎?且賓不中門,大夫中棖闑之間,豈大夫轉中門耶?以偏爲中,斷無此理。且鄭氏云君入必中門、上介夾闑,與君與介夾闑之左右。若止一闑,是介與君並行矣。孔氏非也。[3]

其五,"夾闑"爲卿與君夾,而非兩君相夾。鄭注"君入必中門,上介夾臬,大夫介、士介雁行於後"。此"夾闑",乃是解讀《玉藻》經文之關鍵。若依一門一闑之説,則是兩君夾闑,而介與君並行。焦氏細味鄭意,當是"言君與介夾闑之左右。若止一闑,是介與君並行矣,孔氏非也"。[4] 具體而言:

夾臬,緊承君言;雁行,緊承上介言。則夾者,與君夾,後者,後於上介。君行兩臬之間,近臬;上介隨君後而當臬外,大夫隨上介後、而當棖臬之間,士介隨大夫

---

① 此處"門中"一詞,當作"中門",説詳後文。

② 焦循:《禮記補疏》卷一,《清經解》(柒)第一百三十二種,南京:鳳凰出版社,2005年,第8779頁。

③ 焦循:《群經宫室圖卷上》,《焦循全集》(八),第3824頁。

④ 焦循:《群經宫室圖卷上》,《焦循全集》(八),第3824頁。

後、而當近棖，雖相隨而斜若雁行，故其步趨不相沿。然則，君行中門，在兩臬之間，大夫行棖臬之間，非中門也。

其六，唯有一闑二門，方能真正呈現"雁行"隊形，而與鄭注"卑不踰尊者之跡"之語處處照應，毫無礙難：

《聘禮》注又云："介與擯者雁行，卑不踰尊者之跡，亦敬也。"此與"不相沿"相發明，謂上介尊于大夫，大夫尊于士。上介既拂臬，則大夫不敢沿之亦拂臬，以致踰其跡，故中棖臬之間以爲敬。

較之孔疏，焦循一門二闑説，於解讀經書中兩國交聘時，君當從何處入門，以及隨員如何"雁行"等問題，更爲細密妥帖，堪稱賈疏功臣。

五　王引之反詰一門二闑説

王引之、王念孫父子，乃乾嘉名物訓詁大師，于一門二闑之説似久有關注，故王引之論及《玉藻》孔疏謂闑在門之中央，《聘禮》賈疏謂闑有二、東西各一之是非，開首便云"家大人曰，孔説是，賈説非也"。① 王引之首先從經注行文之邏輯切入，辯難賈疏。王氏在名著《經義述聞》中列舉六條强證，其前五條如下：

《玉藻》"君入門，介拂闑"，鄭注曰："上介夾闑。"賈以爲上介於西闑之外拂闑。案如賈説，介所拂者爲西闑，則經當云君入門介拂西闑，注亦當云上介夾西闑；乃與東闑有别。今經與注皆但云闑，不云西闑，則門惟一闑在中，而非東西二闑矣。其證一。

《玉藻》又云"公事自闑西，私事自闑東"，闑一而已，故闑之左曰闑東，闑之右曰闑西；若有東西二闑，則所謂自闑西者，東闑之西乎、西闑之東乎？所謂自闑東者，東闑之東乎、西闑之東乎？經與注不應全無分别也。其證二。

賈云，上介於西闑之外，上擯於東闑之外，皆拂闑。案《聘禮》"擯者出請事"，鄭注曰："賓出次，直闑西北面，上擯在闑東閾外西面"，若有東西二闑，則注當云"賓出次，直西闑西北面，上擯在東闑東閾外西面"矣。今注不言東闑、西闑，但云闑，則非二闑可知。其證三。

《曲禮》"大夫士出入君門，由闑右"，注曰："闑，門橜。"《正義》曰："從闑東

① 王引之：《經義述聞》卷一六《儀禮》之"闑、中門"條，第394頁。

也。"如闑有二,則經當云"由東闑右",縱經不言東,注亦當增成其義云"闑,東闑也",乃與西闑有别。何以經但言闑,注亦但言"闑,門橜",而不言東闑乎?豈非門橜但處中央,而無東西之可言乎?其證四。

《士冠禮》"布席於門中,闑西閾外",注云:"闑,門橜。"如闑有二,則經當曰"布席於門中,東闑西",或云"西闑西",乃有定所。注亦當曰"闑西,東闑西也",或云"西闑西也",經義乃明。今經但云闑,而不云東闑西闑,注亦但云"闑,門橜",而不云有東西二闑,則闑在中央,而非東西並列矣。士之門與諸侯之門,大小雖殊而制則一也。其證五。

王氏指出,經文屢言"闑東"與"闑西",若闑有二,則經文當明言是東闑,抑或西闑;若經文因省簡而未提及,則鄭注當補充説明,"經與注不應全無分别"。然王氏列舉《玉藻》、《聘禮》、《曲禮》、《士冠禮》、《穀梁傳》等經注,均"但言闑"、"而不言東闑、西闑",足見"門惟一闑,在中,而非東西二闑"。因此"合經注觀之,闑當兩門之間而非分列東西,較然明白,不得如賈所云也"。①

對賈疏及焦循所持論點,王引之針鋒相對,毫不留情,逐条批駁:

第一,"中門"爲一扉之中,而非兩門之中;左右扉之中,皆爲"中門":

案中門者,一門之中,非兩門之中也。一門之中,則棖闑之間也。棖闑之間爲中門,鄭注《禮記》、《論語》皆明著之,不得以爲非中門也。

案門有兩扉,一扉之中,亦謂之中。《士冠禮》"布席於門中闑西",闑西者,右扉所在也。門中者,右扉之中也。若謂門中是兩闑之間,則經當云"布席於門中闑間",不得云闑西矣。《曲禮》"爲人子者立不中門",鄭注曰:"中門,謂棖闑之間。"《論語·鄉黨》篇"立不中門",鄭注曰:"不當棖闑之中央。"棖闑之中央,正當一扉之中也,其非兩闑之間明甚。皇侃《論語疏》曰:"中門,棖闑之中也。門中央有闑,闑以硋門兩扇之交處也。"闑東是君行之道,闑西是賓行之道也,長於賈氏遠矣。

王氏認爲,若如賈疏二闑之説,主君在東,朝君在西,則"皆不當兩扉交處,則反在旁而不在中矣。不與君入必中門之説相刺謬乎"?②

第二,關於"雁行"。王氏强調介與君雖同入於棖闑之間,但由於彼此不在同一行列,故不存在"擬君"之嫌:

---

① 王引之:《經義述聞》卷一六《儀禮》之"闑、中門"條,第395頁。

② 王引之:《經義述聞》卷一六《儀禮》之"闑、中門"條,第394頁。

入門時,君特行,不與介連類,大夫但與上介、末介雁行爲次序,不敢與君爲次序也。君與大夫,雖同在棖闑之間而行列絶異,不得以大夫擬于君之中門爲嫌。

焦氏早於王氏十二年過世,未能回應其質疑。兩説相較,學者依然多選擇孔疏之説。胡培翬《儀禮正義》、孫詒讓《周禮正義》均不從焦循之説,二氏同爲清代禮學研究大師級學者,學界至今贊譽不絶,可惜二書於闑數之争議似無所推動,令人略覺意外。

胡培翬采孔疏之説:"君入必中門,上介夾闑,大夫介、士介雁行於後,示不相沿也",又解釋"雁行":"謂上介與上擯並,次介與次擯並,末介與末擯並,各隨賓與君行,而上介上擯在前,次介次擯、末介末擯,以次在後,略有參差,如雁行也。"復云:

兩君相見,主東賓西,各由中門而入。擯介隨之,雁行參差於其後,上擯近西,上介近東而拂闑。大夫直君之後,士介拂棖。聘賓入門,還依爲君介時,近東而拂闑,不敢中門也。云此賓謂聘卿大夫也。門中,門之正也。不敢與君並由之敬也者,此申言賓入不中門之義也。云介與擯者雁行卑不踰尊者之跡亦敬也者,此申言介拂闑以下之義也。卑不踰尊者之跡,謂上介、上擯拂闑,後於賓與君,大夫介、士介又以次略後,是不踰也。云賓之介猶主人之擯者,謂《玉藻》拂闑以下,雖止言介,其實主國擯者隨入之儀亦同也。賈疏謂門有兩闑,楊氏復云:《玉藻》疏云:闑謂門之中央所豎短木。則門只有一闑。《爾雅》:橛謂之闑,注云:門中之橛名闑。當以《玉藻》疏及《爾雅》爲正。①

胡氏之説,無推導過程,而以"其無二闑明矣","賈氏説於經無據"數語輕輕帶過,認爲所謂"雁行",不過是不同等差之人入門,前後略有間隔而已。胡氏結論是:

一闑爲古説,二闑乃賈意也。今案《玉藻》云"公事自闑西,私事自闑東",言闑東闑西而不言東闑西闑,則其無兩闑明矣。賈氏説於經無據,不可從。②

孔、賈一闑、二闑之争,涉及問題相當複雜,絶非率爾操觚者所能想像。而孫詒讓於此並未深究,即采崔、皇之説。關於"雁行",孫詒讓解釋説:

蓋入門時,君特在前,上介相禮者先衆介拂闑而行,次介以下則繼上介後,相雁行以次而入也。《玉藻》孔疏云:"雁行,參差節級。"③

---

① 胡培翬:《儀禮正義》卷一六,南京:江蘇古籍出版社,1993 年,第 1006-1007 頁。

② 胡培翬:《儀禮正義》卷一六,第 1007 頁。今檢朱大韶《實事求是齋經説》,並無有關門闑之討論,胡氏似記憶有誤。

③ 孫詒讓:《周禮正義》卷七二,北京:中華書局,1987 年,第 3035 頁。

至於孔、賈之歧異,孫詒讓立場之取捨,亦顯簡單:

> 凡門皆兩棖一闑,闑在兩扉之間,當以崔靈恩、皇侃說爲正,孔穎達、李如圭、楊復、江永、淩廷堪、張惠言、胡培翬、朱大韶並從之。賈《聘禮疏》獨謂闑有二,分列東西,非也。凡入門,近闑則拂闑,近棖則拂棖,若中門,則當一扉之中,於棖闑皆無所拂。故《玉藻》注義,則君與大夫介入門,行列正相當。賈此疏謂君亦拂闑,則與上介行列相當,不當棖闑之間,其誤明矣。①

孫氏列數持一闑說諸家之名,而稱賈疏"獨謂闑有二",連焦循之名亦未之及,既不符事實,亦不免有"吾從衆"之嫌。

六　黄以周論"中門"

焦、王之後,首位正面分析孔、賈之爭,旗幟鮮明地贊同二闑說者,爲黄以周。黄氏無愧爲禮學大師,故洞察孔、賈歧異之關鍵在"中門"一名之解讀,故黄氏所論,緊扣於此,其要點如下:

首先,兩闑之功用在"表中門"。自來説闑之功能,多着眼於闑之實用功能,以"止門"爲解,如皇侃云"門中央有闑,闑以硋門,兩扇之交處也",故兩扉一闑足矣。後世之門幾乎都爲一闑,故此説頗易爲人認同。黄氏不落窠臼,認爲禮書中兩闑之功用,乃是在"表中門",即指示禮儀場合國君入門之處,起標識作用,與"硋門"無關:

> 門必兩闑,所以表中門也。②

國君至尊,無人能與之匹敵,其立行之處,即便是虚位,亦具威嚴神聖,不得等閑視之。《論語·鄉黨》"過位,色勃如也,足躩如也",包咸曰:"過君之空位。"③此位,指君在廟門内中庭之位;國君抑或不在,孔子路過此虚位,亦必肅然起敬。黄意,中門爲國君出入之處,故立二闑爲提示,常人不得在此站立。

其次,細辨"門中"與"中門"之别。"門中"與"中門"看似無别,其實大相徑庭。對此,雖焦循早有論述,然而黄氏如下論述依然值得重視:

> 門中與中門異。中門者,中其門也。門中者,不必其正中。布席門中必著之曰闑西,所以定其位也。布席闑西,必著之曰門中闑西者,所以别門西之闑西也。

① 孫詒讓:《周禮正義》卷七二,第 3035 頁。
② 黄以周:《禮書通故》第二,第 59 頁。
③ 何晏注,邢昺疏:《論語注疏》卷一〇,北京:北京大學出版社,1999 年,第 128 頁。

焦説是。如王氏所説,經曰布席於闑西可矣,何必緟言門中?且扉不可以冒門,中扉不可以冒中門。①

黄氏之説,包含兩個問題點,其一,爲"中門"與"門中"下定義:中門,在門之正中;門中,則泛指兩棖之間。兩者區别在於,是否在門之正中,而"門中"不在門之正。黄氏此説,簡潔明快,似無可疑。然讀《儀禮·聘禮》"公揖入,每門每曲揖"下鄭注所引《玉藻》,似猶有抵牾者:

《玉藻》曰:"君入門,介拂闑,大夫中棖與闑之閑,士介拂棖。賓入不中門,不履閾。"此賓,謂聘卿大夫也。門中,門之正也。②

上引鄭注,明言"門中,門之正也",賈疏:"門中,門之正也"者,謂兩闑之間。"與前舉焦循、黄以周關於"門中爲兩棖之間"之説正相反,而焦、黄二氏居然均未注意及此。

此一矛盾如何解釋?筆者細讀鄭注,而知"門中"一詞有誤。鄭注"此賓,謂聘卿大夫也。門中,門之正也"句,乃是爲詮釋《玉藻》"賓入不中門"句而起,故前半句,意在説明"賓"之身份爲來聘之卿大夫;後半句,乃是解讀"中門"之位置在"門之正"。然經文無"門中",而注文居然有解釋"門中"之語,有悖注疏常理。此外,"門中,門之正也",乖違經義,斷然不可取。衆所周知,漢儒解經體例,注文與經文嚴格對應。如《天官·冢宰》"體國經野",鄭注:

體猶分也。經謂爲之里數。鄭司農云:"營國方九里,國中九經九緯,左祖右社,面朝後市;野則九夫爲井,四井爲邑之屬是也。"

足見鄭注緊貼經文"體國經野"四字而出。再如,《禮記·曲禮》"客徹重席,主人固辭",鄭注:

徹,去也。去重席,謙也。再辭曰固。

鄭注此語亦不虚發,圍繞經文而作。如此等等,不勝枚舉,以此原則校讀上引《玉藻》鄭注,可知"門中"當是"中門"之誤倒,當乙正作"中門,門之正也",如此方與經義吻合。由賈疏可知,此誤倒之文,唐代已然,然千年以來,學者習焉不察,以訛傳訛,轉相引用至今。中門乃門之正,唯國君方得進入,故卿大夫爲聘賓出使,亦不得由此進入,鄭注本義正是如此。焦循、黄以周以中門爲門之正,而門中不得稱"正",正與此經注密合。

---

① 黄以周:《禮書通故》第二,第60頁。

② 鄭玄注,賈公彦疏:《張敦仁本儀禮疏》卷二〇《聘禮》,第683頁。

第二,黄氏將"門中"與"中門"之説,擴展至《儀禮・士冠禮》"布席於門中闑西閾外"一語,是爲超越焦氏之處。門中範圍較大,於此放設物品,若不確指具體位置,則有司無所適從,故《士冠禮》以"闑西"定位,以"門中闑西"與"西闑之西"區别。而若如王引之説,門僅一闑,則經言"布席於闑西"即可,"何必緟言門中"?

黄氏此説,初聽之,大有耳目一新之感。再讀之後,而知其説邏輯大有問題。依黄氏之見,中門乃中其門之處,即兩闑之間,如此,則經云"布席於中門"即可,然而經明言"布席於門中",顯與黄説相悖;而王引之"布席於闑西"之説,却正好可與"門中"互洽。此外,黄氏以闑西非西闑之西,而是闑間之西,然《儀禮》絶無此文例。

第三,王引之連舉六證,以爲經注凡言闑,均不别東西,是門無二闑之强證。黄以周反詰之:"棖明有二,亦不見有東棖西棖之文矣。"黄意,闑之所以不别東西,是因周人之禮區分賓主,分别行於門之東偏與西偏,此乃盡人皆知者,毋須贅言,故"經舉棖闑,各就一偏爲文","義自可見":

> 《曲禮》"大夫士出入君門由闑右,不踐閾",此以臣禮言,據東偏爲文。凡臣皆由門東而入,即士之朝位在西方,其入亦由門東,曰由闑右,其爲東闑可知。
>
> 《玉藻》"君入門,介拂闑,大夫中棖與闑之間,士介拂闑",此以賓禮言,據西偏爲文。凡賓皆由門西而入,即兩君相見,其君必入中門,亦入自西偏之門,曰闑,曰棖,其爲西闑西棖亦自可知。《玉藻》:"賓入不中門,公事自闑西,私事自闑東。"公事用賓禮,私事用臣禮,賓自西門入,臣自東門入,於"入不中門"之下,曰闑東,曰闑西,此正門有兩闑之證。如門止一闑,則闑東闑西即是中門,上下文相觸戾矣①。

黄説雖巧,但似是而非。禮分賓主,在建築佈局上有充分體現,如門有左右,堂塗分東西,臺階分東階、西階,序有東序、西序,楹有東楹、西楹,賓主各行其是,各當其位,若依黄説,則行文均可不及東、西。然而筆者查檢《儀禮》全書,發現賓主無論在階、在序、在楹,幾乎均明文標明在東、在西。據此,何以闑有二,唯獨可以不言東、西?黄説之論,難以服衆。王引之云,經於闑曰闑東、曰闑西,而無東闑西闑之文,是闑僅有一之證,其説不爲無理。

---

① 黄以周:《禮書通故》第二,第60頁。

七　一闑、二闑争端之症结

孔穎達、賈公彦、焦循、王引之、黄以周均爲蜚聲學林之大師,皆曾各領風騷,嘉惠後學。不無意外者,渠等依據完全相同之經注,却得出大相徑庭之結論,而皆以爲獨得鄭玄真意。其間之是非當如何判斷?二説久訟不决,癥結究竟何在?不能不引起筆者興趣,乃三讀諸家之論,而漸知關鍵之所在,乃誤將兩種不同等級之門闑制度混同爲一,因而方枘圓鑿,格格不入。今不揣簡陋,爰述如下,以就教於大雅君子。

衆所周知,周代社會浸潤於禮,禮重等差,故"宫室之量,器皿之度,棺槨之厚,丘封之大",[①]無不有規制。建築亦然,宫室之規模、形制、大小、高低、進深等皆有講究,如"天子七廟,諸侯五,大夫三,士一",[②]言廟數之多少;"天子之堂九尺,諸侯七尺,大夫五尺,士三尺",[③]言堂基之高低;"山節,藻棁,複廟,重簷,刮楹,達鄉,反坫出尊,崇坫康圭,疏屏,天子之廟飾也",[④]言宫室之裝飾:如此等等,不容錯亂。故云"禮有大有小,有顯有微。大者不可損,小者不可益,顯者不可揜,微者不可大也";[⑤]身份不同,禮數必異,"君子大牢而祭謂之禮,匹士大牢而祭謂之攘",[⑥]是器與名不可以假人,故孔子曰:"禮不可不省也。禮不同、不豐、不殺。"[⑦]此之謂也。此爲研究名物制度之原則,不可或離。

周代宫室之門,因身份不同,而有數量之異,據《禮記・明堂位》等文獻,天子五門:皋門、庫門、雉門、應門、路門;諸侯三門:庫門、雉門、路門;大夫二門。門數雖多,但作用不同,一門二闑,則是因應使用場合不同而出現之特殊規制。

《玉藻》"君入門,介拂闑"云云,鄭注:"此謂兩君相見也。"孔疏:"入門,謂入大門也。"[⑧]大門是主客正式行禮之地,故"賓入大門而奏《肆夏》",[⑨]其他諸門,未必皆如是作,猶如明清北京故宫有九門,午門之形制與功用,絶非其他諸門可比。是《玉藻》所記,乃是諸侯國家層面之外交典禮,爲體現雙方匹敵與儀式隆重,故以二闑表中門。

---

① 鄭玄注,孔穎達疏:《禮記正義》卷三二,《禮器》第十,第971頁。
② 鄭玄注,孔穎達疏:《禮記正義》卷三二,《禮器》第十,第963頁。
③ 鄭玄注,孔穎達疏:《禮記正義》卷三二,《禮器》第十,第973頁。
④ 鄭玄注,孔穎達疏:《禮記正義》卷四一,《明堂位》第十四,第1265頁。
⑤ 鄭玄注,孔穎達疏:《禮記正義》卷三二,《禮器》第十,第986頁。
⑥ 鄭玄注,孔穎達疏:《禮記正義》卷三二,《禮器》第十,第979頁。
⑦ 鄭玄注,孔穎達疏:《禮記正義》卷三二,《禮器》第十,第976頁。
⑧ 鄭玄注,孔穎達疏:《禮記正義》卷四〇,《玉藻》第十三,第1243頁。
⑨ 鄭玄注,孔穎達疏:《禮記正義》卷三四,《郊特牲》第十一,第1035頁。

《曲禮》、《鄉黨》"立不中門"云云,亦涉及門闑制度,而所記乃是普通士人之宫室,其身份與公侯相比,不啻天壤,其門制法式,豈可與諸侯大門同日而語?經注所記,原本清晰。爲釐清經義,今録《曲禮》原文如下:

爲人子者,居不主奧,坐不中席,行不中道,立不中門。

鄭注:"謂與父同宫者也,不敢當其尊處。室中西南隅謂之奧。道有左右。中門,謂棖闑之中央。《内則》曰'由命士以上,父子皆異宫'。"孔疏:"以上四事,皆謂與父同宫者耳。若命士以上,則父子異宫,則不禁。"①奥,乃室之西南角,爲尊者所居,主猶言坐,爲人子者不可坐於此。中席,古時四人並坐,尊者獨坐,則在席中,故人子不得居中而坐。尊者當路中而行,人子不得如此。尊者出入,必於中門。經文所舉四處,皆尊者之所在,故爲人子者不宜在此立行。

可見《曲禮》所言,乃不命之士家門,日常於闑東、闑西出入,斷無兩國諸侯進出於此之可能,故一闑即足,無必要上擬公侯之制,以兩闑表中門。雖然,士人門内之治,亦當有尊卑,尊長出入,以一扉之中(即棖闑之間)爲中門。人子當知倫常,"立不中門"。《鄉黨》亦提及"中門":

入公門,鞠躬如也,如不容。行不中門,行不履閾。過位,色勃如也,足躩如也,其言似不足者。

鄭玄注:"此謂君燕見與之圖事之時。……立不中門,行不當棖闑之中央。"②此公門,在無外交典禮時,無表中門之闑,故以棖闑之間爲尊位,是尊者所立處,人臣不得當之而立。要之,諸侯大門之中門,與其他門之中門,並非一事,真所謂"此亦一是非,彼亦一是非",不得混爲一談。

以《曲禮》門闑解讀《玉藻》門闑,强以不同爲同,始作俑者爲崔靈恩與皇侃,此後之一切混亂,皆起源於此。孔穎達不能分辨,采崔、皇之説爲己説,企圖以一門一闑説規範諸侯宫室。唐人《五經正義》,以《禮記》取代《儀禮》,故孔疏《禮記》爲官疏,懸於令甲,故風行天下,從之者甚衆。

賈公彦睿智博學,洞悉經旨,故將《士冠禮》之門與《玉藻》之門分别疏解,不相雜糅。《士冠禮》"布席於門中,闑西閾外"句,賈疏僅言:"言在'門中'者,以大分言之。云'闑西閾外'者,指陳席處也。"③並不涉及中門、二闑之間等名詞。《士喪禮》"卜葬

---

① 鄭玄注,孔穎達疏:《禮記正義》卷二,《曲禮上》第一,第 35 頁。
② 王素編著:《唐寫本論語鄭氏注及其研究》,北京:文物出版社,1991 年,第 119 頁。
③ 鄭玄注,賈公彦疏:《張敦仁本儀禮疏》卷一《士冠禮》第一,第 23 頁。

日”節亦有“席於闑西閾外”句,賈疏無説,當是不再重複《士冠禮》所釋。惟獨《聘禮》之疏,賈疏知兩君相見,若不以兩闑表中門,則無以解決卿大夫沿國君足跡之嫌,故詳細提及二闑及雁行之類,始終保持清醒,絶不將不同等級之門混搭,故能涇渭分明,故無需面臨種種糾葛。賈疏《儀禮》爲私修,加之文本晦澀難讀,傳習者至稀,影響亦遠不及孔疏。

焦循以捍衛、發揮賈疏爲己任,而實際上並未弄通鄭注、賈疏本義。鄭注明言不命之士家之“中門”在棖闑之間;諸侯大門之“中門”在門之正中;焦循則將孔疏所據《曲禮》納入論辯範圍,試圖以一門二闑規範天下門制。爲此,不惜曲爲彌縫,聲稱“不知棖臬之間與棖臬之中央,文相似而實不同”,“棖臬之中央,謂兩棖、兩臬之中央”:

> 兩棖之間統謂之門,門之司啓閉者爲扉。臬則所以介此門者。一門介而爲三,必用二臬。曰“中門”,則必中於門,即中於兩棖兩臬之中央;曰“中棖與臬之間”,則中於一棖一臬之間。曰闔門左扉,立於其中,則居扉之中;扉自棖而過臬,當兩臬之中,則扉中又異乎棖與臬之間。有時謂之門中,猶不必其正中,猶《士冠禮》《特牲饋食禮》云“門中,臬西閾外”。①

焦循以“棖臬之中央,謂兩棖、兩臬之中央”爲“中門”;而以“中棖與臬之間,則中於一棖一臬之間”,是爲“扉中”;試圖區分二者。然而,若“兩棖、兩闑之中央”即是“兩闑之中央”,又何必再言“兩棖”? 黄以周雖爲禮學巨擘,然爲大潮裹挾,不識廬山真面目,只緣身在此山中,雖欲見招拆招,化解疑難,然而深陷泥淖,終不能自拔。

在持一闑説之陣營中,混同兩種門制更是共識。王引之即聲言,“士之門與諸侯之門,大小雖殊而制則一也”,②出於此等認識,故認定凡有門處,闑之數目必定相同,王氏駁斥孔疏之第六條證據,甚至以轅門之闑爲證:

> 昭八年《穀梁傳》“置旃以爲轅門,以葛覆質以爲槷”,范注曰:“槷,門中臬。”(槷、臬並與闑通)轅門之闑,亦放宫室之門制也,而闑在門之中央,曷嘗有二闑乎?③

轅門爲軍隊外出時宿營而設,最初乃是以兩車之車轅相向,故得名。《穀梁傳》云“置旃以爲轅門,以葛覆質以爲槷”,亦是其權宜從事、並非正式禮儀場合之證,豈可以之與諸侯之門比況?

---

① 焦循:《禮記補疏》卷一,《清經解》(柒)第一百三十二種,南京:鳳凰出版社,2005年,第8779頁。

② 王引之:《經義述聞》卷一六《儀禮》之“闑、中門”條,第395頁。

③ 王引之:《經義述聞》卷一六《儀禮》之“闑、中門”條,第395頁。

綜上,《玉藻》設二闑表中門,旨在體現主客之君匹敵;《曲禮》棖闑間之中門,意在提示尊者立行之處。二者各有矩矱,不可等同。文獻所載,原本有條不紊,自崔、皇以士門説公門,歸爲一闑,淆亂隨之形成。後儒焦循、黄以周不明乎此,爲渠等誤導,試圖歸爲二闑,不免格格不入。此爲問題之癥結所在。方家大雅,有以教我否?

作者簡介:

彭林,1949 年生,江蘇省無錫市人,清華大學歷史系教授,《中國經學》主編。

鄉射侯考※

陳士銀

内容摘要 由於對侯的部位如中、躬、个、舌等理解發生分歧,歷來經師若鄭衆、鄭玄、賈公彦、戴震、黄以周、徐養原、胡匡衷等對射侯的形制莫衷一是。或以侯由上个、上躬、侯中、下躬、下个等五部分組成,或以侯由上个、侯中、下个等三部分組成。或以上个長四丈,或以長五丈。或以躬夾中,或以躬含中,或去躬。事實上,《鄉射禮》所用侯恐當由上部、侯中及下部組成。上部含兩舌及上个,總長六丈。躬含中,長兩丈。下部含兩舌及下个,長四丈。文章結合出土材料與實踐經驗等,對鄉射侯進行了全方位的復原。

關鍵詞 《儀禮》 鄉射禮 侯 綱 復原

射禮甚繁,其要有四,[①]鄉射居其一焉。狹義的侯即箭靶,廣義的侯至少包括侯、植、綱、縜等一應器物,本文考訂的對象即是《儀禮·鄉射禮》範圍内廣義的侯。關於侯的形狀,歷來經師聚訟不決,我們有必要先對他們的理解進行一番梳理。

先來分析鄭玄的解釋。《鄉射禮·記》曰:"鄉侯,上个五尋。"鄭注:"上个,謂最上幅也。八尺曰尋,上幅用布四丈。"[②]鄉射禮所用侯之上部長四丈,即四十尺。《記》曰:"中十尺。"鄭注:"方者也,用布五丈。今官布幅廣二尺二寸,旁削一寸。《考工記》曰'梓人爲侯,廣與崇方',謂中也。"[③]賈疏:"鄭意此言十尺,用布五幅,幅廣二尺二寸,兩畔各削一寸爲縫,幅各二尺在,故五幅爲一丈也。漢法,幅二尺二寸,亦古制存焉,故

※本文爲國家社科基金重大項目"《儀禮》復原與當代日常禮儀重建研究(14ZDB009)"、特别委托項目"中外典禮制度比較研究"(17@ZH009)階段研究成果。初稿完成於2014年,其後數經修改。在鄉射侯的具體復原實踐中,得到了韓冰雪、楊遠騎等仁兄的鼎力支持,在此一併致謝!

① 即鄉射禮、大射禮、燕射禮、賓射禮,據楊寬《西周史》,上海:上海人民出版社,1999年,第714頁。袁俊傑總結出射禮有19種,是爲極廣泛之範圍,可參袁俊傑《兩周射禮研究》,北京:科學出版社,2013年,第2-4頁。

② 鄭玄注,孔穎達疏,王輝整理:《儀禮注疏》卷一三,上海:上海古籍出版社,2008年,第378頁。

③ 鄭玄注,孔穎達疏,王輝整理:《儀禮注疏》卷一三,第378頁。

舉以爲況。”①

鄭注十分凝練,但失之太簡。關於布帛的尺寸,其説有四,然而“大率言之,布幅廣二尺二寸,長四丈。帛幅廣二尺四寸,長四丈”。②《漢書·食貨志》載:“布帛廣二尺二寸爲幅,長四丈爲匹。”③敦煌也曾出土一塊漢代的殘縑,上載:“任城國亢父縑一匹,幅廣二尺二寸,長四丈,重廿五兩,直錢六百一十八。”④鄭玄之意,侯中長、寬各十尺,由五幅布縫合而成。漢制,布寬二尺二寸,長四丈。若要用這種布做成長寬各十尺的布,需要將其一分爲四,外加四分之一,如此,便如賈公彦所云“用布五幅”。五幅布每幅長一丈,寬二尺二寸,寬向兩端各削去一寸以爲縫口,然後上下縫合,如此即製作出長寬各一丈的侯中。但是,我們必須指出,五幅布兩端各削去一寸,上下縫合後的確保證了縱向寬一丈,但是考慮到實際操作中的縫口,在横向上如果也各削去一寸的話,則餘九尺八寸,而非十尺,與經文“廣與崇方”不符。故此,鄭玄所言“今官市幅廣二尺二寸,旁削一寸”只是接近周制,顯然並不精確。一旦按照鄭賈之説製作侯中,勢必會出現尺寸上的偏差。

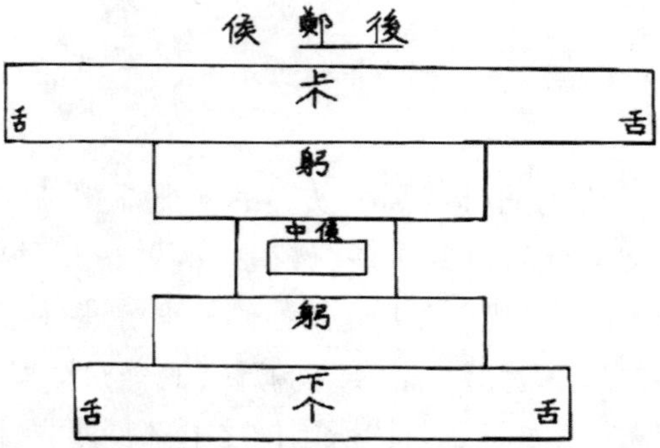

圖一　鄭玄侯圖⑤

如圖一所示,關於躬與上下舌的具體位置以及尺寸,鄭玄的理解與鄭衆、黄以周等人迥然不同。《記》曰:“倍中以爲躬。”鄭注:“躬,身也,謂中之上下幅也,用布各二丈。”賈疏:“身謂中上、中下,各横接一幅布者,故鄭云‘中之上下幅,用布各二丈’

① 鄭玄注,孔穎達疏,王輝整理:《儀禮注疏》卷一三,第378-379頁。
② 參張德付《原服——推本聖王制服的原則》,清華大學碩士學位論文,2009年,第41頁。
③ 班固:《漢書》卷二四下《食貨志下》,北京:中華書局,1962年,第1149頁。
④ 張保豐:《我國古代絲織品的品質、規格和檢查》,《絲綢》1979年第5期,第53頁。
⑤ 黄以周著,王文錦點校:《禮書通故》卷四九,北京:中華書局,2007年,第2566頁。

也。”[①]《記》曰:“倍躬以爲左右舌。”鄭注:“謂上个也。居兩旁謂之个,左右出謂之舌。”賈疏:“謂躬外兩相各出一丈,若人舒舌。”[②]《記》曰:“下舌半上舌。”鄭注:“半者,半其出於射(躬)者也,用布三丈。所以半上舌者,侯,人之形類也,上个象臂,下个象足,中人張臂八尺,張足六尺,五八四十,五六三十,以此爲衰也。凡鄉侯用布十六丈,數起侯道五十弓以計,道七十弓之侯用布二十五丈二尺,道九十弓之侯用布三十六丈。”[③]

“倍中以爲躬”與“倍躬以爲左右舌”的記載過於籠統,據此不易明悉躬的具體位置。鄭玄侯圖將“倍中以爲躬”理解爲躬有兩个,分别位於侯中的正上方與正下方,侯中長十尺,則上下二躬均長二十尺。此處需要强調的是,“倍中以爲躬”僅僅指的是躬在長度上是侯中的二倍,躬的寬度依然只有二尺二寸。在實際計算中,鑒於布兩端需要裁剪一寸作爲縫口,故而寬度不妨以二尺加以計算。至於上个,依照鄭注賈疏的理解,即是上个長四丈,其中上个超出躬的兩側部分分别稱爲左舌、右舌,準確地講,即上左舌、上右舌。上个總長四丈,躬長二丈,由此可知上左舌、上右舌各長一丈。“下舌半上舌”即下个的左、右舌僅是上个左右舌的二分之一,即長五尺,下个加與躬等長的部分二丈、下左舌五尺、下右舌五尺,合爲三丈,故鄭注云:“用布三丈。”至於鄭玄所謂侯的形狀有似人張開臂足,其説雖然有些怪異,但是恐怕鄭玄也有所本,或本師説,或從他典,抑或鄭氏本人發明。具體來源,我們一時也無從諏斷。

再來分析鄭衆的侯圖。《考工記·梓人》載:“上兩个,與其身三,下兩个半之。”鄭衆云:“兩个,謂布可以維持侯者也。上方兩枚,與身三,設身廣一丈,兩个各一丈,凡爲三丈。下兩个半之,傅地,故短也。”[④]如圖二所示,鄭衆理解的上兩个明顯指的是上左舌與上右舌,他理解的侯是由上部、侯中與下部三部分組成,而鄭玄的侯則是由上个、上躬、侯中、下躬、下个五部分組成,這是兩鄭之間最大的差異。另外,鄭玄解釋侯上長下窄的原因是有類人形,未知何據,而鄭衆則解釋爲“傅地,故短也”,因爲侯的下部接近地面,所以要短一些。

---

① 鄭玄注,孔穎達疏,王輝整理:《儀禮注疏》卷一三,第379頁。
② 鄭玄注,孔穎達疏,王輝整理:《儀禮注疏》卷一三,第379頁。
③ 鄭玄注,孔穎達疏,王輝整理:《儀禮注疏》卷一三,第380頁。
④ 孫詒讓著,王文錦、陳玉霞點校:《周禮正義》卷八二,北京:中華書局,2008年,第3393頁。

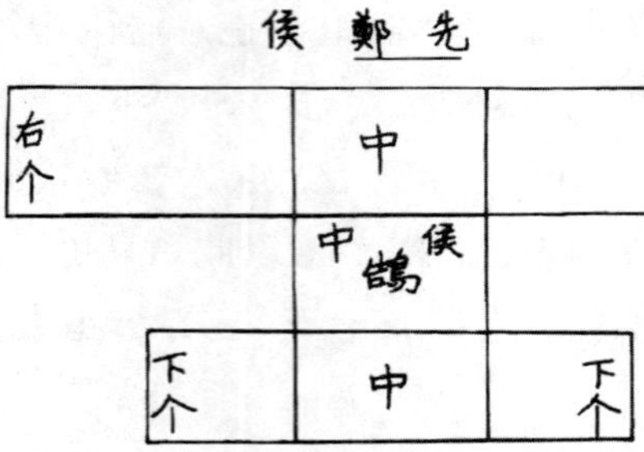

圖二　鄭衆侯圖①

黄以周的侯圖是鄭衆侯圖的改良版(如圖三所示),他認爲:"考舌有左右,个有上下,明著於經。躬一而已,不别左右,更無上下之文,宜依先鄭説定之。"②黄以周引徐養原的觀點以爲己助:"《鄉射記》:'鄉侯上个五尋,中十尺。'鄭注引《考工記》'廣與崇方'釋之,以中爲侯中。不知侯中至下節始見,此句不得豫説侯中也。此中即下文所謂躬,《考工記》所謂身也。中十尺與侯中之廣相直,侯之上下各有躬,並兩躬得二十尺,故曰'倍中以爲躬'。上兩个各二十尺,並上下躬二十尺,凡得二丈者三,故曰'上兩个與其身三'。蓋在兩个之間謂之中,上下夾侯則謂之躬,故中止據一端,躬則合上下而得名。躬與舌通爲一幅,更無識别,但以直侯中爲躬,出於侯中者爲舌,其長共計侯中之廣,上五之,下三之。"③徐氏破"中"爲"躬",不同意鄭玄將"中十尺"的"中"解釋爲"侯中",以爲侯由上个、侯中與下个三部分組成,而不是鄭玄的五部分組成。黄以周認爲:"躬中宜分,而侯實祗上下个及躬三層,中屬个,侯中屬躬。"④與徐氏一樣,黄氏不同意鄭玄將"中十尺"的"中"解釋爲"侯中"的觀點,而是認爲"中"即上部兩个的中間,"中謂上幅兩个之中"。⑤ 所謂的"上个五尋(四丈)"指的是左个二丈、右个二丈。因此,侯的上幅有左个、右个和兩个的中間共三部分組成,合計五丈。同時,黄氏依據"倍中以爲躬",堅認躬、中爲兩物,駁斥了鄭衆躬、中不分的錯誤。

① 黄以周著,王文錦點校:《禮書通故》卷四九,第 2566 頁。
② 黄以周著,王文錦點校:《禮書通故》卷四九,第 2568 頁。
③ 黄以周著,王文錦點校:《禮書通故》卷二五,第 1090 頁。
④ 黄以周著,王文錦點校:《禮書通故》卷二五,第 1090-1091 頁。
⑤ 黄以周著,王文錦點校:《禮書通故》卷二五,第 1091 頁。

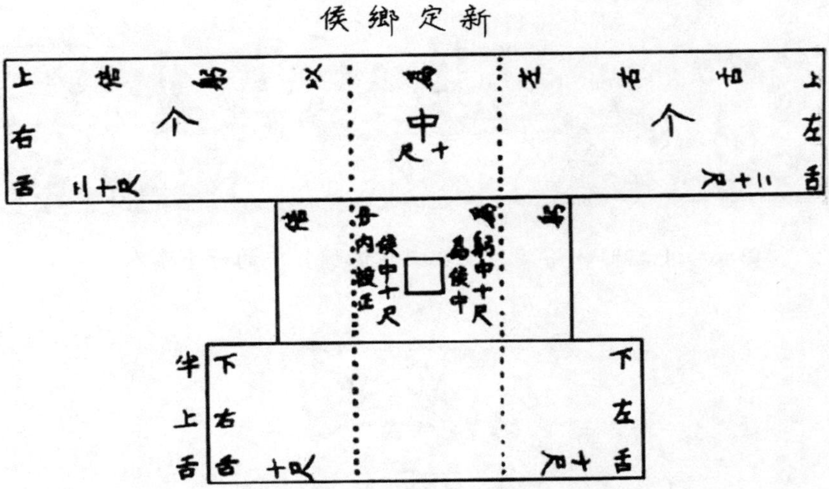

圖三　黄以周侯圖①

下面,我們來仔細分析以上三家侯圖的問題所在。

首先,鄭玄侯圖不確。因爲,其一,經文中明確提到左右舌、上下舌,即舌分左右與上下,"倍中爲躬,倍躬爲左右舌"。依黄以周之説,躬的地位如此重要,如果躬有上下之分,經文豈有不提之理?胡賁在《射侯考》中也認爲:"躬者,身也。古有立身、挺身、束躬、直躬之言矣,未有横其身於上下也。"②既然鄭玄以人形解釋侯的形狀,也指出"躬,身也",那麽,人只有一身而已,如何能截成上下兩半呢?鄭注前後齟齬。

其二,實際操作上,在侯中的上下方各增加一塊長二丈、寬約二尺二寸的布,這無疑人爲增加了固定侯的難度。《考工記・梓人》云:"上綱與下綱出舌尋,縜寸焉。"依此,在侯背後起到固定作用的綱繩只有上下兩根而已。如果按照鄭玄侯圖,固定上个、上躬、下躬、下个的上綱繩恐怕至少用四根才可以。

其三,據出土實物(如圖四、圖五所示),戰國刻紋燕樂畫像椭杯上的侯圖也只有三部分,如此方與鄭玄的"侯,人之形類也,上个象臂,下个象足"的情况大致相符。可是人之足共有四肢而已,依照鄭玄之侯圖,憑空多出上下兩躬,如此人便有八肢。此亦鄭氏自相矛盾之處。此侯雖然僅爲畫像之物,但與現實生活當相隔不遠。否則,果真侯有上个、上躬、中、下躬、下个等五部分組成,畫像作者不必節外生枝,僅畫出三部分而已。

① 黄以周著,王文錦點校:《禮書通故》卷四九,第2567頁。
② 胡賁:《射侯考》,《四明叢書》本。

圖四　上海博物館藏刻紋燕樂畫像椭杯中的一个摹本

圖五　刻紋燕樂畫像椭杯中的侯圖特寫[①]

其四,鄭玄對"个"與"舌"兩種基本概念似乎並没有分疏明白。《考工記・梓人》:"上兩个,與其身三,下兩个半之。"鄭注:"上个、下个,皆謂舌也……个或謂之舌者,取其出而左右也。"[②]此處,鄭玄將"个"理解成了"舌"。《鄉射禮・記》曰:"鄉侯,上个五尋。"鄭注:"上个,謂最上幅也,八尺曰尋,上幅用布四丈。"[③]此處,鄭氏理解侯的最上幅長五尋,即四丈。關於《記》文"倍躬以爲左右舌",鄭玄的注又發生了偏差。他言:"謂上个也,居兩旁謂之个,左右出謂之舌。"[④]鄭玄注"左右出謂之舌"與前文注"个或謂之舌"事實上是自相抵牾的。如果"个或謂之舌"成立,則上个即上舌,故而根本不需要"左右出謂之舌"。如果"左右出謂之舌"成立,左右舌即超出"上躬"的部分,"倍躬以爲左右舌",則左右舌的長度爲躬的兩倍,即爲四丈,加上與上躬等齊的部

① 圖四、圖五均源自馬承源《中國青銅器研究》,上海:上海古籍出版社,2002 年,第 437 頁。筆者按,戰國出土刻紋燕樂畫像椭杯在侯圖方面至少給出我們兩則相關信息:一是固定侯的兩植是確爲斜豎,這也證實了我們之前的推斷;二是侯分三部,由上部、侯中、下部組成,上部明顯長於下部,而不是鄭玄所理解的侯分上个、上躬、侯中、下躬、下个五部分組成。另外,關於畫像的進一步討論,可參馬承源《漫談戰國青銅器上的畫像》,《文物》1961 年第 10 期。

② 鄭玄注,賈公彦疏,彭林整理:《周禮注疏》卷四八,上海:上海古籍出版社,2010 年,第 1647 頁。

③ 鄭玄注,孔穎達疏,王輝整理:《儀禮注疏》卷一三,第 378 頁。

④ 鄭玄注,孔穎達疏,王輝整理:《儀禮注疏》卷一三,第 379 頁。

分二丈,則侯的最上幅總長六丈,與之前鄭玄“上个,謂最上幅也,八尺曰尋,上幅用布四丈”推論明顯互相衝突。

綜上四點,鄭玄的侯圖與經文不合,既增加了張侯的難度,又與出土實物的畫像迥異,更不能自圓其說。

再來説鄭衆侯圖的問題。兩鄭的理解差别如此之大,關鍵還是“倍中以爲躬”與“倍躬以爲左右舌”的記載過於籠統,所以難以確認侯的準確形狀。鄭玄之所以否定了鄭衆的觀點,是因爲“九節之侯,身三丈六尺,上个七丈二尺,下个五丈四尺。其制,身夾中,个夾身,在上下各一幅。此侯凡用布三十六丈。言上个與身三者,明身居一分,上个倍之耳,亦爲下个半上个出也”。[①] 然而,鄭玄之注並不見於經文,其所謂“身夾中,个夾身”又不知據從何出。

通過比對,不難發現鄭衆的訛誤,至少判定先鄭侯圖不符合鄉射禮所用侯的規制。依照鄭衆的理解,躬(即“身”也)不是在侯中的正上方與正下方,而是在上部之中,上部由上左舌、上右舌和身(躬)三部分組成。假如躬長一丈,則上左舌、上右舌各長一丈,侯的上部共長三丈。將其置於《鄉射禮》的情境之中,躬倍中,長二丈,如依照先鄭的比例推算,則上左舌、上右舌亦各長二丈,凡爲六丈,這比《鄉射禮》的《記》文“鄉侯,上个五尋(即四丈)”明顯多出兩丈。故此,鄭衆侯圖不符合《鄉射禮》侯圖的規制。

鄭衆之注本爲闡釋《考工記·梓人》,而《考工記·梓人》與《儀禮·鄉射禮》並非同一體系。故此,鄭衆侯圖也不必爲《儀禮·鄉射禮》所設。與其説是鄭衆侯圖的問題,不如説是鄭玄强以兩篇關聯,必欲凝成一體,所以才導致這種横决不通的問題。

至於黄以周侯圖,也有不足。經文之字不輕破,如黄以周所引,徐養原大膽破字,以爲“此中即下文所謂躬”,恐有未安,故而徐氏之説不可爲黄圖之證。“躬”確實不易處理,胡賁便以爲:“横躬既嫌于太高,豎躬又疑其太廣,不如竟去其躬而不用。”[②]然而,同徐氏一樣,胡氏勇於破經,態度愈加輕率,鑿枘經文,更難服人。

黄氏强解“鄉侯上个五尋,中十尺”之“中”非爲侯中,而是上幅的中間的部分,“中謂上幅兩个之中”,並未有他例可證,此其一誤。又依黄氏之解解,“倍中以爲躬”,躬在上幅的正下方,長二十尺,“又取其中十尺爲侯中”,即侯中與躬在同一水平面上。若然,躬長二十尺,則“倍躬以爲左右舌”的左右舌各長二十尺。依黄氏所推算,“中謂上幅兩个之中”,中在上部的中間,長十尺,而上部總長四十尺,則侯之上部,超出躬的

① 鄭玄注,賈公彦疏,彭林整理:《周禮注疏》卷四八,第1647頁。“凡”,整理本作“几”,然恐當以“凡”爲是。參《周禮注疏》,《十三經注疏》第3册,臺北:藝文印書館,1989年,第639頁下。

② 胡賁:《射侯考》,《四明叢書》本。

圖六　新擬鄉射侯圖

兩側部分(上左舌、上右舌)各有十五尺,而非二十尺! 此其二誤。故此,黄圖恐亦不可信。

鑒於上述情況,我們擬出了新的侯圖,如圖六所示。鑒於經文並未提到躬分上下以及鄭玄侯圖的明顯疏失,又據出土的戰國刻紋燕樂畫像橢杯上的侯圖,我們認同鄭衆、黄以周等人侯分三个部分的觀點。但是據上文分析,鄭、黄二人給出的比例確實存在與經文抵牾的地方,對此當予以修正。

我們認爲,"上个五尋",即侯的上部中間部分名爲"上个",長五尋,即四丈。上个是侯最上幅的主體部分,並不等同於侯的最上幅。"中十尺",顯然是侯中的"廣崇十尺",既不是徐養原"中"爲"躬"之訛字,也不是黄以周認爲的上部中間部分稱爲"中"。《記》文在"中十尺"之後繼而明確提到:"侯道五十弓,弓二寸以爲侯中。"鄭注:"言侯中所取數也,量侯道以貍步而云弓者,侯之所取數,宜於躬器也。正二寸,骹中之博也。"[①]"弓二寸"指的是"骹"的長度,即孫詒讓考證出的"弓臂兩耑與簫相接處微細"的部分長二寸。[②] "侯道五十弓,弓二寸以爲侯中"講的是侯道與骹的長度由"中十尺"决定的,故而"中十尺"之"中"爲"侯中"無疑。因此,徐、黄二説都與《記》文相左。《記》文接下來所言"倍中以爲躬",躬如黄氏所言,不分上下,將侯中包含在内,侯中長十尺、寬十尺,則躬長二十尺、寬十尺。"倍躬以爲左右舌",即將上个左右各延伸十尺,上部超出躬的部分即爲兩舌,兩舌各長二十尺、寬二尺。[③] 只是侯之上部的上左舌與上右舌都各有十尺與四丈的上个相重合,故而上部總長六丈。"下舌半上舌",即下左舌與下右舌各長十尺,侯的下部總長四丈,寬同樣是二尺。如此,方能同時滿足經文、記文的尺寸要求。

同時,我們也可以推知侯中心距離地面的高度爲八尺二寸。《鄉射禮》載:"乃張

---

① 鄭玄注,孔穎達疏,王輝整理:《儀禮注疏》卷一三,第 379 頁。

② 參《周禮正義》卷八六,第 3552 頁。

③ 此處的"倍躬以爲左右舌"不同於上文的"倍中以爲躬",左右舌的長度均等于躬的長度,即二十尺,但是寬只有幅廣,即二尺二寸。不然侯的高度至少爲三丈,約今 6.93 米,顯然過高,不切實際。

侯,下綱不及地武。”鄭注:“侯謂所射布也。綱,持舌繩也。武,迹也,中人之迹尺二寸。侯象人,綱即其足也,是以取數焉。”①此即下綱距離地面的距離爲一尺二寸,亦即侯最下端距離地面的高度約爲一尺二寸。加上侯中心之半爲五尺,侯的下部寬約爲二尺,故侯中心距離地面的高度爲八尺二寸。又,《考工記·梓人》載:“周人明堂,度九尺之筵。”即天子所用明堂,高爲九尺。《士冠禮》賈疏:“《匠人》‘天子之堂九尺’,賈、馬以爲傍九等爲階;則諸侯堂宜七尺,則七等階;大夫堂宜五尺,則五等階;士宜三尺,則三等階。”②由於鄉射禮的射位在堂上,而非地面。故此,用我們得出的數據,侯中心距地面的高度約爲八尺二寸,再減去三尺堂高的距離,即五尺二寸,約今 1.2012 米。③今天 70 米射程的奧林匹克運動會箭靶規制:靶面爲 122 厘米寬的正方形,靶心直徑爲 12.2 厘米,靶心距離地面的高度爲 1.3 米。這與我們推算出的靶心高度約今 1.2012 米也是相仿的。這種巧合正説明,周人在推行範圍最廣的鄉射禮設計上,有自己的考量,必定經過長時間的反復實驗,而非偶然設計。

關於侯中的形狀,鄭注《記》文曰:“鄉射及賓射當張采侯二正。”④又,《記》曰:“凡畫者,丹質。”⑤“采侯”之底布爲丹紅色,即侯之上部、中部(躬以及包含于躬的侯中)和下部的綱底均爲爲丹紅色。“二正”(如圖七所示),侯中爲三矩形。《夏官·射人》云:“士以三耦射豻侯,一獲一容,樂以《采蘩》,五節二正。”鄭注:“畫五正之侯,中朱,次白,次蒼,次黃,玄居外。三正,損玄黃。二正,去白蒼而畫以朱緑……士與士射則以豻皮飾侯,下大夫也。”⑥“二正”即中間用朱色,次用緑色。《鄉射禮》經、記、注、疏均未提到豻侯,今從省,僅采“二正”之説。

關於侯中上的圖飾,《記》曰:“凡畫者,丹質。”鄭注:“賓射之侯、燕射之侯皆畫雲氣於側以爲飾,必先以丹采其地,丹淺於赤。”賈疏:“五十步侯,朱、緑二正者,還畫此二色雲氣於其側,以爲飾也。”⑦因此,侯中用布一丈,成三矩形,中間朱紅色,次緑色,最外邊是丹紅色底紋,上面有朱、緑二色雲氣紋裝飾。至於侯上所用雲氣紋,黄以周等人所畫紋飾過於隨意,近乎幼童涂鴉,有失莊雅。今據容庚先生在《殷周青銅器通論》中的提示,我們采用比較通行於西周的雲氣紋,底本則爲甫人盨上的紋飾(如圖八所

---

① 鄭玄注,孔穎達疏,王輝整理:《儀禮注疏》卷一一,第 269 頁。

② 鄭玄注,孔穎達疏,王輝整理:《儀禮注疏》卷二,第 40 頁。

③ 周朝一尺約今 0.231 米。據梁方仲《中國歷代户口、田地、田賦統計》,北京:中華書局,2008 年,第 746 頁。下文折合數據均同此,不另注。

④ 鄭玄注,孔穎達疏,王輝整理:《儀禮注疏》卷一三,第 368 頁。

⑤ 鄭玄注,孔穎達疏,王輝整理:《儀禮注疏》卷一三,第 369 頁。

⑥ 鄭玄注,賈公彦疏,彭林整理:《周禮注疏》卷三六,第 1175 頁。

⑦ 鄭玄注,孔穎達疏,王輝整理:《儀禮注疏》卷一三,第 369 頁。

圖七　采侯二正①

圖八　甫人盨雲氣紋②

示)。但是,由於經記未曾提到斜角,故而我們將甫人盨上的斜角剔除,變成雲氣相對狀,並略做加工(如圖六所示)。

綱即將侯的上部與下部固定到兩側木樁上所用的兩根長繩。《考工記·梓人》云:"上綱與下綱出舌尋,縜寸焉。"鄭玄注:"綱所以系侯於植者也。上下皆出舌一尋者,亦人張手之節也。"鄭衆注:"綱,連侯繩也。縜,籠綱者。"③戴震也説:"縜者,个上之紐,以綱貫之。"④不過,如圖九所示,戴震《考工記圖》由於過信鄭玄,加之對實用性考慮不周,也出現失誤。比如上綱、下綱之紐均用九個,有違常理。又如上躬、下躬居然都没有繩子加以固定,如何能張起侯來呢?戴震恐怕未曾切身實踐過,否則就不會以爲僅靠兩根繩子就能將幾丈長且有上下五部分的侯固定起來。

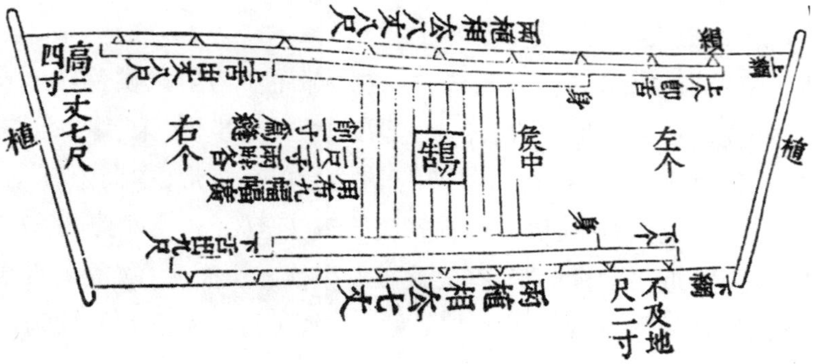

圖九　戴震侯圖⑤

① 黄以周著,王文錦點校:《禮書通故》卷四九,第2571頁。

② 容庚、張維持:《殷周青銅器通論》,北京:文物出版社,1984年,第105頁。

③ 鄭玄注,賈公彦疏,彭林整理:《周禮注疏》卷四八,第1648頁。

④ 戴震:《考工記圖》下卷,趙嫄、代坤選編《〈考工記〉研究文獻輯刊》第4册,北京:國家圖書館出版社,2015年,第401頁。

⑤ 戴震:《考工記圖》下卷,趙嫄、代坤選編《〈考工記〉研究文獻輯刊》第4册,第404頁。

要之,固定侯的上綱露出舌一尋,即八尺,加上侯上部的長度六丈,合六丈八尺,約今 15.708 米;下綱爲四丈八尺,約今 11.088 米。“縜寸焉”即在侯的上部和下部背後均有一寸之紐。至於紐的數量,聶崇義引舊《圖》云:“上紐皆十二,下紐皆十,而三侯皆同。”[①]孫詒讓駁之云:“紐數經注無文,三禮舊圖説,未知所據。”[②]就連聶崇義本人也之言舊圖之失:“知者,九十、七十、五十弓之侯,丈尺廣狹不同,縜紐籠系宜異。今三侯一揆,何所據乎?”[③]錢玄《三禮通論》所畫圖,基本上襲用黄以周之圖,但是侯的上下部加上了繩子。上部用繩左三、右三,下部左四、右四,不見根據。[④] 錢氏《三禮辭典》一仍其故,也未見據從何出。[⑤] 我們認爲,舊圖關於紐數的記載雖然未可盡信,但是“上紐皆十二,下紐皆十”至少提供了一個重要的參考數據。在没有其他準確的數據出現之前,我們不妨采用其制。

此外,上下舌各寬約二尺,如果侯的上下部各用一根繩,貫穿紐,不可能繫牢。從實用角度考慮,我們推測四舌共八个角,如要固定侯,至少還當需繩八根。《儀禮·大射》云:“中離維綱。”鄭注:“侯有上下綱,其邪(斜)制躬舌之角者爲維。或曰,維當爲絹。絹,綱耳。”[⑥]既然我們已經證明了躬含侯中,則只有四舌共八角需要“維”即絹繩或綱繩來系牢射侯。故而,我們的推測無論是從文獻上還是實踐操作上,也都有依據。除了上下兩綱之外,還當有八維(八根綱繩)來系牢射侯。同時,鑒於“上綱與下綱出舌尋”,上舌長於下舌,加上出土的戰國刻紋燕樂畫像椭杯上的侯圖,我們可以判斷出兩側之木椿(植)爲斜置,如人手足張開狀。

綜上,鄉射侯大體上由上部、中部(躬以及包含于躬的侯中)和下部三部分組成。其中上部長六丈,約今 13.86 米,寬約二尺,約今 0.462 米;躬長二丈,約今 4.62 米,寬一丈,約今 2.31 米;下部長四丈,約今 9.24 米,寬約二尺,約今 0.462 米。侯的綱底爲丹紅色,侯中爲三矩形,中朱色,次緑色,侯中四周用丹紅色,然後畫上紅、緑二色雲氣紋作爲裝飾。侯中心點距地面高度八尺二寸,減去三尺堂高,即爲五尺二寸,約今 1.2012米,與今日奥林匹克運動會 70 米射程所用靶心高度 1.3 米相仿。侯的上部疑用紐十二个,有貫穿這些紐的長繩一根,長約 15.708 米;下舌疑用紐十个,有貫穿這些紐的長繩一根,長約今 11.088 米。此外,還有連接舌之八角與植的繩子八根(即八維),

---

① 聶崇義著,丁鼎點校:《新定三禮圖》卷六,北京:清華大學出版社,2006 年,第 173 頁。
② 孫詒讓著,王文錦、陳玉霞點校:《周禮正義》卷八二,第 3397 頁。
③ 聶崇義著,丁鼎點校:《新定三禮圖》卷六,第 173 頁。
④ 錢玄:《三禮通論》,南京:南京大學出版社,1996 年,第 230 頁。
⑤ 錢玄:《三禮辭典》,南京:江蘇古籍出版社,1998 年,第 530 頁。
⑥ 鄭玄注,孔穎達疏,王輝整理:《儀禮注疏》卷一七,第 521 頁。

起到固定侯的作用。

另外,還需要説明的是,在鄉射侯的設計、製作以及反復使用之後,我們也做了一些必要的調整。比如,鑒於《鄉射禮》所載侯尺寸過大,我們在實際操作中,以米易丈(如圖十所示)。又如,彼時鄉射禮固定在學校舉行,而今日鄉射禮展示流動性增强,我們用了可移動性鐵樁,鐵樁上再插以粗木,方便搬運。如此,既秉持對經典的充分倚重,又解決了實用性問題。

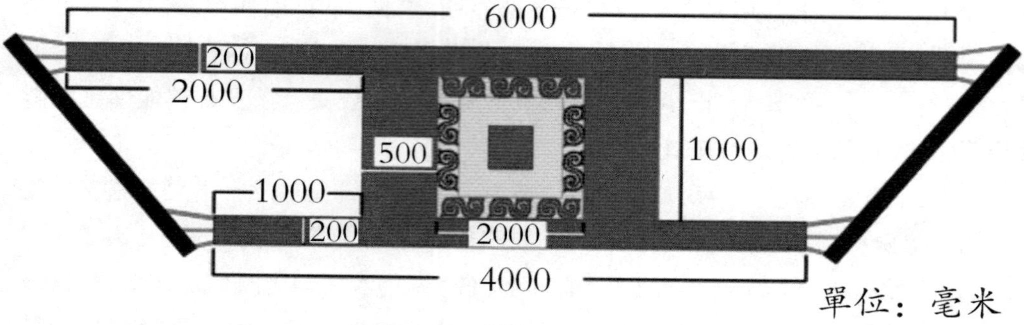

圖十　新擬鄉射侯尺寸圖

侯本爲古代射禮中極其常見的一種器物,但是鄭玄以降,經師對此器物形制的理解却紛挐不休。這種情况的出現,原因大致有二:其一,經文本身的過分簡略難免讓後人産生不盡相同甚至大相徑庭的理解,這也是經典記録傳統的疏忽。既然立有經典,然而不少地方的記録都語焉不詳,難免爲後人平添疑惑;其二,經師對數字的精確度以及實際操作等方面重視不足,更没有實物的參考,往往就經解經,這也正是經典注疏傳統的軟肋之一。總之,由考證鄉射侯所折射出的類似問題,無論對我們復原禮器,還是研究經典,也許都有值得反思的地方。

作者簡介:

陳士銀,1988 年生,江蘇徐州人,揚州大學社會發展學院歷史系講師,主要研究方向有三禮學、明代禮制等,代表論文有《〈儀禮〉用豊考》(《經學文獻研究集刊》第 16 輯,2016 年)、《方苞對劉歆竄經的質疑——以〈禮記析疑〉爲主要討論範圍》(《中國典籍與文化》2016 年第 4 期)、《明初的相見禮》(《廣西大學學報(哲學社會科學版)》2017 年第 2 期)等。

陳鱣年譜新編(上)※

陳鴻森

内容摘要 陳鱣爲乾、嘉間樸學名宿,研精許、鄭之學,著有《説文解字正義》、《禮記參訂》、《論語古訓》、《經籍跋文》、《鄭康成紀年》等多種;復長於史才,著《續唐書》七十卷。錢大昕、王鳴盛、盧文弨等咸雅重之。惜家貧,生前奔走衣食,所著書刊行者無多;身後後嗣寒微,遺稿蕩佚,聲聞闇淡,致今學者罕能道其名姓。余嘗搜采遺聞墜事,纂爲《陳鱣年譜》一稿,1993年刊於《歷史語言研究所集刊》第62本。顧其時見聞稍隘,京、滬、杭、寧各地圖書館所藏陳氏未刊稿鈔本及吴騫《日譜》等,多未寓目。2006年以來,余各地訪書,所録遺文佚詩當年不及見者,不下數十百篇;其學行事跡,亦采輯日富。今重訂舊稿,纂爲是譜,凡增補二百餘事,可備知人論世之資。末附《著述考略》,共考得仲魚譔輯之書六十餘種,雖稿多散佚,藉此可稍知其學涯略也。

關鍵詞 陳鱣　年譜　乾嘉學術　《説文》　輯佚

陳鱣(1753-1817)爲乾嘉學術名宿。曩讀錢竹汀《十駕齋養新録》,其一條云:"潘岳《閒居賦》,《注》引安革猛詩'祁祁我徒',予向疑安革猛不知何人,詢之海寧陳仲魚鱣,乃知'革猛'爲'韋孟'之譌,'安'乃衍字也。檢《漢書・韋賢傳》,果如仲魚言。"①又《吴兔牀日記》乾隆五十七年四月朔日條載:"謝靈運《山居賦》云:'兩㵎通沼。''㵎'字書無考,竹汀嘗舉問河莊。"②則仲魚博聞多識,已爲當時通人碩學所推重。嘉慶六年,計偕入都,與朝鮮使者朴齊家、柳得恭邂逅訂交,雅極投契。柳氏《燕臺再遊録》曾載紀曉嵐之言曰:"近來風氣趨《爾雅》、《説文》一派,仲魚蓋其雄也。"③是其博雅之名,當時已播諸遐方異域矣。所著《説文正義》三十卷,成書在段氏《説文注》之

※本文爲作者"科技部"專題研究計畫"周廣業學行研究"(MOST 106-2410-H-001-087)部分研究成果。

① 錢大昕:《十駕齋養新録》卷一四,光緒十年,長沙龍氏家塾重刊《潛研堂全書》本,第25-26頁。

② 吴騫:《吴兔牀日記》,南京:鳳凰出版社,2015年,第92頁。

③ [朝鮮]柳得恭:《燕臺再遊録》,金毓黼輯《遼海叢書》第1集,遼海書社鉛印本,1934年,第11頁。

前,王鳴盛爲之序,推崇甚至。[1] 惜窘於生計,等身著作生前多未付刻,後嗣寒微,遺稿蕩佚,致今聲聞闇淡,學者罕識其人。

余1989年喘疾頻作,救急者數。病榻無俚,嘗纂次仲魚遺事,爲《陳鱣年譜》一編;1990年春,復因視網膜病變,艱於閲讀,此稿至1993年始刊於《歷史語言研究所集刊》第62本,[2]屈指倏將三十年矣。其時見聞稍隘,病間更無從借讀;兼以兩岸阻隔,仲魚未刊稿鈔本、遺文佚詩及吴騫《日譜》等,散在京、滬、杭、寧各地圖書館,均未能寓目,不免闕漏。2005年6月,余應中國社會科學院歷史所陳祖武所長邀訪,初履燕京;厥後與大陸學人交往漸多,因是得常各地訪書,而增補仲魚舊譜一事,時縈於懷。2012年3月,應北京師範大學人文宗教高等研究院之邀,客遊半載,携此稿及《武億年譜》以俱。其間嘗赴海寧,尋訪舊跡,並應海寧史志館之邀,作專題演講。[3] 乃是年9月返臺後,肺部感疾,一病幾殆。今重訂斯譜,追憶舊事,不禁感慨係之。兹將歷年采輯仲魚遺聞墜事分年繫綴,凡增補二百餘事,銖積絲累,學鮮寸進,而余已頹然衰翁,明春將離史語所,歸以俟命矣。念此譜二三十年患難與共,爰誌其始末,以寫老大之傷、侘傺之感。纂此譜,費辛苦,後之人,其鑒我。[4] 2017年11月30日識,25日方自燕都訪書歸來。

此譜修訂過程,潘妍艷君時參討論,書此以誌謝忱。

乾隆十八年癸酉(1753)　　一歲

七月二日,先生生。(陳賡笙纂《海寧渤海陳氏宗譜》卷一三)

先生名鱣,字仲魚,號河莊,又號簡莊。早年自署東海波臣(見吴騫《陽羨名陶録》卷下先生《觀六十四研齋所藏時壺率成一絶》詩元注),晚歲間署紫微外史。(見先生《續唐書》卷末《自題續唐書後》)浙江海寧縣鹽官黄岡里人,家Q上樸樹灣。海寧渤海陳氏,爲寧邑巨族,世以書香傳家,簪纓科第之盛,非他族所能及。自八世祖以下,皆學官弟子,有聲庠序間。

吴騫《喜河莊補博士弟子》詩,元注:"河莊少日,尊甫嘗携之祈夢于忠肅墳,有三鱣之兆,因以命名。"(《拜經樓詩集》卷四)

① 謝啓昆:《小學考》卷一〇引,《續修四庫全書》本,第23-24頁。

② 陳鴻森:《陳鱣年譜》,《"中央研究院"歷史語言研究所集刊》第62本第1分,1993年,第149-224頁。

③ 此次講稿,後由潘妍艷君整理爲《清代海寧學術豐碑——陳鱣其人其學述要》一文,刊於《中國文化》第38期,2013年,第137-148頁。

④ 陳鱣藏書,其心賞者則鈐"得此書,費辛苦,後之人,其鑒我"篆字白文方印,兹倣其意。

按先生系出渤海高氏,爲宋武烈王瓊(累官至檢校太尉、忠武軍節度使)之裔。有明中葉,始遷祖名諒者,居仁和,游學至海寧,偶憩橋上,墜於水,爲陳氏翁救起,詢知爲世族,乃留之家。翁老無子,止一女,因以妻焉,生子榮(月軒),遂承外祖姓爲陳氏。其後子姓繁衍,代有聞人,蔚爲浙江望族,至先生凡十五世。先生堂姪陳其元《庸閒齋筆記》卷一云:"余家自有明中葉,由高氏而承陳姓,迄今三百餘年。至嘉、道之間,子姓日益繁衍。咸豐後,經粵匪之亂,溝壑之轉,四方之散,第宅焚毁,老成凋謝,宗族稍零替矣。迴溯此三百年間,傳世已將二十,人才輩出,在浙江推爲望族。……計自明正德以來,吾家登進士第者三十一人,榜眼及第者二人,舉人一百有三人,恩、拔、副、歲、優貢生七十四人,徵召者十一人,庠生及貢、監生幾及千人。宰相三人,尚書、侍郎、巡撫、藩、臬十三人,京官卿寺、外官道府以下,名登仕版者逾三百人;祀名宦者十一人,祀鄉賢者八人,祀昭忠者五人,國史有傳者十三人,其郡縣志之載名臣、循吏、文苑、義行者,未易屈指數。"又一條云:"吾家以詩書爲世澤,自有明中葉承陳姓之後,代有聞人,人各有集,見于秀水錢警石廣文所纂《海昌備志》所采者,不下萬卷焉。"

八世祖名倈佐,字維相,號理川,廩生。以績學知名,邑中俊髦多出其門。

七世祖名穎伯,字師端,號覺庵,庠生。敏幹能文,有聲黌序間。

六世祖名賁永,字腹貞,號元禎,增生。季弟道永,游山陰劉蕺山之門,傳證人之緒,學者稱乾初先生。

吴騫《陳仲魚詩人考序》云:"乾初先生以理學碩儒傳蕺山劉子之業,所著若《學譜》、《大學辨》、《喪實論》、《葬論》諸書,皆有裨於實學,實仲魚六世祖行也。"(《愚谷文存》卷一)按先生《愚谷文存序》,稱乾初爲五世從祖,蓋前人計世次,或連本身數之,或否,非有異也。

管庭芬《海昌藝文志》卷五:"陳確,字乾初,又字非元,號確夫;初名道永。邑諸生。早見知于許同生令典,目爲任道器。後與祝開美淵游蕺山劉氏之門,奉慎獨之教。乙酉後,静修山中,幾二十年,足不入城市。"所著别有《蕺山先生語録》、《乾初道人詩集》十二卷、《文集》十八卷、《别集》十九卷等。

高祖名檝世,與弟枚並以名節相砥礪。

《海昌藝文志》卷八云:"陳檝世,字夢弼,號鼓濤。諸生,著有《超然閣誡言》一卷。"

同書卷五云:"陳枚,確從子。字奚立(森按:"奚"字當作"爰"),號補庵。諸生,工詩,晚號霜柏子。著有《詩論》一卷、《補庵遺稿》二卷。”吴騫《拜經樓詩話》卷一云:“陳爰立先生枚,乾初從子也,少工詩,與龍山祝眉老(洵文)、甪里蔡養吾(遵)等十餘人結省過之社,日相唱和。爰立行尤高,少補諸生,旋棄去。窗前植蟠柏一,晨夕吟哦其下,自號霜柏子。卒年四十餘,遺詩多散失,存者僅三數十篇。”

曾祖名學英。

《海寧州志稿》卷二九《文苑傳》云:“陳學英,字東藩。文思敏贍,以七藝游海鹽庠,冠一軍。入北雍,試輒前茅。爲人彊毅果敢,遇公事侃侃便便,里黨推重。書法古宕遒勁。”《海昌藝文志》卷一〇:“陳學英,字東蕃,寄籍海鹽,由諸生入太學。著有《周易闡微》六卷、《禮記全編》十卷。”

祖名廷表。

《海寧渤海陳氏宗譜》卷一一:“廷表,字星華,號西樸,太學生。元名人龍,庠生。……卒乾隆庚午三月十一日,年七十。”《海昌藝文志》卷一一:“陳廷表,初名人龍,字西樸。……工書法,著有《見聞録》四卷、《西樸詩稿》三卷。”按先生《新坂土風》第九十九首,自注:“予家梘上樸樹灣,先祖故以西樸自號。”

生子三:玟、珂、璘。(《宗譜》卷一一)

祖妣宋氏。

本生祖妣朱氏,太學生銓女。(《宗譜》卷一一)

父名璘,少穎敏,受業沈廷芳之門,爲查慎行、方苞再傳弟子。(《兩浙輶軒録補遺》卷六“陳璘”條)弱冠,補諸生,與兄珂並負時譽。

《海寧渤海陳氏宗譜》卷一二:“璘,字昆玉,號谿齋,庠生。博聞强識,工古文詞,受業沈椒園柱史之門,著有《松硯齋集》。”生子二,長即先生,次豹。女一,適庠生查垣。按谿齋先生康熙五十七年(1718)生,生先生時年三十六。

沈廷芳,字畹叔,號椒園,浙江仁和人。乾隆丙辰舉博學鴻詞,官至山東按察使。歸田後,迭主鰲峰、端溪、樂儀、敬敷諸書院。著有《續經義考》四十卷、《理學淵源》十卷、《鑒古録》十六卷及詩文集等。

母朱氏,太學生大椿女。(以上並據《海寧渤海陳氏宗譜》,另參《愚谷文存》卷一一《陳谿齋文學墓碣銘》)

是年,杭世駿五十八歲,惠棟五十七歲,秦蕙田五十二歲,盧文弨三十七歲,王鳴盛三十二歲,戴震、梁同書三十一歲,紀昀、王昶三十歲,程瑶田二十九歲,錢大昕、鮑廷博二十六歲,畢沅、李文藻、陳樹華、汪輝祖、周廣業二十四歲,姚鼐、朱珪二十三歲,翁方綱、吴騫二十一歲,段玉裁、金榜、錢塘、朱文藻十九歲,桂馥、孫希旦十八歲,謝啓昆、孫志祖、金曰追十七歲,章學誠、丁杰、任大椿、張燕昌十六歲,孔繼涵十五歲,崔述十四歲,周錫瓚十二歲,邵晋涵、秦瀛十一歲,王念孫、汪中、錢大昭、錢坫、梁玉繩、黄易十歲,崔應榴、武億九歲,洪亮吉、趙魏八歲,趙懷玉七歲,梁履繩六歲,莊述祖四歲,劉台拱三歲,孔廣森、江德量二歲。孫星衍、朱彬、法式善、胡虔與先生同歲生。

乾隆十九年甲戌(1754)　　二歲

是年李賡芸、伊秉綬、張敦仁生。陳祖范卒。

乾隆二十年乙亥(1755)　　三歲

是年吴卓信、王宗炎、辛紹業、張海鵬生。全祖望、吴廷華、馬曰琯、盛世佐卒。

乾隆二十一年丙子(1756)　　四歲

是年友人錢馥生。徐文靖、黄叔琳卒。

乾隆二十二年丁丑(1757)　　五歲

是年淩廷堪、郝懿行、馬宗璉、胡克家生。

乾隆二十三年戊寅(1758)　　六歲

六月十八日,友人吴壽照生。(吴之瑗《休寧厚田吴氏宗譜》卷四)

吴壽照,字南輝,號小尹,吴騫長子。乾隆丙午舉人。研精《選》學,盧文弨雅重之,後病目失明,士論惜之。《海昌藝文志》卷十三載所著書有《骨董羹》、《小尹詩稿》等。

十一月六日,弟豹生。(《宗譜》卷一三)

豹字蔚君,性孝友,早卒,年止十八。(《簡莊文鈔》卷六《祭弟文》)吴騫《陳谿齋文學墓碣銘》言"子一,即鱣",不及蔚君,蓋先谿齋先生卒也。

是年姚文田、徐養原生。惠棟卒。

乾隆二十四年己卯(1759)　　七歲

是夏,谿齋先生爲贍家計,出游燕齊。(《文鈔》卷六《祭弟文》)母朱孺人教以義方。(吴騫《愚谷文存》卷一一《陳谿齋文學墓碣銘》)

吴氏《谿齋墓碣銘》云:"君俶儻儁邁,喜交游,重然諾。攻詩及古文詞,不屑屑于章句之學。屢試不售,遂棄諸生,北游太學,流連燕齊間,一時雅人勝流争與投僑札之分;然性故耿介,不肯隨俗婞阿。是時君宗族方盛,内而居鼎揆、官侍從,外則乘朱軒、任牧伯者,不知凡幾,而君足未嘗一及其門,以故落落終無所遇合。惟日與二三同調登臨吊古,忼慨悲歌,以詩酒相酬和。"

是年邢澍、牟庭、錢泳生。顧棟高卒。

乾隆二十五年庚辰(1760)　　八歲

五月七日,大伯郁齋卒,年五十五。(《宗譜》卷一二)

《宗譜》卷一二本傳:"玟,字文玉,號郁齋。太學生,軍餉議叙,候選知縣。至性過人,倜儻有大志。"無子,以弟珂長子佩蘭爲後。

是年王紹蘭、鈕樹玉、陳詩庭、莊逵吉、秦恩復生。

乾隆二十六年辛巳(1761)　　九歲

十二月,大寒,官河皆凍,小河冰堅,至十餘日始解。(汪輝祖《病榻夢痕録》卷上)

是年張惠言、江藩、劉鳳誥、朱錫庚生。

乾隆二十七年壬午(1762)　　十歲

七月,海寧大雨連綿,田禾多浸没。(《海寧州志稿》卷四〇《祥異》)

是年嚴可均、袁廷檮、徐鯤、錢林生。江永卒。

乾隆二十八年癸未(1763)　　十一歲

是年焦循、黄丕烈、嚴杰、王照圓生。

乾隆二十九年甲申(1764)　　十二歲

是年誦習《文選》,所讀乃毛氏汲古閣所刻李善《注》本。自是舟車南北恒以自隨,漸而爛熟。(《文鈔》卷三《元本李善注文選跋》)

吴騫詩《簡莊擬築文選樓,余先爲作圖並係詩以趣之》,有句云:"君家世傳經,十二攻《選》學。人呼小秀才,豈特爛與熟。"(《拜經樓詩集續編》卷二)按中國科學院圖書館藏法式善《朋舊及見録》稿本,卷四六"陳鱣"條載先生著作,有《文選校理》一種,知先生用力《選》學孖勤也。中國國家圖書館藏先生《説文繫傳》校本,卷二"藩"字下:"臣鍇按班固《西都賦》曰:突荆藩。"先生訂之曰:"鱣按張衡《西京賦》云:突棘藩。"又卷一四"宸"字下:"臣鍇按班固《西都賦》曰:日月纔經于柍宸。"先生校云:"鱣按揚雄《甘泉賦》云:日月纔經于柍桭。"二者皆《文選》之文,徐鍇偶誤篇名、作者,先生即訂正之,可見其《選》學之精也。

阮元、李富孫、費士璣、張鑑生。秦蕙田卒。

乾隆三十年乙酉(1765)　　十三歲

是年洪頤煊、李遇孫、宋世犖、趙坦生。

乾隆三十一年丙戌(1766)　　十四歲

是年王引之、顧廣圻、何元錫生。

乾隆三十二年丁亥(1767)　　十五歲

是年臧庸、江沅生。程廷祚卒。

乾隆三十三年戊子(1768)　　十六歲

是年,谿齋先生倦遊,自燕齊歸,家居課子姪,於先生督責尤嚴也。乃不數月,窘於家計,復離家北游。先生兄弟送至河干,黯然神傷者久之。(《文鈔》卷六《祭弟文》)

李鋭、許宗彦、汪萊、周中孚生。齊召南、盧見曾卒。

乾隆三十四年己丑(1769)　　十七歲

是年瞿中溶、李兆洛、朱珔生。沈德潛、諸錦卒。

乾隆三十五年庚寅(1770)　　十八歲

是年洪震煊、李黼平、丁履恒、查揆生。

乾隆三十六年辛卯(1771)　　十九歲

十月七日,友人吴壽暘生。(《吴兔牀日記》嘉慶庚午十月七日條)

吴壽暘,字虞臣,號蘇閣,吴騫次子。歲貢生。承其父藏書,精校勘,編有《拜經樓藏書題跋記》六卷、《拜經樓書畫題跋記》二卷。自著書有《公羊經傳異文集解》三卷、《讀書日益編》二卷及《後漢書校勘記》、《東坡集校勘記》等,見《海昌藝文志》卷一五。

是年陳壽祺、黄承吉、金鶚、盛大士生。姚範卒。

乾隆三十七年壬辰(1772)　　二十歲

正月四日,高宗諭令中外臣工采集古今群籍,彙送京師,以充實内府藏書。(《高宗實録》卷九〇〇)

秋,二伯楓林先生選恩貢。

《宗譜》卷一二:"珂,字可玉,一字改之,號楓林。廪生,乾隆壬辰恩貢,候選教諭。性友愛,研經砥行,出其門者皆有聲譽。著有《可齋集》、《引嶽編》。"

十月十七日,高宗復下諭各直省督撫,會同各學政,飭催所屬,速行設法訪求未登大内收藏之書。(《高宗實録》卷九一九)十一月廿一日,署理浙江巡撫熊學鵬設遺書局於杭城,延丁憂在籍翰林院侍講沈初總理其事,遴取省内教官之優於學者黄璋、張羲年、朱休度、范鐸等人爲分校。(《纂修四庫全書檔案史料》第27-28頁,又王亶望《浙江采集遺書總録・序》)

是年,先生作《誦隅箴》以自勵志。

《誦隅箴》云:"日近文章,砥厲廉隅。古人有言,亹亹忘劬。况予小子,質頑且愚。乃紹家學,厥惟《詩》、《書》。不殖將落,務名終虚。輪旋日月,如過隙駒。少習師傳,今知其粗。年已弱冠,嗜慾未除。毋曰面牆,有師啓予;毋曰德孤,有友輔予。既飽爾食,既暖爾襦。一生作用,胡不自圖。壯而不學,後將焉如。載誦載讀,亦步亦趨。勉旃勉旃,毋弛須臾。"(《河莊詩鈔》第1頁)此先生少作僅可考者,據《箴》中"年已弱冠"之語,暫系於本年。

方東樹生。杭世駿、沈廷芳卒。

乾隆三十八年癸巳(1773)　二十一歲

是年,館於小桐谿,以贍家計。

先生乙未年撰《祭弟文》,言:谿齋先生再度北游後,"家日以窘,又遭連年凶荒。弟以讀書之暇,兼治家事,奉母惟謹。……頻年我館小桐谿,家事大小可以一切稍委之者,賴有弟在耳。"(《文鈔》卷六)吴騫家在小桐谿,是年先生已與吴氏交游,其課蒙小桐谿當在本年前後。吴騫《愚谷文存》卷八《記二女》云:"海寧縣東長平鄉,所謂小桐溪者也。"

《宗譜》卷二六本傳云:谿齋先生"年未艾,即得心疾,簡莊舌耕以養,能得親歡。弱冠後,補博士弟子,旋以優等食餼"。則先生未冠前已課蒙,以贍家計。

春,詔開四庫全書館,徵訪天下遺書(《高宗實録》卷九二六),於浙省催責尤甚。

王亶望《浙江采集遺書總録·序》:"浙中藏書之家,夙所著稱,首鄞縣范氏天一閣,至今猶克世守。餘若越中祁氏、鈕氏,禾中項氏、朱氏、曹氏,錢塘趙氏,其間不無展轉剖散,而流落人手,尚多可稽。近當文治久長,好學嗜古之士輩出,若杭城之吴玉墀、鮑士恭、汪啓淑、汪汝瑮、孫仰曾,慈谿鄭大節,續皆儲貯篇籍,頗有可觀。凡是諸家,欣值表章盛際,鼓舞奮興,各願整比所藏,稽首上獻。即寒俊士一編一册,或有世不習見,亦不敢抱爲秘文,挾策而至者源源不絶,措頓列室,常充牣乎其間。"蓋浙省士庶之家率多藏書,清高宗特令浙撫加意蒐訪,故於鮑氏知不足齋、吴氏瓶花齋、汪啓淑飛鴻堂、汪氏振綺堂、孫氏壽松堂、鄭氏二老閣,催索尤甚。先生冠時適值朝廷采訪遺書之際,因啓先生日後蒐訪精槧秘籍之念。

八月,吴騫從杭城遺書局借得錢曾《述古堂書目》殘本,蓋即《讀書敏求記》初稿,因挑録其不見於《敏求記》者凡十數條,並跋於後;先生復假吴氏校本傳録之。(據歷史語言研究所傅斯年圖書館藏繆氏雲自在龕鈔本《讀書敏求記》過録吴騫及先生跋文)

吴騫,字槎客,一字葵里,號兔牀,又號愚谷,家海寧小桐谿。諸生。工詩文,善山水。好搜羅金石古器;兼嗜典籍,遇善本,傾囊購之弗惜,所藏不下五萬卷,搆拜經樓以藏之。著有《子夏易傳釋存》、《論語義疏參訂》、《國山碑考》、《愚谷文存》、《拜經樓詩集》等。吴氏長先生二十歲,與先生爲忘年交,卒前三日,猶爲先生序所著《經籍跋文》。《清史列傳》卷七二有傳。

是年,海寧縣奉旨陞爲海寧州,仍屬杭州府。(錢泰吉纂《海昌備志》卷一《沿

革》)

嚴元照、江有誥、吴榮光、迮鶴壽、端木國瑚、洪飴孫生。吴玉搢卒。

乾隆三十九年甲午(1774)　　二十二歲

館於小桐谿。

浙江采集遺書,自壬辰秋訖是年夏,前後分十二次進呈,計進書四千五百二十三種,五萬六千九百五十五卷,另不分卷者二千九十二册(《浙江采集遺書總録》),爲各直省進書之冠。

八月,於敝簏中檢得《茗齋百花詩》刊本一册,因重付裝訂,跋識其後,並賦七絶二章,即以其本移贈吴騫。(中國國家圖書館藏本先生手跋,又拙稿《陳鱣簡莊遺文續輯》)

是年莊綬甲、吴懋清生。

乾隆四十年乙未(1775)　　二十三歲

館於小桐谿。

七月,外王父八十壽辰,先生昆仲隨母至小桃原,得父抱病津門之訊,兄弟相對唏嘘,憂念不已。

先生《祭弟文》云:"今年七月間,我弟兄隨母至小桃原,始得我父天津抱病之信,弟與我相對唏嘘,北望稽首。時當外王父八十生辰,開筵稱慶,歌吹滿堂,心雖不勝憂患,又恐減老人之歡,惟有隱忍含淚,食不下咽,歌聲若弗聞也者。自是之後,弟不復飲酒茹葷。每食,必祝曰:'天若有悔於我門,幸即加諸我,以保我父速痊也。'"(《文鈔》卷六)

八月朔,弟蔚君黎明即起,沐浴更衣,往禱父疾於邨社之神。及歸,以筭語平平,憂思愁悶。未幾,疾作,竟至不起。是月九日卒,年十八。(《文鈔》卷六《祭弟文》)

《宗譜》卷一三:"豹,……卒乙未八月八日,年十八,未娶,葬南墳後。"譜作八日卒,與先生文相差一日。按《祭弟文》先生當時所作也,今從之。

十五日,撰《祭弟文》,告祭亡弟之靈,語甚哀悽。(《文鈔》卷六)

《祭弟文》云:"弟弱而才,宗族無不愛者。憶我二人出入必相偕,飲食必與共,居貧處約,辛苦備嘗。……弟之未病也,我方擬一肩行李,北走津門,一省我父起居,奉以歸里,屬弟小心奉母。今弟死矣,尚可以一手一足能支乎哉！嗚呼！我既不能竭力事親,復不能成全我弟,以致感憤成疾,速殞其年,不孝不友,更何有面目可以見人乎？哀哉哀哉！”

冬,谿齋先生病風疾,自津門歸。

按谿齋先生南歸年月,未見明文。吴騫撰《墓碣銘》云:“君既頻年不得志,一旦倦游而歸,杜門却軌,尋理故業,置歐碑座右,而以‘松硯’署其齋。……未幾而痱疾作,手足恒不隨,言吐微澀。”依此,似谿齋南歸後乃病風。然據先生《松硯齋記》:“府君寓津門,得末疾,琴書玩好皆被竊去,鬱鬱南還。”則谿齋風疾後乃自津門歸也。吴騫《墓碣》言:“君患痱十有餘年,乾隆丁未(五十二年)卒。”由此逆推之,其南還疑在今冬明春,今因蔚君之卒姑繫於本年。

是年沈欽韓、包世臣、淩曙、俞正燮、汪繼培、胡世琦、梁章鉅、林伯桐、鄧廷楨、張宗泰(魯巖)、汪家禧生。汪師韓卒。

乾隆四十一年丙申(1776)　　二十四歲

七月廿七日,從吴騫借渠所校王性之《默記》,命胡生鳳苞鈔寫一部,至八月二十七日鈔畢。先生以各色筆過録朱文藻、鮑廷博批校題識於其上,復手校一過。(《簡莊文鈔續編》卷二)

先生校本後歸孫氏玉海樓,《文瀾學報》第二卷《浙江文獻展覽會專號》著録,謂此書所録“原本爲朱映漘、鮑以文所校者,俱用朱筆;吴兔牀所校者先用紫筆,繼用緑筆。仲魚各依原色過録於上;其認爲有未合者,則復以黄筆改正之”(第292頁)。故先生題識戲謂此書“恍似文通夢中五色筆矣”。此本現藏中國國家圖書館。(《中國古籍善本書目》卷一八)

重九日,吴騫登高龍山,得一舊鈔,乃陳乾初(確)等海昌遺老詩文雜著,是書流傳絶少,因别録一本以贈先生,俾與乾初《大學辨》諸書共藏新坂家塾。(吴壽暘《拜經樓藏書題跋記》卷五“《遺老高風》”條)

冬,從吴騫借得明胡震亨《讀書雜録》康熙己未刊本,此書世罕傳本,仍命胡生鳳苞手録一部。(上海圖書館藏本先生手跋)

是年胡承珙、劉逢禄、臧禮堂生。

乾隆四十二年丁酉(1777)　　二十五歲

十二月,吴騫得陳句溪手書詩一篇,愛玩不忍釋手。先生因以所藏西郇老人遺墨贈之,凡詩五首,俱本集所未載者。吴氏即録此五詩於《西郇老人集》後,並附句溪詩於末。(《拜經樓藏書題跋記》卷五)

是年馬瑞辰、宋翔鳳、姚椿生。戴震、余蕭客、秦大士卒。

乾隆四十三年戊戌(1778)　　二十六歲

二月十六日,長子箕生。(《宗譜》卷一四)

夏初,自西湖歸。暇間綴緝鄉邦遺事,各賦以詩,成七絶一百首。先生家鹽官,舊名新坂,因名之曰《新坂土風》。(本書)每詩各繫以注,於鄉邦風物舊迹,采摭甚富,蓋青丘《姑蘇雜咏》之比也。

先生《新坂土風序》云:"戊戌夏初,自西湖歸東海。偶拾鄉邦遺事,或别出紀傳,或散在閭閻,雅俗雜陳,得詩百首,命曰《新坂土風》,聊附巖門諸家之後。下里歌辭,無當輶軒采擇也。"(本書卷首,又《文鈔續編》卷一)

按周春《耄餘詩話》卷七:"巖門有《古鹽官曲》絶句百首;余有《海昌勝覽》二十卷,絶句二百四十首,意欲備一州故實,其注極詳,搜羅甚廣。吴槎客騫有《蠡塘漁乃》絶句百首,陳河莊鱣有《新阪土風》絶句百首,張含章愈有《海昌竹枝詞》百首。"先生《序》云"附巖門諸家之後"者,即此。

《吴兔牀日記》乾隆四十五年三月十九日條,録吴氏和先生《歸舟二絶》,其二云:"幽絶衡門足自娱,更搜遺事補朱餘。寒山風味依稀在,彤管何妨伴著書。(元注:河莊近作《朱餘土風》,以補邑志所未備。婦吴人,少攻藝事。)"則此書又名《朱餘土風》,蓋鹽官古名朱餘也。先生配胡氏,吴縣太學生宗琦女,工藝事文墨,故吴詩有"彤管何妨伴著書"之句。先生娶婦之年,無明文可據,意在申、酉兩年間。

七月二十六日,偕吴騫訪盧文弨於江寧鍾山書院。時盧氏主講鍾山,先生二人至時,盧氏正校殿本《雲谷雜記》。(《陶風樓藏盧抱經校本述要》載盧氏識語)

八月十四日,雨窗校録衢州本《郡齋讀書志》,二更卷一校訖。中秋日,續校卷二,是夕大雨,無月。(上海圖書館藏先生校本卷一、卷二末題款)

按此書卷末徐洪釐《跋》,云:"鄉先輩陳仲魚先生精於讐校,朱墨二毫,刻不去手,排日勘核,雖於他書皆然。而此獨秉燭從事,夜分不休,亦足見當日是書借讀之難,不可久稽時日也。自道光間吴下顧澗薲與梅里李香子始校刊衢本於吴門,學者齎千錢適市即可立致,人遂易視之。"

是秋,偕吴騫爲武林之遊,訪友論藝,流連光景,往返旬日,吴氏集此行題咏之詩爲《杭遊小草》。(《文瀾學報》第二卷《浙江文獻展覽會專號》第175頁著録)

從苕賈購得鈔本《嘯堂集古録》,乃陳昂涌石山房鈔藏者。是書刊本多譌脱,卷首李邴《序》脱前一葉,闕文二百四十餘言。此本首序獨全,且字畫精好,卷末有元統改元干文傳一《跋》,亦刊本所無。明年,吴騫聞先生藏此本,亟假歸校録。(張鈞衡《適園藏書志》卷五)

先生本集《嘯堂集古録跋》繫此事於四十年(《文鈔》卷三),疑"四十"下脱"三"字也,今依原跋繫此。

陳昂,字書崖,安徽休寧人。候補府同知。性簡素,家有涌石山房,多藏宋元舊本。嘗居嘉興梅會里,與朱彝尊鄰,互有贈答,有《㵎山倡和詩》卷。光緒《青浦縣志》卷一九有傳。

是年陳逢衡、錢侗、唐鑑生。李文藻卒。

乾隆四十四年己亥(1779)　　二十七歲

是年,應府試,爲知府邵齊然所賞,欲拔置高等,會邵氏卒,不果。

吴騫《拜經樓詩集》卷四《喜河莊補博士弟子》詩,元注:"河莊夙爲太守邵公齊然所知,欲拔置高等,會卒,不果。"檢《杭州府志·職官》,邵氏乾隆四十一年到官,四十四年王燧繼任,今故繫於本年。

秋,先生偶過一裝潢家,見有明顧文康(鼎臣)誥軸,工人將洗其字以爲他用,先生亟止之,語之吴騫,因購以善值,並裝褫成卷。梁同書見而善之,手爲題識,稱其書法酷似顔平原。十二月,先生考顧氏事實爲跋其後。

先生跋文見《文鈔》卷三,不記年月,今據葛金烺《愛日吟廬書畫録》卷一載録先生手跋。

梁同書,字元穎,號山舟,浙江錢塘人,大學士詩正子。乾隆十二年舉人,十七年特賜進士,入翰林,擢侍講。淡於榮利,服闋即稱疾不出。工書,少學顔、柳,中年用米法,七十後愈臻變化,純任自然,當世獨絶,與劉墉、王文治並以書名稱於時,著有《頻羅菴遺集》。《清史稿》卷五〇三、《清史列傳》卷七二有傳。

是年,盧文弨主西湖書院講席(柳詒徵《盧抱經先生年譜》),先生往來杭州,得時與過從,快聆緒論。

許桂林、葉志詵生。洪榜、羅有高卒。

乾隆四十五年庚子(1780)　　二十八歲

二月,吴騫托先生往乾初嗣孫東宇處,商假《大學辨》書稿録之。此書世罕傳本,東宇極珍祕之,不肯示人,先生婉轉懇請,始允借録。自是乾初《大學辨》乃漸傳於世。(《拜經樓藏書題跋記》卷一)

是月,借吴騫所藏《讀書敏求記》校閲一過,復從知不足齋本補録王立甫《序》一篇。(章鈺《讀書敏求記校證》卷末《序跋題記》)

二月十六日至三月十九日,與吴騫同遊杭州。歷訪周春、鮑廷博、趙魏、盧文弨、宋葆淳、奚岡、朱德坪諸友。游覽賞鑒,觴咏酬倡,流連日夕,極友朋之樂也。

按《吴兔牀日記》逐日詳記二人杭遊行蹤,兹不一一具載。《日記》録先生此行所爲詩《臨平道中》(二月十七日)、《武林寓偶作呈兔牀》(二月廿三日)、《周子珮公子餅硯歌爲宋芝山明經作》(二月廿六日)、《偶以括蒼石屬鐵生作書室小印兼索爲圖》(二月廿七日)、《與兔牀西湖晚步乘月而歸》(三月十日)、《歸舟二絶贈兔牀》(三月十九日)凡六首。羊復禮輯《河莊詩鈔》失收,當據補。

周春,字松靄,海寧人,乾隆十九年進士,與王鳴盛、錢大昕等同榜。官廣西岑溪縣令,有善政,以憂去官,岑溪人構生祠祀焉。服闋,不復出。所居著書齋,凝塵滿室,插架環列,卧起其中者三十餘年,四部七略,靡不瀏覽,究心字母,長於韻學,著《古文尚書集説》、《爾雅補注》、《小學餘論》、《十三經音略》、《西夏書》、《杜詩雙聲疊韻譜括略》、《遼詩話》、《耄餘詩話》等。《清史列傳》卷六八有傳。

鮑廷博,字以文,號渌飲,本安徽歙縣人,徙居於杭。家富藏書,乾隆時詔開四庫館,采訪天下遺書,命子士恭進家藏善本六百餘種,爲天下獻書之冠,御賜《古今圖書集成》一部嘉之。好刻傳善本秘籍,刊有《知不足齋叢書》三十集。《清史列傳》卷七二有傳。

趙魏,字洛生,號晋齋,浙江仁和人。嘉慶庚辰恩貢。深於碑版之學,所藏彝器款識、漢唐碑本,爲一時之冠,阮元以爲歐、趙著録,不是過也。阮氏著《積古齋鐘鼎彝器款識》、《兩浙金石志》,並晋齋校定也。自著書有《竹崦盦金石目》、《華山石刻表》、《古今法帖彙目》、《小學雜綴》等。《清史列傳》卷七三有傳。

宋葆淳,字帥初,號芝山,山西安邑人。乾隆癸卯舉人,授隰州學正,性傲岸,年餘即告歸。遊蹤半天下,所至以詩畫名。長於金石考據,善鑒别;復工山水,得北宋人法。晚流寓杭州,客死於浙。《墨林今話》卷七有傳。《吴兔牀日記》云:"宋芝山明經,……精六書、篆籀之學,嘗與曲阜桂馥、海寧沈心醇共訂徐鍇《説文繫傳》。"

奚岡,字鐵生,號蒙泉外史,安徽歙縣人。寓杭州西湖,不應科舉。嘉慶元年徵孝廉方正,辭不就。工山水花石;篆印宗秦漢,與丁敬、黄易、莊仁齊名,稱"西泠四大家"。

朱德坪,字叔玉,號藉山,江蘇碭山人,官處州同知。嗜篆刻,刀法蒼勁,《吴兔牀日記》稱其"手鐫銅印,可亂漢章"。《墨香居畫識》卷五、《廣印人傳》卷三有傳。

三月八日午後,與吴騫、鮑廷博遊昭慶寺山房,際晚入城,鮑君出明高麗許篈書跡見示。(《吴兔牀日記》)

吴騫《日記》載:"緑飲復以明高麗許篈所書其妹景樊詩借觀,書法秀逸,頗類趙吴興。景樊號蘭雪,其詩蒼渾悲壯,有鬚眉丈夫所不能道者。朱竹垞《明詩綜》選五首,皆不在此卷内。餘詳河莊《武林寓目記》。"據此,知先生往來武林,所見古籍書畫、器玩珍異,有《寓目記》著録之,惜其稿今亡佚不傳。

九日,宋葆淳、趙魏過訪,先生與吴騫各出行篋所有金石書畫共賞鑒。二君别去後,復與吴騫至昭慶寺山房,遇鮑廷博茶話;邂逅盧文弨於段家橋。薄暮,步月入城。(《吴兔牀日記》)

十日,吴騫携明顧文康誥軸過奚岡冬華盦,先生與沈廷式(栗齋)、吴杞(其桐)等共觀竟日。(葛金烺《愛日吟廬書畫録》卷一)

十三日,與吴騫、鮑廷博同過盧文弨抱經堂,觀渠新校定漢魏各書。(《吴兔牀日記》)

望日,萊園牡丹盛放。午後,吴騫携觴邀同人小集,與會者盧文弨、鮑廷博、張培、項丰及其二子,沈恩治、先生及吴騫之子壽照,共十人。(《吴兔牀日記》)

十九日,與吴騫解舟東歸。午刻,過盧氏抱經堂話别。翌日平明過長河堰,先生欲省乾初先生墓,於沈橋與吴氏分袂。(《吴兔牀日記》)

是春,吴騫構藏書之樓,名曰拜經,先生賦詩二章以贈。

先生《題兔牀先生拜經樓》詩,其一云:"延陵夙望舊門廬,谷口新開竹下居。四坐賓朋春載酒,一樓燈火夜讎書。文章論世情難已,弓冶傳家業有餘。環堵蕭然真自得，海濱高行更誰如。"（《河莊詩鈔》第 8 頁）此詩撰年無明文，今據吴騫丁未年詩題言"予以庚子歲築藏書之樓，名以拜經"（《拜經樓詩集》卷五），復據此詩"春載酒"句，知作於本年春。

《海寧州志稿》卷八《名蹟》載："拜經樓，在新倉，吴槎客騫藏書處。時吴縣黄蕘圃主事丕烈有百宋一廛，明經因題'千元十駕'四字以匹之，有《拜經樓藏書題跋記》行世。子壽暘、孫之淳，能世其學，守而弗失。……洪楊刧後，書皆散失。"

七月，宋葆淳遊桐溪，訪吴騫，繪《小桐谿山館圖》以贈，秦瀛、朱文藻、方薰、金德輿、陳焯、唐仲冕、程瑶田、吴東發、楊復吉、梁同書、查揆、邵志純、陳經等各有題咏，凡三十二人，先生亦賦五律一首。（朱彭壽《安樂康平室隨筆》卷四）

是年管同生。

乾隆四十六年辛丑（1781）　　二十九歲

四月七日，與吴騫偕訪周春著書齋。（《拜經樓詩集》卷三）

《海寧州志稿》卷八《名蹟》載："著書齋，在宓家灣聚秀橋西，周松靄春著書處。"先生《新坂土風》嘗咏之："北城粉堞對横街，聚秀橋邊景更佳。却被草堂添畫稿，好風吹滿著書齋。"

是月二十三日，次子簾生。（《宗譜》卷一四）

是年，館於海鹽武原鎮倪學洙六十四研齋。

自本年起迄五十一年夏，先生常往來海鹽、杭州、海寧間。先生《南部新書題識》云："乾隆四十九年三月，海鹽館中有苕人持鈔本見示。……會予以寒食解館，歸語槎客先生。先生出此本屬爲覆勘，因復携至館中。"（《文鈔續編》卷二）知先生嘗館於海鹽。另據《論語鄭注跋》言："四十九年正月既望，海鹽館中閱皇氏《義疏》，又續采得十條。"末署"鱣記于六十四硯齋"。（拙稿《陳鱣簡莊詩文鈔拾補》）又《北海經學七録題識》云："是歲（四十九年）閏三月，鱣又從槎客先生借得，校録於武原倪氏六十四硯齋。"（《文鈔續編》卷二）武原鎮屬海鹽縣，知此數年先生館於武原倪氏也。

先生館於武原，不知始自何年，今可考者，《蘆浦筆記跋》末記"重光赤奮若，河莊陳鱣從鮑氏知不足齋本校于武原寓館"（王文進《文禄堂訪書記》卷三）；又《讀書敏求記跋》云："辛丑十月，作客武原，遇吴興書賈以舊鈔本相示，因再用紫筆校之。"今故繫於本年。

倪學洙,字敏修,號蘭畹。乾隆廿二年進士,官江蘇沭陽知縣。吴騫《敬業堂文集跋》:"鄉先輩查初白内翰,……文集未經授梓,故傳本尤少。予昔於倪敏修大令六十四研齋見之。"(《愚谷文存》卷六)即其人,《海昌藝文志》卷一二著録所著有《備忘録》十卷。陳乃乾編《室名别號索引》,楊廷福、楊同甫編《清人室名别稱字號索引》,並誤以六十四硯齋爲先生室名;其後,鄭偉章、李萬建《中國著名藏書家傳略》,顧志興《浙江藏書家藏書樓》、《浙江藏書史》,鄭偉章《文獻家通考》、任繼愈主編《中國藏書樓》、陳心蓉《嘉興藏書史》等遞相沿誤,世益莫知其非矣。①

秋,吴騫著《皇氏論語義疏參訂》十卷成。(《愚谷文存》卷一)

十月,武原館中,有吴興書賈持《讀書敏求記》舊鈔本相示,因取家藏本,用紫筆復校一過。(章鈺《讀書敏求記校證》卷末《序跋題記》)

十二月六日,《四庫全書》告竣。(郭伯恭《四庫全書纂修考》第128頁,又黄愛平《四庫全書纂修研究》第152頁)

是年徐松生。朱筠、顧九苞、金曰追卒。

乾隆四十七年壬寅(1782)　　三十歲

館於海鹽武原倪氏。

正月,從知不足齋借得宋劉昌詩《蘆浦筆記》鈔校本,命門人傳録一帙,先生復手勘一過。(傅增湘《藏園群書經眼録》卷八,又鄧邦述《寒瘦山房鬻存善本書目》卷六)

按鮑氏所藏《蘆浦筆記》,係乾隆壬午由龔翔麟玉玲瓏閣本傳録者。此書鮑廷博屢經校讐,嘉慶戊午刻入《知不足齋叢書》第二十集,書後有先生題款:"壬寅正月,海昌陳鱣仲魚借觀"。

是春,先生撰《詩人考》一書成。四月朔日,序之。

先生《詩人考序》略云:"《詩三百篇》,上自天子后,下至臣庶妾媵,孔子取而録之,以爲鑑戒,弟别其《風》爲何國,而正其《雅》、《頌》,使各得其所。蓋以詩存人,不以人存詩也。然而詩人之姓氏,學者猶傳其一二,《毛詩》之《序》尚矣,其餘往往散見于他説,善讀者因其人而得其詩之美刺,與夫時之興衰、俗之厚薄,此《詩》教之可通于《春秋》者也。……是編一以《毛詩》爲歸,證以齊、魯、韓三家遺説,更舉群書附益之;即有不合者,亦存其名而詳辨之。"(《文鈔》卷二)

① 詳拙作《陳鱣事蹟辨正》,《傳統中國研究集刊》創刊號,2006年,第324-333頁。

按此書未見傳本。吴騫《愚谷文存》卷一亦有一《序》,未署年月,今節録於此,以並觀焉。其《序》略云:"張子有言:'知《詩》莫若孟子',孟子曰:'説《詩》者不以文害辭,不以辭害志,以意逆志,是爲得之。'又曰:'誦其詩,讀其書,不知其人,可乎?是以論其世也。'夫以意逆志,則不襲附會穿鑿之弊;知人論世,則得其興衰美刺之實,而于興觀群怨之旨,庶乎犁然有當。……然自嬴秦以降,《詩》教寖失其傳。漢氏之興,《詩》分爲四,傳習者又無慮數十家,於是歧説滋多。……至於作小《序》之人,或以爲卜子,或以爲毛公,或以爲衛宏,論辨紛紜,訖無定説。然以《序》文考之,亦往往與經相應會,以是知序《詩》者初未嘗不以知人論世爲志。矧夫士生數千百年之後,微言歇絶,衆説紛繁,苟不能知其人之賢否,跡其世之盛衰,即欲以意逆志,不更難乎!吾友陳君仲魚,雅志經術,著《詩人考》一書,大要以小《序》爲宗,而參之以經傳子史百家者流,疏通證明,典雅詳切,可謂深得孟子之旨者矣。昔宋金華范氏處義嘗著《詩補傳》,凡作者姓氏可考者四十有一篇。今仲魚之書,視范氏增多又不下三之一,孰謂古今人遂不相及耶!"

四月七日,與吴騫偕訪周春著書齋,夜宿舟中,吴氏有詩紀之。(《拜經樓詩集》卷三)

吴騫《四月七日與河莊過著書齋,夜宿舟中作》,元注:"去年此日,亦偕過松靄大令。"

吴騫曩遊宜興,風雪中泊舟雙橋,翦棘剔蘚,費時三日,拓得《吴封禪國山碑》數紙。後復手繪其圖,綜此碑之始末,並輯古今人題咏,薈爲一編,爲《國山碑考》一卷。十二月朔日,先生爲跋其後。(《文鈔》卷三)

是冬,先生輯《孝經鄭注》佚文一卷成。十二月一日,序之。

先生《序》略云:"鄭康成注《孝經》,見於范書本傳,《鄭志》目録無之;《中經簿》但稱'鄭氏解'而不書其名,或曰是其孫小同所作。謹按鄭《六藝論》叙《孝經》云'玄又爲之注',叙《春秋》亦云'玄又爲之注'。蓋鄭注《春秋》未成,後盡與服子慎,遂爲服氏《注》,詳見《世説新語》,乃從來列鄭《注》,更無及《春秋》者。竊以其注《孝經》亦未寫定,而其孫小同追録成之。據《隋書》稱《鄭志》亦小同所譔,此或以先人未竟之書,故不敢載入目録。《中經簿》所題,蓋要其終;范書所紀,則原其始也。……自玄宗取諸説以爲己注,而後之學鄭氏者日少,五季之衰,中原久佚。宋雍熙初,日本僧奝然以是書來獻,議藏祕府,尋復失傳。近吾友鮑君以文屬汪君翼滄從估舶至彼國購訪其書,亦不可得矣。幸陸氏《釋文》尚存其略,

群籍中間有引之,因仿王伯厚《鄭氏周易》例,集成一編,庶以存一家之學。"(本書,又《文鈔》卷二)

按清代輯佚之風盛行,其輯《孝經鄭注》者,除先生外,另有王謨、臧庸、洪頤煊、袁鈞、嚴可均、孔廣林、黄奭、孫季咸、潘任、曹元弼、王仁俊諸家。皮錫瑞《孝經鄭注疏·序》云:"自明皇《注》出,鄭《注》遂散佚不完。近儒臧拜經、陳仲魚始裒輯之,嚴鐵橋四録堂本最爲完善。"實則先生此書輯成時,臧庸年方十六,而諸家輯本皆刊於嘉慶以後,故集《孝經鄭注》者當以先生輯本爲嚆矢。特其時日本岡田挺之輯本及《群書治要》尚未傳入中國,故其書不能如嚴君所輯富備耳,然先河後海之義,固不可誣也。

是年胡培翬生。

乾隆四十八年癸卯(1783)　　三十一歲

館於海鹽倪氏。

是年,先生受知於學政竇光鼐,補府學生員,吴騫有詩賀之。

吴氏《喜河莊補博士弟子》詩云:"魯芹芳徧緑波回,晚就從來是大材。早卜神魚啣學舍,纔憑靈鵲報妝臺。詩成霽雪唐名士,策射賢良漢茂才。向使西湖存老守,也應嵩目爲君開。(元注:河莊夙爲太守邵公齊然所知,欲拔置高等,會卒,不果。)"(《拜經樓詩集》卷四)

三月,吴騫摹刻鄭康成像,繫以贊曰:"猗與先生,天稟懿德。囊括典墳,古訓是則。龍心吉讖,民載而遥。㝢莫勝國,復祀熙朝。"同邑陳克恕書石。(《海寧州志稿》卷一八《金石志二》)

按《海寧州志稿》稱"石藏新倉吴氏",蓋據原石著録也。惟檢《吴兔牀日記》明年四月廿八日條載:"予得鄭康成小像,幅巾深衣,秀眉而疏髯。擬勒于石,而爲之贊曰:'猗與先生'云云",與石刻年月歧互,未審其故?今仍從石刻繫於本年。

六月,與丁杰訪周廣業於吴山寓舍,先生出示所輯《孝經鄭注》質之,周氏爲書其後。(《蓬廬文鈔》卷四《書孝經後》、《書陳仲魚集孝經鄭注後》)

周氏《書陳仲魚集孝經鄭注後》云:"余嘗考論《孟子》古注,於劉熙、綦毋邃並有甄録,獨康成《注》不能舉一字,心殊慊然。竊謂此書録自《隋志》,而《自序》及史傳皆不載,疑與《孝經注》均非鄭所手著。今陳君所集《孝經注》凡百數十條,通德家法宛然在目,洵可愛也。蓋是《注》曾列學官,肄習者衆,故其書今雖失傳,而文猶軼見於群籍;然非陳君力爲搜采,亦安能尋墜緒而綿絶業哉! 君嗜古窮經,所詣且日進,即其爲功於鄭氏如此,當必不忍使《孟注》七卷獨歸泯滅,余又安能無厚望耶!"

丁杰,字升衢,號小山,又號小雅,浙江歸安人。乾隆辛卯舉人,計偕入都,時方開四庫館,任事者多延之佐校,小學一門往往出其手。四十六年成進士,官寧波府學教授。精訓詁小學,尤長於校讎,盧文弨稱其考訂精審,故所校《方言》多采其説。著《周易鄭注後定》、《大戴禮記繹》等書。《清史列傳》卷六八、《清史稿》卷四八一有傳。余前纂《丁杰行實輯考》,①可爲知人論世之資。

周廣業,字勤補,號耕厓,海寧人,周敦頤二十七世孫。乾隆四十八年舉人,三試禮闈不第,遂絶意進取,杜門著述。著有《孟子四考》、《季漢官爵考》、《關帝事蹟徵信編》、《經史避名彙考》、《廣德州志》、《循陔纂聞》、《四部寓眼録》、《蓬廬文鈔》等。

七月,在杭州。時鮑氏知不足齋刻《古文論語注》一種,爲鄭玄佚注,相傳王應麟所輯,然所采頗多遺漏。先生從群經義疏及《史記》、《漢書》等注,補采數十條;復借丁杰補正本合校,計前後增補四十條,跋而識之。(中國國家圖書館藏知不足齋刻本卷末先生手跋)

十月初,與吴騫書,告以友人吾進(竹房)喪母事。(《吴兔牀日記》)

十七日,先生自秦溪返,過吴騫拜經樓,以手鐫"新坡卿校"、"寶墨軒"二章貽之。(《吴兔牀日記》)

據《日記》"贈予手鐫二章"云云,知先生亦能治印。先生著《河莊篆刻》一種(見《著述考略》),蓋即所治篆印譜。徐世昌《晚晴簃詩匯》卷一一三先生小傳云:"簡莊治《説文》,兼通六藝,嗜藏書。宋元精刻及近世罕見善本,以石印手鐫小像鈐其上。"則先生藏書所鈐戴笠小像一印,亦先生手鐫也。

二十八日,小雪節,與吴騫、先生堂弟士模過高叔祖爰立處士故居,觀霜柏。吴氏歸後繪爲圖,並繫以短歌,以誌其事。(《吴兔牀日記》,又《拜經樓詩集》卷四)

陳枚,字爰立,號補庵,《宗譜》卷十五本傳云:"自理學乾初先生以孝友篤行

① 陳鴻森:《丁杰行實輯考》,《傳統中國研究集刊》第6輯,2009年,第274-307頁。

振起鄉黨間,諸子姪奉圭臬焉,補庵其白眉也。歲十七,補郡學弟子員;旋丁明季喪亂,即棄去,與龍山一二執友爲省過之會。……坐一室,圖史几硯陳設楚楚,窗外植一蟠柏,吟嘯其中,更字霜柏子,屬執友許大辛作《霜柏説》。既而語許曰:'吾所謂霜柏,將用霜以勵柏,而非敢恃柏以傲霜。今子之文得無勵柏之意少乎?吾滋惕矣。'其終身自治之嚴如此。"

《漢魏叢書》所刻《法言》,雜取各家之注渾而爲一,删削倒亂,錯譌滿紙。先生曩借世德堂所刻《六子全書》本,專取李軌一家之《注》釐而正之,然以未見李《注》宋刻爲憾。是年冬,借得盧文弨手校宋本,于是删削者補之,移易者正之,李《注》舊貌始獲其全。十二月,跋之。(中國國家圖書館藏本先生手跋,又拙稿《簡莊遺文續輯》)

先生《跋》末言:"蓋嘗發願校刻三代、兩漢之書,使唐以前人注各還舊觀,特未知此願何日始遂耳。"

是年馮登府、李貽德、苗夔、錢儀吉、張聰咸、孫經世生。孔繼涵卒。

乾隆四十九年甲辰(1784)　　三十二歲

館於海鹽倪氏六十四研齋。

正月既望,海鹽館中閱皇侃《論語義疏》,續采得鄭玄佚注十條,喜不自勝。(中國國家圖書館藏知不足齋刻《古文論語注》先生手跋)爰就前輯重加校訂,録爲《鄭注論語後定》二卷。

按翁方綱《詩境筆記》載先生早年著述,有《鄭注論語後定》二卷,元注:"與秀水陳梅軒(熷)、歸安丁小疋(杰)合訂,共增多五十條,較知不足齋刻本多三之一。"此書未刊,蓋後來孔廣林、袁鈞等並有輯本,先生因據《後定》擴而充之,兼采其他漢魏舊注,别纂《論語古訓》一書。

是月,輯鄭玄《六藝論》佚文一卷成。十七日,於震澤舟次爲之序。

先生《序》略云:"鄭氏《六藝論》一卷,隋、唐《志》載其目。五季以來,鄭學自《毛詩》、三禮外,盡已散佚。宋王伯厚集《周易注》,後人踵而行之,鄭氏之書漸次收合。惟《六藝論》未見輯本,因廣爲蒐討,録成一編。按徐彦《公羊傳疏》曰:'鄭君先作《六藝論》訖,然後注書。'予謂不然,觀其《詩論》云'注《詩》宗毛爲主',又《春秋、孝經·論》並云'玄又爲之注',則作于注書之後可知也。"(本書,又《文鈔》卷二)

按鄭玄《六藝論》,孔廣林、王謨、臧庸、洪頤煊、袁鈞、嚴可均、馬國翰、黄奭諸家各有輯本。臧本雖托言其高祖臧琳原輯、臧庸增補,然其書嘉慶六年冬始付刻,固在先生輯本刊行之後矣。袁鈞輯本,其《序》雖謂先生所輯未能盡善,"一書兩引者未能歸一,又多攔入引書者語,總論與六經之論往往雜出,失于比次,蓋創始者難爲功也",其本即依先生輯者重加校定,後出轉精,理固宜然。

同月,丁杰以所輯補《周易鄭注》屬爲校訂,先生乃参以己見,寫一定本寄之。經文次序一依鄭氏原本,自坤卦以下,皆如乾卦之例,退《文言》於《繫辭》後。(據中國國家圖書館藏雅雨堂刻《鄭氏周易》先生校跋)

按翁方綱《詩境筆記》載先生所著書,有《周易鄭注後定》三卷,元注:"從歸安丁小疋輯補本重加校定,其經文悉考原本,不從王弼所亂者。"即此。

二月四日,吴騫由吴門歸,先生往晤之。(《吴兔牀日記》)

二十一日,高宗下諭:江南三閣《四庫全書》繕竣後,許士子借讀傳寫。(《高宗實録》卷一一九九)

高宗諭曰:"前因江、浙爲人文淵藪,特降諭旨,發給内帑,繕寫《四庫全書》三份,於揚州文匯閣、鎮江文宗閣、杭州文瀾閣各藏庋一份。原以嘉惠士林,俾得就近鈔録傳觀,用光文治。第恐地方大吏過於珍護,讀書嗜古之士無由得窺美富,廣布流傳。是千緗萬帙,徒爲插架之供,無裨觀摩之實,殊非朕崇文典學、傳示無窮之意。將來全書繕竣,分貯三閣後,如有願讀中秘書者,許其陸續領出,廣爲傳寫。"

寒食日解館,歸海寧。晤吴騫,談次,語及近時海鹽館中,苕賈持陳書巢舊藏《南部新書》鈔本來示,吴騫因取拜經樓校本屬先生代爲覆勘。乃費三日之力,於三月廿七日夜半勘畢,用紫筆書之,合諸吴氏原校者,此書可稱善本矣。(《文鈔續編》卷二)

閏三月,以丁杰所贈孔廣林《北海經學七録》,借吴騫臨盧文弨校本傳校一過,並録盧氏跋語於後。(《拜經樓藏書題跋記》卷一)其中《鄭志》一種,盧氏據孔本、惠棟本及山西本互校,多所增補,略無遺脱。先生復據所見參訂若干事,並取雅雨堂刻本《鄭司農集・魯禮禘祫義》參校一過。(同上,又王欣夫《蛾術軒篋存善本書録》第774頁)

是春,盧文弨家居。(柳詒徵《盧抱經先生年譜》)先生過之,歸假盧氏臨何焯校宋本《史通》及盧氏手校《史通通釋》合勘一過,乃知浦氏妄改妄删處不少。《史通》用

事,間有《通釋》未及詳者,盧氏爲補考數條,先生復考得若干事,並附記書眉。(陸心源《皕宋樓藏書志》卷三八)

六月,題黄叔琳《文心雕龍輯注》。

先生識語云:"《文心雕龍》及《史通》二書,少時最喜玩索,俱係北平黄氏刻本。《史通》既得盧弓父學士所臨宋本相校,而是書則未見宋刻,每(森按:下疑脱"引"字)爲恨事。取其便于展讀,常置案頭,間有管窺之見,書諸上方焉。"(楊明照《文心雕龍校注拾遺》第740頁録先生題識)

八月三日,吴騫自小桐溪解舟爲武林之遊,翌日薄暮抵杭。六日,與先生偕訪盧文弨於新橋里第。(《吴兔牀日記》)

是年王筠、方成珪、包世榮生。程晋芳、李惇、孫希旦卒。

乾隆五十年乙巳(1785)　　三十三歲

館於海鹽。

三月五日,與吴霖、吴騫昆仲及胡楷(秋讀)同訪顧翁均玉於梁墩,時翁年百有一歲。(《吴兔牀日記》)

吴霖,字西臺,一字拙巢,吴騫長兄,貢生。淡於進取,日與二三同志以古學古行相鏃礪,著《拙巢詩文稿》。《愚谷文存》卷一〇有《伯兄拙巢先生狀略》。

五月一日,偕吴騫入杭城訪陳焯。(《吴兔牀日記》)

李濬之《清畫家詩史》卷戊上云:"陳焯,字映之,號無軒,烏程人。官鎮海訓導。好古精鑒,嘗著録所見書畫,名《寓賞編》;有《湘管齋詩稿》。"按光緒《歸安縣志》卷二二《藝文志》,著録陳焯别著《湘管齋筆記》六卷、《清源雜志》四卷、《湖州詩録》三十四卷等。

初七日,與吴騫、吴壽照父子入城,爲陳焯祝壽。翌日,三人復偕訪陳萊孝,觀所藏素銅鬲及古小爐等器玩。(《吴兔牀日記》)

陳萊孝,字維楨,號誰園,海寧人。監生。詩文清綺,尤精金石之學。杭世駿見所填詞,擊節稱賞,廣爲延譽,由是知名浙右。性好古泉,遊幕秦中,著《歷代鍾官圖經》七卷;復裒集歷代碑帖,仿歐、趙、洪之例,成《語石外編》二卷。另著《誰園詩集》三十二卷、《誰園詩話》三卷等。《海寧州志稿》卷二九《文苑》有傳。

六月,吴騫纂《陳乾初先生年譜》二卷成。(《愚谷文存》卷二《陳乾初先生年譜序》)慮搜討或有未備,復與先生勤訪遺書,久不獲其全。後乾初雲孫錦再三索於其家,果得文集七册,合吴騫及先生二人向所得者,竟成全稿。(《愚谷文存》卷二《陳乾初先生遺集序》)

先生則鉤稽鄭玄遺事,繫以年月,纂爲《鄭君年紀》一卷,六月晦日,序之。

先生《序》略云:"北海鄭氏之學,自漢至唐,學者宗之,稍晦于宋元。殆明嘉靖間,乃以程敏政之言,罷其從祀,而改祀於其鄉;國朝始復之,誠爲盛舉。其所注《毛詩》、《周官》、《儀禮》、《禮記》,頒示學官。而外若《周易》、《尚書》、《論語》等注,更得好古之士旁羅曲摭,采獲遞詳,庶幾鄭學復興之會乎!昔盧轉運見曾既編《鄭司農集》,附于《尚書大傳》之後。鱣方補輯《鄭注孝經》、《六藝論》,因約其生平爲《年紀》一卷,以范史本傳爲主,證以他書。……鱣生千餘歲後,乃欲深考古人,其間差謬,知所不免,抑亦歐陽永叔所謂于鄭氏一家之學,盡心焉而已矣。"(《文鈔》卷二)

按此書亦稱《鄭君年譜》。清代纂輯鄭玄年譜者,另有王鳴盛(見《蛾術編》卷五八)、孫星衍(《高密遺書》本,按此書爲洪頤煊代撰,詳拙作《洪頤煊年譜》[①])、沈可培(《昭代叢書》本)、丁晏(《頤志齋叢書》本)、鄭珍(見《鄭學録》卷二)諸家。另胡培翬撰《鄭公傳考證》一卷(見《研六室文鈔》卷八《漢北海鄭公生日祀於萬柳堂記》),胡元儀撰《鄭君事蹟考》二卷(見《北海三考》),而先生此編則導乎先路者。錢大昕爲撰《序》云:"經術莫盛於漢,北海鄭君,兼通六藝,集諸家之大成,删裁繁蕪,刊改漏失,俾百世窮經之士有所折衷,厥功偉矣。而後人未有譜其年者,庸非缺事乎!海寧陳君仲魚,始據本傳,參以群書,排次事實,繫以年月,粲然有條,咸可徵信,洵有功於先哲者矣。"(《潛研堂文集》卷二六《鄭康成年譜序》)袁鈞編《鄭氏佚書》,即取先生此譜附刊於後;阮元亦采先生輯考者,校補孫《譜》而刊之,蓋先生創始之功終不可没已。羊復禮《簡莊文鈔・跋》謂先生此譜已佚;《清史稿・藝文志》著録作袁鈞撰,並誤。

是夏,連月不雨。秋,大旱。

《吴兔牀日記》是年六月廿三日條:"自五月至今不雨,遠近數百里河盡涸。是日午後始得雷雨,而雹如雞卵。"又十二月十八日條云:"今秋旱甚,太湖水盡涸。"

---

① 陳鴻森:《洪頤煊年譜》,《歷史語言研究所集刊》第 80 本第 4 分,2009 年,第 691-771 頁。

九月,先生參合盧文弨、孫志祖諸家《周易鄭注》校本,校録一過,跋識其後。

按先生校本現藏中國國家圖書館,《跋》末云:"乙巳九月,復合衆家本校録一過,陳鱣記于武原星橋書舍。"

十一月十一日,吴騫至杭。十三日,程瑶田過訪之,以手製墨二挺分贈先生與吴騫,此墨名"直如其重",蓋程君嘗費數千金製墨,家坐以耗。是日,三人與鮑廷博偕訪汪西庚十墨齋,觀所藏各種日本墨,皆其父汪鵬(翼滄)貿易東瀛購歸者。最奇者曰佛跡石碑,碑爲遼統和三年立石和州者,一面有詩十七首,贊四首,字細如蠅頭,非顯微鏡不能讀,衆人贊歎不置。臨别,汪君以日本墨三挺分贈,先生得其一焉。(《吴兔牀日記》)

是年,盧文弨復主江寧鍾山書院。(柳詒徵《盧抱經先生年譜》)

程恩澤、姚瑩生。

乾隆五十一年丙午(1786)　　三十四歲

館於海鹽。

正月,《孝經鄭注》輯本付刻。

孫殿起《販書偶記》卷三著録此書,云"乾隆四十七年裕德堂刊本",蓋據先生《序》末紀年耳。按先生是年春寄周廣業書,告以《孝經鄭注》近已付梓;二月,丁杰與吴騫書,亦言"《孝經注》已刻就"云云(詳下),此書篇幅無多,蓋年後乃付梓也。本年秋,周廣業京中覆書云:"尊刻《孝經注》,視卯夏所示本有增加否?"知周氏四十八年所見尚是稿本,可證孫《記》之誤也。

二月八日,丁杰寄吴騫書,稱先生所校《鄭氏易注》甚精核;而所輯《爾雅舊注》、《五經異義駁》則未盡善,體例不一,前後參差,似先生急於成書,未能一一覆核原文,故囑咐《孝經注》雖已刻就,"仍須逐條查來歷,毫髮無遺憾,乃可流通,庶其盡善耳"。(拙稿《丁杰遺文小集·與吴兔牀書》)

春,先生科試名列前茅。(周廣業《蓬廬文鈔》卷五《復陳仲魚》)

與周廣業書,時周氏淹留都中,先生告以《孝經鄭注》已付刻,並言秋後擬北上赴京。(《蓬廬文鈔》卷五《復陳仲魚》)

五月,周春過陳樹屏(于蕃)齋,其家藏五銀爵,爲仁和沈筠故物。沈氏康熙己未以庶常舉鴻博,除編修,值其父蘧翁生日,同年共製銀爵以介眉壽,每爵鎸四人姓名,李來泰、毛奇齡、錢中諧、黎騫爲一爵;秦松齡、汪楫、朱彝尊、沈珩爲一爵;施閏章、尤侗、彭孫遹、袁佑爲一爵;方象瑛、龍燮、周慶曾、龐塏爲一爵;曹禾、李澄中、喬萊、曹宜溥爲一爵,凡二十人。樹屏大父陳嵩爲沈筠之婿,當時以充奩具物,因得藏諸其家。周春見之,倩楊湘浦繪圖,復邀俞思謙、陳萊孝同賦,俞寶華、陳樹屏、沈開勳、吴騫及先生並有和章。一時好事者傳頌,謂之詞科餘韻云。(中國國家圖書館藏先生鈔本,又吴騫《尖陽叢筆》卷一〇、《拜經樓詩集》卷五)

按《文瀾學報》第二卷《浙江文獻展覽會專號》,著録周春等《沈蘧翁壽盃歌》鈔本一册,云:"此乾隆年間,周松靄等觀康熙鴻博仁和沈筠封君蘧翁之壽盃而繪圖題咏者,自周氏以至陳仲魚(鱣),凡八人。"即此。國圖藏本,審其字跡,當爲先生鈔本,館目失載;卷首鈐"用拙齋珍藏記"長方印,則徐光濟(徐志摩伯父)舊藏也。

是月十日,先生自海鹽歸,張燕昌以時少山(大彬)茶壺及杜葭軒(世栢)製陶印托交吴騫。(《吴兔牀日記》)

張燕昌,字文魚,號芑堂,海鹽武原鎮人。乾隆戊戌優貢,嘉慶元年舉孝廉方正。工書畫,兼擅山水;復精金石篆刻,爲丁敬高弟。商周銅器、漢唐碑拓,潛心搜剔,不遺餘力。著《金石契》、《石鼓文考釋》等。

是秋,周廣業來書論《孝經鄭注》作者,並稱先生輯本"蒐羅墜失,俾復舊觀,功殊不細"云。(《蓬廬文鈔》卷五《復陳仲魚》)

按周氏覆書不記年月,據札首云:"闊别三載餘,時深懷契。"下文復有"發解後携至京師"之語,蓋指本年鄉試也。卯年六月,先生與丁杰同訪周氏,此答書在秋間,正三年餘。周氏覆書云:"知尊輯《孝經鄭注》已經壽梓,是書不特可徵樸學,爲功名教不淺,欣幸無已。發解後,携至京師,争先睹爲快矣。"則先生《孝經鄭注》刻於是年審矣。

八月,鄉試,報罷。原擬秋後上京,不果,遲至明年秋仲乃行。
是年陳奂、汪喜孫生。孔廣森卒。

乾隆五十二年丁未(1787)　　三十五歲

八月四日,先生北上入都,時吴騫患痢,仍扶疾送行,有札托寄陳克恕。(《吴兔牀日記》)

按《海寧渤海陳氏宗譜》卷二六本傳云"親殁後,遊學都中",然先生入都時兩親猶健在,《宗譜》誤也。

九月十七日,抵京。十九日,寄吴騫書。

潘承厚《明清藏書家尺牘》,收録先生與吴騫書墨跡,本集未收,今録次:

九月十九日,陳鱣頓首兔牀先生閣下:飢來驅我,惘惘出門,懷友思親,日與車輪並轉,問天下之人有傷心如鱣者乎!幸賴福庇,一路纍安,于十七日抵都。雖賓至如歸,特恐勝任爲難耳。先生尊恙初平,未審日來眠食何似?伏惟萬福。長公鵬路方登,次公泮芹新采,真是得意之秋。况申酉鄉、會在即,惟願連鑣北上,俾天涯蕩子一罄鄉情,是所顒望耳。方、鍾二先生象,前交舍弟奉還,諒已收得。又士模舍弟處有《讀詩質疑》一册,屬其鈔竟携至尊齋,將底本還小山先生爲感。鱣甫離塵鞅,未暇往拜長安諸公。聞芝山辭官、易田待任,俱未出都,尚可相晤。草草作札,罪甚。不宣。

此札未記撰年,按札云"長公鵬路方登,次公泮芹新采,真是得意之秋",據《海寧州志稿》卷二九《文苑傳》,吴騫長子壽照丙午舉人;《吴兔牀日記》乾隆五十一年九月九日條亦云:"揭曉,大兒名次第六。"又五十二年七月條記:"次兒壽暘補杭府諸生。"則此札五十二年九月撰也。其言"申酉鄉、會在即,惟願連鑣北上"者,即五十三年戊申預行正科鄉試、五十四年己酉預行正科會試也。此預祝吴壽暘明年鄉試中式,酉年兄弟連鑣北上會試也。由此札可知先生首度入京在是年九月。

先生入都後,館於何所,未見明文。據五十四年二月先生與吴騫書言:"此間敝居停尚屬見好,從游一徒亦頗循良,現在補讀經書",知先生在京以教讀爲生。復據五十五年二月校《説文繫傳》識語(詳下),知先生館於同邑查世倓家,教課其子元偁也。查元偁《陳河莊先生詩集序》云:"元偁未弱冠,執贄于先生。"又言:"偁從學於先生最早,侍几席之日最久。"(查氏《臶齋文存》第60頁)檢《海寧查氏族譜》卷四,查元偁乾隆三十七年(1772)七月生,是年十六歲也。

查世倓,字恬叔,號訒堂,又號憺餘,世爲海寧望族。乾隆三十五年舉人。壬寅由内閣中書捐輸優叙,選刑部福建司郎中,在官二載,即乞歸養,年甫三十五。《海昌藝文志》卷十三云:"憺餘嘗得歸安沈東甫炳震《新舊唐書合鈔》二百六十卷,又《廿一史世譜》五十四卷,皆稿本,躬自校讐,梓行於世。"《海寧查氏族譜》卷一〇有杜堮撰《墓誌》,載其行實甚詳。時查氏寓居京師,延先生於其家教讀也。

查元偁,榜名有筠,字德敭,號臶齋。嘉慶庚申順天舉人,戊辰進士,分户部山

東司。歷官至貴州道監察史，署户、禮、兵、刑四科給事中，著有《琦齋文存》、《廣蒙求》十六卷。(《海寧查氏族譜》卷四)

是月在京，有持書目求售者，中有錢遵王影宋鈔《元豐九域志》十卷，亟購之。此書流傳頗罕，近時馮集梧始從宋刻摹本鈔得，刊以行世。先生取與馮刻相校，兩本缺字互爲補之，而此本足正馮刻之誤者，不可悉舉。(《文鈔》卷三《元豐九域志跋》)

十月四日，谿齋先生考終，年七十。(《宗譜》卷一二)先是，先生母朱氏先七日卒，時谿齋先生已疾革，强起視含斂，遂傷慟而卒。先生一時兩親俱喪，時遠遊不及歸，由二伯父楓林先生經紀其喪。(《愚谷文存》卷一一《陳谿齋文學墓碣銘》)

吴騫《陳谿齋文學墓碣銘》云："君嘗謂《説文》爲小學之宗，自二徐故訓外，尚不無疏略，作《許氏説文正義》若干卷，援據經傳，特爲贍博，垂成而疾奄加，乃命鱣卒業焉。"《兩浙輶軒録補遺》卷六"陳璘"條引楊秉初之説，亦言："谿齋……於書無所不窺，精於小學，嘗欲爲《説文解字》作《疏》，未竟，命其子鱣續成之。鱣字仲魚，博雅多能，與余同徵(森按：嘉慶元年同舉孝廉方正)，故能知其詳。"依此，則《説文正義》一書乃谿齋先生創稿，故錢泰吉撰先生傳，謂："少承其父許氏《説文》之學"(《海昌備志》卷一七)。惟余竊有疑焉，按先生文屢言及《説文正義》事，絶無一語言及纘繼乃父志業者。《墓碣銘》言其書"垂成而疾奄加"；然嘉慶四年先生撰《廣雅疏證跋》，則言："方今從事于小學者，若邵校理與桐之《爾雅正義》及先生之《廣雅疏證》，皆及見其書之刊行。獨愧鱣之《説文正義》，用力已十餘年，草創未就。"(《文鈔》卷三)且《墓碣銘》既言谿齋攻詩古文詞，不屑屑于章句之學；晚年旋里，兼又病痱，其時雖欲爲許書作疏，恐非其力所能爲。意者，谿齋歿時，先生方客京師，人子哀思，蓋欲其書之成而歸美先人耳。

《宗譜》卷一二谿齋先生傳，云"著有《松硯齋集》"，《海昌藝文志》闕載。《兩浙輶軒録補遺》卷六録谿齋遺詩《題嘯軒清溪放艇圖》等五首。

十一月既望，校《元豐九域志》畢，舉影宋鈔本足訂馮刻之譌者若干事，跋而識之，時居宣武門外也。(《文鈔》卷三)

《尚書·禹貢》："東過洛汭，至于大伾。"蔡沈《書集傳》云："今通利軍黎陽縣臨河有山，蓋大伾山也。"先生據此《志》衛州黎陽縣境有大伾山，又言："端拱元年，以澶州黎陽縣建通利軍。熙寧三年廢，入衛州。"然則蔡《傳》當云"今衛州黎陽縣"也，不當以黎陽縣繫"今通利軍"。王應麟《困學紀聞》嘗訂蔡《傳》"鳥鼠"、"朱圉"兩條所稱今地之誤，而黎陽一條則王氏所未論及者。先生乃躍然起曰：

"地志之有益于經學若是,向微此足本,將何由訂正乎!"按馮集梧《元豐九域志跋》云:"陳君仲魚,多聞嗜古,……其論黎陽大伾山,據本志,復據《宋史》及《文獻通考》,謂蔡氏《書·禹貢傳》不當以黎陽縣繫'今通利軍',此誠王厚齋未經論及者。惟是南宋人著書,所言今某軍某州某縣,其地多半已非宋有。夫昭代故土,豈容置之不論?然竊謂宜云'本朝某軍某州某縣',而不當云'今某軍某州某縣'也。"二説微異,兹録以並觀焉。

是冬,從翁方綱之子樹培假得其家所藏景宋鈔本《嘯堂集古録》,與先生戊戌秋所得舊鈔本對校,互有補正,跋而記之。(《文鈔》卷三)翁君復出秦漢瓦當拓本數十種見示,先生撰《秦漢瓦當記》以誌之。(《文鈔》卷五)

此二文皆未記年月,《嘯堂集古録跋》有"比來京師,秘閣適視學江西"之語;又《秦漢瓦當記》云:"比來京師,得交宜泉庶常。"按翁方綱視學江西在丙午秋至己酉九月(見《復初齋文集》卷一三《丁小疋傳》)。先生與翁樹培訂交,當在是年冬,故繫於本年。

錢泳《履園叢話》卷六:"大興翁宜泉太史,名樹培,覃溪先生子。乾隆丁未進士,入翰林。博雅好古,能傳家學,尤明于錢法,凡古之刀幣貨布,皆能辨識。所著有《泉幣考》,較洪遵《泉志》,精博殆過之。"按翁樹培著《古泉彙考》八卷,稿本藏北京大學圖書館,近年有影印本行世;又中國國家圖書館藏翁氏《古泉隨筆》八卷,劉喜海輯本。

先生入都前,《説文正義》略已具稿。時邵晉涵、王念孫、孫星衍、任大椿皆在都中,諸君俱研精《倉》、《雅》故訓,因常過從討論。與王氏往來尤密,每相見時,必剖析字形,稽求聲義,娓娓忘倦。

先生《埤倉拾存自序》云:"鱣著《説文解字正義》,思盡讀《倉》、《雅》字書,每于古訓遺文,單詞片語,零行依附,獲則取之,以資佐證。……比來京師,幸得親炙于當世賢豪,有若邵二雲編修之于《爾雅》、王懷祖侍御之于《廣雅》、孫淵如編修之于《倉頡篇》、任子田禮部之于《字林》,具有成書。小學之興,于今爲盛。"(《文鈔》卷二)又《廣雅疏證跋》:"憶初入京師,與給諫王懷祖先生交最深。時先生方著《廣雅疏證》,而鱣亦譔《説文正義》,每相見時,必剖析字形,叶求聲義,娓娓忘倦。或數日不見,必手札往來且千百言。"(《文鈔》卷三)

復按阮元《南江邵氏遺書序》云:"乾隆丙午,元初入京師。時前輩講學者,有高郵王懷祖、興化任子田暨二雲先生。元咸隨事請問,捧手有所授焉。"(邵晉涵

《南江札記》卷首)時阮元會試失利,淹留京師,亦從邵晋涵、王念孫、任大椿諸人講學。先生之識阮氏,當在此時,阮元序先生《論語古訓》云:"元在京師,獲見稿本,今來浙而是書付刻初成。"斯其證也。《宗譜》卷二六本傳:"嘉慶丙辰,詔天下督撫、學臣舉孝廉方正。時浙學使者爲儀徵阮芸臺相公,素耳公名"云云,未確。

孫星衍以所録道藏本《鬼谷子》屬校;後秦恩復石研齋刻此書,即據先生校本付刊。(參本譜五十九年九月條)

是年盧文弨刻《群書拾補》於江寧,先生列名參訂。(本書)

張金吾、許槤生。曹仁虎、嚴長明卒。

乾隆五十三年戊申(1788)　　三十六歲

在京,館於查世倓家。

三月,跋《顱顖經》。

《宋史・藝文志》著録《師巫顱顖經》二卷,其書沉薶已久。四庫館臣始從《永樂大典》所載者裒輯成書。先生多方托友鈔録得之,因考其書名及成書時代,跋識其後,略云:"此經疑唐末人所作,其曰師巫,蓋本于《黄帝内傳》;而《内經》第七卷王冰《注》亦有'師氏藏之'一語,故托名師巫以神其説耳。其曰顱顖者,按《説文》:'顱,頊顱首骨,从頁,盧聲';'囟,頭會匘蓋也。'……今作顖者,俗體字也。又《説文》云:'兒,孺子也。从儿,像小兒頭囟未合。'此蓋以兒之初生,顱囟未合,證治不同,故取以名其書歟。"(《江蘇省立國學圖書館第三年刊・館藏善本書題跋輯録三》,1930年)按先生校跋本現藏南京圖書館。

是夏,馮集梧借先生所藏錢遵王影宋鈔本《元豐九域志》校之,補刊各條於每卷後。

是年八月馮氏《元豐九域志跋》云:"甲辰之歲,校《元豐九域志》刻之。今夏晤海寧陳君鱣,云曾得影宋刻鈔本《九域志》,蓋爲錢遵王家藏書,與余校刻本不無異同,亟借以來。旋又借得海豐查氏所藏鈔本,與所云錢氏本纖毫莫二,其脱葉數處及第九卷之誤入古迹三條並多有之,知爲同出一本。乃取刻本重校一過,得若干條,即以錢本標目,補繫各卷之後。"

葉昌熾《藏書紀事詩》卷五:"《嘉興府志》:'馮集梧,號鷺庭,浩少子。乾隆辛丑進士,授編修。'《湖海詩傳》:'集梧,字軒圃,有《貯雲居稿》。'《蒲褐山房詩話》:'鷺庭多藏書,精校勘。嘗刻《元豐九域志》、《杜樊川詩注》、惠定宇《後漢書補注》。'"

畢沅刻《中州金石志》,欲覓吴騫所著《國山碑考》,先生因將所藏初印本付孫星衍寄之。(參明年二月先生《與吴兔牀書》)

時孫氏擬刻《神農本草經》,屬先生佐之參訂。(參下先生《與吴兔牀書》)

七、八月間,與吴騫書,告以京中諸友近況,並轉致孫星衍索求《國山碑》年月、姓名及兔牀所著《國山碑考》,盼明年春吴壽照入京會試時携來。

原札主文已佚,僅存附札:

〔前佚〕聞新倉烏金衖有祝融之厄,此數百年來未有之事,全履、留餘兩家適被其灾,遥爲驚嘆,始知形家之言似亦有驗。秋讀近狀奚似?念念。此間敝居停尚屬見好,從游一徒亦頗循良,現在補讀經書,未經赴試。易疇之官嘉定,秋室典試楚中,芝山薄遊山左;二雲《爾雅》已刻,未曾校定。淵如(孫,名星衍)校刻《晏子春秋》,已有成局;《神農本草經》鱣與爲參訂,亦將付梓。伊所乞《國山碑》年月姓名等以及尊著《碑考》,懇南兄帶至,幸勿忘之。聞南兄目疾就醫杭城,諒已痊可,時切予懷也。武原會項想家伯照數請發,當弗致誤。方鐘□屬札托舍弟,未知已奉到否?鱣出亡異地,抱恨終天,飲血吞聲,不堪回首,但得稍可支持,急圖歸葬耳。情長紙短,不盡所言,又白。("中央研究院"近代史研究所藏《清代學人書札詩箋》)

原收藏者將此紙黏貼於明年二月先生札後,然二者墨跡、筆勢截然而異,顯非一時所撰,藏者誤合爲一札耳。此札言"淵如……所乞《國山碑》年月、姓名等以及尊著《碑考》,懇南兄帶至,幸勿忘之";明年二月札云"《國山碑考》此間無不以先睹爲快,今已分贈與映山、淵如、宜泉三君;尚留一部,將並各種寄小松",則此附札撰之在前審矣。札言:"易疇之官嘉定,秋室典試楚中",按程瑶田《丞隱記》云:"戊申暮春,余得部選,其秋,將自都之嘉定學官。"(見《通藝録·修辭餘鈔》)又錢實甫編《清代職官年表》載余集(秋室)五十三年六月十三日充派湖北鄉試正考官(第2938頁),則此札乾隆五十三年秋間撰也。

是秋,以錢遵王影宋鈔本《元豐九域志》寄吴騫。(《拜經樓藏書題跋記》卷三)

吴騫《元豐九域志跋二》云:"戊申秋日,仲魚新購得錢遵王影宋鈔《元豐九域志》,即從京師寄予,予受而讀之。"疑上引附札,即與此書同寄吴氏也。

八月,王念孫始著《廣雅疏證》。

按王氏《廣雅疏證》經始之年，劉盼遂《高郵王氏父子年譜》繫於乾隆五十二年八月，未確。考《王石臞先生遺文》卷四《與劉端臨書一》云："念孫前歲差旋過鎮[江]，滿擬入城一晤，並訪若膺先生，同作竟夕之談。詎因水淺，改由焦山閘口渡江，遂不獲如願。"下文復言"自去年八月，始作《廣雅疏證》一書"云云。札中所言"差旋"，即赴浙查勘海塘工事，歸程過鎮江也；據王引之《石臞府君行狀》，其事在五十二年丁未，則此札五十四年撰也，其言"去年八月，始作《廣雅疏證》"，則經始於本年八月。

先是，王氏擬注《説文》，因循數年未果，比見邵晋涵《爾雅正義》業已付梓，①而先生《説文正義》亦已成稿過半，因而改疏《廣雅》。

按王念孫擬注《説文》，爲時甚早，山東省圖書館藏清季民初學者李有經輯《昔吾雜鈔》一册，内有李文藻致周永年書廿六通，其一通言：

近交江西羅（名有高，字臺山）、浙邵（名晋涵）、高郵王（名念孫）三孝廉。羅文行兼優，經學甚深。邵深於史，工詩，現注《儀禮》。……王乃東原之弟子，現注《説文》。三人者，皆奇人也。羅、王已出京，而邵仍館此。

據潘妍艷君所考，此札乾隆三十四年李文藻入京謁選時，七、八月間所撰也，②其時王氏已有注《説文》之念。惟許書篇鉅文繁，未易條理，王《注》迄未成書。比因先生《正義》已將成稿，王氏因而改疏《廣雅》。阮元《王石臞先生墓志銘》云："先生初從東原戴氏受聲音文字訓詁，遂通《爾雅》、《説文》，皆有撰述矣。繼而餘姚邵學士晋涵爲《爾雅疏》、金壇段進士玉裁爲《説文注》，先生遂不再爲之，綜其經學，納入《廣雅》，撰《廣雅疏證》二十三卷。"（《揅經室續集》卷二下）歷來治段、王學者俱本此説，然其説實誤，按王氏疏證《廣雅》時尚未識段玉裁；且段氏始注《説文》在五十七年夏，固在王氏疏證《廣雅》之後矣。③

十二月，黄易入京。與先生晤時，特托先生向吴騫求索《國山碑》拓本。（參明年二月先生《與吴兔牀書》）

---

① 錢大昭《爾雅釋文補·自序》云："歲戊申之仲秋，餘姚邵太史晋涵《爾雅正義》刻成，郵寄示予。歎其書之精博，不特與邢氏優劣判若天淵，即較之唐人《詩》、《禮》正義，亦有過之無不及。"（謝啓昆《小學考》卷三引，《續修四庫全書》本，第22-23頁）則邵書於是年秋刻成。

② 潘妍艷：《李文藻與周永年書札二十八通考釋（上）》，《國學季刊》2017年第1期，第230-232頁。

③ 拙稿《段玉裁〈説文注〉成書的另一側面——段氏學術的光與影》一文有考，《中國文化》第41期，2015年，第175-192頁。

黄易,字大易,號小松,别號秋盦,浙江錢塘人。幼承家學,精究河防事宜,出仕東河,歷官至兖州府運河同知。酷嗜金石,宦轍所至,山巖僻野,莫不窮搜搴拓,所得多前人未經著録者;而四方嗜古之士,亦以奇文古刻就正,以是所蓄金石之富甲於一時,著《小蓬萊閣金石目》、《小蓬萊閣金石文字》、《嵩洛訪碑日記》、《岱巖訪古日記》等。《清史列傳》卷七三、《清史稿》卷四八六有傳。

是年朱駿聲、李道平、臧壽恭、薛傳均生。莊存與、翟灝、汪照卒。

乾隆五十四年己酉(1789)　　三十七歲

在京,館於查世倓家。

正月,錢大昕主講蘇州紫陽書院,奮然以振興文教爲己任,諭諸生以"無慕虚名,勤修實學",由是吴中士習爲之一變。(《竹汀居士自訂年譜》)

是月,吴騫來書,以拜經樓新刊各種見貽,並所著《國山碑考》四部,俾分贈京中友人,信中言及先生《六藝論》輯本若干舛誤處。(參下引先生《與吴兔牀書》)

是春,先生《説文正義》草稿將完;惟許書篇幅浩繁,復多古義奥旨,恐所疏尚多挂漏,當以畢生之力增訂補益,俾成一家言,庶乎無負所學。(參下引先生《與吴兔牀書》)

按《説文正義》爲先生一生心力之所注,乾嘉間,與段玉裁《説文注》、錢大昭《説文統釋》齊名並稱(見《小學考》卷一〇),然段氏立意爲《説文》作注,始於五十七年夏,在先生《正義》成稿之後,先生嘗以稿本就正於段氏。惜此稿成後,迄未付刻,至嘉慶乙亥、丙子先生卒前兩年,猶日取舊稿删訂之,誠可謂畢生以之矣。

桂馥著《繆篆分韻》一書,擬於都中付梓,屬先生校定,並代爲摹篆。(下引先生《與吴兔牀書》)

二月二十六日,覆吴騫書,告以《説文正義》草稿將完及諸友近狀。《國山碑考》已分贈諸友,盼陳克恕入京時再寄一部;此碑拓本流傳甚罕,黄易、孫星衍並乞分惠也。而先生懸念家事,擬冬間南歸,治兩親窀穸,因乞吴騫爲撰傳誌。("中央研究院"近代史研究所藏《清代學人書札詩箋》先生墨跡,又拙稿《簡莊詩文鈔拾補》)

按此信可見先生京中生活及交遊情況,其文向未披露,今録次:

二月二十六日,鮮民陳鱣謹奉書兔牀先生左右:春伯兄北上,獲手書並新刻各種,不啻百朋之錫,謝謝。南兄以目疾初痊,暫停一試,閉户經年,取狀頭如拾芥耳。《國山碑考》此間無不以先睹爲快,今已分贈與映山、淵如、宜泉三君;尚留一部,將並各種寄小松,而案頭仍闕如也。目耕來時,再寄一本是望。去夏秋帆制府欲覓此書,因將初印本付淵如寄去,故書中有引及者,亦足徵大著之紙貴長安矣。客臘晤小松,欲乞《國山碑》搨本,未知尚有存否?又淵如藏本闕年月一行,幸並寄之。

拙著《説文解字正義》草稿將完,挂漏尚多,當以畢生爲斷耳。《六藝論》中舛誤,伏承指示,歸時當圖改刻耳。伊仲尚未得晤;小山聞有豫章之行,但蘭泉少寇即欲來京,覃谿詹事瓜代已近,不知誰爲東道主耶?桂未谷《繆篆分韻》近已開彫都下,屬鱣校定並代爲摹篆,弄斧班門,殊堪笑到,五、六月間可告成矣。前蒙先生許爲家君作傳,不勝感激。今冬堅擬南旋,力圖窀窆,但去住由人,未知得遂所願否?別緒萬端,倚豪不盡怏悵。鱣白。

此信未記撰年,札言"小山聞有豫章之行,但蘭泉少寇即欲來京,覃谿詹事瓜代已近",按丁杰(小山)是年擬赴南昌(拙稿《丁杰行實輯考》乾隆五十四年條),而王昶本年二月由江西布政使擢刑部侍郎(嚴榮編《述庵先生年譜》);翁方綱江西學政則將於是年九月滿任(翁方綱《翁氏家事略記》),故先生札詢丁氏赴豫章"不知誰爲東道主"?桂馥《繆篆分韻》是夏刻成,亦與札言"五、六月間可告成"者合,則此札乾隆五十四年二月撰也。

是夏,桂馥《繆篆分韻》刻成。七月,先生爲撰序。(桂氏本書卷首,又拙稿《簡莊遺文續輯》)

八月,段玉裁赴京。先生因王念孫之介,與之訂交。

段氏《簡莊綴文序》云:"往余于乾隆己酉至都門,時邵二雲、王懷祖皆在焉。余之識仲魚也,實因懷祖。時仲魚年方壯,學甚精進,余甚敬之。"(《文鈔》卷首)按劉盼遂《段玉裁年譜》載:是年八月,段氏避難赴京,始與王念孫交;先生則因王氏之介,與段氏訂交。

是月廿六日,二伯父楓林先生卒,年七十五。(《宗譜》卷十二)

十月,翁方綱江西學政任滿返京,授内閣學士兼禮部侍郎。(《翁氏家事略記》)先生時與過從。

是年,校理《埤倉》佚文,依《説文》部分編次,録爲《埤倉拾存》二卷。復由群書采獲,輯得李登《聲類》遺文二百餘條,李書以五聲命字,次第已不可考,因依陸法言《切韻》部分排次,爲《聲類拾存》一卷,"于其異乎《説文》者,詳加考據,標以正文",藉存

漢魏音訓絶學。又輯服虔《通俗文》,亦録有成稿。(《文鈔》卷二《埤倉拾存自序》、《聲類拾存自序》)

羅振玉輯《昭代經師手簡·初編》,有先生與王念孫書一通,云:"承假《埤倉》集本,喜不自勝,昨以窮日之力寫録一過。竊疑所采尚有未盡,即如《廣韻》引此書當不止三數條,不識究竟何如?乞示知爲感。鱣所補得《聲類》,附標卷額,急于奉趙,未暇細檢也。"則王氏亦有《埤倉》輯本,惟尚多漏略耳。先生所輯《埤倉》、《聲類》兩書《拾存》,皆章宗源原輯,先生得其稿,爲增訂補益,重加編次成書。《埤倉拾存自序》原文云:"章逢之孝廉博覽群書,集爲一卷,第隨各書采録,未及詳校。鱣始補治之,用《説文》部分編次,使讀者易於尋求也。"今先生《埤倉》、《聲類》兩《序》,没去章宗源原輯之跡,論者以爲"未免掠美之嫌"。(王欣夫《蛾術軒篋存善本書録》第815-816頁)惟此兩書及《通俗文》輯本,稿俱未刊,現藏中國國家圖書館。

翁方綱校《通志堂經解目録》,先生向有校語,書諸沈廷芳刻本眉端,翁氏因從先生借録。(先生《通志堂經解目録題記》,據復旦大學圖書館藏王欣夫輯《簡莊文鈔補遺》)

翁方綱《書姚恭公墓志重刻本》云:"是碑在京兆,而陳思《寶刻叢編》無之,蓋碑之毁久矣,世所傳者皆贋本也。……此石是宋人重開者,今藏海寧陳秀才鱣字仲魚家。"(《復初齋文集》卷二二)是翁氏所藏此碑拓本,亦先生貽之也。

劉文淇、黄式三、胡紹勳、夏炘生。任大椿卒。

乾隆五十五年庚戌(1790)　　三十八歲

在京,館於查世倓家。

正月,葛鳴陽擬刻徐鍇《説文韻譜》,屬先生細校一過。(參本年三月條)

葛鳴陽,字雲峰,山西安邑人,乾隆甲午副貢。由刑部郎中考選監察御史,陞刑科給事中。(黄叔璥纂《國朝御史題名》)爲人慷慨好義,在籍時,周貧濟急,隆冬設粥廠,散寒衣,鄉里無凍餒苦。年饑散賑,全活甚多;復置義地,以埋枯骨,邑人感頌。嘗校刻宋張有《復古編》,著《曾樂軒稿》、《保生衍慶》等書。光緒《安邑縣續志》卷四有傳。

二月二十日,校汪啓淑所刻《説文繫傳》,二十七日校竣。

先生校《説文韻譜》後,續校此書。其本現藏中國國家圖書館,卷三之末記:

"庚戌二月二十日校于都門寓館,是夕與查訒堂坐談良久。"卷七末記:"二月二十一日校。"卷十一末記:"二月二十二日校。是日自筤東書室迻之南園,爲訒堂比部題'碧梧翠竹山房'匾額。"卷十五末記:"二十三日校至四更,是日與〔桂〕未谷説文字。"卷十七末記:"二十四日校。後與訒堂談至夜半。"卷二十末記:"二十五日校。是日爲訒堂書《補亡詩》,置翔鶴堂屏上。"卷二十五末記:"二十六日校。是日爲孚尹評文。"卷二十八末記:"二十七日校竣。"觀此,可見先生校勘是書用力專且勤矣。卷十一末題款所云"筤東書室",檢陳文述《頤道堂詩選》卷二六《自箴詩》,元注稱"澹餘比部、筤東侍御喬梓",據杜堮撰《刑部福建司郎中查公墓誌》,知世倓單傳,僅有元偁一子,則筤東即元偁表字也。先生在京時,館於查世倓(訒堂)家,斯其明證也。查元偁《陳河莊先生詩集序》言:"先生通今古,又嫻籌筴,先比部公重其才品,請庀家事,授館幾三十年。"(《琫齋文存》稿本第60頁)蓋先生長於算籌,爲人謹飭,故後復爲查氏經理家業也。

三月二十二日,刑科給事中葛鳴陽因同官納福(名)向指揮説情取保案,牽連革職(《高宗實録》卷一三五一),校刻《説文韻譜》事,先生繕寫就半,已登版,以此中輟,未竟其事。

謝啓昆《小學考》卷一一"徐鍇《説文解字韻譜》"條,末云:是書流傳甚少,"今從鄞范氏天一閣藏本録,安邑葛給事鳴陽官京師,屬海寧陳君鱣重校一過。繕寫既就半,已登版,會給事改官歸,未竟其事"。

是春,翁方綱爲先生賦《古龍勺詩》。(《復初齋集外詩》卷二一)

翁氏《古龍勺詩爲仲魚賦》云:"蒼然誰辨古疏蒲,周尺旁推兩及銖。但據阮、陳摹作譜,何當吕、趙續成圖。鄉衡正取虛中義,獻豆應權一實殊。活碧斑斕無款識,故家今已壓香廚。"

四月,先生將營兩親窀穸,堅辭查氏南歸。行前,晤王念孫,王氏執手言:"《廣雅》卷帙浩繁,余稿已數易,近日多病,恐不能必是書之成也。"先生慰之曰:"先生思精而學博,志專而業勤,何患不成?"遂揮淚而别。(《文鈔》卷三《廣雅疏證跋》)

五月,還里。二十二日,晤吴騫(《吴兔牀日記》),款叙别悃,吴氏賦《喜簡莊歸自燕臺》二首以贈(《拜經樓詩集》卷六);先生則以馮集梧新刊《元豐九域志》一書貽之。(《拜經樓藏書題跋記》卷三)

吴騫《喜簡莊歸自燕臺》詩,其一云:"素衣欣見返南邦,無限相思此盡降。啜茗快同登竹閣,尋書旋爲暖芸窗。三年馬鬣思親淚,五夜丁沽聽雨艭。不是朝來重攜手,教人猶自怨香茳。”《拜經樓詩集》卷六此詩編於明年辛亥。惟據吴氏《陳谿齋文學墓碣銘》云“庚戌夏,鱣南還”(《愚谷文存》卷十一);又《元豐九域志跋二》言先生“庚戌仲夏南還”(《拜經樓藏書題跋記》卷三);《吴兔牀日記》五十五年五月條載:“二十二日,河莊歸自都中,是日始晤。”合此數證,則先生南歸在是年無疑,吴集編年有誤也。

吴騫《元豐九域志跋二》:“仲魚……庚戌仲夏南還,以此本見遺,蓋嘉禾馮氏新刊本也。仲魚留心地學,觀其跋語,足徵其討究之深。馮氏復借影鈔本重校而補刊各卷之後,資仲魚之益亦不尠矣。”

二十三日,高宗下諭:《四庫全書》現已釐定蔵工,“所有江、浙兩省文宗、文匯、文瀾三閣應貯《全書》,現在陸續頒發藏庋。……著該督、撫等諄飭所屬,俟貯閣《全書》排架齊集後,諭令該省士子有願讀中秘書者,許其呈明到閣鈔閲”。(《高宗實録》卷一三五五)

先生南歸後,寓居杭州宗陽宫之西。時方著《續唐書》,與姜安所居相近,其家藏弆多經史舊本,先生時往檢閲,或借歸摘抄。

姜安《續唐書跋》云:“海昌陳仲魚先生爲余前輩,自庚戌至丁巳數年間,嘗寓居杭之宗陽宫西,距余家不半里,故時相過從。時則有《續唐書》之作,以余文宣閣多藏舊本經史,因日就檢閲;或借歸寓,手自摘抄。遂示余以十《志》,餘尚未就。”(本書卷後)

姜安,字淳甫,號怡亭。錢塘歲貢,官訓導,著有《怡園詩集》、《冬碧樓樂府》。潘衍桐《兩浙輶軒續録》卷二十三引李澐《怡園詩集·序》云:“怡亭性分峻潔,名理飫深,文仿柳歐,工填詞,嗜金石。其詩頗有邁爽之氣,截句神似漁洋,爲王少司寇昶、阮宫保元所最賞。”

十二月,訪盧文弨於杭州新橋之抱經堂,借盧氏手校《華陽國志》足本以歸。(拙稿《簡莊遺文續輯·華陽國志題識》)

九日,先生自嘉興魏塘歸。出新得書畫以示吴騫,有太白山人手書《潯陽歌》十首、王寵(雅宜)草書《楞伽山寺古跡》詩四首、文點(與也)山水立軸,王時敏、王鑑合繪山水册,俱真跡。其尤善者,則馬湘蘭雙鈎蘭竹,可稱銘心絶品云。(《吴兔牀日記》)

是月,得《嘯堂集古録》影鈔宋本於海寧。(臺北“中央圖書館”藏本先生識語)

是年,先生著《石經説》六卷。

先生嘉慶五年撰《唐石經校文序》,云:"鱣于乾隆五十五年作《石經説》六卷,蓋取漢熹平、魏正始、唐開成、蜀廣政、宋至和及宋紹興歷代所刻石,而稽考其異同也。自以漏略尚多,未敢出而問世。"(《文鈔》卷二)又嘉慶九年《蜀石經毛詩考異序》云:"紹甫(按黄丕烈)……是册既得之後,急以示余,屬其影寫一本,蓋余曾著《石經説》,見此不啻獲一珍珠船也。"(《文鈔續編》卷一)此書迭經增訂,今稿本亡佚,僅存《宋至和石經》一卷,中國科學院圖書館藏海寧徐光濟用拙齋鈔本,羅振常蟫隱廬舊藏;1944年,顧廷龍復從羅氏借鈔,其本現藏上海圖書館,可藉覘全書梗概也。

褚寅亮、錢塘卒。

乾隆五十六年辛亥(1791)　　三十九歲

寓居杭州宗陽宫之西。(姜安《續唐書跋》)

六月十八日,訪吴騫於小桐溪,相與討論群籍音切之譌,如"鷕"字,《廣韻》羊水切,《集韻》愈水切,並音唯;後人誤書"水"爲"小",遂有"音溔",或作"以沼"、"以紹"切者。又"牝"字,《説文》从牛,匕聲。《集韻》補履切,音牝。《老子》:"谷神不死,是謂玄牝",正當如此叶,今本"牝"字或誤"牡"。《周易・坤卦》"利牝馬之貞",《釋文》:"牝,徐邈扶忍反,又扶死反。"明萬曆本作"扶允反",山井鼎嘗訂其非。(《吴兔牀日記》)

七月,在震澤,取《華陽國志》與盧文弨手校本對勘一過。(拙稿《簡莊遺文續輯・華陽國志題識》)

是年,合葬考妣於鳳岡東水漊先塋之穆,吴騫爲撰《墓碣銘》。伯父楓林與谿齋先生摯愛,居嘗相約他日窀穸必同,因同兆焉。(《愚谷文存》卷一一,又《宗譜》卷一二)

錢馥來書,論盧文弨《鍾山札記》"一脟"、"匊"兩條之非。

蔣光煦《東湖叢記》卷二"小學盦遺稿"條,載録錢馥《與陳仲魚書》一通(森按:《小學盦遺書》刻本,此文已經改削),論先秦兩漢文字同聲通用之理,舉《鍾山札記》違失二事,皆由不識古人音韻而致誤也。此札不記年月,盧氏《鍾山札記》序刊於五十五年十月,今故系於本年。

錢泰吉《海昌備志・錢馥傳》云:"錢馥,字廣伯,號幔亭。……沈酣經籍,凡傳注疑義譌文,必尋索得其解。尤善六書音韻之學,從周松靄春講求字母,多所悟。與周耕厓廣業、陳仲魚鱣、陳半圭敬璋、吴兔牀騫相切磋,學日進。……自題所居曰小學盦。……以力學得瘵疾,年甫四十而没。"按錢氏與先生論學尤契,後且結爲姻親,其女即先生長媳也。著有《楊園年譜集證》一卷、《小學盦遺書》四卷。

劉寶楠、陳熙晋、錢泰吉、毛嶽生、朱大韶、董佑誠生。周永年、孔繼涑卒。

乾隆五十七年壬子(1792)　　四十歲

寓居杭州宗陽宫之西。(姜安《續唐書跋》)

二月,訪王鳴盛於蘇州閶門外洞涇橋。時王氏目瞽復明,先生以所著《説文解字正義》及鄭康成《六藝論》、《孝經鄭注》輯本質之。先生學宗許鄭,汲古勤劬,王氏一見,許爲同志,爲序《説文正義》。

王《序》略云:"素聞仲魚陳君精於小學、經學,相去二、三百里,未及一晤。壬子二月,仲魚過吴門,始獲把臂。讀其所輯《六藝論》、《孝經鄭注》及此編,信屬篤古之士,與予同志,不禁狂喜。凡訓詁當以毛萇、孟喜、京房、鄭康成、服虔、何休爲宗;文字當以許氏爲宗。然必先究文字,後通訓詁,故《説文》爲天下第一種書,讀徧天下書,不讀《説文》,猶不讀也。……鄙見以爲吾輩當爲義疏,步孔穎達、賈公彦之後塵,不當作傳注,僭毛、鄭、孟、京之坐位。是書名曰正義,所以發明解説,既博且精,似更勝於張守節之《史記正義》矣。"(《小學考》卷一〇)按王氏於《説文》雖非專詣,然所著《蛾術編》卷一五至卷三二皆討論、考證《説文》之條,蓋於許學亦尋討有素。據此序,則《説文正義》當時已寫定成稿,故先生繼纂《續唐書》也。

是夏,段玉裁始爲《説文解字注》。

劉盼遂輯《經韻樓文集補編》卷下《與劉端臨第九書》云:

弟近日於《説文》,知屬辭簡練之難;考核於素者,則固不誤者多也。"禂"字下,小徐引《詩》"是禡是禂",大徐乃入之許君正文,……故知讀書最難是得善本也。"叶"字下引《書》"叶疑","禜"字引《記》"雩禜",其誤正同。大約示部既成,義例便可定。

據札中"知屬辭簡練之難"、"示部既成,義例便可定"之語,則此札乃段氏注《説文》不久後所撰也。考此札下文言"東原師《集》已刻成,費而不佳",又其子段驌首次赴江寧鄉試,知此信乾隆五十七年七月五日撰也,然則段氏立意爲《説文注》在本年夏。時先生《説文正義》業已成稿，嘗以其稿就正於段氏，段氏未能當意，故别復爲注也。拙稿《段玉裁〈説文注〉成書的另一側面——段玉裁學術的光與影》有考，此不具論。

翁方綱由濟南寄贈所刻《通志堂經解目録》。

按翁氏此書，"楊復《儀禮圖》"、"何異孫《十一經問對》"條下，兩引先生之説，蓋己酉在京時，嘗假先生校本過録也。先生識語云："沈太夫子（按沈廷芳）刻本，鱣向有校語，書諸眉端。乾隆己酉在京師，爲覃溪先生借録，故是本引及之，亦可見前輩之不棄芻蕘也。頃蒙自濟南寄贈，遂題以志感。壬子夏日，陳鱣記。"（王欣夫輯《簡莊文鈔補遺》，復旦大學圖書館藏本）時翁氏提督山東學政也。

張煌言（蒼水）康熙甲辰殉節後，棄骨荒郊，萬斯大與同志葬之於西湖南屏山荔子峰下。歲久，乏人祭掃。八月十八日，先生與吴騫、錢馥、萬福、倪稻孫及吴騫次子壽暘、姪昂駒等同至南屏謁墓。後復相偕至丁家山，訪王道焜墓。（《吴兔牀日記》）萬福爲斯大之孫，謀立石蒼水墓門，先生爲篆字大書"皇清賜謚忠烈明兵部尚書蒼水張公之墓"。（王昶《湖海文傳》卷三五載邵志純《明張忠烈公墓石記》）先生與吴騫極力表彰明季志士氣節，則平素議論可知矣。

王道焜，字昭平，浙江錢塘人。崇禎時，官邵武同知，知光澤縣事。莊烈帝破格求賢，撫按以道焜名聞。方待命而都城陷，微服南還；及杭州失守，遂投繯死。《明史》卷二七六有傳。

萬福，字近蓬，號玉倉，浙江鄞縣人，萬經之子。年十九，補諸生，不事進取，棄舉子業，專肆力於詩。嘗受業杭世駿門下，杭氏曰："古人云'詩有别才'，如吾子者，乃真所爲别才也。"（《兩浙輶軒録》卷三三"萬福"條引《家傳》）著有《近蓬草堂詩集》等。

倪稻孫，字穀民，號米樓，浙江仁和人。增生，著《夢隱庵詩鈔》。潘衍桐《兩浙輶軒續録》卷一九選録其詩。

吴昂駒，字千仲，號醒園，吴騫從子。歲貢生。雅好聚書，室名竹初山房。論詩一宗初白，竭三十載之力，寢食於斯，古風格律蒼勁，近體藴藉含蓄，蓋得初白不傳之秘云。著有《敬業堂集參正》、《竹初山房集》、《桃溪書畫録》等。

九月二十八日晨，同人集南屏山張蒼水墓，立碑墓道，設祭二席，一祀蒼水，以參軍羅子木配享；旁一席則侍者楊冠玉與舟人從死者。朱文藻爲文祭之，同時集墓下者十有三人:海鹽張柯(東谷)、鄞縣萬福、仁和王丞(虎石),餘姚盧文韶(匏廬),錢塘張凱(雲塍)、朱文藻、闞洲(南河)、邵志錕(秋倚)、邵志純(右庵)、邵書稼,海寧吴騫、錢馥與先生。是日宿雨初霽,山翠欲滴。祀既訖,相與飲於墓下,日西時始各散去。[1](《吴兎牀日記》)邵志純撰《明張忠烈公墓石記》以誌其事(王昶《湖海文傳》卷三五,又釋際祥纂《净慈寺志》卷二四);吴騫、朱文藻、錢馥各有詩抒感,倪稻孫有《調寄酹江月·謁蒼水張忠烈公墓》詞。(《拜經樓詩集再續編》,又《净慈寺志》卷二四)

先生復從萬福處摹得蒼水遺像,係臨刑時所繪巾服者。因倩友人方薰改摹爲冠服像,將謀建祠而設焉,先生撰《張忠烈公畫像記》誌之。(《文鈔》卷五)

按先生《畫像記》云:"昔蘇子卿持漢節、管幼安客遼陽,皆閱十九年之久,卒歸國全身。惟明季吾浙蒼水張公,自丙戌杭海,至甲辰被執,就中險阻艱難,百折千挫,首尾十有九年,乃見危授命,自古以來亡國大夫未有如此之烈也。"文末繫以贊曰:"望錢江兮好山色,作楚囚兮向不北。十九年兮盡心力,天柱折兮龍莫攀。共岳于兮魂往還,視文山兮處尤難。展遺像兮見公志,烏巾葛衣兮從容就義。更千百歲兮,猶凛凛然有生氣。"

十月,段玉裁由金壇移家蘇州。先生爲查氏經理家業,常往來揚、鎮、常、蘇數郡,每歲必至蘇數四,見則各言所學,互相賞奇析疑云。(段氏《簡莊綴文序》,先生本集卷首)

按段氏《有竹居集序》云:"壬子冬,余僑居蘇之下津橋"(劉盼遂輯《經韻樓文集補編》卷上);又《周禮漢讀考·序》云:"乾隆癸丑十月,自金壇避横逆,喬居蘇州之期歲也。"則段氏僑居蘇州在是年十月。

十月十一日,吴騫六十壽辰。(《吴兎牀日記》)先期,邵懷粹以明人卞潤甫《谿山秋色圖》爲壽,先生爲題七絶一章。

先生題詩云:"卞家尺幅邵家藏,獻紵遺風感甚長。留得秋山無恙在,依然蘭桂滿庭芳。"(龐元濟《虛齋名畫録》卷四)

先生以桂馥《續三十五舉》、《再續三十五舉》兩卷,與吾丘衍《學古編》同刻於南中,合爲一函,携置行笈。楊復吉見之,假歸録副。(《昭代叢書》本卷末楊復吉《跋》)

楊復吉,字列歐,號慧樓,江蘇震澤人。乾隆三十七年進士,需次得知縣,不謁

[1] 按《吴兎牀日記》載預斯會者凡十二人,無邵書稼;邵志純《明張忠烈公墓石記》有之,而盧文韶作盧文弨。

選。家富藏書,著《遼史拾遺補》、《補遼史經籍志》、《元文選》、《元稗類鈔》等。又網羅散佚,繼張潮之後,續刻《昭代叢書》五編。同治《蘇州府志》卷一〇六有傳。王鳴盛主講笠澤書院,與辨論古今,深推服之。

臘月朔日,薄暮雨中至小桐溪,與吴騫同爲武林之遊。蓋自庚子同遊,于今十二年矣。黄昏登舟,竟夜雨。(《吴兔牀日記》)

初二日,二人偕訪盧文弨新橋里第,盧氏以所刻外王父馮景《解舂集文鈔》見貽,時盧氏幼女痘殤也。(先生《杭遊雜咏》其二元注)

初三日,與吴騫過張柯學舍,時方修葺鄉賢祠也。復訪陳焯於織造府署,陳君出所藏明人尺牘及倪節婦詩翰共賞,並以所著《扶護日記》屬題。(《吴兔牀日記》,又先生《杭遊雜咏五首》)

張柯,字東谷,浙江海鹽人。由廩貢官杭州府學訓導,與朱炎(笠亭)、陸以謙(太沖)輩相唱和,有《擭雲樓詩稿》;工書,出入蘇、米之間。光緒《海鹽縣志》卷一七有傳。

吴騫《日記》,本年十二月初四日以下闕,二人何時賦歸,未見明文。先生此行有《杭游雜咏》五首,上海圖書館藏《吴兔牀先生未刊稿八種》册一録之(見拙稿《簡莊詩文鈔拾補》),吴騫和詩,見《拜經樓詩集》卷六。據《杭遊雜咏》其五自注,此行復過鹽橋訪梁玉繩、履繩昆季及邵志純、錢馥諸君。

是年,有《論印絶句》十二首。先是,沈心(房仲)有此題十二首,厲鶚和之;吴騫見而效之,且邀先生及諸友同作,通得若干首,薈爲一編,題曰《論印絶句》,有拜經樓刻本。

龔自珍、沈濤、姚配中生。毛際盛卒。

乾隆五十八年癸丑(1793)　　四十一歲

先生藏清初名賢尺牘二册,梁同書借觀,極心賞之。正月下澣,朱文藻寓書吴騫,轉致梁同書之意,擬請先生割讓,因請吴氏代爲言之。

朱文藻《與吴兔牀書》,中云:"河莊陳兄有國初人赤牘册二,凡三十九紙,係朱、王、亭林、嶺南三家一輩人,近留山舟梁丈處,山翁愛不能釋。以不孝與河莊兄相識,特屬致意,倘可讓其得否?或二册内略取數紙,意蓋在顧、屈、陳、梁諸家,以所有者償所無亦可。不孝久未面河莊兄,倘老伯晤時,務乞代致。聞渠三月内亦有事會城,能一候山翁則更妙耳。"(拙稿《朱文藻碧谿草堂遺文輯存》)此札不具年月,然據札言"今月下澣,欣聞老伯已得美孫,六十老人知定喜動顔色"云云,按《吴兔牀日記》載是年正月"十三日,孫之頤生"知此札撰於是年正月。

二月,在震澤,校《漢魏叢書》本《説苑》。(中國國家圖書館藏先生校本,卷一〇末識語)三月初,由震澤歸海寧舟次,全書校竣。(同上,卷二〇末識語)

是月七日,與陳焯偕訪吴騫,吴氏出新得宋刻《漢書》見示,其本每葉十六行,行十六字,字大悦目,注文較現行本獨全,信爲宋槧佳本,惜僅存列傳十四卷耳。(據《江蘇省立國學圖書館第二年刊·館藏善本書題跋輯録二》載録陳焯觀款)

按此本現藏南京圖書館,盧文弨《跋》云:"汲古閣所梓《漢書》,當是據北宋本;此疑是南宋本,誤字亦少,汪文盛本殆亦從此本出。今世所通行者,顔《注》尚有脱落,何論蕭該、子京、三劉!而此獨全,可寶也。"

八月,晤梁同書。清初名賢尺牘二册,先生原許以價易,後則慨然舉以相贈。

葛嗣浵《愛日吟廬書畫續録》卷六載梁氏與吴騫書一通,云:"先生前偕陳仲兄枉過敝廬,弟適小恙,未及迎候,歉然。名人尺牘二册,許以價易,已叨見讓,乃反損惠畀我,感倍錫朋矣。内嶺南三家尤不易得,已裝入大册,餘册内所重見及舊藏已備者,不復添入,尚剩有二十二札。倘大雅賞鑒及之,可以轉贈;抑或尊處更有它札重出者,即以相易,豈不甚妙!弟於此事貪多務得,飢渴以之,不自知其癡且癖也,可爲一笑。……兹將《墓碣》原文並清本一併寄上,附此致謝,不宣。"此札不具年月,然據《吴兔牀日記》九月朔日條記:"仲魚杭歸,以山舟太史書並所寫先人《墓碣》來。"知此札即由先生携致也。

九月朔日,過小桐谿,以梁同書手函及所寫吴父《墓碣》交吴騫。(《吴兔牀日記》)

孫志祖著《家語疏證》六卷,謂今本《家語》係王肅僞造,以其書質之先生。先生讀而韙之,歎曰:"詳哉言乎!是猶捕盗者之獲真贓矣。"十一月,爲序其顓。

先生《家語疏證序》略云:"《漢書·藝文志》:'《家語》二十七卷。'師古曰:'非今所有《家語》。'……今本四十四篇,較《漢志》增多二十一篇。吾友錢君廣伯頗疑《漢志》所稱二十七篇,即在今四十四篇中,且以《尚書》之二十八篇爲證。余則以爲不然,《尚書孔傳》及《家語》皆王肅一人所作,《尚書》二十八篇,漢世大儒多習之,肅固不敢竄改,惟僞爲增多之篇,並僞爲孔《傳》以逞其私。至於《家語》,肅以前儒者絶不引及,肅詭以孔子二十二世孫猛家有其書,取以爲解。觀其僞安國《後序》云'以意增損其言',則已自供罪狀;而肅之《自序》,首即以鄭氏學爲義理不安,違錯者多,是以奪而易之。夫序孔子之書而先言奪鄭氏之學,則是有心附會攻駁前儒可知矣。……馬昭去肅未遠,乃于《家語》一則曰'王肅增加',再則曰'王肅私定',斯言可謂篤論。"(本書卷首,又《文鈔》卷二)按先生嘗疑何晏《論語集解》所引孔安國《注》,出後人僞托(見《論語古訓·序》),與孫君之説正桴鼓相應也。

孫志祖,字詒穀,浙江仁和人。乾隆三十一年進士,官至江南道監察史,乞養歸。孫星衍撰《江南道監察御史孫君志祖傳》云:"既家居奉親,杜門著述,博物識古,無書不覽。所藏卷帙,率皆校刊謬誤,丹黄殆徧。"(《平津館文稿》卷下)所著别有《讀書脞録》、《文選考異》、《文選李注補正》等。《清史列傳》卷六八有傳。

是年春,吴騫妻魏氏病,買一婢將侍吴氏起居。吴騫詢知爲名家息,即認爲義女,名之曰"明姑"。年末,遂備奩具,爲嫁武原魏氏子。遠近聞之,咸高其義,先生特撰《述義記》以誌其事。(《文鈔》卷五,並參《海寧州志稿》卷二九《吴騫傳》)

中國國家圖書館藏吴騫輯《桐陰小牘》,嘉慶間刊本,中有邵志純《妾入門》詩,小序云:"海昌吴丈槎客,年六十有一。因妻病買婢,媒者疑丈欲置妾,輒舁良家女來,丈一見即認爲義女。時丈有女已適人矣,亟呼歸,使同卧處。越數月,以禮嫁于武原魏氏,相待一如舅甥。事在乾隆五十八年,……錢唐邵志純爲作《妾入門》。"即咏其事。先生與盧文弨、周春、梁同書、潘奕雋、唐仲冕、丁傳、范永祺、查揆等十數人各爲詩文紀之。《吴兔牀日記》本年三月朔日條載:"顧姝至";十一月朔日條:"顧姝許字巨鹿,有成言";又十二月七日條記:"義女顧姝歸巨鹿,戚友皆來稱賀,見所具裝送,曰:'鍾離公瑜復見於今日。'其父及姑俱感激泣下。"則明姑顧姓也。

吴騫撰《陳景辰陽羨石刻序》,言陳經"嘗以無子買一姬,將卜日納之,忽發善念,爲擇婿治裝而嫁焉,同人多紀以詩文,傳爲佳話"。(《愚谷文存》稿本)其事正同。(陳經事跡詳下寅、卯兩年條)

是年劉喜海、祁寯藻生。梁履繩、江德量卒。

乾隆五十九年甲寅(1794)　　四十二歲

寓居杭州宗陽宫之西。(姜安《續唐書跋》)

五月,謝啓昆調任浙江按察史。(錢實甫編《清代職官年表》)

重九日,鮑廷博以《鬼谷子》舊本見示,先生取家藏《子彙》本通校一過,跋之。(中國國家圖書館藏本先生手跋)

先生《跋》云:"甲寅重九,鮑緑飲先生以此本見示,復取家藏《子彙》本通校一過。憶丁未客京師,孫淵如編修以所録藏本屬校,後秦敦夫編修取以付梓,惜未見此善本也。"

是月,偕錢大昕、吴騫、張燕昌、唐仲冕、陳經同遊宜興螺巖山善卷三洞,觀洞内石乳奇巖,題名而歸。

中國國家圖書館藏吴騫《拜經樓詩文稿》,《陽羡摩厓紀略》後附《小水洞題名》:"乾隆甲寅九秋,嘉定錢大昕、海鹽張燕昌、善化唐仲冕、海寧陳鱣、荆溪陳經、海寧吴騫同遊善卷三洞。時騫作《國山碑考》,仲冕創石亭於董山並識。"按國山碑即峙立螺巖山巔,諸人此行蓋嘗往觀其碑。

陳經,字景辰,號春浦,宜興荆溪人。家貧,少孤露,自學以成立。假僧廬授徒自給,以布衣終其身。師事秦瀛,受古文義法。著《碧雲山房詩鈔》、《荆南小志》、《雙谿物産疏》等。又著《陽羡石刻記》、《寒庖録》,吴騫並爲撰序。(兩序俱見《愚谷文存》稿本)

秋末,吴騫至武原。先生偕之過訪張氏涉園,主人張鶴徵以秘藏諸籍見示,得見所儲《聖宋文選》影宋寫本。(陸心源《皕宋樓藏書志》卷一一三載吴騫《聖宋文選跋》)

張鶴徵,字選巖,號鷗舫,浙江海鹽人,歲貢生。家有涉園,亭池林木之勝甲於東南;鷗舫守累世清秘之藏,擁書萬卷。甲寅上巳,曾集諸名士,修曲水流觴故事,有《涉園圖咏》一卷傳世;著有《鷗舫小稿》。

十月二十六日,吴騫過先生杭州寓所,先生以所得王陽明尺牘示之。(《吴兔牀日記》)

先生著《論語古訓》十卷成,十二月朔日,於震澤旅次序之。

先生《序》略云:"《論語古訓》,存漢經師之遺義也。……今以《集解》爲本,考諸載籍所引遺説,旁搜附益,爲《古訓》十卷。凡經文從邢昺《正義》本,而以漢、唐石經、皇侃《義疏》、高麗《集解》本、《經典釋文》及日本山井鼎《七經孟子考異》、物觀《補遺》校注于下;或見于他書,亦間爲援證也。孔注《古論》,據何晏《序》,世既不傳;《集解》所采,説多不類,且與《説文解字》所稱'《論語》古文'不合,反不如包氏《章句》之古,疑爲後人假托。特與《尚書傳》又異,今姑從《集解》

存之也。……鄭康成,漢世大儒,故《集解》之外,蒐輯鄭説獨多,且以愚意疏通證明之,所以補疏家之未備也。馬融,鄭之師也;王肅,難鄭者也,存馬、王之説,亦可以發明鄭《注》也。少習此經,長無成就,謹以肄業所及,博采通人之辭,勉具簡編,就正有道。"(本書,又《文鈔》卷二)按先生《序》中所稱高麗《集解》本,實係日本正平版,錢曾嘗得一影寫本,誤以"正平"爲高麗年號,乾嘉學者多沿其誤。

先生是書推闡鄭《注》,時有勝義。其尤足述者,則疑《集解》所引孔《注》出後人僞托,非西漢孔安國著也。沈濤《論語孔注辨僞・序》云:"孔安國,《史記・孔子世家》、《漢書・儒林傳》皆不言其著書。而其書之傳於今者,則有《古文尚書》、《孝經》二《傳》,識者皆疑其僞。獨《論語傳》散見於何氏《集解》中,古今無異議,近世劉端臨學博、陳仲魚徵君、臧在東文學始疑之。"考劉台拱《論語駢枝》,於《鄉黨篇》"攝齊升堂"條,辨正孔《注》"攝齊者,摳衣也"之誤,而云:"愚嘗謂孔《注》出魏人依托,不足信。若此條,决非棘下生語也。"(《劉端臨先生遺書》卷一)先生此《序》復舉三事以論其僞,一、何晏《集解序》既言孔《注》世不傳,則《集解》又何自徵引?二、其説不類漢注,轉不如包氏《章句》之近古。三、其文字與《説文》所稱古文不合。此外,《爲政篇》"不違如愚",孔《注》:"不違者,無所怪問於孔子之言,默而識之如愚者也。"先生云:"按孔安國稱夫子爲孔子,亦是一疑。"又《八佾篇》"鄹人之子",孔《注》:"鄹,孔子父叔梁紇所治邑也。"先生云:"按安國爲孔子十一世孫,而《注》云'孔子父叔梁紇',此更可疑者。"其後,沈濤著《論語孔注辨僞》,以《集解》所引孔《注》爲何晏僞造;丁晏著《論語孔注證僞》,則以孔《注》爲王肅假托。然沈、丁二氏所論,率憑臆見,未可决其必然也。《論語孔注》真僞,學界尚未有定論,先生此《序》則斯説之先聲也。

是冬,先生屬友繪《冬讀書圖》,吳騫爲賦長歌題之。(《拜經樓詩集》卷七)

按戊午年謝啓昆題先生《歲寒耽讀圖》,與此疑同一圖。

是年魏源、汪遠孫、丁晏、馬國翰、梅植之生。汪中卒。

乾隆六十年乙卯(1795)　　四十三歲

寓居杭州宗陽宫之西。(姜安《續唐書跋》)

淩廷堪去秋至杭,客謝啓昆臬署幕。正月,將回皖,就寧國府學教授任。先生風雪中過之,以所著《説文正義》稿屬題,淩君爲書二絶句。

淩氏詩云:"打窗密雪晝紛紛,有客携書過訪殷。十載京華久傾倒,衡寒今日始逢君。""二徐去後久塵埃,許氏榛蕪此再開。體例不嫌同孔賈,通經原自六書來。"(《校禮堂詩集》卷九)據淩詩"體例不嫌同孔賈"句,知先生此書用義疏體,於許君説解逐句疏通證明之。

淩廷堪,字次仲,安徽歙縣人。乾隆五十五年進士,官寧國府學教授。江藩《漢學師承記》卷七本傳云:"君讀書破萬卷,肄經邃於《士禮》,披文摘句,尋例析辭,聞者冰釋。至於聲音、訓詁、九章、八綫,皆造其極而抉其奥。於史,則無史不習,大事本末,名臣行業,談論時若瓶瀉水,纖悉不誤。"著《禮經釋例》、《燕樂考原》、《元遺山年譜》、《校禮堂詩文集》等。《清史列傳》卷六八有傳。

二月十一日,吴騫耕煙山館緑萼盛開,因邀先生及胡楷、查揆園中小飲。適周春寄《咏梅》詩索和,先生與查揆、吴騫、吴壽暘父子各和詩四首。(《吴兔牀日記》)

查揆,字伯葵,號梅史,海寧人。受知於阮元,稱詁經精舍翹楚。嘉慶九年舉人,官直隸灤州知州,卒於官。詩出入於查慎行、厲鶚之間,著《篔谷詩集》二十卷、《文集》十二卷。

春,謝啓昆設局纂修《小學考》,延胡虔與先生佐之搜討輯録。

謝啓昆《小學考·序》云:"秀水朱氏譔《經義考》,有功經學甚鉅,但止詳《爾雅》,餘並闕如。吾師翁學士覃谿先生作《補正》,又欲廣小學一門,時爲予言之。……乾隆乙卯,啓昆官浙江按察使,得觀文瀾閣中秘之書,經始采輯爲《小學考》。……助爲輯録者,桐城胡徵君虔及海寧陳鱣。"(本書卷首)按謝氏《樹經堂詩初集》卷一四《新作廣經義考齋既成,賦詩紀事》,元注:"裒輯始甲寅。"似《小學考》去年已刱稿,與此《序》言乙卯"經始采輯"者不同。考胡虔爲謝氏代撰《西魏書》是春始告成,三月付刻。蓋《西夏書》成後,乃續纂《小學考》,今故次於本年。

謝啓昆,字蕴山,號蘇潭,江西南康人,乾隆辛巳進士。歷任江南河庫道、浙江按察使,山西、浙江布政使,擢廣西巡撫。别著《西魏書》、《廣西通志》、《粤西金石略》、《樹經堂集》等。《清史列傳》卷三一、《清史稿》卷三五九有傳。

胡虔,字雒君,桐城人。嘉慶元年,舉孝廉方正。師事姚鼐;家貧,客游爲養。歷主翁方綱、秦瀛,而從謝啓昆最久。謝氏爲布政、巡撫,必請與偕,遂相從終始,爲纂《西魏書》、《廣西通志》諸書。撰述多他人主名,自著書罕卒業,有《戰國策釋地》四卷、《諸史地理辨異》六卷等。今傳世者,惟《識學録》、《柿葉軒筆記》各一卷耳。《清儒學案》卷八九有傳。

夏，吴騫賦《兩陳髯行》，蓋先生與陳經同姓，皆美鬚髯，淹貫經史亦相若，因屬友繪圖賦詩以贈。（《拜經樓詩集》卷七）其後好事者多屬而和之，於是兩髯之名聞於吴越間。（《續纂宜荆縣志》卷七之三《文苑》）

秦瀛《布衣陳景辰墓志銘》云："吴槎客者，浙江老宿，與錢竹汀、王西莊兩先生同治經，有業在荆溪之張渚，故與景辰爲忘年交。……景辰既識槎客，並識鱣，槎客屬其友爲畫《兩髯圖》，蓋景辰與鱣皆修髯，槎客故以比之。"（《小峴山人集・續文集補編》）

吴詩略云："平生結交兩陳髯，一居垷北一荆南。風流儻蕩各嫵媚，超前絶後何參覃。北髯鬑鬑緑坡竹，勁可挂弓紫如玉。疾風遥度疑有聲，半嶺松濤吹謖謖。南髯瘦頰縈春蚓，碧眼于思勢連鬢。仰天大笑一掀餘，長袖恒遭鬚帛引。天下無如二子奇，魁瓌磊落復嶔崟。皇墳倉雅各淹貫，八索九丘能讀之。却怪頻年意蕭索，金臺白下多飄泊。市中擊筑酒人稀，月下啼烏秋葉落。伯樂不來神駿窮，世間馬耳射東風。"由詩中所叙，可以想見先生風神矣。李超孫題先生晚年像贊："鬑鬑者鬚，昂昂者軀。胸羅星宿，腹貯詩書。日坐果園之中，而箸述自娱。式其行曰徵士，重其學曰通儒。其珊珊仙骨，則又似乎玉局之髯蘇。"（《文鈔》卷首）二者可以並觀。

六月，觀明兵部主事王道焜遺像册，後附詩牋三章、家書三通；另一册爲王氏遺囑及絶命詞。王氏以乙酉殉節死，杭郡所稱"三仁"之一。先生慕其志節，嘗與吴騫至錢塘訪其墓而拜之。比瞻仰遺像，凛然如生，因撰《王節愍公畫像記》，以誌景仰之悃。（《文鈔》卷五）

按王氏殉節事，見《明史》卷二七六本傳。先生五世從祖弁升侍御，即王節愍外孫。

七月，謝啓昆遷山西布政使（《清代職官年表》），《小學考》纂輯之事中輟。

八月廿四日，阮元調任浙江學政。十一月，至杭接印。（《雷塘庵主弟子記》卷一）

十月，與方維翰、華瑞清、鮑廷博、趙魏、邵志純、朱彭、黄易、陳鴻壽、何元錫、吴騫、張燕昌、陳廣寧、陳焯等十四人雅集行吟，同謁杭州新修落成之表忠觀（即錢王祠），並訪其裔孫錢泳，題名刻石以志。

錢泳《蘇碑考》載其石題名："大興方維翰，金匱華瑞清，古歙鮑廷博，仁和趙魏、邵志純，錢唐朱彭、黄易、陳鴻壽、何元錫，海寧吴騫、陳鱣，海鹽張燕昌，山陰陳廣寧，以乾隆乙卯冬日同謁表忠觀，並訪武肅王裔孫泳。時新修落成，仰瞻榱桷，俯視几筵，聯袂行吟，試茶坐話。烏程陳焯自新城權學回郡，欣逢雅集，題石志之。"

仲冬，在震澤。朔日，晨起閒步，於普濟寺側訪得宋三賢祠舊址。祠已毁，先生詳考其祠始末，撰《擬復震澤三賢祠祀記》，以告當事及此邑賢士大夫，將謀興祠宇，復祀典焉。(《文鈔》卷五)

是月二十八日，盧文弨卒於常州龍城書院，年七十九。(段玉裁《經韻樓集》卷八《翰林院侍讀學士盧公墓誌銘》)

是冬，《論語古訓》十卷刻成。(本書卷首阮元《序》)

按劉盼遂輯《經韻樓文集補編》卷下，本年冬段氏《與劉端臨第十三書》云："陳仲魚新刊《論語古訓》已成。"

是年柳興恩、淩堃生。

嘉慶元年丙辰(1796)　　四十四歲

寓居杭州宗陽宫之西。(姜安《續唐書跋》)

上元日，阮元爲序《論語古訓》。(本書)

阮元《論語古訓・序》云："海寧陳君鱣譔《論語古訓》十卷，于《集解》所載之外，搜而輯之，且據石經、皇侃《義疏》、山井鼎、物觀諸本，訂其譌缺而附注于下。元在京師獲見稿本，今來浙而是書付刻初成。……陳君精於六書，嘗著《説文解字正義》；又以《説文》九千言，以聲爲經，偏旁爲緯，輯成一書，有功學者益甚。元樂其《古訓》之既版行，尤望其以《説文》付梓，庶幾爲聲音訓故之學者事半而得功倍也。"(本書卷首)

按《小學考》卷一〇云："《説文解字》之學，今日爲盛，就所知者有三人焉：一爲金壇段玉裁若膺，著《説文解字讀》三十卷；一爲嘉定錢大昭晦之，著《説文統釋》六十卷；一爲海寧陳鱣仲魚，著《説文解字正義》三十卷、《説文解字聲系》十五卷，皆積數十年之精力爲之。"據此，則先生除《説文正義》外，另著《説文聲系》一書，阮《序》言"又以《説文》九千言，以聲爲經，偏旁爲緯，輯成一書"者，即指《説文聲系》。《清史列傳》卷六九本傳云："取《説文》九千言，[以]聲爲經，偏旁爲緯，竭數十年之心力，成《説文正義》一書。"此史臣粗疏，誤混《正義》、《聲系》爲一書也,[①]《清儒學案》卷八七誤同。中國國家圖書館藏先生稿本《聲系》三卷(《中國古籍善本書目・經部》卷四著録),即其書。

正月,詔天下督撫、學臣舉孝廉方正,浙江學政阮元以先生名應舉(陳其元《庸閒齋筆記》卷一),賜六品服,阮氏手摹漢隸"孝廉"二字以顔其居。(《宗譜》卷二六,又錢泰吉《海昌備志》卷一七本傳)

是年浙江所舉孝廉方正凡十二人:仁和邵志純右庵、翁名濂蓮叔;錢塘陳振鷺禮門;海寧則先生與楊秉初純一;嘉興莊鳳苞韶九、李穀中玉;海鹽張燕昌芑堂;鄞縣袁鈞陶軒;慈谿鄭勳簡香;定海李巽占申三;義烏樓錫裘萃千。辭不就者,何淇、奚岡、朱彭、蔣學鏞四人。(《雷塘庵主弟子記》卷一,又《定香亭筆談》卷二)

阮元《定香亭筆談》卷二云:"海寧陳仲魚鱣,於經史百家靡不綜覽。嘗輯鄭司農《論語注》諸書而考證之,浙西諸生中經學最深者也。舉孝廉方正,江南陳方伯奉兹嘗謂所舉孝廉方正,江蘇錢可廬大昭、安徽胡雒君虔、浙江陳仲魚三人可概其餘。余謂方伯之言誠能識拔宿儒,然安徽當以程易田(瑶田)爲第一,而胡君亞之。"

三月八日,吴騫抵吴門,偕先生訪陳焯於胥門舟次。(《吴兔牀日記》)

是月下澣,杭州府歲試(張鑑等編《雷塘庵主弟子記》),先生經學列一等二名。

時焦循在阮元幕中,佐之衡文。北京大學圖書館藏焦氏《里堂札記》鈔本,有丙辰年《答林庚泉》札,云:"《團扇》詩雖佳,然第香奩一派,定爲合府第一,恐非所以教也,鄙意宜以胡敬爲第一。……經學定一等四人,以諸嘉樂爲首,陳鱣、吴文健、范景福次之。童生經學亦定四人,而趙坦爲第一。"按林庚泉名道源,安徽天長人,時亦在阮氏幕中,佐其校士。

六月十五日,友人邵晋涵卒,年五十四。(錢大昕《墓誌銘》,《潛研堂文集》卷四三)

十一月,錢馥卒,年四十一。先生偕長君陳箕踵門哭之,蓋先生束髮與之訂交於學舍,論學深契,後且結爲姻親,因爲誄詞以祭之。(《文鈔》卷六《祭錢廣伯文》)

按先生昨今兩年,連喪三友,《祭文》云:"昔歲盧亡,今兹邵没。君又繼之,搥心刺骨。過讀書室,瞻臺笠圖。上傷垂白,下歎藐孤。"蓋錢氏中年早逝,著述多

① 拙作《陳鱣事蹟辨正》有辨,《傳統中國研究集刊》創刊號,2006年,第324-333頁。

未就,故尤傷之。

十二月六日,與吴騫同出杭城,送盧文弨葬,墓在艮山門外五里。(《吴兔牀日記》)

是年吴式芬、汪文臺生。彭紹升、程際盛卒。

嘉慶二年丁巳(1797)　四十五歲

寓居杭州宗陽宫之西。(姜安《續唐書跋》)

正月十日,謝啓昆任浙江布政使。(謝氏《樹經堂詩初集》卷一四《嘉慶二年正月十日抵浙藩之任紀恩二首》)因於布政使署辟廣經義齋,續纂《小學考》,仍由先生與胡虔任其事。

望日,跋嘉靖黄魯曾刻本《列女傳》。(中國國家圖書館藏本先生手跋)

此本頌後有贊,乃黄魯曾以己作竄入者。先生《跋》云:"乾隆六十年,〔顧〕抱盅以宋本重刊行世,行款悉仍其舊,洵推善本。其弟千里又參驗它書,綜覈同異,並補正傳寫脱誤,作《考證》一卷附後。惟以其畫象題顧愷之者爲余氏補繪而削去,差爲可惜耳。"

二十二日,阮元遴選浙士之通經者三十餘人,編輯《經籍籑詁》。(《雷塘庵主弟子記》卷一)乃於西湖孤山之陽構屋五十間,以居修書諸士。(張崟《詁經精舍初稿》第5頁)

阮元《定香亭筆談》卷四云:"余在浙,招諸生之通經者三十餘人,編輯《經籍籑詁》一百六卷,並延武進臧鏞堂及弟禮堂總理其事。以字爲經,以韻爲緯,取漢至唐説經之書八十六種,條分而縷析之,俾讀經者有所資焉。"惟據錢大昕《經籍籑詁序》云:"(阮)公在館閣日,與陽湖孫淵如、大興朱少白、桐城馬魯陳相約分籑,鈔撮群經,未及半而中輟。乃於視學兩浙之暇,手定《凡例》。……擇浙士之秀者若干人,分門編録,以教授歸安丁小雅董其事,又延武進臧在東專司校勘。"蓋其初由丁杰主其事,後由臧庸繼任總校也。①

先生亦參與分纂,分任《倉頡篇》、《字林》及《埤倉》、《聲類》、《通俗文》諸書。(本書卷首)

① 有關《經籍籑詁》纂修始末,余别有《阮元〈經籍籑詁〉纂修考》一文詳之,《傳統中國研究集刊》第4輯,2008年,第247-264頁。

按《倉頡篇》有孫星衍輯本，任大椿則輯《字林考逸》，其餘《埤倉》、《聲類》、《通俗文》三書，先生舊有輯本。蓋斯時先生佐謝啓昆纂《小學考》，未克悉力於此。

五月六日，吴騫偕姪映堦至篁墩，邀先生聯舫之花溪，共圖徐忠懿墓立碑事。(《吴兔牀日記》)

忠懿名石麒，字寶摩，浙江嘉興人。天啓進士。崇禎初，由禮部主事累遷至刑部侍郎，署部事，多所平反；後以事落職。福王時召拜吏部尚書，與馬士英輩不諧，遂歸。及郡城將破，朝服自縊。乾隆四十一年賜謚忠懿，《明史》卷二七五有傳。

《吴兔牀日記》嘉慶六年六月二十二日條記："自杭州載徐忠懿公墓碑至袁花，權寄于真聖殿。"同月二十八日條記："梅史書來，謂舁夫不謹，徐公墓碑至殿門，以索絶碑斷，兩年來予以此事頗費心力，聞之幾爲之拊膺泣下。"

仲秋，秦瀛序先生《新坂土風》。

秦《序》略云："海寧，古鹽官縣，又稱海昌。其地邊臨大海，有魚鹽之饒、稻蟹之富、菱芡之美，蘇文忠嘗賦《鹽官絶句》四首。自宋南渡以至於今，地益蕃廡，人材輩出，類能崇尚風雅，此陳子仲魚《新坂土風》之所爲作也。今仲魚之詩既工，而又多於余，其取材僅在鹽官一邑，且多出於志乘記載之外，以徵故實，以備風謡，尤不可少也。"(本書卷首)

秦瀛，字淩滄，一字小峴，江蘇無錫人。乾隆四十一年，以舉人召試山東行在，授内閣中書。五十八年，出爲浙江温處道，有惠政；翌年調杭嘉湖道，歷官至刑部侍郎。工古文詞，在武林時，益以文章山水自任，修望湖樓於湖上，以祀東坡；修龍井寺旁隙地，建祠以祀少游。佐刑部，屢有平反，治獄稱平。論學宗程朱，與姚鼐、陳用光諸人以文字相質證。著《小峴山人集》、《己未詞科録》、《秦淮海年譜》等。《清史列傳》卷三二、《清史稿》卷三五四有傳。

十一月廿一日午後，偕吴騫至甪里閔氏宅觀臘梅。(《吴兔牀日記》)

十二月二日，王鳴盛卒，年七十六。(《潛研堂文集》卷四八《西沚先生墓誌銘》)

是年許瀚、管庭芬生。畢沅、袁枚卒。

嘉慶三年戊午(1798)　　四十六歲

佐謝啓昆纂《小學考》。

元旦,友人周廣業卒,年六十九。(吴騫《愚谷文存》卷一〇《周耕厓孝廉傳》)
春,謝啓昆爲題《歲寒耽讀圖》。(《樹經堂詩初集》卷一五)

謝啓昆《題陳仲魚歲寒耽讀圖》,其一:"髯也超等倫,齒貝目如電。讀書十萬言,前身乃曼倩。三冬既足用,蔚爲國之彦。天子下明詔,孝廉膺首選。生方高據梧,箬帽(山名)娱清宴。被褐寒不知,雪花落萬片。清風吹謖謖,窗外碧虬戰。款門鶴書來,堅坐守枯硯。"其二:"三蒼業久墮,六藝寒如灰。生能篤漢學,叔重文兼該。四時讀書樂,獨于冬日諧。半子驗天心,後彫真奇材。助我補經義,説詩匡鼎來。同舍六七客,歲晚岑與苕(謂雒君諸公)。寸陰我亦惜,八甎書舫開。還期汝腹上,夜夢雙松栽。"

時先生與錢大昭、胡虔俱在謝氏幕。三君同舉孝廉方正,江南布政使陳奉兹每語人曰:"有好古之學者,必有高世之行,如蘇之錢可廬、徽之胡雒君、浙之陳仲魚,可稱鼎足。"三人感其意,屬王沛堂爲繪《三子説經圖》,陳奉兹、謝啓昆、秦瀛、吴騫等各題詩其後。(《文鈔》卷五《尚友圖記》,又《樹經堂詩續集》卷一,又《小峴山人詩集》卷一二,又《拜經樓詩集》卷九)

陳奉兹,字時若,一字東浦。江西德化人。乾隆二十五年進士,官至江寧布政使。樂善好士,獎掖如不及。詩法少陵,洪亮吉甚稱之,著《敦拙堂集》十三卷。《清史列傳》卷七二有傳。

三月,重校《説文繫傳》。(中國國家圖書館藏先生校本卷七末識語)
是月,鄭勳將刻乃父《野雲居詩稿》,先生爲之序。

先生《序》略云:"鱣之高、曾祖世傳蕺山劉子之業,與鄭氏爲同門舊好;今又與書常同膺薦舉,則讀是編而爲之説,疑若不當以不文辭者。……書常少孤力學,博雅温文,而拳拳于舊德清芬是任,異日濟時顯揚,家聲丕振,正可于是編驗之,且爲弗人先生慰之矣。"(拙稿《簡莊遺文續輯》)

鄭勳,字書常,號簡香,浙江慈谿人,與先生同舉孝廉方正。六世祖溱,與黄宗羲、陳乾初同出劉宗周之門。曾祖性,建二老閣,樓上奉黄宗羲及乃祖木主,樓下庋藏甚富,全祖望有《二老閣藏書記》誌之。鄭勳從蔣學鏞受業,得浙東正學之傳,著《鄭氏徵獻録》、《二硯窩詩存》等。其父名竺,字弗人,號晚橋,著《野雲居詩稿》二卷,《兩浙輶軒録》卷三三選録其詩六首。

長夏,從梁同書假得朱昆田(彝尊之子)等所輯《摭韻》稿本(亦名《攢筆録》),費

十日之力,迻寫一帙,跋之。(上海圖書館藏費寅《簡莊文鈔補輯·摭韻書後》)

六月,《小學考》五十卷稿成。(謝啓昆《小學考·序》)

按《小學考》著録先生著作,除《説文正義》、《説文聲系》及京中所輯《埤倉拾存》、《聲類拾存》外,另有《爾雅集解》三卷(卷三)、《古今字詁拾存》一卷(卷八)、《廣倉拾存》一卷(卷九)、《字書拾存》二卷(卷一五)、《韻集拾存》一卷(卷二九)諸書,蓋皆南還以來此數年間所輯者,今統記於此。

又按:先生《字書拾存·序》末言"録此以附《小學拾存》之末"云云(《小學考》卷一五),知所輯小學古佚書各種,當時總名《小學拾存》。中國國家圖書館藏先生小學輯佚書稿,内凡《字書》、張揖《字詁》、樊恭《廣倉》、吕静《韻集》、王羲之《小學篇》、葛洪《字苑》、周成《難字》、李彤《字指》、阮孝緒《字略》、楊承慶《字統》、何承天《纂文》,共十一種,每書各一卷。館目著録作《古小學書鉤沈》十一卷(《北京圖書館古籍善本書目》第158頁),蓋後來藏者所擬,非先生原題也。

謝氏《小學考》既成,擬續纂《史籍考》,以成章學誠未竟之業,因葺官廨西偏屋數十楹,聚書以居修書諸君,名曰兑麗軒。(謝啓昆《樹經堂詩續集》卷一《兑麗軒集·序》)

是月,程瑶田自徽州至杭。先生邀同錢大昭、胡虔、袁鈞、邵志純、鄭勳諸人游於吴山之上,其地占杭城之勝,左江右湖,茂林深壑;又當宿雨初晴,諸人或步曲徑,或坐磐石,或撫長松,相與道古論學,致足樂也。先生屬王沛堂各爲寫照,擬倩方薰補繪爲圖,後以方君病,不果作。(《文鈔》卷五《吴山雅集圖記》,又《樹經堂詩續集》卷六《題吴山雅集圖·序》)

是夏,海寧苦旱,河流盡涸,爲數十年來所僅有。

《吴兔牀日記》本年六月晦日條記:"自月初不雨,至于月晦,河流盡涸。兼旬酷熱,早暮日色如血,旱暵鬱烈,爲數十年來所僅有也。"

八月,先生應鄉試。

此科正考官工部侍郎吴省蘭,編修蔣祥墀副之。

題:"周因於殷　知也","燕毛所以　齒也","欲得不屑"一節。賦得"桂馨一山"得"顔"字。(法式善《清秘述聞》卷八)

是月,阮元《經籍籑詁》編纂告成,凡一百六卷。(《雷塘庵主弟子記》卷一)

九月,鄉闈揭曉,先生以第九十六名舉人中式(《宗譜》卷十三本傳);友人張廷濟爲此科解元。

是月十二日,阮元任滿還都,補授禮部右侍郎。(《雷塘庵主弟子記》卷一)

是秋,從黄丕烈處借得周錫瓚所藏《輿地廣記》舊鈔本,録副藏之。(《蕘圃藏書題識》卷三)

黄丕烈,字蕘圃,江蘇吴縣人。好蓄書,遇珍本秘笈,不吝重值傾囊以購;尤好宋槧本,嘗構專室藏之,顔蕘顔曰"百宋一廛",自稱佞宋主人。每得一書,輒爲題識,或至數四,繆荃孫等輯爲《蕘圃藏書題識》十卷,王欣夫復輯《續録》四卷、《再續録》三卷。

周錫瓚,字仲漣,號漪塘,又號香嚴居士。居吴門,家富藏書。潘祖蔭《藝芸書舍宋元本書目跋》言:"吾郡藏書家,自康、雍間碧鳳坊顧氏、賜書樓蔣氏後,嘉慶時以黄蕘圃百宋一廛、周錫瓚香嚴書屋、袁壽階五硯樓、顧抱沖小讀書堆爲最,所謂四藏書家也。"(汪士鐘本書卷末)錢大昕、段玉裁屢從之借閲。段氏《經韻樓集》卷八有《周漪塘七十壽序》,詳其事跡。

按先生與黄丕烈訂交,未詳始於何年,管庭芬跋先生《經籍跋文》云:"晚客吴門,聞黄蕘圃主政百宋一廛,九經三傳各藏異本,于是欣然定交,互携宋鈔元刻往復易校。"今據《輿地廣記》題識,二人訂交當在此前,則非先生晚歲矣。

是年,先生營新居,阮元爲書"士鄉堂"額;吴騫有詩二首題贈。

中國國家圖書館藏《拜經樓詩草》稿本,有戊午年《題仲魚孝廉新居二首》,《拜經樓詩集》未收,今録存之:"平生細數交遊徧,髯也風流絶世無。萬卷縹緗窮五夜,十年詞賦壓三都。新坡爾日誅茆始,輞水他時入畫圖。莫把士鄉輕比擬,緣知久矣薄夷吾。""潁川聲望舊朱輪,佳氣于今又一新。座上龍山開曉鏡,夢中雲海躍潛鱗(元注:尊甫松研翁嘗祈夢于墳,得三鱣之兆,因以命名)。昌期可卜于廷尉,絶學能傳杜子春。我是竹牕松塢伴,《斯干》還欲譜風人。"

吴騫著《陳乾初先生年譜》二卷成,出以相示。先生稱其譜信能發潛德之幽光,補志乘之缺佚,而吴氏於忠良節義,無不竭力闡揚,尤可風世也。十二月望日,爲書其後。(歷史語言研究所傅斯年圖書館藏《陳乾初年譜》清鈔本先生跋)

先生《跋》略云:"從六世高祖乾初府君,爲山陰劉子之高弟,守柴桑處士之高風,其嘉言懿行卓卓在人耳目。然百餘年來,未曾有訪求其遺書而詳述其生平大略者。同里吴槎客先生,特著《年譜》二卷,出以相示。鱣讀而歎曰:'發潛德之光，補志乘之缺，微先生之力不及此已！'乃讀前、後《序》，皆以靖節爲比，雖府君地下亦當首肯，凡吾族人所當奉一編而肅然生感者也。且吾族人不能爲而先生爲之，先生爲之而令吾族人讀之，又能無感愧交併乎！"

秦瀛建蘇文忠祠於西湖孤山之麓，十二月十九日東坡生日，率同人酹酒祠下。（查揆《篔谷詩鈔》卷六）

臘月二十七日，吴騫至凰俔相晤，時先生俶裝將赴都應試也。（《吴兔牀日記》）謝啓昆、秦瀛、吴騫各賦詩贈行。（《樹經堂詩續集》卷二，又《小峴山人詩集》卷一二，又《拜經樓詩集》卷九）王沛堂復繪一像相貽，張彦曾顔曰"尚友圖"。先生自綴以辭曰："生海隅，居俔上。服也鄉，無善狀。食舊德，力爾田。承庭訓，守遺編。廿歲餘，始入學。交賢豪，共商搉。考經義，辨形聲。思譔述，苦未成。上公車，非本意。還讀書，尋吾契。留面目，識畫圖。姓者陳，字仲魚。"（《文鈔》卷五《尚友圖記》）

阮元《定香亭筆談》卷一："嘉定張農聞彦曾，辛楣先生弟子。經史、算術、詩畫、篆隸，靡不精妙。"按彦曾，嘉定優貢。工小篆，山水法王鑒、王原祁。嘗佐謝啓昆纂《史籍考》，預修《太倉州志》；時在謝啓昆藩幕修書也。

是年侯康生。

嘉慶四年己未（1799）　　四十七歲

正月二日，啓程北上，吴壽暘來送行。（《吴兔牀日記》）

初三日，清高宗崩。時白蓮教蔓延陝豫川楚四省已閲三年，師疲財費，生民荼毒。而首輔和珅黷貨攬權，恣爲欺罔。五日，仁宗下詔求言。（《仁宗實録》卷三七）八日，王念孫以言官上密摺，陳剿賊六事。（《王石臞先生遺文》卷一《敬陳剿賊事宜摺》）仁宗覽奏稱善，即日下旨正法和珅。一時直聲振公卿，朝野翕然稱之。

二月，抵京。先生往訪王念孫，時王氏杜門謝客，聞先生至，亟出見，曰："余待子久矣。《廣雅疏證》付刻甫完，特以初印本持贈，子其爲我校閲焉。"（《文鈔》卷三《廣雅疏證跋》）

三月，會試，先生闈卷薦而不售。（《海寧渤海陳氏宗譜》卷二六本傳）王引之以第二人進士及第，授編修。

四月，出都南歸。車中讀王氏《廣雅疏證》，或就宿旅舍，則挑鐙展卷，不知漏之幾下；將抵里門而卒業焉。先生歎其書詳審精密，洵足爲張揖功臣。間有所見，即書諸葉眉，爲參補若干事。（《文鈔》卷三《廣雅疏證跋》）

五月二十六日,抵里。(《吴兔牀日記》)

是夏,謝啓昆賦詩爲題《尚友圖》。(《樹經堂詩續集》卷二)

八月,謝啓昆擢廣西巡撫。(錢實甫編《清代職官年表》)續纂《史籍考》之事因之中輟。

十月,撰《廣雅疏證·跋》。(《文鈔》卷三)

先生《跋》末云:"方今從事于小學者,若邵校理與桐之《爾雅正義》及先生之《廣雅疏證》,皆及見其書之刊行。獨愧鱣之《説文正義》用力已十餘年,草創未就,而風塵荏冉,業漸荒蕪,近更多病,且恐不能必其成也。"

十一月,阮元署浙江巡撫。(《雷塘庵主弟子記》卷一)

十九日,吴騫至吴門,過先生上津橋寓居小飲。翌日,偕訪吴縣令唐仲冕。(《吴兔牀日記》)

是年何紹基、朱右曾、顧廣譽、黄汝成、顧沅生。江聲、武億、汪啓淑卒。

嘉慶五年庚申(1800)　　四十八歲

正月,阮元實授浙江巡撫。(《雷塘庵主弟子記》卷一)

二月一日,假拜經樓所藏史承謙《青梅軒詩話》,於津逮舫中讀之;翌日,舟泊辛江,全書閲竟。(上海圖書館藏本,卷一、卷二末題款)

是月,吴騫序先生詩稿《小碎集》。

中國國家圖書館藏《愚谷文存》稿本有此序,刊本無之,今録次:

《小碎集》一卷,通古近體詩如干首,爲予友仲魚陳子舊作,留案頭者荏苒十餘寒暑矣。仲魚間復來徵,且屬論定,因取而再三諷焉。凡編中相與往還酧唱者,若抱經盧先生、闇谷邵太守、倪研翁處士、朱米舟理問,並已宿草。惟予之衰頹,與一二老友僅而尚存,兼多離隔,俯仰沉吟,曷勝今昔聚散之感!仲魚自少勵操行,勤學問,雖祁寒酷暑,南北舟車,未嘗一日廢輟。故其于詩也,所謂歡娱之詞頗尠,危苦之搆恒多。獨吾輩二三同志,輒用勞人之調時相慰籍,悲歌擊筑,情見乎詞。今仲魚以孝廉膺公車之徵,行且讀石渠東觀之書,入承明著作之室,異時文章製作奚翅十倍于兹!然而讀是編者,不特可覘其詩品,于凡深襟雅韵、忼慷卓犖之志,已髣髴于言外領之。語曰:"嘗鼎一臠,不爲不知味。"《詩》曰:"獨寐寤言,永矢勿諼。"又以見夫人之眷懷舊友,愈久而不能忘也,爰爲題識而歸之。

按《小碎集》爲先生早年詩稿,書僅一卷,知先生詩不多作也,此稿今佚。

秋,弟子查元偁順天鄉試中式。(《海寧州志稿》卷二六《選舉表中》,又《海寧查氏族譜》卷四本傳)

按先生弟子復有朱至者,《海昌藝文志》卷一五:"朱至,字禮伯,監生。嘗從陳徵君鱣受《説文》、音訓之學。著有《隨意吟》一卷、《壺口山人詩》三卷、《庚庚石室近稿》一卷。"其人事跡未詳,今附見於此。

十月二十一日,吴騫至吴門,先生招飲於郭家園。(《吴兔牀日記》)

按吴騫有《金閶席上聞簡莊有賣船之作,率占長句》詩(《拜經樓詩集》卷一一),蓋斯時所作。先生明年春將入都會試,擬賣船以謀川資也。

十一月,在杭得一宋磚。適吴騫、查揆過訪,出以示之,吴氏爲賦長歌紀之。

《拜經樓詩集》卷一一有《武林舟夜同梅史觀簡莊新得宋甎,率成長歌,即送公車北上》一詩。余檢中國科學院圖書館藏吴騫《江上玲瓏集》鈔本,首爲查揆《庚申冬仲偕兔牀先生之省,舟中即事》、《自臨平之皋亭》;次吴騫《和前韻》、《舟中望安平泉》、《皋亭曉發呈梅史》,次則此詩,知爲本年仲冬作也。

歲杪,於蘇州度歲。(拙稿《簡莊詩文鈔拾補·與吴兔牀書二》)

是年曹籀生。趙佑、章宗源、馮應榴卒。

引用書目

一、傳統文獻

〔漢〕劉向《列女傳》,中國國家圖書館藏嘉靖黄魯曾刻,陳鱣校跋本。

〔漢〕鄭玄注,〔清〕陳鱣輯《孝經鄭注》,蔣氏别下齋刊《涉聞梓舊》本。

〔漢〕鄭玄撰,〔宋〕王應麟輯《鄭氏周易》,乾隆二十一年《雅雨堂叢書》本。

〔漢〕鄭玄撰,〔清〕陳鱣輯《六藝論》,蔣氏别下齋刊《涉聞梓舊》本。

〔漢〕鄭玄撰,舊題〔宋〕王應麟輯《鄭氏論語注》,中國國家圖書館藏乾隆間鮑氏知不足齋刻本。

〔宋〕王存《元豐九域志》,北京:中華書局,1984年。

〔清〕丁晏《論語孔注證僞》,《續修四庫全書》本。

〔清〕王念孫《王石臞先生遺文》,《高郵王氏遺書》本,1925 年。

〔清〕王昶《湖海文傳》,《續修四庫全書》本。

〔清〕王亶望等《浙江采集遺書總録》,乾隆三十九年刊本。

〔清〕王鳴盛《蛾術編》,道光二十一年吴江沈氏世楷堂本。

〔清〕史承謙《青梅軒詩話》,上海圖書館藏本。

〔清〕江藩《國朝漢學師承記》,《續修四庫全書》本。

〔清〕吴騫《尖陽叢筆》,張氏《適園叢書》本。

〔清〕吴騫《吴兔牀日記》,南京:鳳凰出版社,2015 年。

〔清〕吴騫《拜經樓詩草》,北京:國家圖書館出版社《國家圖書館藏鈔稿本乾嘉名人别集叢刊》影印吴氏稿本,2010 年。

〔清〕吴騫《拜經樓詩集》、《續編》、《再續編》,《拜經樓叢書》本。

〔清〕吴騫《拜經樓詩話》,《拜經樓叢書》本。

〔清〕吴騫《國山碑考》,《拜經樓叢書》本。

〔清〕吴騫《陽羨名陶録》,《拜經樓叢書》本。

〔清〕吴騫《愚谷文存》,《拜經樓叢書》本。

〔清〕吴騫《愚谷文存》,北京:國家圖書館出版社《國家圖書館藏鈔稿本乾嘉名人别集叢刊》影印吴氏稿本,2010 年。

〔清〕吴騫輯《陳乾初先生年譜》,歷史語言研究所傅斯年圖書館藏清鈔本。

〔清〕吴騫輯《論印絶句》,《拜經樓叢書》本。

〔清〕吴騫撰,吴壽暘纂《拜經樓藏書題跋記》,上海:上海古籍出版社郭立暄標點本,2007 年。

〔清〕汪輝祖《病榻夢痕録》,光緒十五年《汪龍莊先生遺書》本。

〔清〕沈濤《論語孔注辨僞》,收入《仰視千七百二十九鶴齋叢書》,光緒六年會稽趙氏刊本。

〔清〕阮元《定香亭筆談》,嘉慶五年阮氏琅嬛僊館刊《文選樓叢書》本。

〔清〕阮元《揅經室續集》,臺北:臺灣商務印書館《叢書集成簡編》本,1966 年。

〔清〕周春《耄餘詩話》,《續修四庫全書》本。

〔清〕周廣業《蓬廬文鈔》,燕京大學圖書館排印本,1940 年。

〔清〕法式善《朋舊及見録》,中國科學院圖書館藏稿本。

〔清〕法式善《清秘述聞》,北京:中華書局點校本,1982 年。

〔清〕邵晋涵等纂《杭州府志》,乾隆四十九年刊本。

〔清〕邵晋涵《南江札記》,光緒中會稽徐氏鑄學齋刊本。

〔清〕查元偁《𧟌齋文存》,《清代詩文集彙編》本。

〔清〕查元偁增纂《海寧查氏族譜》,道光間刊本。

〔清〕段玉裁《周禮漢讀考》,道光元年七葉衍祥堂刊本。

〔清〕段玉裁《經韻樓集》,道光元年七葉衍祥堂刊本。

〔清〕段玉裁撰,劉盼遂輯《經韻樓集補編》,來薰閣書店《段王學五種》本,1936年。

〔清〕胡元儀《北海三考》,《湖南叢書》本,1926年。

〔清〕胡培翬《研六室文鈔》,道光十七年涇川書院刊本。

〔清〕秦瀛《小峴山人詩文集》,《清代詩文集彙編》本。

〔清〕翁方綱《復初齋文集》,《清代詩文集彙編》本。

〔清〕翁方綱《復初齋集外詩》,《清代詩文集彙編》本。

〔清〕張鑑等編《雷塘庵主弟子記》,咸豐間刊本。

〔清〕淩廷堪《校禮堂詩集》,《續修四庫全書》本。

〔清〕許傳霈等纂,朱錫恩等續纂《海寧州志稿》,1922年排印本。

〔清〕陳其元《庸閒齋筆記》,北京:中華書局點校本,1989年。

〔清〕陳賡笙纂《海寧渤海陳氏宗譜》,民國初年刊本。

〔清〕陳鱣《河莊詩鈔》,光緒十四年羊復禮粵東刊本。

〔清〕陳鱣《新坂土風》,光緒十八年羊復禮粵東刊本。

〔清〕陳鱣《經籍跋文》,道光十七年蔣氏《别下齋叢書》本。

〔清〕陳鱣《論語古訓》,光緒九年浙江書局刊本。

〔清〕陳鱣《簡莊文鈔》、《續編》,光緒十四年羊復禮粵東刊本。

〔清〕陳鱣《續唐書》,道光四年士鄉堂刻本。

〔清〕陸心源《皕宋樓藏書志》,光緒八年陸氏十萬卷樓刊本。

〔清〕程瑶田《通藝録》,《安徽叢書》本。

〔清〕馮金伯《墨香居畫識》,道光十一年雲間文翠堂刻本。

〔清〕黄丕烈撰,繆荃孫等輯《蕘圃藏書題識》,金陵書局刊本,1919年。

〔清〕葉昌熾《藏書紀事詩》,上海:上海古籍出版社,1989年。

〔清〕葉銘輯《廣印人傳》,臺北:文史哲出版社《明清印人傳集成》本,1997年。

〔清〕葛金烺《愛日吟廬書畫録》,宣統二年葛氏刻本。

〔清〕管庭芬輯,蔣學堅續輯《海昌藝文志》,1921年排印本。

〔清〕劉台拱《論語駢枝》,收入《劉端臨先生遺書》,道光十四年世德堂刊本。

〔清〕蔣光煦《東湖叢記》,光緒九年繆荃孫《雲自在龕叢書》本。

〔清〕錢大昕《十駕齋養新録》,光緒十年《潛研堂全書》本。

〔清〕錢大昕《潛研堂文集》,上海:上海古籍出版社吕友仁點校本,1989 年。

〔清〕錢大昕編,錢慶曾續編《竹汀居士自訂年譜》,咸豐間刊本。

〔清〕錢泳《履園叢話》,《續修四庫全書》本。

〔清〕錢泰吉《海昌備志》,道光二十六年原刊本。

〔清〕錢馥《小學盦遺書》,光緒二十一年清風室校刊本。

〔清〕謝啓昆《樹經堂詩初集》、《續集》,《續修四庫全書》本。

〔清〕謝啓昆纂《小學考》,《續修四庫全書》本。

〔清〕龐元濟《虚齋名畫録》,《續修四庫全書》本。

〔清〕釋際祥纂《净慈寺志》,《武林掌故叢編》本。

〔清〕不著撰人,《高宗實録》,北京:中華書局,1986 年。

〔清〕不著撰人,《清史列傳》,北京:中華書局點校本,1987 年。

〔朝鮮〕柳得恭《燕臺再遊録》,金毓黼輯《遼海叢書》第一集,遼海書社排印本,1934 年。

〔近代〕朱彭壽《安樂康平室隨筆》,北京:中華書局,1982 年。

〔近代〕徐世昌《清儒學案》,天津徐氏刊本,1938 年。

〔近代〕張鈞衡《適園藏書志》,南林張氏家塾刊本,1916 年。

〔近代〕費寅輯《簡莊文鈔補輯》,上海圖書館藏清稿本。

〔近代〕閔爾昌編《碑傳集補》,燕京大學國學研究所排印本,1932 年。

〔近代〕鄧邦述《寒瘦山房鬻存善本書目》,江寧鄧氏刊本,1930 年。

二、近人著作

中國第一歷史檔案館編《纂修四庫全書檔案史料》,上海:上海古籍出版社,1997 年。

王文進《文禄堂訪書記》,北平:文禄堂排印本,1942 年。

王欣夫《蛾術軒篋存善本書録》,上海:上海古籍出版社,2002 年。

王欣夫輯《簡莊文鈔補遺》,復旦大學圖書館藏稿本。

柳詒徵編《盧抱經先生年譜》,《中央大學國學圖書館第一年刊》,1928 年。

浙江省立圖書館編《浙江文獻展覽會專號》,《文瀾學報》第 2 卷,1937 年。

江蘇省立國學圖書館編《陶風樓藏盧抱經校本述要》,《國學圖書館年刊》第 5 號,1932 年。

張崟《詁經精舍初稿》,《文瀾學報》第 2 卷第 1 期,1936 年。

郭伯恭《四庫全書纂修考》,國立北平研究院史學研究會,1937 年。

陳鴻森《陳鱣年譜》,《歷史語言研究所集刊》第 62 本第 1 分,1993 年。

陳鴻森《陳鱣簡莊遺文續輯》,《書目季刊》第 35 卷第 4 期,2002 年。

陳鴻森《陳鱣事蹟辨正》,《傳統中國研究集刊》創刊號,2006 年。

陳鴻森《阮元〈經籍籑詁〉纂修考》,《傳統中國研究集刊》第 4 輯,2008 年。

陳鴻森《丁杰行實輯考》,《傳統中國研究集刊》第 6 輯,2009 年。

陳鴻森《洪頤煊年譜》,《歷史語言研究所集刊》第 80 本第 4 分,2009 年。

陳鴻森《陳鱣簡莊詩文鈔拾補》,《書目季刊》第 46 卷第 4 期,2013 年。

陳鴻森《清代海寧學術豐碑——陳鱣其人其學述要》一文,《中國文化》第 38 期,2013 年。

陳鴻森《段玉裁〈說文注〉成書的另一側面——段玉裁學術的光與影》,《中國文化》第 41 期,2015 年。

傅增湘《藏園群書經眼録》,北京:中華書局,1983 年。

黄愛平《四庫全書纂修研究》,北京:中國人民大學出版社,1989 年。

楊明照《文心雕龍校注拾遺》,上海:上海古籍出版社,1982 年。

劉盼遂《段玉裁先生年譜》,來薰閣書店《段王學五種》本,1936 年。

劉盼遂《高郵王氏父子年譜》,來薰閣書店《段王學五種》本,1936 年。

潘妍艷《李文藻與周永年書札二十八通考釋(上)》,《國學季刊》2017 年第 1 期。

潘承厚輯《明清藏書家尺牘》,上海:合衆圖書館影印本,1942 年。

錢實甫編《清代職官年表》,北京:中華書局,1980 年。

羅振玉輯《昭代經師手簡·初編》,上虞羅氏影印本,1918 年。

作者簡介:

陳鴻森,“中央研究院”歷史語言研究所研究員。近三年代表作有《段玉裁〈說文注〉成書的另一側面——段氏學術的光與影》(《中國文化》第 41 期,2015 年)、《馬宗璉行年考》(《復旦學報》2015 年第 5 期)、《清代中州樸學第一名宿——武億學術述要》(《中國經學》第 17 輯,2015 年)、《〈文獻家通考〉舉正》(南昌大學國學院《正學》第 4 輯,2016 年)、《被遮蔽的學者——朱文藻其人其學述要》(《傳統中國研究集刊》第 16 輯,2017 年)、《朱文藻年譜》(南京大學《古典文獻研究》第 19 輯下卷,2017 年)。

近百年程瑶田經學研究述評※

金　玲

内容摘要　程瑶田是清代中期著名學者,其學術成績爲同時與後代學者所稱述。目前業界對程氏學術某一側面的專題研究頗有進展,而程氏學術成就的綜合評價還比較薄弱。本文系統梳理了近一百年來中國大陸、中國臺灣以及日本有關程瑶田學術的研究論著,分成生平、著作、思想、經學四大方面。可以發現程瑶田研究從20世紀開始就代有其人,並不寂寞;在近二十年内有關論著大爲增加,他的學術價值也逐漸受到重視。有助於相關研究者重建更爲全面客觀的清代學術史圖景。

關鍵詞　程瑶田　乾嘉學術　研究綜述

程瑶田(1725–1814)是清代中期皖派經學家,終身服膺朱子學,漢宋兼采,不立門户。除三禮學之外,程瑶田還擅長名物學和金石學,也能熟練地引入數學工具來解決問題。程瑶田的著作有《儀禮喪服文足徵記》、《釋宫小記》、《考工創物小記》、《溝洫疆理小記》、《水地小記》、《九穀考》等,後结集爲《通藝録》。晚清迄今,程瑶田的研究成果反復爲後代學者討論研究,積累了相當數量的成果。本文擬綜論程瑶田生平、著作、思想、經學四大方面的現代學術研究,[①]以裨讀者建立更有連續性的學術史圖景。本綜述的時間上限是20世紀初,時間下限是綜述寫作的当年(2017年)。僅列舉值得注意的研究成果,使讀者能够觀察到有關研究的累積過程。

一　生平和交遊

程瑶田年譜中,問世較早者有羅繼祖《程易疇先生年譜》、朱芳圃《程瑶田年譜初

※本文係國家社科基金青年項目“禮學史視角下的清儒喪服學研究”(16CZS008)階段研究成果。

①　按程瑶田覃思經術之外,復雅擅藝事,於書法、摹印、繪畫、古琴皆有造詣。當代藝術史學者也有相當深度的討論,特别是印學和琴學方面,數量不多但質量可觀。但本文體例所限,僅能側重綜述其學術方面,藝術方面未宜展開。

稿》、陳冠明《程瑶田年譜》。[①] 這三種年譜之中,羅譜最簡略,僅排比程氏生平大事;朱譜在交游上有所增廣;陳譜綜合二者,考訂稍詳;共同特點是取證史料基本上限於《通藝録》。最新的一種是林静宜《程瑶田學記》第二章《程瑶田年譜》,[②]林譜訂正此前羅、朱、陳三氏年表及其他關於程瑶田學術研究之錯誤意見,内容最爲詳贍。例如學術史通常認爲程瑶田禮學傳自江永,林譜考證程氏鄉試中式之前固然從學於江永門下,却非專意治經,尚留心於詞章藝術,至中年赴京應會試期間,受在京之南北學友影響,方程度漸深,究心經學。惟林氏所將《九穀考》成書時間係於乾隆三十九年在武邑何思鈞家時,似未考慮成稿過程。黄淑美以爲《九穀考》撰作之資料長編始於乾隆三十九年,乾隆四十五年南歸後始作《九穀考》。[③]

關於程瑶田的交游情况,可以參考汪世清《不疏園與皖派漢學》、[④]金玲《清代徽州經學家互動的微觀圖景——以程瑶田禮學交游爲中心》。[⑤] 前者考論江門師弟的學術活動。後者具體考證了程瑶田進入經學研究過程中戴震的引導作用,也考察了程瑶田在以翁方綱爲中心的金石學者和戴震引介的揚州學人兩個圈子裏的活動,與前述林静宜《程瑶田年譜》可以相互參考。

如果未來想要推進有關程瑶田生平方面的研究,還需要參考戴震、錢大昕、段玉裁、劉台拱、焦循等重要學者個人生平研究的最新成果。以上諸家在乾嘉學術史上有重要意義,且在程氏交友圈内,對程氏本人有重要影響的學者,對於我們研究程瑶田生平有很高的參考價值。

二 著述

程氏著述叢集總名《通藝録》。正編十九種,附録七種,實收書二十一種,最早有清嘉慶間讓堂家刻本。《清經解》收録《通藝録》中的《儀禮喪服文足徵記》、《考工創物小記》等十三種,是爲《清經解》翻刻本。民國二十二年(1933)《安徽叢書》第二期影印《通藝録》,除嘉慶讓堂家刻本之外,又增入三種輯佚書,是爲《安徽叢書》本。陳

---

① 羅繼祖:《程易疇先生年譜》,《上虞羅氏朱程段三先生年譜》本,見程瑶田著,陳冠明等整理《程瑶田全集》第 4 册,合肥:黄山書社,2008 年,第 197 頁;朱芳圃:《程瑶田年譜初稿》,《河南大學學術叢刊》第 1 期,1943 年,第 25-34 頁;陳冠明:《程瑶田年譜》,《古籍研究》1996 年第 2 期,第 87-94 頁。

② 林静宜:《程瑶田學記》,高雄師範大學 2010 年碩士論文,第 13-94 頁。

③ 黄淑美:《〈九穀考〉撰期初探》,《中國農史》1993 年第 2 期,第 101-103 頁。

④ 汪世清:《不疏園與皖派漢學》,《江淮論壇》1997 年第 2 期,第 69-78 頁。

⑤ 金玲:《清代徽州經學家互動的微觀圖景——以程瑶田禮學交游爲中心》,《學術界》2016 年第 8 期,第 196-203 頁。

冠明等據此校點成現代整理本《程瑶田全集》。[①] 另外,程瑶田的重要禮學著作之一《儀禮喪服文足徵記》有兩種單行現代整理本,即謝芳慶校點《程瑶田全集》本和徐到穩校點《儒藏精華編》本兩種。[②]

程氏著作輯佚方面,吴承仕《程易疇〈儀禮經注疑直〉輯本序録》討論程氏生前未刊稿《儀禮經注疑直》情況。[③] 吴承仕指出程瑶田蚪讀所用《儀禮》底本爲李元陽閩刻本,《經注疑直》並非寫定之本,然而可據以考察程説前後演變之痕迹。張尚穩(龍松)《程瑶田〈蓮飲集〉的發現》記載未入《通藝録》詩稿《蓮飲集》的發現經過。[④] 諸偉奇《程瑶田佚稿考述》詳述輯佚結果,[⑤]其中有民國後所見程氏佚稿兩種:《周禮札記》、《蓮飲集》。諸氏又輯得散篇若干,其中《與劉端臨書》一種爲陳垣舊藏手札,對研究程氏經學和考證《通藝録》刊刻情況,大有幫助。徐到穩《〈程瑶田全集〉補遺》在《全集》出版之後到2012年間搜集程氏遺文七篇,[⑥]包括硯銘一篇,文評一則,書跋一篇,書畫跋二篇,致段玉裁書一篇。孟國棟《程瑶田未刊書畫題跋輯釋》又輯得畫跋一篇,董其昌書帖跋文一篇,唐人寫經題跋一篇,歷代《蘭亭集序》拓本題跋四篇,佚詩三首,並考釋年代及跋文學術價值,有益於後人對程氏藝術的思考。[⑦]

關於《通藝録》版本研究,陳冠明《〈通藝録〉刊刻流傳考述》説明了《通藝録》編輯和刊刻延續到了嘉慶八年初刻本之後。[⑧] 金玲《程瑶田〈儀禮喪服文足徵記〉再研究——以服叙問題爲中心》第二章《文獻學考察》則着重討論程瑶田《儀禮》學方面的重要著作《儀禮喪服文足徵記》的版本,説明其現存傳本主要有兩個系統,三個重要版本。第一個是家刻本系統,有《通藝録》叢書初印本、《通藝録》叢書後印本。第二是經解本系統,即翻刻《通藝録》叢書後印本的《清經解》本。其中以《通藝録》叢書後印本爲最善。《足徵記》到嘉慶六年已有初步討論稿在阮元周邊的學人交游圈中流傳。嘉

① 程瑶田著,陳冠明等整理:《程瑶田全集》,合肥:黄山書社,2008年。

② 程瑶田著,徐到穩整理:《儀禮喪服文足徵記》,北京大學《儒藏》編纂與研究中心編《儒藏》(精華編)第45册,北京:北京大學出版社,2012年。

③ 吴承仕:《程易疇〈儀禮經注疑直輯本〉序録》,《國學叢編》第1卷第2期,1931年;又作爲《儀禮經注疑直》輯本提要,收入《續修四庫全書總目提要》之中,見中國科學院圖書館整理《續修四庫全書總目提要》第24册,濟南:齊魯書社,1996年,第461上a頁;吴承仕:《檢齋讀書提要——吴檢齋遺書》,北京:北京師範大學出版社,1986年,第103-104頁。

④ 張尚穩(龍松):《程瑶田〈蓮飲集〉的發現》,《文獻》1996年第1期,第228-234頁。

⑤ 諸偉奇:《程瑶田佚稿考述》,《徽學》第5卷,合肥:安徽大學出版社,2008年,第295-306頁。

⑥ 徐到穩、彭林:《〈程瑶田全集〉補遺》,《古籍整理研究學刊》2013年第5期,第23-27頁。

⑦ 孟國棟、葉乾琦:《程瑶田未刊书画题跋辑释》,《文獻》2016年第6期,第69-80頁。

⑧ 陳冠明:《程瑶田全集》前言,第69頁。陳冠明:《〈通藝録〉刊刻流傳考述》,《古籍研究》1995年第1期,第36-52頁。

慶七年秋,《足徵記》主體部分的七卷書稿問世,此後又根據與段玉裁的商榷,增補了三卷内容,就是傳世十卷《通藝録》叢書本。[①]

三 思想研究

新安學術受朱熹影響極深,程瑶田生長於徽州,沉潛其中。清代學者評述程瑶田的經學研究時,多稱許其説經有義理,立身不苟,見道亦深。因此,研究程氏經學,不能忽略其理學思想。

錢穆《中國近三百年學術史》第八章《戴東原》後附《戴學與程瑶田》一文最早將程氏思想納入中國思想史譜系。[②] 錢穆首述程氏義理大要爲:性主於後天氣質,性善即情善。情之發無不善,遇不善而轉爲惡,此轉念之情稱"意"。只有通過致知與格物來做誠意功夫,才能歸於本然之善。程氏批評戴氏義理學由於不知性善之精義,故以修慝爲崇德,"與《荀子·性惡篇》相表裏"。[③] 錢氏謂同時學者認識戴學,皆無此精識,故程氏之學調和朱王而爲其折衷。钱氏又以淩廷堪"慎独"之说与程瑶田作比,程氏以"慎獨"爲内外相交之際;淩廷堪則不同,以爲慎獨爲純在内心。民國學者論程瑶田思想,大多沿着錢穆闡釋的要點而展開。[④]

20 世紀 90 年代以後,兩岸學者都開始對程瑶田思想産生興趣,出現了一系列論文。錢穆所述程瑶田性情論、誠意論,繼起者有張壽安、鮑國順、楊向奎、王俊彦等。張壽安《程瑶田的義理學——從理到物則》總結程瑶田的義理之説是:性既存於物也存於心;所以要通過格物去認知物則。格物的關鍵是認識條理本身,要在事上措意,在動處用功。張壽安據此認爲,程瑶田比戴震更重視内心涵養主敬的功夫。[⑤] 張文發揮錢

① 金玲:《程瑶田〈儀禮喪服文足徵記〉再研究——以服叙問題爲中心》,北京大學 2014 年博士論文。按此章另有修訂博士論文結論之未刊稿《程瑶田〈儀禮喪服文足徵記〉成書考》。

② 錢穆:《中國近三百年學術史》,上海:商務印書館,1937 年,第 409–418 頁。

③ 按:錢穆此説應當是本于章炳麟《釋戴》,章氏説戴震論性"與孫卿若合符",錢穆則指出了戴震論性同於《荀子》之篇目所在。

④ 孫海波:《程讓堂學記》,《中和月刊》第 1 卷第 5 期,1940 年,第 72–85 頁,收入周康燮編《中國近三百年學術思想論集》,香港:崇文書店,1971 年,第 154–167 頁。《程讓堂學記》後半部分方爲孫海波本人的述論,實際上沿襲錢穆説而分綱目闡述,甚有直鈔錢書原文而深没其名。張舜徽 1940 年《程瑶田之〈通藝録〉與〈論學小記〉》除説明以程氏爲代表的皖派經學家考據不廢義理外,又云《論學小記》之《誠意義述》爲指斥戴震之説而發,此亦承錢説而來而不加説明,見張舜徽《愛晚廬隨筆》,《張舜徽集》,武漢:華中師範大學出版社,2005 年,第 305 頁。

⑤ 張壽安:《程瑶田的義理學——從理到物則》,《漢學研究》第 9 卷第 2 期,1991 年,第 123–150 頁。收入張壽安《以禮代理——淩廷堪與清中葉儒學思想之轉變》,石家莊:河北教育出版社,2001 年。

穆之説，而更重視戴震—程瑶田—淩廷堪一系的理學思想演變。鮑國順《程瑶田"誠意説"疏釋》謂程氏思想以性善爲本，以禮讓爲用，以誠意爲樞紐。此文總結程氏誠意、慎獨、格物致知觀念，並引王守仁"天泉四句教"之"有善有惡意之動"，認爲程氏《誠意義述》實際上是爲王學所發，而非前文錢穆所謂爲戴震所發，其誠意説總而言之更傾向於朱子。[①] 鮑國順《程瑶田的心性論》説明程氏認爲先有質形氣，方有性命與心，此論乃針對宋儒分性爲義理之性（善）與氣質之性（惡）而發。[②] 王俊彦《程瑶田〈論學小記〉氣之性情觀》進一步分析程氏的宇宙觀念是"已不再如朱、王等由道德义来说天，而是顺明、清以后，回归秦汉气化宇宙论说天"，延續張載、戴震的主氣一途，這是程氏氣性觀的重要出發點。[③] 王氏文從氣性論的角度論證了程瑶田的思想路數來源。

程瑶田的義理觀具有濃厚實踐色彩，主於讓而存於禮，也有學者從這一角度切入研究。例如鮑國順《程瑶田讓教思想述要》提出程氏提倡讓教在於"非退讓無以明禮"。[④] 如果凡事以理相争，而"理"言人人殊，容易争執不和，戾氣中於人心。李金鴦《程瑶田及其義理思想研究》將程瑶田思想分成實有思想、人性思想、誠意思想三方面進行討論，[⑤]李氏並在《程瑶田禮學研究》一文中論述程瑶田"藉外在輔助條件以辨明禮"、"從禮的文獻記録本身探討"、"虚心求教切磋論學"、"得自個人體驗而成説"等治禮的方法與成果，旨在説明程瑶田重視空間與人文、環境與心理的互動産生的潛移默化，正視習性的影響。[⑥]

前已指出，錢穆認爲程瑶田義理學與戴震、淩廷堪有異而影響焦循。一些研究者繼承並推進了這一思路，以爲程氏思想往前可以追溯到顔元、李塨、二程，往後延續到"以禮代理"。與錢穆向後代尋找程氏思想餘波所及的研究思路相反，楊向奎《讓堂學案》向前追溯程瑶田的宋學來源，着重比較程氏理學理念與宋儒和戴震的異同：程氏述性源於張載而談氣質之性，是性善，與程顥、朱熹以氣質之性爲惡相反。程氏以爲性

---

① 鮑國順：《程瑶田"誠意説"疏釋》，《第一屆國際暨第三屆全國清代學術研討會論文集》，1993 年，收入氏著《清代學術思想論集》，高雄：高雄復文圖書出版社，2002 年，第 97 頁。

② 鮑國順：《程瑶田的心性論》，《中山人文學報》1994 年第 2 期，第 45-46 頁，收入《清代學術思想論集》，第 123-138 頁。今按鮑氏《程瑶田的心性論》一文轉而又以爲程氏《誠意義述》仍是説戴震，與自己之前所撰《程瑶田"誠意説"疏釋》不同。

③ 王俊彦：《程瑶田〈論學小記〉氣之性情觀》，《孔子研究》2016 年第 1 期，第 32-38 頁。

④ 鮑國順：《程瑶田讓教思想述要》，《第二届清代學術研討會論文集》，1991 年，收入《清代學術思想論集》，第 107-122 頁。

⑤ 李金鴦：《程瑶田及其義理思想研究》，高雄師範大學國文系 1997 年碩士論文。

⑥ 李金鴦：《程瑶田禮學研究》，高雄師範大學國文系 2002 年博士論文。

善則情善,與戴震説接近,可見其思想與戴震早期相似。程氏漢宋皆通,雖然義理不如戴而考據有時勝於戴。① 蔡翔任《從心學到禮學》認爲程瑶田、淩廷堪通過“禮”來規範人己之關係,並提出“以讓代理”、“以禮代理”的講法,影響了清代後期的儒者大量考據三禮,企圖以禮經世。② 張壽安《清代徽州義理學的産生及其重要性——一個地理與文化的觀察》繼承錢穆之説,指明程瑶田是戴震義理學説的第一個批評者,其次才是淩廷堪。張壽安又指出,戴、程義理之學,和强調在“敬”字上下功夫的顔元、李塨之學不無關係。③

四 經學研究

對於程瑶田經學的討論,主要涉及古器物、數學、音韻、喪服四個方面,以下依次介紹。

説到程瑶田的古器物學研究,我們要先討論一個在20世纪的流行觀點,就是稱揚程瑶田是“近代考古學先驅”。這一論斷是怎麽來的?它啓源於王國維,成型於郭沫若,至商承祚、顧頡剛承其餘波,影響到20世紀清代學術史的相關研究。但是它産生的時代背景如何?是否符合清代學術史的實際?

王國維1913年有《國朝學術》一文,④稱程氏其學出於戴震,戴氏《考工記圖》猶嫌粗疏,程氏精密過之,能以“懸解之才”解經,可惜承繼無人。1914年的《國學叢刊序》進一步細化上述觀念,將小學獨立於傳統的經學研究之外,小學又分訓詁、名物、文字等,明確指出名物之學的代表當數程瑶田。⑤ 1917年,王國維在《周代金石文韵讀序》中表揚程氏名物學的水準“足以上掩前哲”。⑥ 1923年,署名羅振玉實出王國維的《觀堂集林序》將王氏學術與程瑶田、吴大澂比較:

> 余謂徵君之學,於國朝二百餘年中,最近歙縣程易疇先生及吴愙齋中丞。程君之書,以精識勝,而以目驗輔之。其時古文字、古器物尚未大出,故扃塗雖啓,而

① 楊向奎:《清儒學案新編》第5卷《讓堂學案》,濟南:齊魯書社,1994年,第47-52頁。

② 蔡翔任:《從心學到禮學》,高雄中山大學中文系2009年博士論文。

③ 張壽安:《清代徽州義理學的産生及其重要性——一個地理與文化的觀察》,《湖南大學學報(社會科學版)》2012年第2期,第5-14頁。

④ 王國維著,趙利棟輯校:《東山雜記》卷二《國朝學術》,《王國維學術隨筆》,北京:社會科學文獻出版社,2002年,第103頁。

⑤ 王國維:《二牖軒隨録》卷二《羅振玉國學叢刊序》,《王國維學術隨筆》,第232頁。

⑥ 王國維:《觀堂集林》卷八《周代金石文韵讀序》,北京:中華書局,2006年,第394頁。

運用未宏。吴君之書,全據近出之文字器物以言。其源出於程君,而精博則遜之。徵君具程君之學識,步程君之軌躅,又當文字、古器物大出之世,故其規模大於程君,而精博過於吴君。①

他認爲程瑶田學術的研究特點,在於目驗古文字、古器物來輔助考證,只是取證範圍有限。吴大澂在研究方法上步武程氏,取材又有增廣。同時馬衡《中國金石學概要》也表達了同樣的意思。② 現代學術史、經學史的研究者,應該認識到王國維觀察乾嘉學術的别有懷抱:王國維、羅振玉的時代,正處於傳統學科向現代學術體制轉型時期,王國維突出程瑶田、吴大澂名物之學的小學、史學色彩,而洗脱其經學本位,旨在將舊的乾嘉學統與新的上古史研究對接,從而爲自己的學問找到安身立命的所在。

到1931年,郭沫若《殷周青銅器銘文研究·説戟》就開始推許程氏爲"中國近世考古學之先驅",③其論蓋本於王國維説:

清人程瑶田,中國近世考古學之先驅也,其學即主於就存世古物以追考古制,所得發明者特多。④

他指出程瑶田在當時所見存世古戟僅二十多件,到民國時,出土古戟已不下百件,程氏倘能得見,"其説必且更有進展無疑"。郭沫若於是批評近人仍抱持程氏舊説而不改,無視如此大數量的新發現。⑤ 郭沫若評價程氏爲"考古學先驅"云云,有特殊的時代背景。當時,中國現代意義上的考古發掘剛剛開始不久,還没有形成普遍的學術規範。郭沫若能有這樣的思考角度,已經比仍處於傳統金石學陣營的王國維、介於金石學與現代考古學之間的馬衡進步不少,可以説是具備傳統金石學研究基礎的學者向現代考古學轉型的關鍵環節。

在郭沫若倡言程瑶田是"考古學先驅"之後,同調者不絶如縷。如商承祚《〈桃氏爲劍考〉補正》稱贊程氏《考工創物小記》"據實物立論"。⑥ 顧頡剛在訪談中稱程瑶田

---

① 羅振玉:《觀堂集林序》,《王國維遺書》第1册,上海:上海書店出版社,1983年。

② 馬衡:《凡將齋金石叢稿·中國金石學概要上·分論·歷代銅器》,北京:中華書局,1977年,第57頁。

③ 郭沫若:《説戟》,《殷周青銅器銘文研究》,《中國古文字大系·金文文獻集成》第25册,香港:明石文化國際出版有限公司,2004年,第312-317頁。

④ 郭沫若:《説戟》,《殷周青銅器銘文研究》,《中國古文字大系·金文文獻集成》第25册,第313下b頁。

⑤ 郭沫若:《説戟》,《殷周青銅器銘文研究》,《中國古文字大系·金文文獻集成》第25册,第314上b頁。

⑥ 商承祚:《程瑶田〈桃氏爲劍考〉補正》,《金陵學報》第8卷第1、2期合刊,1938年,第1-3頁;又收入《商承祚文集》,廣州:中山大學出版社,2004,第111-112頁。按商氏此文繼承翁方綱《題程易田説劍圖後》、桂馥《干首非劍説》之説,指出程氏先誤解臘爲璏,又誤解璏爲劍身,並廣引文獻,説明正確形制。

“專講實物以整史料。自此開始了史料學與考古學的新階段”。[①] 姚淦銘《論王國維於程瑶田學術精藴之汲取》沿襲《觀堂集林序》的意見,以为王国维在方法论上受到程氏影响,从而发展出来了二重证据法。[②] 就筆者知見所及,王國維直接引用、接受程瑶田學説之處不多,只能説王氏對程氏學術取向有所認同而已。[③] 錢慧真《〈周禮正義〉所見孫詒讓名物訓詁研究》側重於訓詁學角度,從總體上比較程瑶田和孫詒讓的名物研究,認爲孫詒讓仍然局限於文獻内部互證,程瑶田的取證範圍比孫詒讓要廣闊得多,將方言語源和實物驗證都包括進來。[④] 類似看法的論文爲數不少,[⑤]共同的做法是先引用一些《通藝録》中公認的經説勝義,再據此稱揚程氏治學重目驗、廣搜討的特點,未及論斷程氏經説的得失。

程瑶田的經學研究不采取訓釋某經全書的傳統形式,而僅就若干關鍵論題作深而細的探討。例如早年因爲同門戴震、金榜討論《禹貢》鄭玄注之東南三江所在及來龍去脉問題,程瑶田研究《尚書·禹貢》,而寫成《禹貢三江考》。[⑥] 而程氏經書研究中最爲深粹者,首推《周禮》、《爾雅》名物之學。其《周禮》之學,首先是《考工記》名物制度,其次是《地官·遂人》職中的溝洫疆理制度。[⑦] 程瑶田的研究都引入了不少數學知識。現代學者的後繼討論,又集中在更有限的幾個專題内,而且都注意到了戴震對於

---

① 顧頡剛口述,何啓君整理:《中國史學入門·五 史料學與考古學的結合》,北京:中國青年出版社,1983年,第66頁。按本章訪問時間爲1966年1月12日。

② 姚淦銘:《論王國維于程瑶田學術精藴之汲取》,《争鳴》1992年第3期,第92–95頁。同氏《論王國維對程瑶田學術的承繼》亦持此説,《江淮論壇》1994第6期,第91–95頁。

③ 今按筆者閲讀所及,二人討論問題相近的例證確實有一條,即王氏《殷周制度論》述周人宗法而及喪服,有“喪服有曾祖父母服而無高祖父母服,曾祖父母之服不過齊衰三月,若夫玄孫之生,殆未有及見高祖父母之死者,就令有之,其服亦不過袒免而止,此親親之界也”之語,見《觀堂集林》,北京:中華書局,2006年,第470頁。程瑶田《儀禮喪服文足徵記·喪服親屬窮殺論》有一句非常接近的表述:“夫高祖以上,爲遠孫之所及見者,世所罕聞,即有之,亦爲之袒免而已矣。”程氏説高祖玄孫不制服,爲後代學者反復掊擊,罕見同調。王氏生活時代在程氏之後,《殷周制度論》此處行文稍異,而旨意竟然暗合如此。

④ 錢慧真:《〈周禮正義〉所見孫詒讓名物訓詁研究》,山東大學2009年博士論文,第104–109頁。

⑤ 如吴孟復《博學宏儒程瑶田》,《安徽教育學院學報》1993年第2期,第1–5頁;程觀林《程瑶田的科研課題和治學特點——兼論如何對待徽州文化研究》,《徽州師專學報(哲學社會科學版)》1994年第5期,第100–102頁;莊華峰《程瑶田的漢學成就與治學精神》,《清史研究》2000年第2期,第48–54頁;朱昌榮《程瑶田樸學成就探析》,《南都學壇》2001年第2期,第42–43頁;張敏利《程瑶田考古實物與文獻對照方法及其價值》,《蚌埠學院學報》2013年第2期,第32–34頁。

⑥ 楊向奎:《讀程瑶田的〈禹貢三江考〉》,《中國歷史地理論叢》第4輯,1989年,第67–74頁。以爲程氏致誤原因,在於所據《水經注》校本誤從趙一清説,而未據戴震之正確校文;並支持陳橋驛對三江問題的看法。

⑦ 金景芳:《關於井田制的幾個問題》,《吉林大學社會科學學報》1964年第1期,第33、38頁。金文在給井田下定義時,引用程瑶田《溝洫疆理小記·井田溝洫名義記》的定義,金景芳以爲程氏的定義僅適用于井田法一種形式,而不適用于溝洫法等其他形式。在論述溝洫作用時,不如陳祥道《禮書》説全面。

程瑶田的影響。

戰國時磬折是常用的角度計量單位。如皋鼓鼓木之曲度、耒柄之曲度、溢流堰剖面之折綫角度,皆須用磬折爲角度單位,程瑶田對此有所研究。聞人軍《"磬折"的起源與演變》回顧歷代學者對"磬折"的研究簡史,發現比程氏更早的江永和戴震計算句倨角度的結果有明顯錯誤。[①] 聞人軍也指出,程瑶田能够在江永、戴震的基礎上推算句倨角度爲135°,已經非常接近正確的結果,[②]這個計算結果還可以幫助證明《周禮》和相關文獻中矩、宣、欘、柯、磬折是同一套角度的不同名稱。聞人氏比較考古發掘實物的尺寸,又指出以當時工藝標準,很難制作標準的磬折角,而且實際應用時還要調整,[③]考古發掘並不完全能支持這個標準,程瑶田的研究仍然有其價值。彭林針對學界對清代《考工記》研究,提出清儒根據經書還原出來的模型與考古發掘並不能一一對應。[④] 聞人軍之説早在彭説二十年前就提出,可謂先發其明。只是此文發表在自然科學類學報上,清代經學史、學術史和三禮學的研究者恐怕很少讀到,宜深加留意。戴念祖《中國物理學史大系・力學史》説明程瑶田《考工創物小記》中計算磬的重心的方法是等積同重法。[⑤] 白欣、馮立昇《清代學者對磬重心問題的研究》介紹了清代學者計算《周禮》中磬的重心的學術背景:清代前期,德國鄧玉函《遠西奇器圖説》引入近代力學知識,啓發了當時本土學者對物體重心所在的研究興趣。近代力學原理經梅文鼎而發揚,到程瑶田則應用到經學研究中,開始采用數學方法和文獻訓詁結合的方式來求解磬的重心。因此研究磬的懸挂重心問題,是受到西方近代科學影響而産生的,嚴格而論已不屬於純粹的傳統三禮名物之學。白文分析程瑶田推理的預設前提,用現代科學語言表述爲:"如果一條直綫將一個幾何圖形分爲面積相等的兩部分,則重心必在這條直綫上。"又評價程瑶田的推論不符合力學原理:"力學上,這個結論是不成立的。按力學概念,重心兩邊的力矩必須平衡,而非重量平衡。"[⑥]程瑶田與友人汪萊都試圖各自用純數學方法求解磬重心,計算結果一致而仍與實際有誤差,直到年代較晚的鄒伯奇結合數學與力學計算,才求得正確答案。

另外一個重要問題是戈戟形制。王國維制,羅振玉勘定的《國朝金文著録表》繼

① 聞人軍:《"磬折"的起源與演變》,《杭州大學學報(自然科學版)》1986年第2期,第166-173頁。

② 今按:實際正確角度,由孫詒讓計算出來爲151°52′30″。

③ 今按:譬如磬的毛坯製成後還需要刮磨調音,才能實際應用,而刮磨對於形制是有影響的。

④ 彭林:《論清人的〈考工記〉研究——以〈輪人〉爲例》,《臺灣大學中文學報》第20期,2004年,第239-258頁。

⑤ 戴念祖:《中國物理學史大系・力學史》,長沙:湖南教育出版社,2001年,第124頁。

⑥ 白欣、馮立昇:《清代學者對磬重心問題的研究》,《自然科學史研究》2012年第3期,第303-304、307頁。

承了程瑶田的戈戟分類法。[①] 馬衡《戈戟之研究》又直接繼承程氏考證的古戟形制,説明程瑶田的觀點來自於黄伯思《東觀餘論·銅戈辨》之説,與《周禮》鄭玄注不同。[②] 另外,馬衡也清楚地認識到經説與實物有所區别。並取近代出土實物分析程氏立説之理路,且爲之左證。1931 年從郭沫若《殷周青銅器銘文研究·説戟》開始,試圖改造傳統金石學、古器物學爲現代考古學,不同意馬衡在戈戟之體問題上祖述程氏的做法。[③] 郭沫若結合《考工記》經文、實物銘文、周秦漢戈戟演進史、戈戟功用多個角度,反駁程氏混淆戈戟之説。周緯《中國兵器史稿》引用程氏的《考工記》之古戈復原概念圖,認爲程氏復原圖的主體"符合實際",戈柲部分和裝柄形式皆有可議。[④] 他反駁馬衡之説,以爲馬氏的問題在沿襲程説,將戈戟誤認爲是同一物,又引用有豐富田野經驗的郭寶鈞的意見來反駁屬於傳統金石學陣營的馬衡之説。

程氏《爾雅》學方面,集中在《九穀考》中稷是否爲高粱問題上。段玉裁、馬瑞辰、朱駿聲、王先謙等皆極稱程説;[⑤] 迮鶴壽、陳奂、劉寶楠、胡承珙、汪士鐸、吴汝綸都不以程瑶田説爲然。[⑥] 齊思和《毛詩穀名考》批駁《九穀考》誤説十處,原因在於《毛詩穀名考》已經轉爲史學視角,故多援引後出農業史史料來反駁《九穀考》之説。[⑦] 西嶋定生《中國古代農業的發展歷程》亦援用《九穀考》,並引述其中蜀黍之蜀指代玉蜀黍即稷

---

① 王國維:《國朝金文著録表》卷五,《王國維遺書》第 10 册,上海:上海書店出版社,1983 年。今按程瑶田的分類觀點是,戟的内末有刃,有刺,援偃,有二鋒;戈的内末有刃,無刺,援平,有一鋒。見《程瑶田全集》第 3 册《考工創物小記·與阮梁伯論戈戟形體横直名義書》、《考工創物小記·續録戈戟圖考》,第 134-147 頁。

② 馬衡:《戈戟之研究》,《燕京學報》第 5 期,1929 年,又見馬衡《凡將齋金石叢稿》,北京:中華書局,1977 年,第 121-126 頁。

③ 郭沫若:《説戟》,《殷周青銅器銘文研究》,《中國古文字大系·金文文獻集成》第 25 册,第 312-317 頁。

④ 周緯:《中國兵器史稿》,北京:生活·讀書·新知三聯書店,1957 年,第 64-88 頁。

⑤ 段玉裁:《説文解字注》卷七篇上《禾部》,清嘉慶二十年(1815)經韵樓刻本。馬瑞辰:《毛詩傳箋通釋》卷一六《七月·禾麻菽麥》,清道光十五年(1833)學古堂刻本。朱駿聲:《説文通訓定聲·頤部第五·稷》,清道光二十八(1846)年刻本。王先謙:《詩三家義集疏》卷四"彼黍離離彼稷之苗"疏文,民國虚受堂刻本。

⑥ 迮鶴壽校訂王鳴盛《蛾術編》所下按語,見王鳴盛《蛾術編》卷二五《説字十一》,清道光二十一年(1841)吴江沈氏世楷堂刻本;陳奂:《詩毛氏傳疏》卷六"彼黍離離彼稷之苗"、卷一二"東門之池可以漚麻"、卷二五"彼疏斯粺胡不自替職兄斯引"疏文,清道光二十七年(1847)陳氏掃葉山房刻本;劉寶楠:《釋穀》,清光緒十四年(1888)廣州廣雅書局刻本;胡承珙:《毛詩後箋》卷六"彼黍離離彼稷之苗"箋文,清道光求是堂刻本;汪士鐸:《汪梅村先生集》卷一《穀釋名》,清光緒七年(1881)合肥味古齋刻本;吴汝綸:《桐城吴先生文集》卷四《辨程瑶田〈九穀考〉》,清光緒三十年(1904)吴氏刻本。

⑦ 齊思和:《毛詩穀名考》,《燕京學報》第 36 期,1949 年,第 263-311 頁,又收入《中國史探研》,北京:中華書局,1981 年,第 1-26 頁。

的説法。[①] 由於1990年代考古工作者在山西、遼寧、陝西、河南、江蘇、甘肅等地陸續發掘出炭化高粱,把我國高粱栽培史上推到四千年之前,因此高粱在中國古籍中的定名,成爲當時學者的關注熱點,程瑶田《九穀考》又進入了他們的研究視野。繆啓愉《"粱"是什麽》不同意當時流行的"粱"即高粱説,認可程瑶田的"稷"是高粱説。[②] 張波《讀〈詩〉辨稷》分辨《九穀考》之稷爲高粱的意見,不僅來源於李時珍《本草綱目》的觀點,還可上溯至元人之説,程氏的問題在於預先有了設計,要將當時的九種農作物與鄭玄注的"九穀"(實際只有八種)一一對應,爲了遷就己説,只好專力分辨稷即高粱。[③] 張亮《程瑶田爲什麽説稷是高粱——讀〈九穀考〉筆記》回應繆啓愉文,基本同意程氏《九穀考》之説,以爲稷非粟、非黍,是高粱。張氏重新細緻梳理程氏論證稷爲高粱的思路,對前述齊思和文持保留意見。[④] 丁進《江永〈周禮疑義舉要〉初探》提示程瑶田《九穀考》是闡發江永《周禮疑義舉要》中九穀之説而作。[⑤]

程氏《爾雅》學的另一個成果是運用因聲求義原則而寫成的《果裸轉語記》。關於這一主題,最早的系統研究是殷孟倫《〈果裸轉語記〉疏證》説明程氏此説本於戴震《聲類表》,讀者可以"依戴表以律程論,依程論以張戴表",深刻理解聯綿詞的構造原理。[⑥] 殷孟倫的看法還屬於傳統小學的範疇,此後的研究者,則多以現代語言學、古音學理論來研究《轉語記》。房建昌《程瑶田與〈果裸轉語記〉》概括《轉語記》的主要觀點是衆多的"果臝"之音爲"肖物形而命之,非一物之專名",又認爲許慎六書説所謂"轉注"即程氏所謂"轉語"。[⑦] 林開甲《讀〈果裸轉語記〉》指出"轉語"當追溯至揚雄《方言》,指由於時代和地域變化發生了語音變化的詞,語音雖變而意義未變。[⑧] 林文歸納《轉語記》的理論爲"聲隨形命,字依聲立",形成了聲近義通的一系列同源詞;並歸納出程瑶田的研究方法是從戴震《轉語二十章序》提出的同位正轉和位同變轉的聲轉原則出發,因聲求義。林開甲據此歸納出程氏對同源詞形式的看法:詞形態有變而語音接近;詞的形態和語音都有變化而只能發現詞義關聯。最後林氏總結了程氏轉語説的貢獻:

---

① 西嶋定生著,董愷忱譯:《中國古代農業的發展歷程》,《農業考古》1981年第1期,第15頁。譯自西嶋定生《中國古代農業の展開過程》,《中國經濟史研究》,東京大學出版會,1966年。

② 繆啓愉:《"粱"是什麽》,《農業考古》1981年第2期,第292頁。

③ 張波:《讀〈詩〉辨稷》,《西北農林科技大學學報(自然科學版)》1984年第3期,第70-72頁。

④ 張亮:《程瑶田爲什麽説稷是高粱——讀〈九穀考〉筆記》,《農業考古》1993年第3期,第190-196頁。

⑤ 丁進:《江永〈周禮疑義舉要〉初探》,《安徽農業大學學報》2013年第1期,第81頁。

⑥ 殷孟倫:《〈果裸轉語記〉疏證》,《四川大學集刊》,1943年。其序即《〈果裸轉語記疏證〉叙説》,刊於《學原》第2卷第9期,1949年,後收入氏著《子雲鄉人類稿》,濟南:齊魯書社,1985年,第264-271頁。

⑦ 房建昌:《程瑶田與〈果裸轉語記〉》,《江淮論壇》1983年第5期,第63-66、101頁。

⑧ 林開甲:《讀〈果裸轉語記〉》,《渭南師專學報》1990年第2期,第15-17頁。

嘗試建立同源詞族,揭示了詞的語音形式和意義是在分化孳衍過程中形成的特定聯繫。林開甲認爲,程氏缺乏語言發展歷時性的認識,將所有語料放在共時性的平面上觀察,程瑶田的認識顯然不符合歷史語言學規律。

程瑶田經學的最後一個方面,是喪服與宗法制度之學,主要成果有《儀禮喪服文足徵記》和《宗法小記》,可以説是程氏晚年在禮學方面獨立門户、别構堂牖之作。

倉石武四郎1937年作《儀禮疏考正》,"妾爲女君之服得與女君同爲長子亦三年"一條下,先引用盛世佐説,以爲當作"妾爲君之黨服";其次引用程氏《足徵記》中《喪服經傳考定原本》"妾爲女君君之長子"條,直指單疏本此處爲訛文;再次引《十三經注疏校勘記》,説明此處疏文因《喪服小記》注"妾爲女君之黨服"而誤。[①] 郭明昆《〈儀禮〉喪服考》解釋降服概念時引用了《足徵記》中《降服説》。[②] 同氏《〈喪服〉經傳考》探討傳文是否傳達經文之意,在討論報服問題時,引用了《足徵記》之《喪服報例皆報其所施説》。報服下面尚有"唯子不報"一條公案,郭氏引據《不杖麻屨章大夫之子條經傳義述》爲説,認爲"不見報文"、"不得云報"、"言不報"這三種説法很容易混淆,程文所犯錯誤正在此處。他認爲程説雖然能精確地傳達傳文思想,但是很顯然經文和傳文在這裏是有矛盾的。這樣,《足徵記》經傳皆完整無缺的立場,無形中初步受到了挑戰。[③] 張秀玲《程瑶田〈儀禮喪服文足徵記〉研究》以具體問題爲綱目,分别條列程氏立説和批駁鄭説處,[④]不足在於所引以胡培翬《儀禮正義》引用爲限,未及其他清代學者,範圍似嫌較小;而且胡培翬《正義》對程氏喪服説多引用而少批判,真正有價值的意見反而並不在《正義》中。馮茜《論程瑶田的喪服學》認爲程瑶田爲了要維護他歸納出來條例的和諧,又不像段玉裁一樣勇於改字,不敢改動經文和傳文,於是只好認爲鄭注有誤,要在鄭注之外找新的解釋框架。[⑤] 這一看法呼應了楊向奎《清儒學案新編》點到過的類似觀點。[⑥] 馮文更試圖解釋歷史現象背後的原因,指出程説在清中葉之後屢遭後代學人批評,很可能由於《足徵記》囿於對經文的字面理解,和現實禮義偏差太大。金玲

---

① 倉石武四郎:《儀禮疏考正》,《東洋學文獻センター丛刊》第32輯,汲古書院,1979年,第391頁。所據底本爲清汪士鍾藝芸書舍影刻北宋景祐《儀禮》單疏本,見上書倉石氏跋文,第586頁。

② 郭明昆:《儀禮喪服考》,李寅生译自郭著《中國の家族制度び及言語の研究》(東方學會,1952年,第1-36頁),《日據時期臺灣儒學參考文獻》,臺北:學生書局,2000,第395-432頁。

③ 郭明昆:《〈喪服〉經傳考》,金培懿譯自《中國の家族制度び及言語の研究》(第37-79頁),《日據時期臺灣儒學參考文獻》,第433-482頁。

④ 張秀玲:《程瑶田〈儀禮喪服文足徵記〉研究》,臺灣大學中國文學研究所2005年碩士論文。

⑤ 馮茜:《論程瑶田的喪服學》,《儒家典籍與思想研究》第4輯,北京:北京大學出版社,2012年,第141-158頁。

⑥ 參見楊向奎等《清儒學案新編》第5卷《讓堂學案》(第52頁):"尋章摘句,字字不休,有時未免穿鑿而自陷于矛盾。"

《程瑶田〈儀禮喪服文足徵記再研究〉——以服叙問題爲中心》歸納《足徵記》中的喪服學説,並且整理後代學者中對程瑶田的批評意見。[①] 金文認爲,程瑶田雖然聲稱自己尊重鄭玄之學,實際推導出來的喪服學説結論,或者與常識相違背,或者不遵從鄭玄所傳師法。而乾嘉以後,禮學界尊崇鄭説成爲一種流行口號,在這種學術大背景下,後代禮學家們對程瑶田的學説議論洶洶,理固宜然。

關於《宗法小記》的研究,楊向奎《讓堂學案》歸納程氏宗法觀:宗法者爲以兄統弟,宗法不通於天子諸侯;又以程氏説庶姓不改姓而改氏及小宗易姓之説非是。[②] 細揆程説,只是表述比較含混,實際意思和楊向奎贊同的觀點是一樣的,楊氏居然指以爲非,可見程氏行文太過晦澀,不易索解。羅檢秋《社會變遷與清代漢學家的宗族觀念》也注意到了程瑶田的這個宗法觀念,將它納入清代經學家對宗族的社會功能的認識的思想譜系之中,羅氏認爲這是乾嘉之世,社會思潮轉向重視秩序的體現。[③]

這一主題的研究,開始從經學角度釐清了程瑶田喪服學的主要觀點、分析思路、後代學者的回應。未來還需要與其他清儒的喪服學、宗法學著作比較,才能進一步評價其學術史價值。

五 結論

綜上所述,程瑶田研究其實代有其人,並不寂寞。20 世紀上半期,大家的關注點主要在其名物學和博物學方面;經過 20 世紀 60 年代和 70 年代的沉寂之後,80 年代開始,程瑶田又因爲其《周禮》學成就,成爲中國先秦史的重要參考;90 年代初期,臺灣學者集中探討程氏義理之學,綜論程氏學術史價值的論文也開始出現;進入 21 世紀後,由於《程瑶田全集》問世,大家的研究有了閲讀之便,逐漸深化和細化,平均每年至少有兩篇期刊論文,主題也進一步擴充到程氏生平、交游、儀禮學、藝術等各個方面。

目前程氏專人研究中,年譜較完備,其交游考、著述考尚待補充。程氏思想研究,論者思路主要還是在錢穆劃下的框架内深入挖掘。其經學研究數量較豐。《周禮》學是程氏禮學的精華所在,已有研究大多立足於中國古代科技史視角,而非經學本位,因此亟需一個經學視角的總括性研究。其《儀禮》學主要在《儀禮喪服文足徵記》,别成一家之言,清儒多有攻駁,近人著作逐漸稀少,甚至很難反駁或發揮程説,已經有一篇

---

① 金玲:《程瑶田〈儀禮喪服文足徵記〉再研究——以服叙問題爲中心》,北京大學 2014 年博士論文。

② 楊向奎:《清儒學案新編》第 5 卷《讓堂學案》,第 62-66 頁。

③ 羅檢秋:《社會變遷與清代漢學家的宗族觀念》,《河北學刊》2017 年第 4 期,第 43 頁。

綜合性研究,但需要放在更廣闊的學術史譜系中衡論。程瑶田的《爾雅》之學主要集中在《九穀考》和《果裸轉語記》兩個專題。金石學研究論者不少,但是牽扯王國維"二重證據法"爲説,殊不知王氏"二重證據法"别有含義,[①]且中國金石學與現代考古學源自兩個差异極大的學術傳統,需要慎重討論。

總之,傳統的學案體研究過於簡陋,有待重新開墾。程瑶田涉獵的學術領域既多且廣,個别研究專題還挖掘得非常深而且細,遠遠超過了現階段單獨一位研究者能够擁有的學力。今後不妨將程氏學術具有獨立性的幾個方向分開,由相關專業研究者分别探索,能够兼顧廣度與深度,從而對程瑶田學術做出全面評價。

作者簡介:

金玲,女,1983年生,浙江義烏人,北京大學文學博士,浙江大學人文學院古籍所博士後,近年代表作有《程瑶田〈儀禮喪服文足徵記〉再研究——以服叙問題爲中心》(中山大學出版社2016年版)、《清代徽州經學家互動的微觀圖景——以程瑶田禮學交游爲中心》(《學術界》2016年第8期)、《説"報服"》(《浙江社會科學》2016年第4期)等。

① 參李鋭《"二重證據法"的界定及規則探析》,《歷史研究》2012年第4期,第116-133頁。

論錢穆先生《詩經》學研究

楊兆貴

内容摘要　錢穆先生雖然有不少研究經學的論著,但發表有關《詩經》的論文少之又少,嚴格來説,專門論文只有《讀詩經》。他强調周公與《詩經》的關係、《詩經》的政治功能。他對《詩經》一些看法受到鄭玄、孔穎達、顧炎武的影響。他對《詩序》的看法前後時期有所不同。他稱贊朱子不信《詩序》,也稱贊朱子從文學家讀法來讀《詩經》,發明己意,推崇《詩集傳》是《詩經》最好的注本。他對清儒研究《詩經》的看法,仍然堅持文學研究法是最佳的。他稱贊姚際恒以文學法來研究,强調性靈的重要。他批評乾嘉清儒只以經學(訓詁考據)治《詩》,自立門户,民國以來的白話詩表現技巧欠佳,思想内容狹窄。

關 鍵 詞　錢穆　《詩經》　周公　朱子　姚際恒

《詩經》是王官學著作,也是文學總集。宋儒指出《國風》多出自里巷歌謡。民初以來,學界主流認爲《詩經》是民歌。錢穆先生(1895–1990)則主張《詩經》是經學與文學兼具的著作,强調《詩經》"四始"與周公制禮作樂有密切關係。他對朱子(1130–1200)提出不相信大小序、以文學法讀《詩》等看法深表贊賞,對清儒姚際恒(1647–1715)及乾嘉學者腐心故紙堆、只重訓詁考據而逃避人生深致不滿。雖然錢先生不是《詩經》學專家,但他對《詩經》的看法值得我們研究。下文就他論《詩經》、朱子《詩經》學、姚氏《讀詩通論》的看法依次論述。

一　錢穆《讀詩經》

錢穆先生1960年在《新亞學報》發表《讀詩經》。他當時六十六歲。這是他一生中發表有關《詩經》的唯一的三萬多字的長文。該文從十七個方面論述了《詩經》不同問題,可説是錢先生六十多歲時對《詩經》的一個總結性研究成果,也可説是他學術生命第三期對《詩經》的一總體看法。[①] 下文先簡介此十七個方面的内容。

(一)簡介《讀詩經》内容

(1)經學與文學。錢穆先生認爲應以經學與文學兩種眼光來研究《詩經》。如果《詩經》是古代王官學,那麼它與周公制禮作樂有關,與周初重大政治舉措有關,且應創自周公。

(2)詩之起源。錢穆先生贊成鄭玄(127-200)、孔穎達(574-648)先有樂、歌而後有文字、詩歌的看法,但不贊成詩起於堯舜之際,而認爲應起於西周。

(3)風雅頌。錢穆先生認爲先有詩,然後有風雅頌三體。他從字義論證風雅頌相通:雅乃西方周人土音,周人得天下,此地雅音就成爲國家語言,如後世的京音、官話。頌亦雅,因周人以雅音歌清廟之詩;雅亦頌,如《文王》之什歌頌文王之盛德。風指語言聲音,亦指各地方言方音。雅乃西方方音,所以風雅連文。風雅頌三字相通。《詩》分三體,是由於詩之用、場合不同:頌用於宗廟,雅用之朝廷,二南用之鄉樂。錢穆先生贊成孔穎達"風雅頌者皆是施政之名"、"風雅之詩,緣政而作"之説。

(4)四始。現存《詩經》編制次序是風、小雅、大雅、頌。錢穆先生認爲從《詩》的制作言,其次序恰恰相反。四始的次序當是《清廟》爲頌始,《文王》爲大雅之始,《鹿鳴》爲小雅之始,《關雎》爲風之始。他引漢儒王褒、蔡邕、伏生之論,肯定《清廟》乃周公所作。他推論頌只用於宗廟,"宗廟祭祀,限於體制,辭不能盡",[②]不能淋漓盡致地歌頌文王之德,因此,他贊成漢儒翼奉、劉向(約前79-前6)等《文王》爲周公所作之説。《鹿鳴》爲周公或周公命當時善詩者所寫,因《鹿鳴》之什皆因事命篇,周公以禮治天下,凡事必爲之制禮作樂弦歌。而《鹿鳴》之什所記乃常禮,又最盛大,因此,凡此諸詩,以《鹿鳴》爲首。又婚姻乃人生大事,此事又通乎貴賤上下,因此,周公制婚禮,《關雎》爲風之始,"則所以正閨房之内,立人道之大倫也。周公之所以治天下,其道可謂畢具於是矣"。[③] 四始都與文王之德有關。

(5)生民之什。周公奉后稷爲周人人文始祖,而非原始祖,因爲后稷教民稼穡,使民得粒食,所以后稷之德可克配天地。

(6)豳詩七月。《金縢》"周公居東二年"所云之"居東"當指居豳,地在今之晉南。

---

① 錢穆:《讀詩經》,《中國學術思想史論叢(一)》,臺北:東大圖書有限公司,1976年,第99-151頁。又,德國學者蘇費翔(Christian Soffel)把錢穆學術發展分爲三期:錢先生1930年以前任國小、國中教師爲一期,1930年後在北京各大學任教爲第二期,抗戰後爲第三期。見蘇費翔《錢穆的詩經研究初探》,《勵耘學刊》2008年第1期,第69頁。

② 錢穆:《讀詩經》,《中國學術思想史論叢(一)》,第106頁。

③ 錢穆:《讀詩經》,《中國學術思想史論叢(一)》,第109頁。

《豳詩》之《七月》、《鴟鴞》、《東山》等篇都是周公所寫。孔《疏》解釋《豳詩》列於風之末、小雅之前的原因，是因周公德高，放在風之末，以表示與諸侯不倫；放在小雅之前，表示其文體近於雅。錢穆先生反駁孔説，認爲《豳詩》記周公私事，與記王政的雅頌體裁不同；且《詩經》初興，只有頌雅南豳，尚未有國風之目；頌雅南豳出於周公之手，故附《豳》於頌雅南之後。後來風雅頌褎然成帙，《豳詩》常存七篇，不能另爲一編，故置於風後雅前。

(7)詩之正變。詩之正變，"乃指詩之産生及其編製之年代先後言。凡西周成康以前之詩皆正，其時則有美無刺；厲宣以下繼起之詩皆謂之變，其時則刺多於美云爾"。[①] 不僅詩的産生先後有美刺，而且説詩者亦然：其先説此詩爲頌美，其後繼説者則説是諷刺。如周初説《鹿鳴》爲美詩，東周則説是刺詩。

(8)詩三百完成之三時期。第一時期西周初年(至於成王之末)，亦稱雅頌期。詩大體創自周公，當時有風雅頌三體，但風僅二南。第二時期厲宣幽，亦稱變雅時期。詩本主頌，此時兼美刺；豳詩本附於南雅頌之末，此期改置二南而稱爲變風。第三時期始自平王東遷，諸侯有詩，亦稱國風時期、變風時期，此時無雅頌，風詩亦變，商頌魯頌也是列國之詩風之變而已。厲宣幽之世的卿大夫詩人所寫的詩仍統於王朝，因此稱爲變雅。自東遷之後，即使有王朝詩人作詩，但分散在列國，不再統於王朝，因此王國之詩也稱之變風。

(9)詩亡而後春秋作。孟子説："王者之迹熄而《詩》亡，《詩》亡然後《春秋》作。"(《孟子·離婁下》)周公創制雅頌，則所謂"詩亡"指雅頌已亡。春秋之世，王政不下逮諸侯，雖有王朝之詩，與諸侯無異，亦謂之變風；若王政尚存，政逮諸侯，則雅頌猶在，孔子就不能作《春秋》而自居王者之事。《春秋》王者之事，正遠承西周雅頌。

(10)采詩與删詩。采詩之説不可信：周初未有諸國之風，則王朝没有采詩之官。厲宣幽之世，雖有變風，當指二南與豳風，仍未有諸國之風，故無采詩之官。東遷以後，王政不行，當無設置采詩之官之理。錢穆贊成崔述(1740–1816)的看法，認爲孔子删詩之説不可信，因古昔風尚簡質，作者不多，又以竹簡書寫，流傳不廣，孔子不會删三千首而爲三百首。《詩經》應由春秋太師樂官在季札觀樂(襄公二十九年，前544)前編定。

(11)魯頌商頌及十二國風。錢先生指出魯、商有頌無風之故，並解釋十五國風次序。

(12)詩序。錢穆先生對詩序的態度是："四家説詩，已各不同，毛氏一家之序，豈

---

① 錢穆：《讀詩經》，《中國學術思想史論叢(一)》，第120頁。

可盡信,然亦有不可盡棄不信者。蓋詩必出於有關係而作,此大體可信者。惟年遠代湮,每一詩必求其關係之云何,則難免於盡信。"①朱子《詩集傳》一意擺脱毛序,未必符合情實,馬端臨(1254-1323)即加以反駁。《詩經》乃貴族階層所寫,被目爲王官之學。

(13)孔門之詩教。孔子論詩,已因時而變,不再主張恢復周公制作雅頌使用之真實意想。他强調教育、對於私人道德心性的修養,比政治實際使用更重要。《詩經》在孔門成爲教育工具,而非政治工具。説《詩經》是一文學總集,是後世觀念。

(14)賦比興。錢穆先生認爲《周官》"六詩"、《毛傳》"六義"説,徒滋後儒聚訟,當贊成孔穎達的説法:"風雅頌者,詩篇之異體;賦比興者,詩文之異辭。""六義次第如此者,以詩之四始,以風爲先,風之所用,以賦比興爲之辭。故於風之下即次賦比興,然後次以雅頌。"雅頌爲周初史詩,以賦爲主。比興爲中國文學表現之妙用,無論韻文、散文,若善用比興,其作品即上乘之作品。比興、托物、起物爲萬物一體、天人相應的端倪。

(15)淫奔詩與民間詩。錢穆先生認爲朱子國風男女淫奔之説不可信,皮錫瑞(1850-1908)辨之允愜。十二國風作者其最低階層爲士,非平民或民間。

(16)中國文學史上之雅俗問題。所謂雅俗即國語與方言關係,大凡文學價值較高的作品大都把方言雅化,改鑄文辭。詩歌經雅化後,大都平易明白,流傳後世。"語言附着於土俗,文字方臻於大雅。文學作品,則必仗雅化之文字爲媒介、爲工具,斷無即憑語言可以直接成爲文學之事。"②

(17)中國文學上之原始特點。錢先生指出中國文學的特點,即"必與當時之政治教化有關聯","必以有關人群、有關政教、有關實際應用與事效者爲主","一切興起,皆與民生實用有關。"不僅文學如此,藝術、哲學也復如此。③

以上概述了《讀詩經》十七個方面的内容。以下簡論淺見。

(二)評論

自錢先生此文發表迄今,學者討論的不多。晚近才有學者提出不同看法。劉夢芙先生《錢穆先生詩學綜論》稱譽此文運用文字訓詁、史學考證法,參考衆説,辨析入微,提出系統性的獨到見解。④ 林慶彰先生《錢穆先生的經學》、蘇費翔教授《錢穆的詩經研究初探》兩文對《讀詩經》的一些論據、論證、方法提出批評。林先生認爲《讀詩經》把周之遠祖不始於后稷一事看得太嚴重。這事本來是神話,而錢先生把它當作史實。

① 錢穆:《讀詩經》,《中國學術思想史論叢(一)》,第134頁。
② 錢穆:《讀詩經》,《中國學術思想史論叢(一)》,第148頁。
③ 錢穆:《讀詩經》,《中國學術思想史論叢(一)》,第150頁。
④ 劉夢芙:《錢穆先生詩學綜論》,《孔子研究》2006年第4期。

錢先生説西周采詩不可信,也有點把此問題看重,因爲采詩之官春秋戰國時才成立。把《二南》看成是周初作品並不正確,因爲《二南》討論人的問題。人文問題到東周才萌芽。錢先生深受鄭玄影響。[①] 另,林先生把《周初地理考》也當作錢先生《詩經》研究的一成果。蘇教授對錢先生此文的批評比較多:如批評錢穆没有給"文學"、"詩"、"遠祖"明確定義,太過相信鄭玄《詩譜序》有關詩起源的説法,太抬高周公的地位,擴大周公的著作範圍,提高周公的重要性,根據寥寥無幾的材料來建構可靠的理論學説,肯定傳説材料等。[②]

趙制陽先生肯定此文"有心衛道,頗有振興儒學、光大中華文化的使命感。竭力維護古文學派的傳統解説"。[③] 他從多方面批評此文立論:(1)周公與《詩經》的關係。據《毛詩》所説,《詩經》只有《清廟》、《七月》、《鴟鴞》三首是周公所寫,而非錢穆所説十幾首。錢説雅、頌、二南是周公所作,失之主觀。(2)錢穆相信《國風》是民歌,目的是打壓民歌説,貫徹《詩經》由周公創制、當作政治工具的主張。錢穆相信《詩序》説,但《詩序》不顧詩文本義,前人早已指證。(3)學者對孟子"《詩》亡然後《春秋》作"説的内涵多所質疑,且孟子把《詩》與《春秋》看成相同性質的書,扭曲《詩經》的含義。錢穆把《詩》與《春秋》視爲前後相承的作品,導致十二國風有無存在價值的問題。(4)錢穆所説的雅俗問題,以楚越不同語言爲雅俗,把雅俗命意搞模糊。錢穆以文言爲雅,白話爲俗,此説不當。(5)錢穆談中國文學史上的兩大原始特點,必須在我們民族有而其他民族無的前提下才成立。趙先生總結此文自設前提、自做結論:《詩經》創制於周公,它徹頭徹尾是貴族作品,是王官學。《國風》不是民歌。[④]

以上是學者的看法。筆者由於對《詩經》造詣尚淺,僅從以下幾方面來評論此文。

首先,錢先生本文論及《詩經》學一些重要問題,如《詩經》風、雅、頌分體問題,四始與周公的關係,《詩經》的美刺正變,《詩經》完成時期,賦比興内涵,雅俗問題等。

其次,錢先生頗强調周公對西周初期《詩經》創作、編制(尤指四始、豳風)所起的重要作用。他認爲四始基本上是周公創作,目的在歌頌文王之德,宣揚周德;周公是編、制《詩經》的作者之一。文中多處稱贊周公制禮作樂,以禮治天下,凡事必制禮作樂弦歌。可見周公制作《詩經》對禮樂文教功能所作的貢獻。錢先生如此强調周公與《詩經》的關係,與他一直强調周公對《詩》、《書》的作用、對中國文化所做的貢獻

① 林慶彰:《錢穆先生的經學》,《漢學研究集刊》創刊號,2005年12月,第72–82頁。

② 蘇費翔:《錢穆的詩經研究初探》,《漢學研究集刊》創刊號,2005年12月,第101、102、104、105、107、108頁。

③ 趙制陽:《詩經名著評介》,臺北:萬卷樓,1999年,第291、319頁。

④ 趙制陽:《詩經名著評介》,第293–319頁。

有關。

錢先生1926年譯林泰輔(1854-1922)《周公與其時代》,1931年出版《周公》。他在該書裏認爲漢以前以爲周公所著的《詩》有:《鴟鴞》(屬豳風)、《文王》(屬大雅)、《清廟》、《時邁》、《思文》、《武》、《酌》(以上五篇屬周頌)。可認爲周公作的有:《維天之命》、《維清》、《賚》、《般》、《桓》(以上五篇亦屬周頌)。他稱贊周公的文風,《鴟鴞》懇到剴切,《文王》雄大嚴正,《頌》詩莊重簡練,"均鬱勃有興國之氣象"。[①] 他發表《讀詩經》時基本上繼承這一看法,並指出豳風《七月》、《東山》爲周公所作。二十幾年後,他1954年在《東方學報》(該年第1卷第1期)發表《孔子與春秋》,認爲周公制禮作樂,就傳後之著述言,主要在《詩經》,因爲《詩經》有禮樂意義、歷史價值。王官《六藝》最主要的應爲《詩》、《書》。而《詩》的禮樂意義、歷史價值比《尚書》高。[②] 1958年10月他在《中國學術論文集》第1輯發表《周公與中國文化》,更全面闡述周公對中國文化的貢獻、影響等。[③]

可見,錢先生一直稱頌周公對以《詩》、《書》爲代表的中國文化所做的重要貢獻。蘇費翔認爲錢先生如此稱贊周公是有目的的,是"渲染周公創造《詩》的地位"、"明顯想增加周公的重要性"、"加强其(錢穆)自己的儒家傳統社會藍圖,周公建立的西周理想社會乃爲其遠祖之一,因此值得特別發揮他的功勞"、身處四五十年代爲提高中國文化價值、平衡中西文化而闡揚周公及傳統文化。[④] 蘇氏此説應有道理。錢先生鑑於當時内地對傳統文化的衝擊,更有意提高周公的作用、貢獻,是有爲而作的。

除了注意錢穆先生寫《讀詩經》的時代背景外,也應注意錢先生與清末民國一些學者意見的關連。錢先生做學問,特別針對清末民初一些學風、學者(如胡適、顧頡剛、傅斯年等)的見解而發。胡適(1891-1962)認爲《詩經》不是經典,而是古代歌謡總集。[⑤] 他重視《詩經》的文學價值,而忽視《詩經》作爲傳統經典的價值,更忽視了《詩經》曾是王官學、且在周初與周公治平天下有密切關係的事實。顧頡剛(1893-1980)則重視《詩經》的歷史價值,並强調它的文學性,而忽視它的道理倫理。他主張風、雅、頌的區别應從音樂着眼,《詩經》裏有些是歌謡,有些是樂歌。[⑥] 錢先生常常批評胡、顧的學術觀點,他提出《詩經》是貴族作品而非民間創作,强調結合經學、文學來

① 錢穆:《周公》,《錢賓四先生全集》第26册,臺北:聯經出版事業股份有限公司,1998年,第106-115頁。

② 錢穆:《孔子與春秋》,《錢賓四先生全集》第8册,第278頁。

③ 《周公與中國文化》收在《中國學術思想史論叢(一)》。

④ 蘇費翔:《錢穆的詩經研究初探》,臺北:聯經出版事業股份有限公司,1998年,第75、83-84頁。

⑤ 胡適:《談談〈詩經〉》,《胡適全集》第4册,合肥:安徽教育出版社,2003年,第603頁。

⑥ 章原:《古史辨〈詩經〉學研究》,復旦大學2004年博士論文,第64-66、83頁。

研究《詩經》,顯然是有的放矢的。

另外,《讀詩經》從政治角度强調政治對詩歌創作的作用,如認爲風、雅、頌三者的分體,"當分於其詩之用。蓋詩既爲王官所掌,爲當時治天下之具,則詩必有用,義居可見。頌者,用之宗廟。雅則用之朝廷。二南則鄉人用之爲鄉樂"。所謂政治作用,也與周公治理天下有關:"言詩者當先求其用,而後詩三百之所以爲古代王官之學,與其所以爲周公治天下之具者,其義始顯。""西周之有詩,乃西周一代治平之具、政教之典。"①錢先生論及周公,則强調《詩經》的政治作用;言及孔子,則認爲孔子與《詩經》的關係較疏,孔門詩教强調教育重於政治,道德修養甚於政治運用。②

其三,《讀詩經》提出的一些看法,有其理論淵源。錢先生有些看法繼承鄭玄或孔穎達的,有些則否。以下舉幾例説明。

鄭玄《詩譜序》説周文武時的《詩》,已有二南、雅,至成王、周公才有頌:"文、武之德……其時《詩》,風有《周南》、《召南》,雅有《鹿鳴》、《文王》之屬。及成王,周公致太平,制禮作樂,而有頌聲興焉",③先有二南、《鹿鳴》、《文王》,然後才有頌。錢先生基本上贊成周初《詩》有二南、雅、頌四始,但他認爲它們産生的次序是"必先頌、次大雅、次小雅、又次二南,而以豳詩七篇附其後"。④ 他明確指出《清廟》、《文王》是周公營洛邑時所制(按即《尚書大傳》所説周公攝政,五年營成周),"豈有《小雅·鹿鳴》諸詩獨遠起文武之際之理? 然則《鹿鳴》之作應在大雅與頌之後,又自可知"。⑤ 他在"四始"

① 以上引文見《中國學術思想史論叢(一)》,第103-104、119頁。

② 《中國學術思想史論叢(一)》,第136-137頁。錢穆認爲,周公與《詩經》的關係,比孔子與《詩經》的關係更密切。他1926年夏至1928年春寫成《國學概論》,認爲孔子與六經的關係甚少,認爲要了解孔子的思想不必了解《詩經》及其他經書。原因是:一、《詩》是王官學,非孔子思想的載籍。二、從版本、書本演變看,秦皇焚書,《詩》、《書》亦在禁止、焚燒之列,今傳《詩經》不是孔子所誦説的版本。這種看法,可能受到古史辨學派影響。有些古史辨學者主張孔子與《詩經》没關係,但顧頡剛則認爲有關係。(章原:《古史辨〈詩經〉學研究》,第99-102頁)錢先生1974-1975年講授《經學大要》,仍主張孔子與六經(包括《詩經》)的關係較少的一貫看法,這可説是他一生的論調。事實上,若今傳《詩經》出自秦火,其版本可能與孔子時所見不同,但先秦書籍多經口耳相傳,到漢代才書於簡帛。漢初《詩經》有四家版本——毛詩、韓詩、魯詩、齊詩,它們未必受秦火影響。錢先生也曾指出:"儒門《詩》、《書》既經孔子修訂,亦必與官史舊本有出入也。"(《兩漢博士家法考》,《錢賓四先生全集》第8册,第191頁)則版本之説值得商榷。又,孔子與《詩經》的關係應很密切:一、孔子以《詩》爲教,則孔子必然通過教授《詩經》而寓以義理,門弟子及後學繼承發展,使這些義理成爲孔門、儒家學説的部分内容;二、上博簡《詩論》反映孔子的《詩》學,可見孔子對《詩》有深刻了解。另,錢先生從王官學、諸子百家兩學術系統來論述秦、漢《詩》學發展,從今學、古學的角度來闡述漢代《詩經》學由漢初到東漢的發展情形。有關錢穆對孔子與《詩經》關係的看法、《詩》學在秦漢的發展情況,詳氏著《國學概論》、《秦漢史》、《孔子與春秋》、《兩漢博士家法考》、《劉向歆父子年譜》、《經學大要》等。

③ 孔穎達:《毛詩正義·目録》,北京:北京大學出版社,1999年,第6頁。

④ 錢穆:《中國學術思想史論叢(一)》,第116頁。

⑤ 錢穆:《中國學術思想史論叢(一)》,第108頁。

一節詳論此見,大意周人得天下,歸之以天命與文德,文王膺天命文德。周公制《清廟》詩,使天下諸侯來祀文王的都會深感默喻。唯宗廟歌咏不能曲盡其辭,因此,周公繼制《文王》之什,以宣文德。周公制禮作樂,凡事必爲之弦歌,因此制《鹿鳴》等篇以通君臣上下、諸侯之間的情好。婚姻爲人道之大倫,周公因而制《關雎》。這樣,《鹿鳴》寫成時間當比《清廟》、《文王》晚。

鄭玄指出《詩經》自懿王、夷王起就出現變風變雅,厲、幽之時有了刺怨:"厲也幽也,政教尤衰……衆國紛然,刺怨相尋。"因此,"孔子録懿王、夷王時詩,訖於陳靈公淫亂之事,謂之變風變雅"。孔穎達指出在懿、夷兩王時已出現變風,且"變風之作,齊、衛爲先"。又説:"變風齊、邶爲先,陳最在後。"①錢先生對變風變雅的看法基本上與鄭、孔相同,但認爲變雅時期當在厲、宣、幽之時,而不始於懿、夷之際。他認爲厲、宣時期的變風,乃指豳風言。因豳風在周初附於二南雅頌之後,"至是乃改隸於二南而目爲變風焉"。因這時期是變雅時期,因此也可稱爲變風時期。②

錢穆先生論十五國次序,基本上繼承孔穎達的看法,並加以歸類。孔氏指出十五國風次序先後的標準應是"跡其先封善否,參其詩之美惡,驗其時政得失,詳其國之大小,斟酌所宜,以爲其次"。③ 對《王風》次於《衛風》之後的原因,孔氏説:"周則平王東遷,政遂微弱,化之所被,才及郊畿,詩作後於衛頃,國地狹於千里,徒以天命未改,王爵仍存,不可過於後諸侯,故使次於衛也。"④錢先生把這段話概括爲:"以王次衛,則以周之東遷,政教雖微,要之乃西周正統所垂也。"⑤錢先生有些看法與孔氏不同,如説《陳風》次序,孔氏説:"陳以三恪之尊,食侯爵之地,但以民多淫昏,國無令主,故使之次《秦》也。"錢先生的説法則側重文化民俗:"陳在南方,其民信巫鬼,好户外歌舞,多咏男女之事;與二南地望、分繫淮漢,以較河域諸夏,其風俗自爲相近。"⑥

錢穆先生認爲采詩説、孔子删詩説不可信,並贊成崔述(1740-1816)《考信録》孔子無删詩説。方玉潤(1811-1883)《詩經原始》曾反駁孔子删詩説,爲後世學者接受。其後胡適、古史辨學者也反對孔子删詩説,顧頡剛則懷疑采詩説。⑦ 錢先生應也接受他們的看法。

其四,錢穆先生對《詩序》的一些看法並非一成不變。他三十歲左右在《國學概

---

① 孔穎達:《毛詩正義・目録》,第 7-8 頁。
② 錢穆:《中國學術思想史論叢(一)》,第 122 頁。
③ 孔穎達:《毛詩正義》,第 3 頁。
④ 孔穎達:《毛詩正義》,第 3 頁。
⑤ 錢穆:《中國學術思想史論叢(一)》,第 131 頁。
⑥ 錢穆:《中國學術思想史論叢(一)》,第 132 頁。
⑦ 章原:《古史辨〈詩經〉學研究》,第 29、43、71、99-101 頁。

論》裏的看法,與晚年的一些看法,已有不同。如他早年寫《周公》第四章《周公學術思想之概觀》論述殷末周初詩歌與文章,“姑本之《小序》,更參以三家及其他諸説”,[①]則主要根據《小序》及漢代三家詩説,來確定周初的詩篇。可見他當時相信《小序》。他晚年寫《朱子新學案》時,欣賞朱子懷疑《小序》的看法,這也説明他對引用《小序》的態度已經改變。[②]

錢穆先生對整本《詩經》的看法則没怎樣改變。他在《周公》中説殷末周初所著的《詩》、《書》篇章,“重人倫,養德性,務爲躬行實踐”,“深信天人相關之理,或不免陷於迷信,然亦注重實際的業務,決不自怠”。[③] 20 世紀 40 年代初他(時近五十歲)出版《中國文化史導論》(重慶正中書局),簡論《詩經》的内容,説它包括“宗廟裏祭享上帝鬼神和祖先的歌曲”,“記載帝國開國英雄征伐的故事”、“關涉男女兩性戀愛方面”、“種種社會下層以及各方面人生失意之呼吁”,又指出“《詩經》是中國一部倫理的歌咏集”,“我們要懂中國古代人對世界、國家、社會、家庭種種方面的態度與觀點,最好的資料,無過於此《詩三百首》”。他指出《詩經》的感情境界與抒情方式是:“附隨有極活潑與極真摯的同情的想像”、“始終是忠厚惻怛”、“自然而然地由他們最懇摯最和平的一種内部心情上歌咏出來”。[④]

其五,錢穆先生論述《詩經》時,有些出自想像或武斷之辭。如他提出周公制作四始之説,似極符合情理事實,因諸侯來周拜祀文王,聽《清廟》而被周德深感默喻,消除當時殷周對抗的宿嫌。周公作《文王》,“以彌縫其缺(即頌只用於宗祀而不能曲盡歌頌文王之辭);此大雅之所以必繼頌而有作也”。[⑤] 他認爲《文王》必繼《清廟》而後作。又他就《文王》一詩内容,推論“此詩雖美文王,而既戒殷士,而正告以駿命之不易。其在當時,自非周公,又誰歟可以作此詩而爲此語者?”[⑥]此説未免過當,周公固然是周初聖人,然當時尚有召公、太公等人,他們也皆命世之傑。若無確鑿證據,不能斷斷然説非周公則無人能撰寫《文王》之篇。程俊英(1901-1993)從蟬聯格、用韻流利等角度指

---

① 錢穆:《周公》,第 102 頁。

② 古史辨學派基本上贊成《詩序》是衛宏所寫,諷刺《詩序》美刺説,批駁《詩序》以詩説史,主張以文學眼光看《詩》,以《詩》解《詩》(朱子即提出這種方法),詳章原《古史辨〈詩經〉學研究》,第 96-100 頁。可見,錢穆贊同朱子文學讀法,與古史辨學派則相同。

③ 錢穆:《周公》,第 103 頁。

④ 錢穆:《中國文化史導論》,北京:商務印書館,2002 年,第 66-68 頁。

⑤ 錢穆:《中國學術思想史論叢(一)》,第 106 頁。

⑥ 錢穆:《中國學術思想史論叢(一)》,第 107 頁。

出《文王》可能寫於西周末期,而非出自周公之手。① 又如錢先生提到《關雎》之作,説“周公既遇事必爲之制禮作樂焉,而婚姻乃人事之至大者,又其事通乎貴賤上下,宜不可以無禮。於是有《關雎》爲風始。”②這樣,周公創作《關雎》説似乎極合乎邏輯。然而歷代對《關雎》主旨的看法不盡相同,如漢儒從説《詩》者角度説明《關雎》的主旨,宋人如朱子及今人學者則從詩句本意解釋,認爲是戀愛詩。③ 則錢先生認爲《關雎》是周公所作,看法與傳統學者迥異,自創新説。

錢穆先生又説:“《詩》之初興,有頌有雅,有南有豳,其時則尚無國風之目。”④此説顧炎武(1613-1682)已談過。《日知録》卷三《四詩》説:“《周南》、《召南》,《南》也,非《風》也。《豳》謂之《豳詩》,亦謂之《雅》,亦謂之《頌》,而非《風》也。《南》、《豳》、《雅》、《頌》爲四詩,而列國之《風》附焉,此《詩》之本序也。”⑤亭林此説乃繼宋程大昌(1123-1195)《詩論》之説。程氏説:“《詩》有《南》、《雅》、《頌》,無《國風》。其曰《國風》者,非古也。”並引《論語》記孔子之言,證明孔子之時,本無《國風》之名。⑥ 錢先生熟讀《日知録》而没指明出處。

由上可見,錢穆先生《讀詩經》是他學術中晚期對《詩經》的一總體看法。他强調《詩經》作爲王官學的作用,更强調周公對《詩經》的作用、貢獻。這背後應有動機、目的。這也是該文的特别之處。他對《詩經》的一些看法繼承鄭玄、孔穎達之見,如國風次序、美刺頌怨等。當然,此文並非專著,我們不能苛求錢先生在研究《詩經》各方面如歷代學者注解、韻讀、版本、修辭法運用上都提出看法,更不能要求他能參考當時尚未出現的出土文獻。⑦ 錢穆先生對《詩經》的倫理、文化價值的看法一直没有改變,對朱子論《詩》的看法則有所改變。下文即論他對朱子《詩經》學的看法。

---

① 程俊英:《詩經注析》,北京:中華書局,1991年,第745頁。《吕氏春秋·古樂篇》、《後漢書·翼奉傳》認爲本詩是周公所作。程氏從用辭角度認爲《關雎》寫於西周末期,没有采用《吕》説。

② 錢穆:《中國學術思想史論叢(一)》,第109頁。

③ 程俊英:《詩經注析》,第1頁。

④ 錢穆:《中國學術思想史論叢(一)》,第116頁。

⑤ 顧炎武著,黄汝成集釋,欒保群、吕宗力校點:《日知録集釋(全校本)》,上海:上海古籍出版社,2006年,第130頁。

⑥ 轉引自朱東潤《詩大小雅説臆》,《詩三百篇探故》,上海:上海古籍出版社,1981年,第50頁。

⑦ 學者或對《詩經》做整體研究,如馬瑞辰《毛詩傳箋通釋》;或研究《詩經》韻讀,如江有誥、王力等;或研究出土文獻,如阜陽漢簡《詩經》、上博簡《孔子詩論》等;或研究版本,如研究静嘉堂文庫藏《毛詩鄭箋》。

二　錢穆論朱子《詩經》學

錢穆先生的一些學術見解隨着時間遷移而有些改變。他對朱子《詩經》學的看法亦不例外。他推崇朱子,稱朱子爲整個中國學術思想史上集孔子以下學術思想之大成的綜匯大儒。朱子在他的心目中地位之高,不言自喻。錢先生20世紀六七十年代用六年光陰撰寫他的另一代表作《朱子新學案》。[①] 它既是研究朱子的重要著作,也是研究錢穆先生的學術、思想的重要論著。在《學案》中,錢穆先生主要從幾方面論述朱子《詩經》學:一是朱子對《毛傳》、《詩序》的看法,一是談朱子對《詩經》注解的看法,一是談朱子《國風》多出於里巷歌謡説,一是朱子讀《詩》法。

先説錢穆先生談朱子對《毛傳》、《詩序》的看法。

錢先生説:朱子開始是相信《毛傳》的,到五十歲左右應不信了。朱子説:"某自二十時讀《詩》,便覺《小序》無意義。及去了《小序》,只玩味《詩》詞,却又覺得道理貫徹。"到了五十歲,斷然知道《小序》出於漢儒,"其爲繆戾,不可勝言"。[②] 錢先生指出此説的重大貢獻:"朱子治《易》,定《經》文本爲卜筮作。治《詩》,破棄《大》、《小序》以爲不可信。此皆敻絶千古之巨眼。"[③]錢先生在《論詩經》裏尚贊成馬端臨(1254-1323)反駁朱子不信《詩序》説,但在《學案》裏,他已贊成朱子不信《詩序》説。[④] 兩者相隔幾年,錢先生的看法已改變。

其次,錢穆先生談朱子對《詩經》注解的看法。朱子對《詩序》、漢宋儒《詩經》注解也有自己的看法。宋孝宗淳熙九年(1182),朱子(時五十三歲)寫《吕氏家塾讀詩記後序》提出幾點看法,一是漢儒不專毛鄭:"蓋不待講於齊、魯、韓氏之傳,而學者已知《詩》之不專於毛鄭矣。"二是宋儒能用己意有所發明:"至於本朝,劉侍讀、歐陽公、王丞相、蘇黄門、河南程氏、横渠張氏,始用己意有所發明。雖其淺深得失有不能同,然自是之後,三百五篇之微詞奥義,乃可得而尋繹。"三是主張兼衆説,泯門户,息同異:"説者愈多,同異紛紜,争立門户,無復推讓祖述之意……今觀《吕氏家塾》之書,兼總衆説,巨細不遺,挈領提綱,首尾該貫,既足以息夫同異之争。而其述作之體,則雖融會通

---

① 有關學界對《朱子新學案》的評論,見石力波《錢穆的朱子學研究》,西北大學2013年博士論文,第9、30頁。

② 錢穆:《朱子新學案(四)》,《錢賓四先生全集》第14册,第74頁。

③ 錢穆:《朱子新學案(四)》,第91頁。

④ 錢穆:《中國學術思想史論叢(一)》,第134-135頁。

徹,渾然若出於一家之言。"錢先生指出朱子提出這三個重點後,又指出朱子"更要則在一本之《詩》之本文以爲斷","朱子往後乃時時言之",並批評後來清儒治《詩》,嚴立漢、宋門户,又不能自出己意,又不兼采衆説,僅當漢人僕隸,"實未堪作經學之功臣"。①

其三,錢穆先生談朱子《國風》多出於里巷歌謡説。朱子認爲《國風》出自里巷歌謡之作。宋孝宗淳熙四年(1177)朱子(四十八歲)著《詩集傳序》説:"吾聞之,凡《詩》之所謂《風》者,多出於里巷歌謡之作,所謂男女相與咏歌,各言其情者也。"②錢穆先生説:"這個理論可以説是驚心動魄的,或者説是驚天動地的。《詩經》是古人的經典,怎麽説裏面的内容是寫男女淫奔呢?"③

其四,錢穆先生談朱子讀《詩》法。錢先生論此最詳。據錢先生點評,當時讀《詩》有三種方法,即理學家讀法、文學家讀法、經學家讀法。所謂理學家讀法,即朱子回答學生問《野有死麕》時説:"讀書之法,須識得大義,得他滋味。没要緊處,縱理會得也無益。"理學家只求懂得大義,其他的就不須理會,鄙視文學,輕視經學。錢先生批評理學家讀書,鮮能潛心文學,治《詩》終嫌偏枯。所謂文學家讀法,即"全在諷誦之功"。④ 至於經學家讀法,錢先生在《朱子之詩學》裏没有提到,只批評鄭玄注《周禮・籥章》時把《豳詩》分爲風、雅、頌,僅知風、雅、頌三體而不知賦、比、興,⑤則所謂經學家讀法只能了解文體、訓詁,而不知有文學表現技巧。三學家讀法,套用桐城派姚鼐(1731-1815)的分類,文學家讀法屬辭章,經學家讀法屬考證,理學家讀法屬義理。錢先生主張三者各有分職,但須兼融爲一體。⑥ 他批評三者彼此鄙視現象:"治義理之學者,每輕視考據;而從事考據,又多置義理於不談。"⑦朱子的著作堪稱是義理、辭章、考據融而爲一的典範。⑧ 錢先生在《韓文考異》稱贊朱子:"朱子之校韓集,不僅訓詁考據

---

① 錢穆:《朱子新學案(四)》,第 62-63 頁。

② 錢穆:《朱子新學案(四)》,第 60 頁。

③ 錢穆:《經學大要》,臺北:素書樓文教基金會,2000 年,第 432 頁。

④ 錢穆:《朱子新學案(四)》,第 64-65 頁。

⑤ 錢穆:《朱子新學案(四)》,第 72 頁。

⑥ 有關錢穆對辭章、義理、考證的看法,詳石力波《錢穆的朱子學研究》,第 175-178 頁。

⑦ 錢穆:《素書樓餘瀋》,臺北:聯經出版事業股份有限公司,1998 年,第 230 頁。

⑧ 錢穆推崇辭章、義理、考據兼重。他除了推崇朱子有如此的成就,在清儒中,他常常批評乾嘉學者只重訓詁、考據,而推崇錢大昕兼三者而有之,"實欲匯道家、儒林、文苑而一之。經術、性理、文章,皆通儒實學所宜備。"竹汀論詩、論文,"源本於性情,植根於經史,而尤關心於教化"。見錢穆《錢竹汀學述》,《中國學術思想史論叢(八)》,《錢賓四先生全集》第 22 册,第 397、401 頁。

一以貫之,抑考據義理文章,亦一以貫之矣。"①錢先生推崇朱子這方面的成就,可見一斑。

《詩經》既是王官學,也是文學。漢唐宋學者甚少從文學角度研究《詩經》。錢先生重視文章學,②認爲從文學家讀法來了解《詩經》,是很好方法。他稱贊朱子是當時理學家中特能文辭的。朱子文章學過曾鞏、蘇氏,有精湛造詣;又善於寫詩,超宋越唐,上追選體,以舊風格表達新意境。因此,錢先生稱贊惟朱子讀《詩》能兼文學家、理學家讀書法而有之,深有得於《詩經》。

他稱贊朱子能以文學家的眼光讀《詩》。所謂以文學家的眼光讀《詩》,先是下諷誦工夫。朱子自談治《詩》經驗,一開始"只先去看許多注解,少間却被惑亂",後來他用功諷誦《詩經》本文,"至四五十過,已漸漸得詩之意。却去看注解,便覺減了五分以上工夫"③。朱子比較重視諷誦本文,强調讀書百遍,其義自見。錢先生評點說:"逐詩下諷誦工夫,而亦並不忽去注解。及其結果,乃能以文學上之自得,而解脱了經學上之束縛。""解脱了經學纏縛,而回歸到理學家之義理,其大致率如此。"④讀書最後目的是求得義理,這是讀經典的最基本最重要的途徑之一。錢先生除贊成朱子提倡的諷誦法,他自己也身體力行,並爲宋明理學家編成《理學六家詩鈔》。⑤ 可見,他認爲理學與文學應兼融並治,這才是理想的學術境界。文學是文化的一部分,文化人生包含藝術人生、文學人生、道德人生三個層次,文學以語言爲媒介,以人爲對象,是直接以人的心生活爲對象的心靈活動,是"由心走向心",心生命間相互映照感通而融凝成文學化的人生。⑥

經學家、理學家因缺乏文學修養,因此兩者治《詩》都有不足。經學家治《詩》,僅知風、雅、頌三種體裁,不知有賦、比、興三種技巧。鄭玄因《周禮·籥章》之文"籥章掌土鼓豳籥。中春晝擊土鼓,龡《豳詩》以逆暑。中秋夜迎寒,亦如之。凡國祈年于田祖,龡《豳雅》,擊土鼓,以樂田畯。國祭蜡,則龡《豳頌》,擊土鼓,以息老物",把《七

① 錢穆:《朱子新學案(五)》,《錢賓四先生全集》第15册,第238頁。

② 石力波:《錢穆的朱子學研究》,第175-184頁。

③ 轉引自錢穆《朱子新學案(四)》,第65-66頁。

④ 錢穆:《朱子新學案(四)》,第66頁。

⑤ 錢穆説:"理學家主要吃緊人生,而吟咏乃人生一要項。余愛吟詩,但不能詩。吟他人詩,如出自己肺腑,此亦人生一大樂也。"(《八十憶雙親師友雜憶合刊》,《錢賓四先生全集》第51册,第376頁)

⑥ 錢穆:《雙溪獨語》,《錢賓四先生全集》第47册,第520頁。

月》詩爲《豳詩》、《豳雅》、《豳頌》三體,朱子評説:"六義自鄭氏以來失之。"[①]理學家治《詩》,如朱子批評程伊川那樣:"伊川有《詩解》數篇,説到《小雅》以後,極好。蓋是王公大人好生地做,都是識道理人言語,故它裏面説得儘有道理,好仔細看。非如《國風》,或出於婦人小夫之口,但可觀其大概也。"錢先生評説:"理學大師説《詩》中義理,僅能説王公大人識道理人所作詩,不能識婦人小夫不識道理人所作詩。缺乏文學修養,終是一偏陷。"[②]錢穆先生比較欣賞文學家讀法,對經學家讀法、理學家讀法只重視一種讀法則有微詞。這跟他重視義理、辭章、考據三者兼融而不偏廢的看法是一致的。

最後,錢先生引朱子兩段話並對朱子《詩》學評價。

朱子説:"因言歐陽永叔《本義》,而曰:理義大本復明於世,固自周程,然先此諸儒亦多有助。舊來儒者不越《注疏》而已。至永叔、原父、孫明復諸公始自出議論。如李泰伯文字亦自好。此是運數將開,理義漸欲復明於世故也。"又説:"《詩本義》中辨毛鄭處,文辭舒緩,而其説直到底,不可移易。"錢先生這樣評:朱子欣賞歐陽修《詩本義》,由來已久。所謂理義大本,並非指周濂溪、兩程之專限於理學範圍,當指由孔孟以來的儒學大傳統。錢先生指出朱子《詩學》有卓越成就,因爲他兼經學、理學、文學而有之:

> 蓋朱子爲學,博涉多方。其爲《詩集傳》,實是兼會經學、文學、理學之三者而始有此成就。若專從經學途徑,則終不免於依據毛鄭,最多旁及齊魯韓三家,不脱漢儒牢籠,如清儒之所爲。若一守理學範圍,又不免陷於以理説《詩》之病。朱子《詩集傳》之所以能卓出千古,盡翻前人窠臼,無復遺恨者,蓋以其得力於文學修養方面者爲大。[③]

錢先生强調朱子集大成——集宋代理學説之大成,匯集理學興起前北宋諸儒的儒學,綜匯政事治道之學、經史博古之學、文章子史之學,兼集漢唐儒學。[④] 因此,朱子批評程門弟子尊師太過,只專尊程門理學,"以求於孔孟之後直接二程,則不免陷於褊狹"。朱子亦自程門入,"而終能不受纏縛,上溯北宋伊洛以前,而大事恢宏"。朱子與吕祖謙(1137-1181)、張栻(1133-1180)來往,他們的家學淵源尚有北宋中原傳統。他們的學術途轍是"重綰道學於儒林"。朱子《詩集傳》"其最先用意,亦猶於《論語》之有

① 錢穆:《朱子新學案(四)》,第 72 頁。
② 錢穆:《朱子新學案(四)》,第 73 頁。
③ 錢穆:《朱子新學案(四)》,第 81 頁。
④ 石力波:《錢穆的朱子學研究》,第 35-37 頁。

《集注》。初不過兼綜衆説,期於融會以定一是。其後乃益不信《詩序》,見解變而書之體例亦不得不隨而變。就今本《詩集傳》觀之,已不見其先爲《集傳》之痕迹,實乃朱子一家之言"。①

錢穆先生稱贊朱子《詩集傳》"博綜漢儒,以訓詁考據發得《詩》之真相,《雅》《鄭》邪正,剖辨昭晰",②他評論朱子《詩經》學的貢獻,認爲《詩集傳》是《詩經》最佳注本,"更是前無古人,後無來者",③可代毛詩鄭箋而取之:"讀《詩經》只要讀朱子的《詩集傳》就行了,千萬不要去讀《五經正義》、《十三經注疏》裏的毛鄭《詩經》。""朱子的《詩集傳》注得很好","朱子作的兩部經注,他自己最得意的是這部《詩集傳》。"④可見,錢穆先生認爲《詩集傳》的價值比毛鄭《詩經》更高更重要。他在寫給余英時的信談讀書,也叫他《詩經》讀《詩集傳》即可。⑤

三　錢穆論姚際恒《詩經通論》

錢穆先生推崇朱子,也推崇宋學,⑥批評乾嘉及以後的清代漢學,反對學術門户之見。他 1977 年撰寫《續記姚立方詩經通論》,同樣表達這一看法。

姚際恒(1647-1715),字立方,安徽休寧人,居杭州,歷十四年撰成《九經通論》。《詩經通論》是清初《詩經》學疑古派的代表作。據錢先生所引,姚際恒《詩經通論 · 自序》提出兩點看法,一是"《詩》之爲教獨大",《詩經》對後世人心的影響極大,"其中於人心,流爲風俗,與天地而無窮,未有若斯之甚者也"。一是《詩經》與《易》、《書》不同,就體裁與流變言,後者没有人能繼承,而《詩》則隨着時代不同,流變而爲騷,爲賦,爲漢、魏、晋四言五言七言詩,唐律,宋詞,元曲。⑦

錢先生肯定姚氏提出《詩經》之教在六經是最大的看法,"斯惟立方獨發之"。他也認爲《詩經》對中國倫理産生重要影響。此上文已詳,不贅。他轉而批評清儒"學不

---

① 錢穆:《朱子新學案(四)》,第 82 頁。

② 錢穆:《朱子新學案(四)》,第 65 頁。

③ 錢穆:《朱子新學案(四)》,第 65 頁。

④ 錢穆:《經學大要》,第 429、430 頁。

⑤ 余英時:《猶記風吹水上鱗》,臺北:三民書局,1991 年,第 256 頁。

⑥ 學者或稱錢穆是新宋學代表,見侯宏堂《從陳寅恪、錢穆到余英時——以"新宋學"之建構爲綫索的探論》,華東師範大學 2007 年博士論文,第 23 頁。

⑦ 錢穆:《續記姚立方詩經通論》,載《中國學術思想史論叢(八)》,《錢賓四先生全集》第 22 册,第 295 頁。

逮古亦莫如詩","皆腐心故紙堆中,與性靈無涉,故於《詩》尤爲遜"。[①] 清詩比不上漢、唐、宋、元,最主要的原因是"詩者,性靈之教",而清代滿族統治,窒塞性靈,"惟清爲甚",因此,清代没有多少傑出詩人。[②] 可見,錢先生從文學角度强調研究《詩經》的重要性,也即他繼承朱子文學家讀法。

有關錢穆先生對清廷窒塞性靈、批評清儒治詩不如前代,可從他的其他著作論述中另見一斑。他在《國史大綱》中認爲清朝政權的性質是"狹義的部族政權",第四十二章即以"狹義的部族政權"爲標題。他給元朝統治的標題是"暴風雨之來臨"。[③] 可見,清朝統治比元朝統治更嚴密。他在《中國近三百年學術史・自序》中説,中華曾受五胡、元魏、遼、金、元、清朝等統治過,其中,"滿清最狡險,入室操戈,深知中華學術深淺而自以利害爲之擇,從我者尊,逆我者賤,治學者皆不敢以天下治亂爲心,而相率逃於故紙叢碎中,其爲人高下深淺不一,而皆足以壞學術、毁風俗而賊人才"。[④] 在康熙、雍正、乾隆諸帝采取的高壓政策下,乾嘉學風具有這些特點:一是"漸漸與政治事業宣告脱節",名儒碩望,"惟有趨於篤古博雅之一途","變爲純學術之探討,鑽入故紙堆中,與現實絶不相干","自宋以來那種以天下爲己任的'秀才教'精神,却漸漸消沉了。至少他們只能消極的不昧良心,不能積極的出頭擔當,自任以天下之重"。[⑤] 乾嘉學者汩落性靈,只以訓詁考據來治經學而不以明經達用之法治學,不能以天下爲任,"逃避人生"。他們甚至反對宋儒建構的正面積極的傳統,其治學則與漢儒"通經致用"、宋儒"明體達用"的精神完全無關涉。他們"以訓詁考據,上尋漢儒'家法',其精神不在政治社會,即不在整個的人生上",在清廷的高壓政策下,"不得已只有從考據訓詁上做無聊之研究,遂成此病態之發展"。另外,清儒門户之見極深,"初分漢、宋,繼分今、古文。無論其爲漢、宋或今、古文,要皆爲考據訓詁上之工作,而儒術乃走上絶路"。[⑥] 乾嘉學者與清初諸大儒重道德、學問、經世兼而有之的精神截然不同,也與宋學"道德仁義聖人體用,以爲政教之本"的精神完全不相符。[⑦] 錢先生佩服漢儒"通經致用"、宋儒"明體達用",認爲這兩朝代儒家治經有共同精神,是由經學上去求實用,去研究修、

① 錢穆:《續記姚立方詩經通論》,第 296 頁。
② 錢穆:《續記姚立方詩經通論》,第 295-296 頁。
③ 錢穆:《國史大綱》下册,北京:商務印書館,1996 年,第 813、631 頁。
④ 錢穆:《中國近三百年學術史・自序》,《錢賓四先生全集》第 16 册,第 17-18 頁。
⑤ 錢穆:《國史大綱》下册,第 856、858、860 頁。
⑥ 錢穆:《漢學與宋學》,《中國學術思想史論叢(八)》,第 578 頁。
⑦ 錢穆:《中國近三百年學術史(一)》,《錢賓四先生全集》第 16 册,第 3 頁。

齊、治、平，去解決人生、政治、社會等問題。[①] 錢先生當然不滿意此學風、在此學風裏批評宋學的言論。因此，姚際恒在《詩經通論》中批評朱子《詩集傳》有"武斷自用"、"紕繆不少，其大者尤在誤讀夫子'鄭聲淫'一語"之過，又批評"宋人之失在於妄"。[②] 錢先生反駁他，並説清儒"腐心故紙堆中"、"僅務反宋，一意尊漢"，又批評他們重視門户，强調訓詁，而"文學性靈，渺不相涉"。[③] 批評清儒治經只重訓詁、校勘，不重大義，又立門户之見，是錢先生一貫的立場。

錢穆先生在文章後部分欣賞姚際恒提出文學欣賞法。姚氏《詩經論旨》説："予以明詩旨也。知其辭之妙而其義可知，知其義之妙而其旨亦可知。詩之爲用，與天地而無窮，《三百篇》固始祖也。"[④]錢先生稱贊姚氏與方玉潤（1811－1883）是清代兩百四十年間能提倡以文學來研究《詩經》的兩個人！他們兩人的路子與朱子文學家讀法是相同的，雖然成果有同有異。錢先生又指出，"賞其性靈，當尤更重於求其旨義。旨義有辨，而性靈則同"，認爲重視性靈比求詩旨更重要。清代大儒唯顧亭林（1613－1682）、王船山（1619－1692）能做到這點。錢先生重視文辭、義旨，强調以文學來研究《詩經》的重要性，反覆申説。他批評清朝迄民國兩種現象，一是以經學治《詩經》，一是以文學治《詩》，但把《詩經》當成男女戀愛詩。他批評前者説："乾嘉以下，皆以經學視《詩》"；批評後者雖以文學治《詩》，但是自設框架，只欣賞男女戀愛，這與朱子以文學讀法以《詩》治《詩》的方法截然不同："自民初以來，提倡白話詩，則如立方所云由其辭

① 錢穆對乾嘉學者、學風的批評可謂一以貫之：他 1928 年（時三十三歲）撰《述清初諸儒之學》（刊於該年《蘇中校刊》第 2 期，後收在《中國學術思想史論叢（八）》），指出清初孫奇逢（夏峰）、李顒（二曲）、顔元（習齋）、黄宗羲（梨洲）、顧炎武（亭林）等有樸學家博聞，無其瑣碎；有理學家之躬行，無其空疏，以"属實行，濟實用"足以概括他們的學、行。他們是錢穆的理想人物（《錢賓四先生全集》第 22 册，第 1 頁）。錢穆 1934 年撰《漢學與宋學》（載輔仁大學《磐石雜誌》1934 年第 2 卷第 7 期，後收在《中國學術思想史論叢（八）》），從歷史角度論述漢儒、宋儒的共同精神，即"通經致用"、"明體達用"，批評乾嘉學者只以考據訓詁上尋漢儒"家法"，"其精神不在政治社會，即亦不在整個的人生上"（第 578 頁）。錢穆 1937 年完成《中國近三百年學術史》，也高揚宋學，批評乾嘉清儒（見《自序》）。錢穆 1947 年撰《論清儒》，1979 年易名《略説乾嘉清儒思想》（收在《中國學術思想史論叢（八）》）指出"乾嘉時代的學風，總之是逃避人生"，"清儒的經學，其實仍還是一種史學，只是變了質的史學，是在發展路上受了病的史學"，"他們只如史學家般爲幾部古書作校勘與注釋的整理工作"。（第 6－7 頁）他寫給余英時的信，説清人治經須看乾嘉以前的文字，元氣淋漓，乾嘉以後的則趨於瑣碎（《猶記風吹水上鱗》，第 256 頁）。錢先生如此批評只重訓詁的學風，與他治學經世、以生命、心爲文化本體，肯定文化、歷史、民族三位一體的關係，力求爲研究文化歷史民族與解決當前現實人生種種問題尋得切實可行的方法有關。參芮宏明《錢穆文學研究述略》，華東師範大學 2004 年博士論文，第 10 頁。

② 錢穆：《續記姚立方詩經通論》，第 296 頁。

③ 錢穆：《續記姚立方詩經通論》，第 297 頁。

④ 錢穆：《續記姚立方詩經通論》，第 297－298 頁。

以賞其義旨者,詩辭既所厭惡,義旨亦無可賞。而近人言文學,又特賞男女戀愛,又必尊民間草野。故既鄙斥宋儒,而又必循晦翁《集傳》而更進一層,一若凡《詩》均能説成是民間之自由戀愛而後快。"①錢先生批評白話詩,認爲"詩辭既所厭惡,義旨亦無可賞",則白話詩的表現手法遠不如傳統韻文,文辭不足觀,當然不能上文雅大堂,其文學成就自然無法與傳統韻文相比。同時,它的内容、思想主旨也没什麽可觀的,離不開描寫一些男女戀愛而已,把男女戀愛當作文學唯一表達的内容,試問人生其他種種文化藝術,都棄而不顧。則所謂白話詩,它們的價值何在? 因此,姚際恒説的"詩之爲用,與天地而無窮",其實不到三百年,已經無所能用了! 另外,鼓吹寫白話詩的學者、文士也自相矛盾,他們一面反對朱子、鄙視宋儒,一面把朱子《國風》出於里巷歌謡説推而至於極盡,"一若凡《詩》均能説成是民間之自由戀愛而後快"。他們的這種做法,是完全悖謬的。

四　結語

錢穆先生一生學貫四部,他在史、子的著述最多,相較而言,在經學研究的論著較少,即使是經學研究,也主要研究經學史上的歷史問題,而甚少注解經書(他注釋過《論語》)。他發表有關《詩經》的論文少之又少,嚴格來説,專門論文只有《讀詩經》。錢先生强調周公與《詩經》的關係、《詩經》的政治功能。他對《詩經》一些看法受到鄭玄、孔穎達的影響。他撰寫這篇論文也許受到時局的刺激。他對《詩序》的看法前後時段有所不同。他稱贊朱子不信《詩序》,也稱贊他從文學家讀法來讀《詩經》,發明己意,推崇《詩集傳》是《詩經》最好的注本。他對清儒研究《詩經》的看法,仍然堅持文學研究法是最佳的。他稱贊姚際恒以文學法來研究,强調性靈的重要。他批評其他清儒只以經學(其實指訓詁考據)治《詩》,自立門户,其後民國以來提倡白話詩的,文學表現技巧既不佳,思想内容也只以男女戀愛爲主,内容狹窄。這是錢先生晚年的看法。整體而言,把錢先生《詩》學研究成果與他在其他方面研究成果相比,似乎不足以表現他的學術成就,也與他作爲國學大師的稱譽有些距離。

附録:錢穆先生有關《詩經》學及相關研究論著發表繫年

1.《國學概論》,1926 年夏至 1928 年春寫成,1931 年上海商務印書館出版

---

① 錢穆:《續記姚立方詩經通論》,第 298 頁。

2.《劉向歆父子年譜》,初刊於《燕京學報》1930年第7期

3.《周初地理考》,1930年發表

4.編譯《周公》,1931年上海商務印書館出版

5.《兩漢博士家法考》,發表於中央大學《文史哲季刊》1944年第2卷第1號

6.《孔子與春秋》,發表於香港大學《東方學報》1954年第1卷第1期

7.《秦漢史》,1957年香港自刊本

8.《兩漢經學今古文評議》,1958年香港新亞研究所

9.《周公與中國文化》,1958年10月發表於《中國學術論文集》第1輯

10.《讀詩經》,《新亞學報》1960年第5卷第1期

11.《朱子新學案》(一至五册),1971年9月臺北三民書局

12.《經學大要》,1974-1975年暑假在中國文化學院開課(1996年整編《全集》時就録音整理成書)

13.《續記姚立方詩經通論》,1977年撰寫

作者簡介:

楊兆貴,1971年生,福建漳浦人,澳門大學教育學院教師。學術領域爲先秦两漢學術史。已先後在《中華文史論叢》、《考古與文物》、《敦煌研究》、《中國文化研究所學報》、[韓國]《中國學報》等學刊上發表過70篇左右論文(有三篇文章被人大複印資料全文轉載)。

吕友仁《讀經識小録》、《訓詁識小録》出版

20 世紀 90 年代初,上海古籍出版社啓動十三經注疏整理計劃,河南大學吕友仁先生應邀點校《禮記正義》,爲其生平治經之始。其後二十餘年間,吕先生復撰《禮記全譯》、《孝經全譯》、《周禮全譯》,合作點校《五禮通考》,並於《禮記正義》再三通讀覆校,參證群經注疏,積年所得,匯聚爲《讀經識小録》、《訓詁識小録》二集,於 2017 年底由上海古籍出版社出版。

作者自謙"不賢識小",而二集所收文章,涉及經學、小學諸層面,實多宏論。如《學者不讀經恐怕不行》,是在古典文獻的整體系統中定位經學的意義;又如《孔穎達〈五經正義〉八例表微》,是在大量文獻例證的基礎上對唐疏義例的提煉概括。在專經領域,作者於《易》、《書》、《詩》、《春秋》、《論語》、《爾雅》諸經皆各有專論,尤以禮學研究論文居多,有《〈周禮〉概説》、《整理本〈儀禮注疏〉校點失誤舉例》、《楊復〈祭禮〉校讀劄記》、《〈禮記〉"禮不下庶人"舊解發覆》、《〈禮記〉"刑不上大夫"舊解發覆》、《"禮是鄭學"辨析》、《"鄭衛之音"辨》、《阮刻〈禮記注疏〉並非最佳版本》、《郭店簡、上博簡與今本〈禮記〉》、《校點本〈禮記正義〉諸多失誤的自我批評》、《〈禮記〉五講》、《反對剽竊抄襲的第一聲號角》、《説"共牢而食"》、《"男女相答拜"與"男女不相答拜"何者爲是》、《指瑜爲瑕的校記何其多》、《〈詩經〉"小康"與〈禮記〉"小康"不可相提並論》、《簡評〈大戴禮記匯校集注〉》、《清高宗弘曆"曆"字避諱芻議》等,諸文或舉綱要,或正句讀,或辨舊説,足見作者治學的功力。

治經不可不通訓詁,而作者訓詁學的視域與取材,在經部文獻的基礎上,更泛及四部。如《顔師古〈漢書序例〉事證》以史部文獻爲主,《杜詩、蘇詩、黄詩中"吏隱"注的澄清》以集部文獻爲主,《"伴食中書"説》涉及官制,《"岳州巴陵郡"辨》涉及地理,《"賊"有"盜"義始於何時》涉及法律史,《正確理解〈隋書・經籍志〉中的"梁有"》涉及目録學,可見作者治學的廣度。

近代以來經學衰微,文史專家乃至一般愛好者,鮮有萃力治經學者,以至於一些權威教材、基本工具書,不免存在一定程度的經學錯誤。作者對此頗加注意,特撰專文予以辨證,如《試論王力〈古代漢語〉在經學方面的失誤》、《試論中華書局校點本〈二十四史〉在經學方面的失誤》、《〈漢語大詞典〉"三禮"詞目釋義獻疑三十例》諸文,此又可見作者治學的苦心。

總而言之,吕先生《讀經》、《訓詁》二集的出版,足資學林取法、取鑑,故特予簡述。

推想的限度:論黄彰健先生的“周公受命義”及其相關問題

洪博昇

内容摘要 周公稱王與否是自古以來争論不休的問題,不僅直接影響《尚書》周誥諸篇“王若曰”的身份解讀,更對於西周初年的歷史建構産生歧見。20世紀70年代臺灣地區經學家對此問題,討論最爲激烈者,除了屈萬里與徐復觀外,黄彰健更作了一系列論文支持周公稱王,然其中所運用的觀念與方法,頗值得反思。本文認爲黄氏以《金縢》爲立論基礎,所創“周公受命”之論,對文句詮釋的方法與經史學研究的觀念皆待商榷。其次,黄氏對於同時學者程元敏先生的衆多批評亦值得檢討,可作爲今人經史研究方法的借鑒,亦可藉以窺見臺灣地區研究周公稱王問題之狀況。

關鍵詞 周公 稱王 受命 黄彰健 臺灣經學

一 前言

周公對周朝之歷史、文化、制度之影響,固不待言,然而在政治上,周公最爲人所熟知之事,莫過於攝政以及是否稱王之事。此問題從漢代迄近代,争辯不休,相關研究更是汗牛充棟,古今中外學者各有觀點。周公攝政是否稱王一事,乃爲研究西周史、經學史、《尚書》學史上無可避免之問題。吕廟軍就1978-2008年之間的周公研究歸納出四種意見:一、周公曾經攝政稱王,二、周公只攝政未稱王,三、周公未攝政未稱王,四、周公篡國。[①] 臺灣1945-2000年間的歷史學研究對於周公是否稱王,正反各有支持者;[②]甚至在各大學之課堂上,教授《尚書》者,亦有不同之意見。[③] 今日看來,此不

① 吕廟軍:《周公研究》,北京:人民出版社,2012年,第17頁。

② 林天人編著:《戰後臺灣的歷史學研究:1945-2000》第2册“先秦史”,臺北:臺灣大學出版中心,2004年,第186-189頁。

③ 筆者在求學期間,曾修習三位學者所授之《尚書》課程,其中一位學者支持周公稱王,兩位不支持。

僅是歷史問題,更是學術史上之議題。近代臺灣經學史上,此議題争論最頻繁的莫過於屈萬里先生與徐復觀先生的相互答難。[①] 然而在屈、徐二先生之後,對周公攝政稱王問題有專門研究者,尚有黄彰健先生。

黄彰健先生(1919–2009),湖南省瀏陽市人,1982年獲選中研院院士。主要研究明清政治史與法制史、中國上古史,晚年研究"二二八事件"。其出版專書有《明實録校勘記》、《戊戌變法史研究》、《康有爲戊戌真奏議》、《經學理學文存》、《明清史研究叢稿》、《明代律例彙編》、《經今古文學問題新論》、《中國遠古史研究》、《周公孔子研究》、《武王伐紂年新考並論〈殷曆譜〉的修訂》、《二二八事件真相考證稿》,其中,有關經學著作,最要者爲《經學理學文存》、《經今古文學問題新論》、《周公孔子研究》三書,而黄氏對周公稱王之説,主要收録於《經學理學文存》中。雖然學界主要將黄氏定位於明清史、近代史之學者,尤其黄氏晚年對"二二八事件"之研究多有争議,但黄氏對上古史、經學史上之問題多有研究與創發新説,至少在臺灣的經學研究,尤其周公稱王之問題多有着墨,不應忽視。以下本文便析論黄氏在周公研究上的相關見解。

二　黄氏論周公受命稱王問題

黄氏的周公研究,最主要有四篇文章:《釋周公受命義》、[②]《釋周公受命義續記》、[③]《召誥解——三論周公受命問題》,[④]此三篇文章收録於其論文集《經學理學文存》;第四篇爲《四論周公受命攝政稱王問題》,[⑤]此外又著《論漢代古文尚書經説謂周公攝政稱王,並論此一經説始於劉歆》。[⑥] 前四篇文章之宗旨,據黄氏自言"討論周公受命攝政稱王問題,連本文在内,我一共寫了四篇文章",其論述最重要者爲《釋周公受命義》一篇,乃以《金縢》爲依據,建構出周公"受命稱王"之論,並結合周誥他篇經文進行論證;而第二篇《釋周公受命義續記》,特別指出是與屈萬里先生商榷,並提出《召誥》時周公已歸政之觀點;第三篇《召誥解》,則是特別針對程元敏先生《周公旦未曾稱

① 徐復觀:《與陳夢家屈萬里兩先生商討周公旦曾否踐阼稱王的問題》、《有關周公踐阼稱王問題的申復》,收録於徐復觀《中國思想史論集續編》,北京:九州出版社,2013年;屈萬里:《西周史事概述》、《關於所謂周公旦"踐阼稱王"問題敬復徐復觀先生》,收録於《屈萬里先生文存》第2册,臺北:聯經出版事業股份有限公司,1985年。

② 原載於《大陸雜誌》第46卷第5期。

③ 原載於《東方雜誌復刊》第7卷第11期、《大陸雜誌》第48卷第3期。。

④ 收録於黄彰健《經學理學文存》,臺北:臺灣商務印書館,1976年,第45–73頁。

⑤ 載於《大陸雜誌》第54卷第3期,第114–118頁。

⑥ 黄彰健:《經今古文學問題新論》,臺北:"中央研究院"歷史語言研究所,1982年,第9–18頁。

王考》一文,認爲程先生不僅曲解《召誥》"王乃初服"文義,在資料采信上面"不分别原料次料",更互有抵觸,批評語氣不可謂不重;《四論周公受命攝政稱王問題》則是此系列文之最後一篇,主要是批評葉達雄《西周文武成康時代的文治與武功》一文,[①]認爲葉文同樣未分别原始材料與次要材料。

就以上所引觀之,黄氏所論特别針對屈萬里與程元敏兩先生而發,尤其對自述之"周公受命"之論非常有自信,然從其言屈、程二先生不用自己的論點語氣來看,黄氏對此似稍有不滿。[②] 無論如何,今要全面瞭解黄氏之周公研究,非得探析其《釋周公受命義》一篇不可。據黄氏之説,其主要根據爲《金縢》"公曰:……予小子新命於三王,惟永終是圖。兹攸俟,能念予一人"一段。[③] 黄氏釋此云:

> "惟永終是圖",三王新近命周公圖謀完成周武王撫有四方的使命,完成周文王、周武王所受的天命(此處釋終字),使宗廟神靈永有依歸(此處釋永字)。[④]

黄氏之意,乃解"終"爲"完成",並引申出"完成周文王、周武王所受的天命";解"永"爲"使宗廟神靈永有依歸"。從黄氏的解釋可知,其爲了作是解,而將"永終"之文序倒置爲"終永",乃以文意爲導向,認爲"完成周文王、周武王所受的天命"(終),才能"使宗廟神靈永有依歸"(永)。姑且不論黄氏無視經文之順序,且説何謂"完成周文王、周武王所受的天命"?對此,黄氏云:

> 《大誥》説:"天休于文王,興我小邦周,克綏受兹命",是文王作王,係奉天命。《金縢》説:"命于帝庭,敷佑四方",是武王作王,亦奉天命。周公則係受命于三王,三王死後,三王之神靈雖在上帝左右,但周公畢竟非直接受命於上帝,故其爵位始終爲公,特以"永終是圖",當時環境有此需要,故又命其自稱"予一人"。周公係以公爵的身份而擔任攝政王。其攝行天子政務,畢竟係遵奉三王的命令。没有三王的命令是不行的。[⑤]

黄氏解釋《金縢》此段話爲三王命令周公"圖謀完成周文王、周武王所受的天命,使宗廟神靈永有依歸"。文王、武王所受天命,即受天命爲周王之意,此説古今少有異辭;

---

① 葉文載於《臺灣大學歷史學系學報》第3期。

② 黄彰健先生之個性,可參唐寶民《古典瞬間:黄彰健的個性》,見 http://paper.wenweipo.com/2016/11/15/WH1611150006.htm;茅海建《我所知道的黄彰健先生》,見 http://news.qq.com/a/20100521/002398.htm。對黄氏的人格、處事有十分生動的描述。

③ 孔穎達等:《尚書正義》卷一三,上海:上海古籍出版社,2016年,第196頁。

④ 《釋周公受命義》,《經學理學文存》,第2頁。

⑤ 《釋周公受命義》,《經學理學文存》,第11頁。

因此,黄氏將周公"受命"這件事解釋成周公受三王之命"圖永終"——攝政稱王。如此一來,黄氏利用對《金縢》文字的解釋,將周公與攝政稱王之事聯結,此爲黄氏論點的基本架構,其餘所論皆沿着此論或補充,或開展,或平議舊説,目的皆爲佐證周公攝政稱王之證據,如黄氏云周公"受命攝行天子政務,並自稱'予一人'。'予一人'係古天子自稱,故《大誥》、《康誥》、《酒誥》'王若曰'的王字係周公攝行王政時自稱",①即將《大誥》、《康誥》、《酒誥》中的"王"皆説成周公;又以《尚書》經文參照,謂《大誥》"敉寧武圖功"、"予不敢不亟卒寧王圖事"、"不敢不成寧考圖功"、"予曷其不于前寧人圖功攸終",認爲"此處正有'終'字'圖'字,可與《金縢》篇互證";又云《洛誥》"惟周公誕保文武受命惟七年",即《金縢》"無墜寶命"、"永終是圖"之意;又謂《君奭》"公曰:我受命無疆惟休,亦大惟艱"之"我受命"正可與《金縢》"予小子新命于三王"相參證。②

今夷考黄氏之論,其實並非新説。如其引《洛誥》説云云,清代莊述祖即云:"'永終是圖'謂占書龜所告之謀也。……周公言'歸俟爾命'及見書所示之謀,知三王所以命周公者,日艱大日益,若誕保文武受命七年之事,亦見占書。"③是莊氏便將《洛誥》"誕保文武受命"與《金縢》"予小子新命於三王"相應合。宋翔鳳亦云:"《金縢》一篇分三節。……至'王翼日乃瘳'爲一節,明周公踐阼攝政,乃新命于三王。……'永終是圖'謂當終文武之事,公則曰'三王之命'也。"④宋氏即將"永終是圖"解釋成是三王命周公"終文武之事",此"終"其實也是"盡"、"完成"之意。可見,黄氏的説法其實不完全是新説。

現在的問題是,此種説法是否合理?要解釋此説,必須考慮:一、文句的解釋是否合經義;二、史實的真實情形爲何。就周公攝政的問題而言,從古迄今,無論贊同稱王與否,諸家皆各執一詞,幾乎只相信自己的證據,此從屈萬里、徐復觀二先生之相互答難即可知。⑤ 不僅屈、徐二先生如此,其後所論者多同此。綜觀所有學者所提出的證據無外"紙上文獻"與"地下材料",而前者之解釋幾乎決定了説者大半之論點,以及衍

① 《釋周公受命義續記》,《經學理學文存》,第 31 頁。

② 以上黄氏引《大誥》、《洛誥》、《君奭》以證《金縢》之説,見《釋周公受命義》,《經學理學文存》,第 4 頁。

③ 莊述祖:《尚書今古文攷證》卷三,《續修四庫全書》第 46 册,第 434 頁。

④ 宋翔鳳撰,梁運華點校:《過庭録·尚書譜》卷六,北京:中華書局,2006 年,第 116-118 頁。

⑤ 徐復觀批評屈萬里"治學最大的特點是'擇觀念而固執'。擇定一個觀念,固執起來;合於自己觀念的資料使用,不合於自己觀念的多棄置不用。資料的運用與棄置,都没有批判性的解釋",見《與陳夢家屈萬里兩先生商討周公旦曾否踐阼稱王的問題》,《中國思想史論集續編》,第 118 頁;而屈萬里對此回應:"徐先生這段話,却毫無可疑地是'夫子自道'……徐先生這種'擇觀念而固執'的勇氣,真堪驚人。"見《關於所謂周公旦"踐阼稱王"問題敬復徐復觀先生》,《屈萬里先生文存》第 2 册,第 623-624 頁。

生出的種種問題,地下材料只是佐證而已。黄氏之説最主要論證之依據,仍是《金縢》“永終是圖”一句之解。此句古今學者説法不一,除上引莊、宋二家説,另如元朱祖義《尚書句解》則言:“已許武王不死,可爲國家永遠終久是謀”;而近人如屈萬里云:“言三王能謀其久遠,意謂不使武王即死。”①劉起釪云:“我小子新受三王的命令,也可以永久替國家謀劃。”②李民、王健:“我小子剛才從太王、王季、文王那裏接受的命令,就是圖謀國家的長久。”③諸家説解,在於到底是誰“謀永終”以及“永終”之内容爲何。就此問題意識來看,黄氏討論此問題是具學術上的意義,可以深化、釐清周初史實、周公研究、《尚書》研究的解釋,然而所采用之觀念與方法,是否合乎邏輯與事實,則是本文所討論之重點。

三 黄氏對“永終是圖”舊説之糾駁與立説之問題

黄氏引了諸多舊説,兹取值得商討黄氏論點者:(一)《史記·魯世家》:“王其無害。旦新受命三王,維長終是圖。兹道能念予一人。”(二)僞孔《傳》:“周公言,我小子新受三王之命,武王惟長終,是謀周之道。言武王愈,此所以待,能念我天子事,成周道。”(三)宋時瀾《增修東萊書説》:“再行永其(武王)年,以圖終其業。”(四)元朱祖義《尚書句解》:“已許武王不死,可爲國家永遠終久是謀。”(五)楊筠如《尚書覈詁》:“永,長也。終與永同。永終即上文‘永有依歸’。”(六)屈萬里《尚書釋義》:“永終,即永久也。言三王能謀其久遠,意謂不使武王即死。……此謂三王必能眷顧已之誠心而允其所請也。”④對以上六説,黄氏的批評分别是:

我不知道太史公對《金縢》這幾句話究竟做何解釋。(一)

僞孔《傳》釋“能念予一人”爲能念周武王。“武王惟長終”,究竟應怎麽講,我不懂。(二)

要武王長壽,以終其業。而武王事實上未能完成撫有四方的大業。如謂此係三王的命令,這等於説三王的神靈不靈。(三)

《書經》原文説:“予小子新命於三王,惟永終是圖”,並未説命武王“永終是圖”。

① 屈萬里:《尚書集釋》,臺北:聯經出版事業股份有限公司,2003年,第130頁。

② 顧頡剛、劉起釪:《尚書校釋譯論》,北京:中華書局,2005年,第1246頁。

③ 李民、王健:《尚書譯注》,上海:上海古籍出版社,2012年,第240頁。

④ 以上諸説,見《釋周公受命義》,《經學理學文存》,第7-10頁。

《説文》:"命,使也,从口令。"命武王永終是圖,恐不能釋爲三王給周公的命令,只有解釋爲三王令周公惟永終是圖,才與命字的意思相符。(四)

楊氏謂"永終是圖"係承《金滕》上文"先王永有依歸"説,爲拙説所本。但楊氏事實上只解釋了永終的永字,而終字實承上文"無墜天之降寶命"説。(五)

屈先生釋永終爲永久,未注意永字係承《金滕》上文"永有依歸"説,"終"字係承上文"無墜寶命"説,故對"永終"二字永是永個什麽、終是終個什麽,仍含糊過去。而且屈先生釋《金滕》"永終是圖"爲"三王能謀其久遠",三王能謀其久遠,此與釋"永終是圖"爲"武王永終是圖"一樣,恐均不能解釋爲三王給周公的命令。只有解釋爲三王令周公"永終是圖",這才與"新命于三王"的"命"字的意義相符。(六)①

從黄氏對古今學人之批評,可知黄氏對於"永終是圖"一語的幾個態度:一、黄氏直言不明《史記・魯世家》、僞孔《傳》之解釋;二、否定時瀾、朱祖義將"永終是圖"釋爲武王長壽之説;三、否定命武王"永終是圖"是三王給的命令,而是三王令周公"永終是圖";四、接受楊筠如對"永終"爲"先王永有依歸"的解釋,又稍微修正了楊氏的説法。此四點,《史記》與僞孔《傳》均將"永終"訓爲"長終",但太史公並未明言"永終"之主語爲何人,或爲何種内容;而僞孔《傳》則是將"長終"聯結至武王,使武王能長終,意即使武王生命能延長之意。爾後時瀾、朱祖義、屈萬里之説,其實皆是擴大僞孔之説,將是句釋爲"令武王命延,謀求周朝長久之大業"。唯楊筠如將"永終"釋爲"先王永有依歸",黄氏認爲此應爲"永"字之意,而非釋"終"字。换言之,黄氏的論點,即將否定了前人將"永終"連讀的看法,其實無論是永久、永年等,皆是將"永終"釋爲"長"之義,黄氏則分開解釋,將"永"釋爲"使宗廟神靈永有依歸","終"釋爲"圖謀完成文王、武王所受的天命"。黄氏如此解釋,乃因其引《説文》"命,使也",意謂"是三王的使命",即"予小子(周公)接受三王之使命",進而將此使命之内涵解釋成"圖謀完成文王、武王所受的天命,使宗廟神靈永有依歸"——即攝政稱王。此種解釋與前人大相徑庭,兹合時瀾、朱祖義、屈萬里之説,將"予小子新命於三王,惟永終是圖"翻譯成白話文,與黄氏之説合觀如下:

(時瀾、朱祖義、屈萬里等)"予小子(周公旦)親受三王之命,(武王命延)以謀求周朝長久之計。"

(黄彰健)"予小子(周公旦)親受三王之命,圖謀完成文王、武王所受的天命,

---

① 以上諸説,見《釋周公受命義》,《經學理學文存》,第7-10頁。

使宗廟神靈永有依歸。”

黄氏如此解釋，尚有兩個論點作依據：一、上引黄氏之説：“要武王長壽，以終其業。而武王事實上未能完成撫有四方的大業。如謂此係三王的命令，這等於説三王的神靈不靈。”二、黄氏認爲“予一人”就是古天子自稱，其引《禮記・玉藻》“凡自稱，天子曰予一人”以及《盤庚》、《湯誓》、甲骨文、銅器銘文等以證之。或者引《尚書・秦誓》載秦穆公及《左傳・哀公十六年》載魯哀公自稱“一人”作反證，然黄氏謂“此均係平王東遷，王綱解紐以後事。如據此而説西周初年諸侯已可自稱余一人，故周公在《金縢》篇中自稱‘予一人’，此即忽略時代變遷，稱謂可以改變”。[①]

案：第一點之説，實過於執拗，《金縢》經文“能念予一人”下，緊接着説“王翼日乃瘳”，雖然過不久，武王還是過世，然而這能等於“三王的神靈不靈”嗎？此好比今時民間若有家人生病，希望家人痊癒，進而禱告、吃齋。結果可能一時好轉，然人生命有限，終歸一死，難道因此質疑神明之靈驗乎？何況“王翼日乃瘳”即顯示武王病情確實轉好，知黄氏此論實無法成立。而第二點，黄氏提出了紙上文獻與地下材料，證明“予一人”是天子自稱，此誠然也；然而説秦穆公及魯哀公自稱“予一人”是“平王東遷，王綱解紐以後事”，不可以用以説西周初年史事，否則爲“忽略時代變遷”。黄氏此論實忽略了所謂成書時代與文字寫定的問題，傅斯年早已論《金縢》文體全與周誥不類，絶非西周時作品；[②]程元敏先生另從語詞、文法、制度等論證《金縢》乃春秋中葉人據傳説撰作，[③]而言“《金縢》乃春秋時人述古之作，作者以春秋時諸侯得稱‘予一人’，誤以周公嘗有是自稱也”。[④] 後人用後代語詞述古本屬正常，如《堯典》一篇處處可見後人以彼時語辭、制度述古之痕跡。上文引黄氏自言“《金縢》篇係後世史官追記”，是黄氏亦承認《金縢》一篇並非實録，故出現春秋時期之用語，誠自然之事，無以稱“忽略時代變遷”，否則《尚書》中《虞夏》、《商書》之文辭多見後代詞語，則難以解釋。

其次，詮釋經書文辭，不僅當斟酌字辭意義，更應關照前後文辭氣、文意是否流暢，如吴闓生云：“《詩》、《書》文雖崇奥，要亦古哲所精心結譔之文，故必以文家之義法求之，而後意緒乃能大明，而精神旨趣因以畢見。千古注疏訓詁所以罕得其真諦者，皆由

① 《釋周公受命義》，《經學理學文存》，第3-4頁。

② 傅斯年：《中國古代文學史講義》，《傅斯年全集》第1册，臺北：聯經出版事業股份有限公司，1980年，第80頁。

③ 程元敏：《尚書周書牧誓洪範金縢吕刑篇義證》，臺北：萬卷樓圖書股份有限公司，2011年，第135-141頁。

④ 程元敏：《尚書周書牧誓洪範金縢吕刑篇義證》，第186頁。

於文法之不講故也。"[①]觀黄氏對"永終是圖"一句的解釋,實未顧及《金縢》文意之脉絡。今案《金縢》文句,從"永終是圖"一句前之叙事内容清楚可知:(1)武王有疾;(2)周公告三王;(3)史官承周公命作祝詞;(4)卜龜、啓龠皆吉。至此,占卜内容顯示武王會痊癒,進而周公曰;(5)"予小子新命於三王",因周公親自向三王禱告,故言"親受命於三王。";(6)"惟永終是圖"者,乃回應前"無墜天之降寶命"一句,此時占卜結果都顯示"吉",故能"圖永終"、"無墜天之降寶命"者,顯然是武王,此亦回應之前周公祝禱之内容"乃命於帝庭,敷佑四方,用能定爾子孫於下地",命於地庭者,謂武王受命爲天子。既然顯示武王即將痊癒,非武王孰能圖永終乎?若周公知王即將痊癒,又言自己受命稱王,豈非篡位乎?是知黄氏此解於文理無據也。又何况若案黄氏此解,則"永""終"必爲倒文,更無是理。

今觀程元敏先生《尚書周書牧誓洪範金縢吕刑篇義證》一書,言"或者釋'終'爲'完成'(動詞),謂三王新近命周公完成周文王、武王所受的天命,又牽引周誥文字曲説,强而不可通"。[②] 此"或者",程先生雖無明言何人,然對照黄氏所論,殆暗指黄氏也。[③] 黄氏謂《大誥》"敉寧武圖功"、"予不敢不亟卒寧王圖事"、"不敢不成寧考圖功"、"予曷其不于前寧人圖功攸終",認爲"此處正有'終'字'圖'字,可與《金縢》篇互證;又謂《洛誥》"惟周公誕保文武受命惟七年",即《金縢》"無墜寶命"、"永終是圖"之意;又謂《君奭》"公曰:我受命無疆惟休,亦大惟艱",指此處"我受命",正可與《金縢》"予小子新命于三王"相參證。案:既如上論證"圖永終"的非周公,因此不存在與《大誥》"互證"之問題,何况忽略語境,就單取一二相同之字彼此附會,就方法來説不免稍嫌草率;而《洛誥》所言之"惟周公誕保文武受命",是言"周公保護文王武王接受的天命",即指攝政之事,即《尚書大傳》云:"周公攝政,一年救亂,二年克殷,三年踐奄,四年建侯衛,五年營成周,六年制作禮樂,七年致政成王。"而《君奭》之"我受命",黄氏認爲前人講爲"我周受命"(僞孔《傳》)、"我文王武王受命"(蔡《傳》)是"增字解經"。[④] 然而,觀《君奭》"殷既墜厥命,我有周既受"、"天不庸釋於文王受命"、"惟時受有殷命哉",皆言"受命"者是"文王"或是"周"受殷命,無一稱周公。又"我受命無疆惟休"句

① 吴闓生:《尚書大義・例言》,臺北:臺灣中華書局,1986年,第1頁。

② 程元敏:《尚書周書牧誓洪範金縢吕刑篇義證》,第183頁。

③ 筆者完稿後詢問某教授,此教授爲程元敏先生弟子,證實當年屈萬里先生與黄彰健先生於史語所對周公稱王與否有所爭議,屈先生命程元敏先生撰寫《周公旦未嘗稱王考》,爾後黄先生亦針對程先生之作進行辯駁。是本文此處所疑屬實。此一經過,有助於今人理解屈萬里、黄彰健、程元敏三位先生的周公研究與臺灣經學史之發展,謹附於此,若有誤解之處,一切後果由本人承擔。

④ 《釋周公受命義》,《經學理學文存》,第11頁。

意實同《召誥》"惟王受命,無疆惟休,亦無疆惟恤"。試想若其他處"受命"者皆非周公,單此一處"我受命"是周公自稱,實不合理。又此時説話對象是召公,豈有能對召公言自己受命稱王之理?再觀下文"其汝克敬以予監于殷喪大否,肆念我天威",意爲"你要能謹慎的與我以殷人的滅亡這種不好的事作爲借鑒,遂顧慮我周會遭受到天的懲罰",此句之"我",即"我周"之意,而非周公。相同的例子又如《召誥》"今我初服",此"我"即上"王乃初服"之"王"。故此句實不能看作"增字解經",①而應視爲前句"我有周既受"之省。

四　黄氏此説之方法問題

吕廟軍《周公研究》一書歸納前賢研究周公稱王問題曾下一結論:"在關於周公稱王問題的研究中,我們還可以看到很多學者除在傳世文獻的、考古材料的證據之外,還充分發揮了個人邏輯推理、思想義理發明的方法,這實際上是一種'推想'的方法。"②毫無疑問,研究問題時很多時候需要"推想",然而"推想"的限度爲何?如何找尋證據使"推想"更穩固?本節即從黄氏研究周公稱王之方法,以觀黄氏此説在學術研究上之種種問題。

(一)"口氣"與"會通"的方法問題

今觀黄氏對周公稱王研究所采用的方法,是從《金縢》先設定"周公受命"稱王之前提,再由書面與地下文物找尋適合自己論點的證據。有關《金縢》"永終是圖"一句之問題已見上述;而黄氏又因爲已先設定周公受命稱王,所以特重所謂周公的"口氣"與《尚書》周誥諸篇的"會通"。就周公的"口氣",黄氏云:

> 《大誥》説:"敷賁,敷前人受命。"屈先生譯此句爲:"我奔走着(勤勉地)施行先人所接受的時代使命。"健按,《大誥》所謂"前人受命",指《金縢》篇所記,帝命武王"敷佑(撫有)四方"。《大誥》所謂"敷前人受命",亦即《金縢》篇"無墜天之降寶命"、"永終是圖"之意。這正是周公從三王處接受的命令。周公以《大誥》告臣下時,成王未親政,成王其實並未"奔走着勤勉地施行"先人所接受的天命,故

---

① "增字解經"若按照洪師國樑歸納王引之《經義述聞》所設立之方法,其要有四:(一)將注釋語用代入法代入文本中,以檢核釋語與被釋語的對應及與文義的離合;(二)檢核釋語是否合乎引申規律;(三)檢核釋語是否合乎語境;(四)檢核釋語是否合乎情理。見洪師國樑《王引之〈經義述聞〉"增字解經"説述論》,《詩經、訓詁與史學》,臺北:"國家"出版社,2015年,第435頁。按:今按此四種方法,則《君奭》"我受命"解釋成"文王"或是"周",皆合乎引申規律以及語境、情理。

② 吕廟軍:《周公研究》,第89頁。

> 由《金縢》篇及《大誥》本文看來,《大誥》誥文也只能説是周公的口氣。[①]

從此清楚可知,由於黄氏對《金縢》"永終是圖"一句之解,已設定周公受命稱王,故認爲"《大誥》誥文也只能説是周公的口氣"。然而黄氏論"周公以《大誥》告臣下時,成王未親政",故無法"受天命",其實亦過於固執於"親政"等於"受命"。蓋彼時成王年幼,仍繼承祖、父所受天之命爲王,有何不可? 其次,"口氣"是周公與否與"稱王"實不必看作一回事,即使《大誥》爲周公代擬宣告,亦不必認作周公稱王。又如:

> 由《召誥》末尾看來,"拜手稽首曰:予小臣,敢以王之讎民、百君子、越友民,保受王威命明德"。率領王之臣民,以保護順受王之威命明德,這也是周公的口氣。

黄氏的理由爲:"此拜手稽首獻幣與王之人應係周公。如果説是召公獻幣與王,那就與《召誥》上文'錫(獻)周公'相抵觸了。"[②]按:就經文的文理看來,《召誥》開頭"太保乃以庶邦冢君出取幣,乃復入錫周公。曰:拜手稽首,旅王若公……",是"旅王若公"之前的"拜手稽首";而文末之"拜手稽首",乃是"以王之讎民、百君子、越友民",兩"拜手稽首"之環境不同。[③] 其次,爲何"率領王之臣民,以保護順受王之威命明德"不能是召公口氣,而非得是周公? 所謂周公"口氣"的標準亦無衡量標準。從此二例顯示,黄氏所謂"口氣"實不足以支撑周公稱王的證據。

除了"口氣",黄氏又不止一次提及"會通"周誥諸篇之重要,云:

> 對今存《尚書》《金縢》、《大誥》、《君奭》、《洛誥》等篇,我們不可孤立地予以解釋,我們應會通爲説。[④]
>
> 《金縢》篇係後世史官追記,其可信程度自然不能與《大誥》相比。但《金縢》篇所記周公祝文,及周公所説"予小子新命于三王,惟永終是圖",則應確有所本。我已利用《金縢》篇將《今文尚書》與周公有關諸篇,融貫解釋,並將周公受命的心意説出。[⑤]

黄氏取《金縢》會通《大誥》等篇文句上之問題,已見上節討論,本節討論方法觀念之問題。黄氏此種方法的勝處,在於將周誥諸篇的歷史進行排比,並建構起西周初年的歷史。然而此法却是以非西周初年史料的《金縢》作爲立論基礎,再以公認爲西周初年

---

① 《釋周公受命義續記》,《經學理學文存》,第32頁。

② 《召誥解》,《經學理學文存》,第47頁。

③ 此點程元敏先生已引吴澄《書纂言》之説言之,見程元敏《尚書周誥十三篇義證》,臺北:萬卷樓圖書股份有限公司,2017年,第515頁。

④ 《釋周公受命義》,《經學理學文存》,第12頁。

⑤ 《召誥解》,《經學理學文存》,第68頁。

原始檔案的《大誥》、《召誥》等篇作爲輔證擴展論述,不免會令人產生買櫝還珠之質疑。[①] 昔傅斯年强調"直接材料",[②]陳寅恪亦言歷史語言的研究"第一步工作在搜求材料,而第一等之原料爲最要",[③]皆强調第一手資料的重要。黄氏雖有采用《大誥》、《召誥》等原始材料立説,但其立論邏輯却是以《金縢》爲前提,又爲了符合其立論基礎,因此在他篇之詮解乃選擇性采有利於己的説法,如《多士》、《多方》二篇之史實順序,或認爲《多方》應列於《多士》之前,如劉起釪説:"自宋儒迄清儒多指出《多方》言'王來自奄',《多士》言'昔朕來自奄',《多方》在《多士》前甚明,是合於歷史先後順序的","《多方》篇是成王在位之三年……所作的一篇誥辭";[④]又屈萬里亦指出《多方》作於成王三年五月,《多士》作於成王七年三月。然而黄氏爲了證明周公下命令的稱謂變化,謂"王若曰"是周公稱王下令之用語(《大誥》、《康誥》、《酒誥》),而"周公若曰"(《君奭》)或"周公曰:王若曰"(《多方》)是周公還政成王後之用語,[⑤]遂采楊筠如周公監洛後五年(成王十一年)説,謂:"《多方》篇作於周公歸政後,成王五年五月",[⑥]而無視宋至清代言《多方》在《多士》前之説。其實,若承認"王若曰"之"王"不是周公,則《多方》一篇作於周公歸政之前,言"周公曰:王若曰"實無不可。又如《召誥》一篇,無論是定爲成王五年(如劉起釪)或是成王七年(如楊筠如、屈萬里)所作,時間點皆在周公返政前,然黄氏却言:"《召誥》應撰寫於周公歸政以後,故用《召誥》只能證明周公在歸政以後稱公,不能用以證明周公在攝政時一定稱公。"[⑦]其目的,無非是建構出《召誥》是周公還政之後對成王説的誥辭,並批評程元敏先生説:

> 程元敏君爲了要證明周公在攝政時稱公,遂説:成王其時尚未居洛邑,此"宅新邑"係"將居洛邑",故據此而釋"今我初服"爲"成王將親政"。程君忽略了"旅王若公"之時,其時成王已住在新邑(洛邑),而周公召之(昇案:此"之"應爲衍文)公營洛均係受成王之命,而這些事均在成王在豐邑祭告文王廟之後。對《召

---

① 按:黄氏於1997年出版之《周公孔子研究》自序云:"《尚書·大誥序》説:'周公相成王,將黜殷,作《大誥》',我們需了解,《書序》只是戰國時人的經説,我們仍應分辨原料次料,應根據《書經·康誥》經文:'王若曰:孟侯,朕其弟,小子封',此王呼小子封爲弟,故知此王爲周公,而後融會《金縢》、《大誥》、《酒誥》'王若曰'之王爲周公,而非周成王。"黄氏在此之説是以《康誥》爲立論基礎"會通"《周書》各篇,與之前所采之邏輯方法不同。然而《康誥》之"王"若如宋人言是"武王",則黄氏之立論皆無法成立。

② 傅斯年:《歷史語言研究所工作之旨趣》,《傅斯年全集》第4册,第1301頁。

③ 轉引自王汎森《什麼可以成爲歷史證據》,《近代中國的史家與史學》,上海:復旦大學出版社,2010年,第116頁。

④ 顧頡剛、劉起釪:《尚書校釋譯論》,第1511、1609頁。

⑤ 《釋周公受命義》,《經學理學文存》,第22頁。

⑥ 《釋周公受命義續記》,《經學理學文存》,第38頁。

⑦ 《釋周公受命義續記》,《經學理學文存》,第31頁。

誥》經文,我們應根據其上下文,仔細玩味,不可曲解經文爭勝。[①]

黄氏直指程元敏先生"曲解經文"。今觀《召誥》記載營洛經過甚詳,召公先至洛邑,而後周公、成王後至,故黄氏指出程先生言"成王其時尚未居洛邑"是錯的,而言"其時成王已住在新邑(洛邑)"。今檢程先生之説:"'知今我初服,(今)宅新邑'時尚未居新邑,而云然者,'今',謂'即將'。"[②]程先生之意,是成王親政之後將居洛邑,因爲此時洛邑尚未完成。"王乃初服"、"今我初服,宅新邑"之"乃"、"今"有"即"之意,[③]意即成王還未親政,所謂"宅新邑"當連結"今我初服"串講,知原本計劃是希望成王留洛邑,後從《洛誥》才知成王希望周公留洛邑,而成王則回鎬京。又程先生云:"史官記營洛經過,召公告成王之語,周公與成王問答,及成王在洛命周公留洛等事,作《召誥》、《洛誥》。"[④]知程先生其實未忽略彼時成王已至洛邑,而是黄氏曲解了程先生的論點。由《洛誥》末句"在十有二月,惟周公誕保文武受命,惟七年",知七年十二月周公還政成王,下一年成王親政。若《召誥》時成王已親政,爲何不在《召誥》中就紀録如"惟周公誕保文武受命"一類的文字以明還政,而是以"王乃初服"、"今我初服"輕輕帶過?實不合文理。且若如黄氏此解,則《洛誥》周公與成王相互討論,成王命周公留守洛邑之事則斷不可解。然而,深信此種方法能够會通解讀周誥諸篇的黄氏却説:"我對《書經·金縢》篇:周公受命,'惟永終是圖'的解釋,由《書經》本文看來,是絶對正確的。由'周公受命,永終是圖'這一觀點出發,來解釋《大誥》、《康誥》、《君奭》、《召誥》、《洛誥》諸篇,均左右逢源。"[⑤]黄氏雖自言"左右逢源",然而却易流於一種自圓其説式的"推想",在材料的解讀、方法的合理性上,均值得再行討論。

(二)分别材料之方法與詮釋問題

黄氏批評程元敏先生"不分别原料次料,所采信資料有互相抵觸而不知",又批評葉達雄先生"未分别原料次料"。觀葉氏言成王"毅然决然的命令周公爲統率,率軍攻打武庚,自己另率一軍征伐管蔡",[⑥]黄氏引《金縢》、《書序》批評葉氏"斷章取義",[⑦]頗是;然而,黄氏並未明言程先生何處資料相抵觸。今觀黄氏云:

> 《洛誥》説:"汝受命篤弼",恐不能據此以證成王於武王崩後,在周公攝政第一年時已即王位。《春秋經》:"隱公元年春王正月。"《左傳》説:"不書即位,攝

---

① 《召誥解》,《經學理學文存》,第54-55頁。

② 程元敏:《周公旦未嘗稱王考(上)》,《尚書周誥十三篇義證》,第150頁。

③ 説見徐仁甫《廣釋詞》卷五、卷六,北京:中華書局,2014年,第149、237頁;又程元敏《周公旦未嘗稱王考(上)》亦從《尚書》本經證明"今"有"即將"此意。

④ 程元敏:《周公旦未嘗稱王考(上)》,《尚書周誥十三篇義證》,第147-148頁。

⑤ 《四論周公受命攝政稱王問題》,《大陸雜誌》第54卷第3期,第118頁。

⑥ 葉達雄:《西周文、武、成、康時代的文治與武功》,《臺灣大學歷史學系學報》第3期,第33頁。

⑦ 《四論周公受命攝政稱王問題》,《大陸雜誌》第54卷第3期,第114頁。

也。”《公羊傳》亦説：“凡隱之立，爲桓公立也。”魯隱公在攝位時即稱公，而魯桓公之即位，則在隱公遇弒以後。①

意謂《洛誥》説“汝（周公）受先王遺命堅定不移輔佐（成王）”句無以證明成王於武王崩後即稱王。黄氏以《春秋》隱公爲例子，謂隱公攝位稱公與周公攝政稱王一樣，進而云：“周公之立，是爲成王而立。（與魯隱公之爲桓公立一樣）。”②黄氏此論，顯然是針對程元敏先生《周公旦未嘗稱王考》一文而發，觀程先生引鄭玄《發墨守》云：“（魯）隱（公）爲攝位，周公爲攝政；雖俱相幼君，攝政與攝位異也。”意謂區别攝政與攝位甚嚴，不可取隱公與周公相提並論。然黄氏云：

> 鄭玄注經，糅雜今古文經師所説，有時毫無定見。如注《大誥》“王若曰”説：“王，周公也。周公居攝，命大事則權稱王。”……鄭玄《發墨守》説“……”，此亦與他（鄭玄）對《大誥》、《康誥》“王若曰”的注解抵觸。如周公係攝政，而非攝位，攝政與攝位如有異，則他就不應稱王。③

程元敏先生於《周公旦未嘗稱王考》一文指出王莽首先污衊周公稱王，謂王莽改《史記》文，竄入“常稱王命”，而鄭玄此注則甘爲王莽作僞證。④ 案：姑且不論黄氏並未對程先生之言辯駁，但其稱鄭玄對周公稱王之説“毫無定見”，其實尚可商榷。觀《左傳》明言“公攝位”；“不書即位，攝也”，顯然隱公未曾“即位”，此從隱公未有即位之禮可知。⑤ 鄭玄之意，是魯隱公只是“攝位”，而未真的“即位”；而周公是“攝政”，故而“稱王”。魯隱公“攝位”，若能够比附周公“攝政”，則此必須承認周公並未“踐阼”，如此則與黄氏“周公受命踐阼稱王”的論點不合。⑥ 可見，黄氏在對材料的判别上，未對隱公事跡深入了解，是不明材料的本質，對於鄭玄的批評實未達一間，因此針對程元敏先生“不分别原料次料，所采信資料有互相抵觸而不知”的批評也未見中肯。

有關黄氏批評程先生擇取材料不當的批評，又可見程先生引《逸周書·成開解》：“成王元年，大開告用。周公曰：余夙夜之勤，今商孽競時逋播以輔”，並云：“此篇記將伐武庚，當周公攝政之初，分稱‘周公’、‘成王’，明成王已即位爲王。”⑦黄氏對此批評云：

---

① 《召誥解》，《經學理學文存》，第55頁。

② 《召誥解》，《經學理學文存》，第55頁。

③ 《召誥解》，《經學理學文存》，第65頁。

④ 程元敏：《周公旦未嘗稱王考（上）》，《尚書周誥十三篇義證》，第134－135頁。

⑤ 楊朝明指出：“終隱公之世，他始終不行即位之禮，而且父改葬不臨；母没不赴；衛侯來會葬時不見；己母死只稱‘君氏卒’，不用夫人之禮，而桓公母仲子死則用夫人之禮。”隱公如此，可見是攝立而不以國君自居。見氏著《周公事跡研究》，鄭州：中州古籍出版社，2002年，第62頁。

⑥ 按：黄氏於《釋周公受命義》云：“周公受命踐阼攝政”，可見認爲周公踐阼攝政稱王。

⑦ 程元敏：《周公旦未嘗稱王考（上）》，《尚書周誥十三篇義證》，第138頁。

> 此“成王元年”，宋本作成王九年。其作成王元年，係清儒依孔晁注校改。此“成王元年”如指周公攝政元年，則《逸周書》所記與《金滕》、《大誥》、《康誥》、《酒誥》扺觸。如謂此“成王元年”指周公歸政後次年，則所謂“商孽”，應指商奄，亦不能指武庚。[①]

按：黄氏所謂“作成王元年，係清儒依孔晁注校改”者，乃盧文弨所改。盧文弨云：“篇中云‘今商孽競時逋播’，則在未東征之前，舊作‘九年’，非也。”[②]知盧氏改爲“元年”之根據，是因爲“今商孽競時逋播”一句，與《大誥》“于伐殷逋播臣”相合，而《大誥》絶對是周公攝政元年“救亂”之作。黄氏此言作“元年”則《逸周書》與“《金縢》、《大誥》、《康誥》、《酒誥》扺觸”者，乃因爲認定《大誥》、《康誥》、《酒誥》之“王若曰”之“王”爲周公，如果《逸周書》此處真的是作“元年”，則黄氏“周公稱王”之説就無法成立，故不惜以“扺觸”來否定作“元年”之可能。其實，不能一味相信宋本早已是考據學之常識，[③]若作“成王九年”，則“今商孽競時逋播”之“今”實難以解釋，不如“元年”之通達，是知黄氏欲藉版本以難程先生，亦難通也。

黄氏不僅非難今人對於材料去取不當，對清人判別材料方面亦有批評。觀“王若曰”一詞，黄氏對於清人判斷今古文説的看法有所評論：

> 衛宏、賈逵、馬融均治《古文尚書》。衛宏、賈逵釋《酒誥》“成王若曰”的成字爲“成就人之道”，其用意即在不釋爲周成王，以便將這一王字講爲周公。……他們想將《酒誥》的“王曰”將爲“周公曰”，即可能沿襲王莽，而前引王莽所上奏及《莽誥》即可能出自劉歆等人手筆。將《大誥》、《康誥》、《酒誥》、《梓材》的“王若曰”、“王曰”的王字講爲周公，這應該是漢代古文學派對《尚書》的注解的一個共同點。而孫星衍《尚書今古文注疏》、陳喬樅《今文尚書經説考》、王先謙《尚書孔傳參正》竟將王莽的見解認爲係漢代今文經説。他們未將兩漢經師對《尚書》“王若曰”的解説，哪些是今文經説，哪些是古文經説，分别清楚。[④]

檢衛宏、賈逵釋《酒誥》“成王若曰”的解釋爲：“戒成康叔以慎酒，成就人之道也，故曰成”，[⑤]並未説“周公戒成康叔”，不知黄氏所謂衛、賈意在“將這一王字講爲周公”的推測何來？如果是因爲成王是晚輩，不應直稱其叔名，然而程元敏先生早已指出古人不

---

① 《召誥解》，《經學理學文存》，第 66 頁。

② 黄懷信等：《逸周書彙校集注》卷五，上海：上海古籍出版社，2007 年，第 496 頁。

③ 如陸貽典即云：“古今書籍，宋板不必盡是，時板不必盡非。”見王欣夫述，徐鵬整理《文獻學講義・宋版有不可盡信》，上海：上海古籍出版社，2016 年，第 183 頁。

④ 《釋周公受命義》，《經學理學文存》，第 16 頁。

⑤ 孔穎達等：《尚書正義》卷一四，第 205 頁。

以稱名爲嫌;[①]又孔穎達《正義》曰“馬、鄭、王本以文涉三家而有‘成’字,鄭玄云‘成王所言,成道之王’,三家云‘王年長骨節成立’”,[②]合上衛、賈之説,不論今古文經師對“成”字的説解對錯與否,此顯見今文、古文本《尚書》皆作“成王若曰”,連説出“王,周公也”(《大誥》鄭《注》)的鄭玄都説《酒誥》此王爲成王,足見黄氏之説難以成立。又黄氏《論漢代古文尚書經説謂周公攝政稱王,並論此一經説始於劉歆》一文,更直云鄭説是古文經説:

> 鄭玄釋《大誥》“王若曰”之王爲周公。《漢書·王莽傳》説周公成周道,故知鄭玄釋《酒誥》“成王若曰”之王爲“成道之王”,此王亦指周公,與歐陽、大小夏侯三家之釋此“王”爲“周成王”不同。三家之説係今文經説,故知鄭玄此説爲古文經説。[③]

黄氏無視鄭玄對《酒誥》“王若曰”三字云“成王所言”,而徑説“此王亦指周公”,此完全是臆測。既然衛、賈、鄭對《酒誥》“王若曰”非指“周公”,則黄氏指古文家説“王”爲“周公”之説無法成立。其次,黄氏謂孫星衍、陳喬樅、王先謙指鄭玄、王莽之説是今文説是錯的,應是古文説,原因就是認爲今文三家皆説《酒誥》“王若曰”是“成王”,與鄭玄説“王,周公也”(《大誥》鄭《注》)相違,可見鄭玄之説是古文説;而鄭玄之説又與《莽誥》相合,故《莽誥》亦爲古文説。案:此説可商。一者從上述已知鄭玄對《酒誥》、《大誥》“王若曰”之解釋不同,難以判斷何者爲今文或古文説;二者孫、陳、王之所以將《莽誥》視作今文,主因爲《莽誥》成於西漢末,實爲西漢版本,正如江聲云:“王莽雖篡漢之賊,其所儗者,乃西漢時之《尚書》,伏、孔二家之舊文也。”[④]西漢爲今文學流行時代,故以爲《莽誥》之説爲今文。不惟如此,諸家殆見《莽誥》“惟居攝二年十月甲子,攝皇帝若曰”與《尚書大傳》“周公身居位,聽天下爲政”,故以爲“居攝”與“居位”同(如王先謙、皮錫瑞),又以《尚書大傳》明言“周公攝政”,遂認爲《莽誥》是今文説。其實,檢視相關文獻,除了鄭玄外,皆未有古文經説明言“周公稱王”者,鄭玄亦有可能是沿《莽誥》立説(黄氏亦承認),[⑤]知黄氏的立論方式實欠缺有力證據。既然鄭玄對“王若曰”的説法不一致,又其他古文經師如賈、衛皆以爲《酒誥》是成王,實不必固執鄭説一定是古文説。而《莽誥》之説,無論出於何人手筆,亦無證據顯示必爲漢古文經説,極

---

① 如成王呼周公曰“公”、周公呼召公曰“奭”、召公稱周公爲“旦”,見程元敏《周公旦未嘗稱王考(下)》,《尚書周誥十三篇義證》,第186頁。

② 孔穎達等:《尚書正義》卷一四,第206頁。

③ 《論漢代古文尚書經説謂周公攝政稱王,並論此一經説始於劉歆》,《經今古文學問題新論》,第10頁。

④ 江聲:《尚書集注音疏》卷六,《清經解》本,南京:鳳凰出版社,2005年,第3065頁。

⑤ 黄氏:“(鄭玄)對《大誥》‘王若曰’的解釋則依從王莽。”見《釋周公受命義》,《經學理學文存》,第16頁。

有可能是王莽爲了政治因素,藉周公爲己立説。由以上分析,黄氏對於材料顯然誤讀,不僅不知漢代今文三家把"王若曰"説是成王,就連衛、賈、鄭等古文經師也把《酒誥》"王若曰"解釋爲成王;又以爲鄭玄説"王若曰"爲周公,進而以爲《莽誥》之説必定是漢古文經説,可見黄氏在材料的判别與詮釋是有待商榷的。

五 結語

陳寅恪曾言上古史研究易流於"畫人畫鬼,見仁見智",①雖然今日出土文獻逐漸增多,爲後代研究提供了豐富的材料,然而在許多問題的解釋上還是相當困難。綜合上文所論,可知黄彰健先生對周公研究最重要之立論點爲《金縢》"永終是圖"的解釋,將此句解釋成周公受三王之命,攝政稱王。黄氏此種建立於文本進而"推想"的方法,並非不可行,但黄氏之説在文理上不僅有扞格難通之處,亦因執着於《金縢》的詮釋,對於會通其他篇如《大誥》、《君奭》、《召誥》等説,多值得商榷。黄氏對古人、今人的材料使用多有批評,如批評清人對今古文分判之錯誤、程元敏先生對於材料互相抵觸等問題。然而,仔細考察黄氏批評所用的方法與詮釋,亦有未達,知"推想"在詮釋歷史上之限度,應當還是建立在完整的證據上。

周公稱王問題與否,從古迄今不斷有學者討論,可見是上古史、經學史上之重大問題。本文評論黄彰健先生的周公研究,並非爲了批評而批評,而是有感於前輩爲了一問題立説,不僅努力爬梳材料,更爲後人提供周公稱王問題的思考與詮釋。然而在觀念與方法上,或許有值得後人重新思考之處,不啻是作爲學術研究前進的方向。筆者實敬佩黄氏之對於建構周公受命稱王理論所做出的努力,然秉持着學術研究乃天下之公器,真理是愈辯愈明,透過對於黄氏文章之討論,希望能多方面地啓迪後人對於周公稱王問題之思考。

作者簡介:

洪博昇,1983 年生,臺灣高雄人,世新大學文學博士,現爲中山大學南方學院文學與傳媒系講師,主要研究經學史,尤致力於《尚書》。近年代表作有《江聲、王鳴盛之輯佚思維及其輯〈尚書〉鄭〈注〉之若干重要問題》(《臺大中文學報》第 45 期)、《從江聲、王鳴盛注〈尚書〉論吴派治經之兩種思維向度》(《國學季刊》第 4 期,山東人民出版社 2016 年版)、《宋人"字序"對經典之運用——以〈尚書〉之引用为例》(《中國典籍與文化》2017 年第 4 期)等。

① 王鍾翰:《陳寅恪先生雜憶》,《紀念陳寅恪教授國際學術討論會文集》,廣州:中山大學出版社,1989 年,第 52 頁。

基於前提討論的經學史研究
——由《左傳》杜注若干問題引發的思考※

馬清源

内容摘要 杜預之前如賈逵、服虔等人注《左傳》,從根本上而言,仍未脱離《公》《穀》的解經方式——尤其是《公羊》以條例解經方式的影響,在具體問題的闡釋上,也將某些《公羊》理論作爲解釋的前提。至杜預開始,在解釋《左傳》的方式上有了較大的轉變。杜預一方面否定了作爲先儒解經前提而存在的"條例",另一方面將複雜解釋簡單化。但是,杜預否定了前提,在無其他來源的情况下,很多解釋只是依據"情理"而已,與真正的事實亦有本質的區别。可以説,在經學理論的討論過程中,某些時候,越是簡單的結論,越是符合常理的注解可能越没有依據,只不過是注解家依據自己的想象構造出的"合乎情理"的解釋而已,後人所謂解經"平實"的評論,很多情况下可以和"没有理論基礎的簡單判斷"相掛鈎。總之,賈服注與杜注,代表了兩種不同的解經方式:"依據前提的解釋"與"符合情理的解釋",今日研究經學史,不當忽視各家的不同前提。

關鍵詞 《左傳》 杜預 賈逵 服虔 解經前提

《春秋》三傳,各有"師法"、"家法",在現在的經學史研究中,"師法"、"家法"等概念可以被看作是解釋的前提。重師法、家法者,尤以《公羊》《穀梁》爲主。筆者近來關注"魯禮"之研究,曾略涉及《公羊》何注對後世禮學若干問題的影響。其實從漢魏以後的受衆面來看,三傳之中《左傳》自然佔據更重要的地位,《左傳》家關於相關禮制討論,自然更不能迴避。現存《左傳》之注,最早、成系統的首推杜預《集解》一書,自唐人五經正義取之以爲《左傳》標準注本,後世影響遠超之前的任何注本,其前各家注《左》之書亦次第亡佚。杜注有所本、亦有所革,其書既名《集解》,則其利用《左氏》先儒之

※本文爲中國博士後科學基金資助項目(編號:2018M632657)成果。

注不言自喻,而杜預之前的《左氏》先儒,首推賈、服,學者對賈服注對杜注之影響,已有較多討論。[①] 實際上,杜注與賈服注代表的是兩種不同的解經方法與解經態度,兩相對比,其同者,自不待言。其差異最顯者,通常被概括爲賈服受《公》《穀》影響,杜注依據"事實",信而有據云云。至於賈服注與杜注之優劣,歷代更是争論不休,喜杜注者,奉之爲圭臬;喜賈服者,則有後人總結之兩次"攻杜浪潮"。[②]

今日之經學史研究,擺脱單純評價學者優劣或對經學理論之簡單判定的做法似已成爲相關經學研究者之共同認識。摒棄簡單的是非判斷,轉入對注家何以言此之討論,似乎更有意義。筆者傾向于用經學討論的"前提"來定義這種"何以言此"的研究。基於這種認識,今試圖從這個角度對杜注與賈服注之某些區别、杜注中的某些問題進行重新審視,略陳管見。

一　作爲賈服注"前提"而存在的《公》《穀》條例

賈服之注,今大部已經散佚,有賴輯佚之書,得以略窺其貌。[③] 翻檢任何一種輯佚本,或者讀《左傳正義》中所引之賈服説,不難得出賈服注與杜注之最重要區别在于賈服注常明引或暗用《公羊》《穀梁》爲説。

言賈服注受《公》《穀》之影響,畢竟是一種簡單的概括,具體而言,與《公》《穀》"條例"相似的《左傳》"條例"成爲賈服等解釋《左傳》之重要手段——這是賈服注區别於杜注的最重要特點。對"條例"的認識,又要涉及早期《春秋》學的解經方法。面對簡略的《春秋》經文,從漢代早期開始,"條例"便成爲《春秋》學的重要解經方式。

何謂"條例"式解經方式? 簡而言之,其可以被看作是一種在比較前後經文的過程中産生("比經推例"),並反過來再用於解釋經文的雙向解經方法。四庫館臣言:"非互相比較,則褒貶不明",概括其重要性,簡明扼要。

---

① 如程南洲先生著有《賈逵之春秋左傳學及其對杜預注之影響》(臺北:文津出版社,1980 年)、《春秋左傳賈逵注與杜預注之比較研究》(臺北:文津出版社,1981 年)、《東漢時代之春秋左氏學》(原爲臺灣政治大學中文研究所 1978 年博士論文,後上海華東師範大學出版社 2011 年新版)等,諸書比勘杜注與賈服等東漢先儒之注,言其中之因襲關係甚詳。

② 何晋先生在詳細對比賈服注和杜注的基礎上,客觀的分析了兩者的差異,指出杜注往往在名物制度、訓詁上不如賈服注精當有據,但其注解有時更簡約平實,不牽强附會。此外,對歷代論兩者優劣以及"攻杜浪潮"的情况,也有详细的论述分析。以上可參閱何晋《〈左傳〉賈、服注與杜注比較研究》,《國學研究》第 4 卷,北京:北京大學出版社,1997 年,第 63–96 頁。

③ 本文討論所涉及的賈服注,主要參考李貽德《春秋左氏傳賈服注輯述》、劉文淇等《春秋左氏傳舊注疏證》、重澤俊郎《左傳賈服注擴逸》等。

尤其對《公羊》《穀梁》二傳而言，因爲經文簡略，在没有其他參考資料（或者説當初本來就排斥其他參考資料）的情況下，只能通過“比經推例”，即比較類似事實經文的不同記載語句，通過字詞之間的細微差異來探究文字背後所隱藏的“聖人深意”。進而，經文不載的事實可由“條例”推出，至於如此推論出的“事實”是否符合歷史真實也不重要。可以説，脱離條例，《公》《穀》即無法成爲經學。《公》《穀》之有條例，自不必言，《左傳》先儒的解釋，也是將條例作爲重要的解經方法，《漢書・藝文志》載劉歆、賈徽等均著有類似《左氏條例》之類的書籍，即便激烈反對《公》《穀》條例的杜預，本人亦著有《春秋釋例》一書。

然而，條例的解經方式，存在其固有缺點。條例構造依據的是有限的經文，也只適合對篇幅不大的經文進行解釋。並且，隨着後儒的不斷引申，條例不斷增多，接踵而來的是不符合基本條例的特殊情況大量增多，最終甚至導致條例的特殊情況反而超出正常情況，從而使得條例的存在失去價值。另一方面，《公羊》家（甚至包括受《公羊》學影響的鄭玄）的眼裏，條例的作用，除了可以用來得出更多的微言大義外，更可以借之探究文字之後所隱藏的事實。然而，這種根據條例構造出的事實，其實是一種理想化的推論，在面對更詳細甚至與之矛盾的《左傳》記載之時，其劣勢不言自明。這兩方面的原因，也正是“條例”解釋法在《左傳》興起之後不斷趨於衰落的重要原因。

條例是爲簡單經文準備的，當複雜經文出現的時候，只能有兩種解決方法：一是進一步複雜化，《公羊》的何注乃至《左傳》的賈服注走的大致是這條路，“條例”是賈服解經的“前提”；而與之相反的是完全拋棄條例，杜預選擇的就是這一條道路。

二　杜注對條例的排斥——前提的消亡之一

對“條例”這一“前提”承認與否，直接導致了解釋方式的不同，杜注《左傳》書前先有序言一篇，以問答的形式，詳細介紹了其注《左傳》的宗旨，毫不掩飾地表達了其排斥《公》《穀》、反對條例的態度，以爲《左傳》先儒“而更膚引《公羊》《穀梁》，適足自亂”，同時闡明了自己的解經方式“預今所以爲異，專修丘明之傳以釋經”。

如魯公即位或書或不書，《公羊》皆有條例，杜預《釋例》則言：“隱莊閔僖，雖居君位，或有故而不修即位之禮，或讓而不爲，或痛而不忍，或亂而不得。禮廢事異，國史固無所書，非行其禮而不書于文也。”《公羊》認爲“事行而國史諱而不書”，杜預認爲“事不行故國史不書”，兩者的區别大致如此。下文更以“時月日例”爲例，詳細展示杜預的態度及其問題。

“時月日例”是《公羊》家乃至早期《左傳》家解釋經文的重要方法，“條例”之中即以"時月日例"爲典型代表。但是,上文提到"條例"的最大問題在於無法涵蓋所有的經文書寫情況,隨着條例的愈趨繁複,特殊情況越來越多,解經者不得不耗費大量精力來彌縫不符合條例的特殊情況,最後乃至於特殊情況超出原有的正常情況。杜預當初所面對的,可能就是這樣一種失去了活力的解經方法,於是杜預一概斥之,杜預對"時月日例"的態度,集中展示在《春秋釋例・大夫卒例》一條中,①文煩不備録,其要旨一言以蔽之:"《春秋》皆不以日月爲例。"其否定時月日例的依據:一是認爲"國史皆承告而書",他國之告,不能保證皆有日月。二是推測魯國史官的記載過程,以爲最初記載之時,當全具日月,而史官編修之時,"率意以約文",以致在書寫上有類似"不書日"與"書日"等區别。然而,即便書日,亦有因年代遠近不同而存在的書寫數量上的差别——《春秋》載魯十二公,前六公紀事書日者二百四十九、後六公書日者四百三十二,前後時間略同而書日數量上却有較大差别,究其原因,杜預言前者書日少乃"久遠遺落不與近同"。故而杜預最終得出"承他國之告,既有詳略,且魯國故典,亦又參差,去其日月則或害事之先後,備其日月則古史有所不載。故《春秋》皆不以日月爲例"的結論。

但是,隱公元年冬十二月"公子益師卒",未記日,《左傳》中明確記載"公不與小斂,故不書日";桓公十七年"冬十月,朔,日有食之",《左傳》中亦有明確記載"不書日,官失之也"。這兩條記載明顯與杜預"《春秋》皆不以日月爲例"的理論相違背。杜預只能有限的承認《左傳》的"日例",言《左傳》"日例"僅限於此,同時批評《左傳》先儒依據《公羊》《穀梁》爲《左傳》增加"日例"、創造"月例"做法是他們之所以"乖誤而繆戾"的原因。

杜預否定時月日例,自有其考慮,不妨看作是一種"從《左傳》到《左傳》"的解經方式。在杜預來看,這自然是恪守《左傳》,不雜取他家的優先選擇。不過,杜預否定了時月日例,不明時月日例的某些原理,對《左傳》先儒注解的批評往往不得要領。

僖三十三年經"冬,十二月,公至自齊。乙巳,公薨于小寢。隕霜不殺草,李梅實。晋人、陳人、鄭人伐許",②此處經文"十二月"之下共繫四事,均爲十二月發生之事可無疑問。賈逵注解以爲此處書月,僅爲"公至自齊"、"公薨于小寢"而設,而與"隕霜不殺草,李梅實"及"晋人、陳人、鄭人伐許"二事無關,即杜預所謂"賈氏唯以二事繫月"。③依常理來看,賈逵這樣注解自然有難以理解之處,明明四事均繫於十二月之下,一年之

---

① 杜預:《春秋釋例》,上海:商務印書館,《叢書集成初編》本,1935年,第26-28頁。

② 《春秋左傳注疏》,臺北:藝文印書館影印阮刻《十三經注疏》本,2007年,第289頁上。

③ 杜預:《春秋釋例》,第27頁。

中自然又不會有十三月,則其他兩事若不繫於十二月,繫於何月?杜預對此做出了"合乎情理"的批評,並以之爲否定"時月日例"的重要論據:"凡四事皆當共繫十二月,賈氏唯以二事繫月,云'月者,爲公薨,不憂隕霜李梅實也'。然則假設不憂,即不得書月,不得書月,則無緣知霜不殺草之月,又告至伐許在何月爲可去。此亂注記、詭惑後世也。"

假如不懂得賈逵的解經前提、不懂得賈逵所依據的"時月日例"之解釋邏輯,可能會覺得杜預的批評不但合情合理,甚至"一針見血"、是一種"以子之矛攻子之盾"的有力抨擊。但是,賈逵爲什麼會有這樣的解釋,真的是先儒"亂注記、詭惑後世"嗎?這不得不促使我們去探究賈逵爲什麼會有這樣的注解。與其順着杜預的批評,不如反過來探究賈逵的依據、其解經前提是什麼?其實清人已經注意到了這個問題,並對此做出了合乎賈逵本意的解釋。

李貽德《春秋賈服注輯述》此處云:"案十二公之薨,經無不繫月。'至自'及災異,或繫時不繫月,此十二月本爲公薨而繫。以至自齊在前,則併書之。'隕霜不殺草,李梅實',異而不災,無足憂者,不因是而繫月。"[①]劉文淇《春秋左氏傳舊注疏證》申李說:"按李說是也,賈意隕霜、李梅實於例當繫於冬。其日之,則以公薨爲重。故退隕霜、李梅實於後也。"[②]其實不必進一步分析,僅依據李、劉二人之說,學者即可對賈逵的解經前提有明確的理解。公平地說,賈逵所依據的"時月日例"是否有更前一步的前提,前提是否可靠,這些都不得而知。但是反過來說,杜預又何嘗有依據?

三　情理與事實——前提的消亡之二

杜預《集解》畢竟是建立在前人基礎上的。字義訓詁方面的解釋,多采自前人,可無疑義。較之賈服注,杜注脱離《公》《穀》的前提,一些貌似更加合理的解釋,實際上也没有根據,只是從情理上來講更加合理而已。所以如果要簡單回應一下上文提出的問題,則杜預某些解釋的依據唯有情理而已。

先前筆者已言《公羊》家注中之"歷史事實"有據條例推定者,其與事實合與不合,本非《公羊》家所着意;《公羊》家或有據先師之説言事者,先師之説是否有來源,已不可考,前提的前提,也非本文所討論的範圍,要之其説本之先師而已。賈服繼承了這種

① 李貽德:《春秋左氏傳賈服注輯述》,《續修四庫全書》第125册,上海:上海古籍出版社,2002年,第467頁。

② 劉文淇等:《春秋左氏傳舊注疏證》,北京:科學出版社,1959年,第454頁。

解經方法。[①] 至於杜預,對某些既無詳細記載,又無先儒言及的情況,亦不能免因例求事的做法,[②]顯示了注家在無所依據的情況下所面對的困境及其無奈。進而杜預又有"將複雜事實簡單化"、"以情理言事"的解經方法。

圍繞桓公薨逝所導致的文姜來往於齊魯之間的一系列問題,《公羊》有説、《左傳》有言、賈服有注,而杜預更是創爲新説。莊公元年經文"三月,夫人孫于齊",按桓公十八年四月,桓公與夫人文姜會齊襄公于齊,桓公見殺,此處經文言"夫人孫于齊",似先前文姜已經返魯,由魯至齊。查此處《公羊傳》云:"夫人固在齊矣,其言遜何? 念母也。正月以存君,念母以首事。"[③]《左傳》云:"元年春,不稱即位,文姜出故也。"[④]

《詩・南山》疏言:"何休及賈逵、服虔皆以爲桓公之薨至是年三月,期而小祥,公憂思少殺,念及於母,以其罪重不可以反之,故書'遜於齊'耳。其實先在於齊,本未歸也。至二年夫人會齊侯於禚,是從魯往之,則於會之前已反魯矣。服虔云'蓋魯桓公之喪從齊來',以文姜爲二年始來。"[⑤]

是賈服皆用《公羊》之義,以爲莊公元年三月文姜本在齊,經書"三月,夫人孫于齊"乃虛筆,文姜歸魯則在莊公二年冬十二月"夫人會齊侯於禚"之前,至於確切何時則不知,要之在莊公元年三月後、莊公二年十二月之前。而服虔所言"蓋魯桓公之喪從齊來","喪"字後疑脱"畢"字,是服虔推測文姜無顔預於桓公之喪事,待桓公三年喪畢之後之莊公二年始歸魯。

杜注經文:"夫人,莊公母也。魯人責之,故出奔,内諱奔,謂之孫,猶孫讓而去。"注傳文:"文姜與桓俱行,而桓爲齊所殺,故不敢還。莊公父弒母出,故不忍行即位之

---

① 較之杜注,賈服注中有更多"細節",後來的《左傳疏》中亦常常引之以補充杜注,給人以似乎確有其事的感覺,然而並没有仔細探究賈服注所言細節的來源。如果仔細探究,可以發現這些所謂的事實細節,其實不少是依據《公羊》條例推得。如文公十五年傳"一人門於句鼆,一人門於戾丘,皆死",正義曰:"句鼆、戾丘有寇攻門不書者,服虔云'魯國中小寇,非異國侵伐,故不書也'。"其實服虔以經不書,據條例構擬此事,《左傳》正義又取以論證,不啻於一種循環論證。在認識這些經疏的時候,需要理解經疏的解釋邏輯:經疏非正向的邏輯推理,而是反向的先有論點再找論據的過程。並且依經疏體例,是否一定有其事並不重要,重要的是這些可以補充經疏對經文、注文的疏解。更加重要的是,能够彌縫的不一定必須是這些細節,甚至可以是任何細節,而無論這些細節是否存在。因此,假如要利用經疏中所載的"事實"來討論真實的歷史存在,需要慎之又慎。

② 如《春秋釋例・母弟例》言:"然則兄害弟者,則稱弟以彰兄罪。弟又害兄,則去弟以罪弟身也。推此以觀其餘,秦伯之弟鍼、陳侯之弟黄、衛侯之弟鱄出奔,皆是兄害其弟者也。"(《春秋釋例》,第 19 頁)

③ 《春秋公羊傳注疏》,臺北:藝文印書館影印阮刻《十三經注疏》本,2007 年,第 72 頁下。

④ 《春秋左傳注疏》,第 137 頁上。

⑤ 《詩・南山》疏所引,見《毛詩注疏》,臺北:藝文印書館影印阮刻《十三經注疏》本,2007 年,第 195 頁下。

禮。據文姜未還,故傳稱文姜出也。姜於是感公意而還,不書,不告廟。"[①]揆諸經傳及杜注,可見杜預之基本認識:桓公薨於齊,文姜不敢歸魯,因文姜未還,故傳稱"文姜出",而莊公因桓公死於齊、文姜在齊未還,故元年正月不忍行即位之禮。"文姜於時感公意而來,既至爲魯人所尤,故三月又遜於齊",[②]是以爲文姜以莊公元年正月以後、三月之前還魯,然後三月又因魯人非難,由魯去齊。

兩者分歧之關鍵在於:莊公元年三月"夫人孫于齊"之前,文姜在魯在齊?是本在齊未歸(賈服説),還是由魯奔齊(杜預説)?看似簡單的小小問題,背後反映的是基於不同前提下的不同理解。賈服、何休甚至鄭玄等都基於《公羊》,[③]以《公羊》傳文爲前提,提出文姜本在齊未歸之説。而杜預之説其實並無所依,僅僅依據對經文"夫人孫于齊"的字面理解,構擬出"魯人責之,故出奔"的解釋。進一步講,杜預肯定也看到了先儒的解釋,不妨站在杜預的立場上做一理解:經文及《左傳》並無明文,先儒的解釋和《公羊》相關聯,而《公羊》言"夫人固在齊矣",似亦並無所據,何休注云:"据公夫人遂如齊,未有來文"。據此,是《公羊》僅依據桓十八年經文載"公、夫人姜氏遂如齊",此後至莊元年經文"三月,夫人孫于齊"之間,並無言及夫人歸魯之事,故而得出莊元年三月,夫人本在齊未歸之説。再往下考慮《公羊》這種由經到傳的闡釋方式,勢必又要涉及《公羊》複雜的"條例"問題。受《公》《穀》影響的先儒,可以以《公羊》傳文爲基礎,直接拿來以之爲前提來解釋《左傳》,但秉承"專修丘明之傳以釋經"的杜預,不取這種需要有層層前提爲基礎的累積式的解釋方式,拋棄一切前提,以"快刀斬亂麻"的魄力,將事實簡單化,得出貌似更加符合情理之"事實",亦是自然。

那麽杜預這種解釋,有無依據?無。有無可能?有。但是,即便杜預這種解釋真的與事實相符,也與真正的歷史記載(假設有)存在本質的區别。況且,經學本來就和歷史事實不同。《詩·南山》疏評論説:"杜預創爲其説,前儒盡不然也",也是清楚地認識到了杜預此説並無師承與依據,僅是杜預自己理想的創造而已。

如果説《南山》疏有袒鄭之嫌,今引一段《左傳》疏文,可見即便是袒杜之《左傳正義》,對此種情况亦不得不承認。僖公元年傳:"'九月,公敗邾師于偃',虚丘之戍將歸者也。"杜注:"虚丘,邾地。邾人既送哀姜還,齊人殺之,因戍虚丘,欲以侵魯。公以義求齊,齊送姜氏之喪。邾人懼,乃歸,故公要而敗之。"杜注此言,表面來看,細節俱在,言之鑿鑿,似乎邾人確有"欲以侵魯"之事。《正義》曰:

---

① 《春秋左傳注疏》,第136頁上至137頁上。

② 亦《詩·南山》疏所引,見《毛詩注疏》,第195頁下。

③ 《詩·南山》疏言:"鄭於《喪服小記》之注引《公羊》'正月存親'之事,則亦同於賈、服,至二年乃歸也。"(《毛詩注疏》,第195頁下)

舉之盟也,邾人在焉。公既盟而敗其師,傳不明言其故,直云"虛丘之戍",不知虛丘誰地,何故戍之。服虔云:"虛丘,魯邑。魯有亂,邾使兵戍虛丘。魯與邾無怨,因兵將還,要而敗之,所以惡僖公也。"邾之於魯,本無怨惡。僖公奔邾,則爲之外主;國亂,則戍其内邑。無故而敗其師,亡信背義,莫斯之甚,非僖公作頌之主所當行也。杜以爲不然,故别爲此説。此説亦無所據,要其理當然也。案十二月夫人之喪始至,此九月敗邾師而云"以義求齊,齊送姜氏之喪"者,夫人以七月薨,公即求齊,齊既許之,邾聞許而將歸,魯得許而敗邾師耳。①

無須進一步分析,僅引上述《左傳》疏文,讀者自可知杜預之言之鑿鑿者,實系"理當然"之推論。

四 結語

本文的目的,不在於引發對《左傳》賈服注與杜注之重新評論,關於這方面的文章,已經很多。亦無意於對杜注有任何貶低,杜注《左傳》,厥功甚偉。只是試圖在"前提"的視角下,提出某些問題,用某些例證,對比賈服注與杜注,反思兩者不同的解經方式,在解經時候有無前提,前提是何?同時促使学者進一步思考什麽是經學?經學與事實有什麽區别?偶有一管之見,供大家批評。

如何認識從賈服到杜預的轉變?一方面,從《左傳》先儒到杜預,《左傳》似乎有一種"史—經—史"的轉變。劉歆争立《左傳》,博士答以"《左傳》不傳《春秋》",實際上是將《左傳》排除在經學範圍之外。以賈服爲代表的兩漢之際、東漢前期的經學家,致力於將《左傳》按經學的方式解釋。這裏所謂"經學的方式",很大程度上是指《公羊》"條例"的解經方法。而到杜預之時,幾經轉手,《公》《穀》的精神内涵在杜預眼裏成了可有可無、甚至必須棄之而後快的敝履。努力拋除《公》《穀》"條例"的影響,對一些前後異文,以"史文缺亂"、"無義例"做解釋,實際上是將《左傳》恢復成"史"。因此,杜預之《集解》,名爲注經,更像是注史。另一方面,杜預面對先儒依據各種前提,層層累積而成的解經現實,其所注所解,亦可以被看作是一種回歸《左傳》本身,快刀斬亂麻式的簡單化解經方式。趨簡避煩,對先儒複雜的解經前提一概拋棄,很有林慶彰先生所言的經學討論"回歸原典"的意味。而杜預似乎引領了《春秋》學這一趨勢,

① 《春秋左傳注疏》,第198頁下。

稍後范注《穀梁》,則展示出了更爲激進的拋棄前提,依據字面、依據情理來解經的態度。①

杜預所引領的這種轉變,從整個《春秋》學來看,無疑是《公羊》的衰落,但是《公羊》的某些精神内涵及經學理論,却一直影響下去,尤其從禮學的角度來看,不少禮學的重要理論,追本溯源,甚至都可以上溯到《公羊》學理論,這一點,希望不要被經學研究者所忽視。②

同時,本文的討論也不是探求事實究竟如何?文姜於莊公元年三月究竟在齊在魯?即便某一天有出土資料對此做出清晰的回答,對經學研究來講,亦没有多大意義,因爲我們不能以現代的眼光對古人作居高臨下式的評判,况且對事實的追求已經超越了傳統經學的研究範疇。我們所關注的,正是這種在齊在魯的不確定性所引發的經學討論。可以説,不確定性,正是引發經學研究的催化劑。

説到這裏,似乎可以順便對從古到今經學研究作三種分類,一是有學術背景(師説前提)的討論(如賈服等注《左傳》);二是依據情理、趨簡避煩的判斷(如杜注某些説法)。時至今日,又有依據現代科學理論、考古發掘的研究。只不過很多時候,依據前提的討論,經常被人批評爲"墨守門户",而實際上對所謂的不墨守門户的推崇,反而是没有認識到"墨守門户"所代表的遵循前提的解經方式的意義。反過來説,所謂經學視角上的"治學平實"、"符合情理",很多情况下,似乎可以等同於"没有學術背景的簡單判斷"。

至於第三種研究方法,現代學術體系建立以後,多傾向於用歷史實證——包含但不限於先秦史研究以及人類學、社會學等知識等來判斷一種經學觀點的成立與否。確實,正如葉國良先生所言"讀禮書讀多了以後,我就發現,某些問題,尤其是某些禮儀,如果追根溯源,往往不是傳統經學所能解决的,無法從前人的解釋中找到答案,特别是没有文字記載的遠古時代,這時候就要利用人類學,民俗學的方式來探討。嘗試未必會成功,但如果你得到一個假説,能經得起論證,不妨試試看。因爲這基本上是古代經

① 如對與"躋僖公"及其所涉及的昭穆問題的解釋,《公羊》有"臣子一例"的原則,杜預不取,並迴避複雜的昭穆討論,而范甯將"躋僖公"理解成升僖公神主於莊公之上,更是一種脱離前提的字面理解。吉川忠夫先生曾言"《(穀梁)集解》是以就本文的字義而加以合理解釋爲本來目的",指出范甯認爲"解《穀梁》没有必要一定依據《穀梁》來做出,而目的始終在於'據理'以通經"。([日]吉川忠夫:《六朝精神史研究》,王啓發譯,南京:江蘇人民出版社,2010年,第105、107頁)

② 如《公羊》及何注"臣子一例"説對後世昭穆問題討論的影響,可參見拙文《"躋僖公"三傳闡釋考》(《北大史學》第19輯,北京:北京大學出版社,2015年);再如《公羊》相關學説對鄭玄《魯禮禘祫義》的理論構造亦有影響,筆者另有專文。

學家没嘗試過的方法。"①不可否認,這樣的研究方法,對於加深我們對某些經學問題的理解很有幫助。有些時候,明瞭一些現代人類學理論知識,再反過來看某些經學問題,可以有涣然冰釋的感覺。② 類似的研究,可以作爲一種新時代的"經學研究"被提倡,但似乎脱離了傳統經學本來的研究範疇,至少不應當成爲"經學史"研究的主要領域。

最後需要指出,依據條例構造的事實固然不可靠,但脱離前提的簡單化情理推測,亦不能與"事實"畫等號。隋唐的經學家創作義疏之時,已經認識到了這一點,今天討論經學史之時,對此更應該有清醒的認識。即便這種情理推測法與今天的科學研究可能得出一致的結論,但兩者采取的方法、走的道路完全不同,得出的結論有着本質的不同,僅僅看表面的"殊途同歸",不能簡單地將兩者等同。某些美術史方面的專家提出,研究上古歷史,要拋棄一切經典的干擾,單依靠考古、社會學等科學理論來研究。這種做法雖然激進,但仍然給我們今天的經學史研究以有益的啓示。所以説,研究經學史,應當注意層層的前提,這層層的前提也是經學以及經學史研究的獨特魅力所在,剥離、忽視了附着在經學理論上的層層前提,相關研究也就失去了其特定價值。相反,如果要研究歷史真相,則應當注意搞清經書體系中的某些歷史事實是如何產生以及它們是否可靠。

作者簡介:

馬清源,1986 年生,山東昌邑人,山東大學儒學高等研究院博士後,研究方向爲古籍版本學與經學史。近年代表作有《〈漢書〉宋人校語之原貌與轉變——以宋祁、三劉校語爲主》(《文史》2014 年第 1 期)、《"躋僖公"三傳闡釋考》(《北大史學》第 19 輯)、《構造禘祫——論鄭玄之推論依據及特點》(《原道》2016 年第 1 輯)等。

---

① 《重建禮教社會——葉國良先生訪談録》,彭林等主編《禮樂中國——首届禮學國際學術研討會論文集》,上海:上海書店出版社,2013 年,第 520 頁。

② 舉一個筆者熟悉的例子,筆者在研究昭穆問題的過程中,曾拜讀李衡眉先生《昭穆制度与周人早期婚姻形式》(《歷史研究》1990 年第 2 期,第 12-25 頁)等一系列論文,其文引用蘇聯學者謝苗諾夫《婚姻和家庭的起源》一書中的相關人類學知識,以現代理論模型解釋昭穆最初起源之情形,令人印象深刻。

《春秋》三世説與"世界進化"※

余　露

内容提要　《春秋》三世説初始本不包含"進化"之義。康有爲宣導變法,賦予三世説以進化色彩,將其與近代西方政治、社會學説關聯。而真正將三世説的進化意涵發揚光大的,是梁啓超。康有爲的詮釋主要是面向未來,着眼於天下大同的遠景,而非現時局下的中國對策,近代國家意識亦相對淡薄,其觀念基本不離"天下"體系的傳統。梁啓超對三世説的系列運用,則是以中國本身爲出發點和落脚點,試圖挽救傾頽的國勢,指引前進的方向,已經體現出"世界"觀念的新潮。後者影響更大,從者甚多,既體現傳統思想資源的巨大活力,推動"世界"觀念的深入,也反映了近代國人在西方壓力下不得不面向"世界"的艱辛探索。

關鍵詞　三世説　"世界"進化　康有爲　梁啓超

《春秋》三世説的歷史演進與意藴内涵,包括晚清公羊學集大成者康有爲及其弟子梁啓超的運用演繹(以及其中與進化論的關聯),學界研究已經較爲深入細緻。有人着眼於對歷史的詮釋,如陳其泰鋪陳晚清公羊學者面對時代劇變,將三世説與天演論等西方政治學説糅合的努力,王東傑則揭示清末民初新史家們在中國歷史中尋求"進步",把中國歷史描述成一步步走向"世界"的過程的苦心。與面向過去不同,干春松專門論述到康有爲三世説運用中理想的、未來的維度,並評價其得失。陳徽歷時性梳理了三世説不斷演進與充實的過程,注意到清代公羊家對於進化論的引入使得三世説成爲通古達今和革故鼎新的象徵。① 至於康梁二人的差異及其原因與影響,尤其在

※本文寫作獲得"中央高校基本科研業務費"資助。

①　陳其泰:《19世紀中國學者關於歷史演進的理論》,《史學史研究》2010年第2期;王東傑:《"價值"優先下的"事實"重建:清季民初新史家尋找中國歷史"進化"的努力》,《近代史研究》2012年第3期;干春松:《康有爲的三世説與〈大同書〉》,《思想與文化》2015年第16輯;陳徽:《公羊"三世説"的演進過程及其思想意義》,《孔子研究》2016年第2期。此外,常超的《"托古改制"與"三世進化":康有爲公羊學思想研究》(北京:北京大學出版社,2015年)亦辟專章討論了康有爲的三世進化説。

過去、當下和未來三個維度,天下和世界兩種觀念體系上的分别,仍有較大空間。

另一方面,古已有之的“世界”一詞在近代經歷了含義的重大轉變,落實到指稱實質的全球,並且上升爲一種全局性的重要觀念,包含價值判斷,制約國人對於自身發展方向的思考。[①] 這一過程基本完成於19世紀最後幾年,而據金觀濤、劉青峰的觀察,“世界”的使用頻率從1895年左右開始快速上升,1899年首次超過“萬國”。他們還指出,“世界”作爲流變和演化的觀念取代萬國觀時,正是社會達爾文主義在中國盛行之際,“世界”所指涉的社會組織藍圖常常注重進化和進化機制。[②] 恰恰也是在此前後,康有爲、梁啓超等人開始廣泛運用三世説來闡釋歷史、論述當下、指引未來,並將進化的觀念融入其中。再加上,“三世説”之“世”與“世界”之“世”,有天然的語義關聯。時間的接近、進化内涵的相通、詞語的共有,提示二者之間是否存在實際的互動與關聯,值得具體考察。

一　三世説中進化意涵的凸顯

三世説源自《春秋公羊傳》,後經董仲舒、何休等人的發揮,後者將“内外之辨”融入其中,賦予三世説以撥亂反正之新義,三世説由是具有了王道論和歷史觀的色彩,但仍不具備進化意涵,甚至實際帶有“循環”或“退化”色彩,直到晚清康有爲、梁啓超等人那裏才被朝着“進化”的方向引導。這一點,陳徽、王東傑結合吕思勉、王汎森等人的研究已經辨析甚明,[③]是爲三世説古今含義的一大分際,且與曾風靡一時至今影響深遠的進化觀密不可分,關鍵的節點正在19世紀末20世紀初。

康有爲將進化觀融入三世説,内涵豐富,體系完備,早在萬木草堂時期的教學活動中即已顯露。成於1896年的《萬木草堂口説》有言:“以天地分三等:一等爲混沌洪濛之天下;一等爲兵戈而禮樂初開之天下;一等爲孔子至今,文明大開之天下,即《春秋》三世之義也。”[④]三者之間優劣高下顯然,呈遞進關係。這一時期的《董氏春秋學》、

① 相關研究可參見羅志田《天下與世界:清末士人關於人類社會認知的轉變——側重梁啓超的觀念》,《中國社會科學》2007年第5期;《走向世界的近代中國——近代國人世界觀的思想譜系》,《文化縱横》2010年第3期;桑兵《華洋變形的不同世界》,《學術研究》2011年第3期。

② 金觀濤、劉青峰:《從“天下”、“萬國”到“世界”——兼談中國民族主義的起源》,收入《觀念史研究:中國現代重要政治術語的形成》,北京:法律出版社,2009年。

③ 陳徽還提出,龔自珍突破了公羊家自何休以來撥亂反正理解“三世説”的觀念限制,而使得三者之間呈現出由低至高、由質而文的“發展”或“進化”的色彩,而三世進化説大成於康有爲。

④ 《萬木草堂口説》,姜義華、張榮華編校《康有爲全集》第2集,北京:中國人民大學出版社,2007年,第146頁。

《禮運注》亦體現出三世進化説。

也是在1896年，萬木草堂的學生梁啓超説"吾聞之《春秋》三世之義，據亂世以力勝，升平世智、力互相勝，太平世以智勝"，並以此爲基準，輕鬆連接到"近百年間，歐羅巴之衆，高加索之族，藉制器以滅國，借通商以辟地，於是全球十九，歸其統轄"，認爲這就是"智之强也"。進而論道"世界之運，由亂而進於平；勝敗之原，由力而趨於智。故言自强於今日，以開民智爲第一義"。[①] 梁啓超的三世進化説，當得自康有爲。相對於康就"天下"立言的一般學理性論述，梁的運用有着更直接的現實關懷，既參照歐洲近事，更落脚於中國的"言自强於今日"。

同年在致書嚴復時，梁啓超再次提到三世説，提出"凡世界，必由據亂而升平，而太平"，並稱：

> 地學家言土中層累，皆有一定。不聞花剛石之下有物跡層，不聞飛鼉大鳥世界以前復有人類。惟政亦爾，既有民權以後，不應改有君權。故民主之局，乃地球萬國古來所未有，不獨中國也。西人百年以來，民氣大伸，遂爾浡興。中國苟自今日昌明斯義，則數十年其强亦與西國同，在此百年内進於文明耳。故就今日視之，則泰西與支那，誠有天淵之異，其實只有先後，並無低昂。而此先後之差，自地球視之，猶旦暮也。地球既入文明之運，則蒸蒸相逼，不得不變，不特中國民權之説即當大行，即各地土番野猺亦當丕變，其不變者即澌滅以至於盡。此又不易之理也。南海先生嘗言，地球文明之運，今始萌芽耳。譬之有文明百分，今則中國僅有一二分，而西人已有八九分，故常覺其相去甚遠；其實西人之治亦猶未也。然則先生進種之説至矣，匪直黄種當求進也，即白種亦當求進也。[②]

古今中外的聯繫如是之自然，"只有先後，並無低昂"，中西黄白都須朝同一個方向前進。在康有爲"地球文明之運"的宏觀論述之下，梁的運用更有現實針對性。

除宏觀論述外，梁啓超對三世説的運用還體現在某些具體問題上。在《論中國宜講求法律之學》中，他便以三世説來論述中國律法之當變，在此階梯之中更看出中西的差距。不過，承認落後之外，又有一番説辭：

> 世界之進無窮極也，以今日之中國視泰西，中國固爲野蠻矣。以今之中國視苗、黎、獞、猺及非洲之黑奴、墨洲之紅人、巫來由之棕色人，則中國固文明也。以苗、黎諸種人視禽獸，則彼諸種人固亦文明也。然則文明野番之界無定者也，以比

① 梁啓超：《變法通議・學校總論》，張品興主編《梁啓超全集》，北京：北京出版社，1999年，第17頁。

② 梁啓超：《與嚴幼陵先生書》，張品興主編《梁啓超全集》，第72頁。

較而成耳。

比較而成,相對而定,在"世界"中觀看,泰西未必已達極致,中國仍然還有機會,梁啓超的這種彈性思維,在"法律"這一具體問題上有此體現。因此他最後表示"願發明西人法律之學,以文明我中國,又願發明吾聖人法律之學,以文明我地球,文明之界無盡,吾之願亦無盡也"。不過這層彈性,還是籠罩在一個原則之下的,所謂"文明野番之界雖無定,其所以爲文明之根原則有定"。①

在梁啓超主講的時務學堂内部,夾雜着"世界"觀念的三世説成爲重要的教學内容,用來引導學生思考這個變化中的"世界"。學生楊士輝問:"春秋三世之義,既聞命矣。然世界日進於善,何以三代至春秋而亂,春秋至戰國而愈亂,戰國至今而愈亂,豈亂者必有其治乎,何世道之日趨日下也?"教習葉在批語中重申"世界日趨於太平,此必然之理",理由是從上古到今世,人之智慧日巧,制度亦皆如此,並强調"若不信此説,則世界日趨於上之義,終不能通",②儼然已經是不必證明的真理。

1898年,梁啓超在《讀〈春秋〉界説》之"界説九"闡釋"《春秋》立三世之義,以明往古來今天地萬物遞變遞進之理,爲孔子範圍萬世之精意",並具體舉出幾組變遷:莓苔之世界、海絨螺蛤之世界、大草大木之世界以及飛魚飛鼉之世界、骨節脊袋動物之世界、立獸之世界、人類之世界;石刀期之世界、銅刀期之世界、鐵刀期之世界;打牲之世界、遊牧之世界、種植之世界、工商之世界;不火食、不粒食之世界到苗黎、紅番、黑蠻之世界,到埃及、印度初辟時中國洪水初平時之世界,再到中國三代漢唐、西方希臘、波斯、羅馬之世界,直至今日歐美各國之世界,認爲其中"有大三世,有小三世,有前三世,有今三世,有後三世",總之"其義皆在於三世",意在指出"世界日進於善,既爲自然不易之理"。③ 這就是葉德輝所指控的"九論世界之遷變,隱援耶穌《創世紀》之詞,反復推衍",④並批駁道:

> 三世之説,《公羊》後學之言,其説已不盡可信。此更襲西人《創世紀》之文及佛經輪回之旨,本其師説,瀆亂聖經,吾恐世界未進於太平,中華已淪於異教矣。⑤

在葉德輝看來,三世之説本就有些異端(葉氏將其定位爲"只可謂經師家法,不得謂聖

---

① 梁啓超:《論中國宜講求法律之學》,張品興主編《梁啓超全集》,第60頁。

② 《學生劄記若干》,朱有瓛主編《中國近代學制史料》(第1輯下册),上海:華東師範大學出版社,1986年,第310頁。

③ 梁啓超:《讀〈春秋〉界説》,張品興主編《梁啓超全集》,第157頁。

④ 《葉吏部與俞恪士觀察書》,蘇輿編《翼教叢編》,上海:上海書店出版社,2002年,第177頁。

⑤ 《葉吏部〈正界篇〉》,蘇輿編《翼教叢編》,第93頁。

作精神"①),梁之運用,更加入了西人和佛教因素。且不論三世説在經學裏的正邪,梁氏在新的歷史情境下的運用,加入了西方因素,則是不争的事實。1899 年的《文野三界之别》干脆直接借"泰西學者"之名劃分"世界"的文野:

> 泰西學者,分世界人類爲三級。一曰蠻野之人,二曰半開之人,三曰文明之人。其在春秋之義,則謂之據亂世、升平世、太平世。皆有階級,順序而升。此進化之公理,而世界人民所公認也。

文野本是天下觀的重要内容,如今"泰西學者"的三分法,結果恰好與過去相反。梁氏似乎認可這一點,並將其與三世説聯繫起來,所以才有"皆有階級,順序而升"這一時空交融中的綫性規劃。另一方面,此種借助傳統資源、緊密當下時勢的規劃,最終還是落脚於對中國的改造,所以他在介紹完"世界文野階級之分"後,特别呼籲"我國民試一反觀,吾中國於此三者之中居何等乎"。② 也正由於此,他的三世進化説才使人産生對中華命運的擔憂,雖然是否會"淪於異教"是個見仁見智的問題。

葉德輝指出梁啓超之發揮三世説乃是"本其師説",誠然,但又不只如此。梁氏並不是一個只會墨守師説、亦步亦趨的學生,對於師説,梁氏有促進之力,更有張大之功,在三世進化説上,也是如此。據湯志鈞的研究,康有爲之所以屢言進化,與研讀《天演論》有關,而康之瞭解到天演論,又出於梁啓超的推薦。早在《天演論》出版前,梁啓超就已經讀到譯稿,"有感動超之腦氣筋者",遂於 1897 年 4 月對康有爲提起。康有爲在戊戌政變失敗後輾轉香港,後到日本、加拿大、新加坡等地,1900 年 2 月在新加坡與自號"觀天演齋主"的邱菽園一起誦讀《天演論》,共同唱和,十分感佩,以至稱贊嚴復"譯《天演論》,爲中國西學第一者也"。③ 此一時期創作的《大同書》、《春秋筆削微言大義考》、《中庸注》、《孟子微》、《論語注》、《大學注》等著作經常有天演、進化等概念出現,最顯著者如《孟子微》曰"《春秋》要旨分三科,據亂世、升平世、太平世,以爲進化,《公羊》最明"。④ 而《大同書》更是歷來學人論述康有爲三世進化説的重點。當然,如同湯氏已經指出的,康有爲的三世説本創立於《天演論》問世以前,後者的進化觀念只是對他的三世説有所影響,使其前後有所調整,並不能説是决定性因素。因此梁啓超在此問題上的推介,作用不宜誇大。

事實上,梁啓超不僅是推動了康有爲三世進化説的成熟與豐富,更在此問題上大

---

① 《葉吏部與段伯猷茂才書》,蘇輿編《翼教叢編》,第 180 頁。

② 梁啓超:《文野三界之别》,張品興主編《梁啓超全集》,第 340 頁。

③ 康有爲:《與張之洞書》,姜義華、張榮華編校《康有爲全集》第 5 集,第 314 頁。

④ 相關背景參見湯志鈞:《大同"三世"和天演進化》,《史林》2002 年第 2 期。

力表彰乃師的貢獻,既使得康有爲以三世講進化的形象深入人心,也在此過程中傳播了自己的思想。1899 年他歸納康有爲所發明的孔子教旨,第一條即是"進化主義",其言曰:

> 《春秋》之立法也,有三世:……其意言世界初起,必起於據亂,漸進而爲升平,又漸進而爲太平,今勝於古,後勝於今,此西人打撈烏盈士啤生氏等,所倡進化之説也。支那向來舊説,皆謂文明世界,在於古時,其象爲已過。《春秋》三世之説,謂文明世界,在於他日,其象爲未來。謂文明已過,則保守之心生。謂文明爲未來,則進步之心生。①

1901 年梁啓超作《南海康先生傳》時,更因康有爲"獨發明《春秋》三世之義,以爲文明世界,在於他日,日進而日盛",遂認定"中國自創意言進化學者,以此爲嚆矢焉"。② 1902 年在《論中國學術思想變遷之大勢》中,又説道:"夫三世之義,自何邵公以來,久暗曶焉。南海之倡此,在達爾文主義未輸入中國以前,不可謂非一大發明也。"③在達爾文主義傳入之前,即有此發明,則更見其難能。梁氏對乃師的表彰,不僅立意高,而且抓得住關鍵,不可謂非苦心孤詣。

將三世説與進化論相關聯的意義在於,指出中國前進的方向之所在,進化云云首先是變化,而變化的實際方向,又是泰西。正如羅志田所指出的,康有爲創造性地把公羊三世説由歷時性變成共時性,使"天下"平順地過渡到"世界"這一現代對應觀念,既肯定落後的事實,也給予進步的希望,却終究改變不了中國被西方主導的"世界"體系外在化的命運,中國士人加入"世界"的探索,充滿了彷徨。④

只是,如果仔細分辨的話,三世進化説固然開啓於康有爲,却張大於梁啓超,後者的影響也遠遠超過前者,若要探討該説的實際影響,梁啓超更是重點。這裏潛藏着一個差異,即"天下"和"世界"觀念的分别,這既是康梁師弟二人在三世説表述上的差異,更是近代以來國人對外認識和對自身發展道路思索與從前的重大不同。

二 "世界進化"與中國命運

"世界"一詞源出佛典,由時間指向的"世"和空間指向的"界"組合而成,起初只

① 梁啓超:《論支那宗教改革》,張品興主編《梁啓超全集》,第 264-265 頁。

② 梁啓超:《南海康先生傳》,張品興主編《梁啓超全集》,第 489 頁。

③ 梁啓超:《論中國學術思想變遷之大勢》,張品興主編《梁啓超全集》,第 616 頁。

④ 羅志田:《天下與世界:清末士人關於人類社會認知的轉變——側重梁啓超的觀念》,《中國社會科學》2007 年第 5 期。

是用於佛教或與佛教相關的領域,虚大於實,後來滲透到世俗生活中,用法日益精細和豐富,但同樣籠統抽象,比如世風、世道、境界等,無關乎實際的地域和人群。到近代,"世界"依托原有含義的豐富,在西方因素的作用下,漸漸轉换成指稱實際的全球以及人類全體。同時又不只是指稱的改變,還被灌注諸如進化、競争等意向,成爲一個全局性的關鍵概念,影響和制約着人們的思維與行事。19世紀末20世紀初正是轉换的關鍵時期。

仔細比較康梁二人的三世進化説可以發現,在梁啓超筆下,"世界"是一個頻頻出現的關鍵概念,而康有爲較少用到近代意義上的"世界",他更傾向於"天下"、"大同"這些字眼。《大同書》中當然也用到"世界",如"無國而爲世界"、"議員但爲世界人民之代表"、"夫退化則爲世界莫大之害"、"舉世界之人,公營全世界之事"、"全世界人皆平等"等等,但這些用例多少還帶有古代運用中含糊、籠統的色彩,至少不能完全坐實爲近代意義上的全球,錢穆就認爲"《大同書》首曰'入世界觀衆苦',此等描寫,乃佛書濫套耳"。[①]

向來都是證有易,證無難,何况"世界"這樣一個古今含義雜陳且今人認知已經混合到自然難辨的詞語。因此,有無與多寡是一個方面,在所見的用例中,還必須分辨其語境和重心,以及背後的考量,才能大體説明康梁二人在"世界"觀念方面的差異。

值得注意的一點是,有研究者將梁啓超"世界既進步之後,則斷無複行退步之理。即有時爲外界别種阻力之所遏,亦不過停頓不進耳,更無複返其初"的概括徑直當作康有爲自己的認識。[②] 這一方面説明梁啓超對乃師學説的提煉、轉述與宣揚更加醒目和精彩,也説明"世界"這個詞或者説觀念對於今人而言更加熟悉和重要。無獨有偶,蕭公權認爲晚清知識分子中,在完全厭惡效法夷學的保守派和主張無條件西化的極端派中間,還有一小群人認爲中西之别僅是表面的,因此變革過時的政治、經濟、教育制度不是西化,而是世界化——不過是把中國文化提升到世界共同的水準,而康有爲就可以歸入這一類人。[③] 其實在很大程度上,所謂"世界化"的真正内容和實際方向,正是西方。蕭氏認爲世界化傾向的人比傳統派和純西化派要體面得多,這只是後來人的觀感,就當時而言,毋寧説是康有爲之類的人"天下"體系的烙印尤深,還没有完全適應"世界"觀念的内涵。概言之,康有爲與"世界"的關聯,要麼是他人的指認,如梁啓

① 錢穆:《中國近三百年學術史》,北京:商務印書館,1997年,第738頁。錢穆還認爲《大同書》的意涵不過兩端,平等博愛乃西説,去苦求樂則陳義甚淺,對這本康氏"自身創作"而非"整理舊學"的著作評價不高。

② 陳慧道:《康有爲〈大同書〉研究》,廣州:廣東人民出版社,1994年,第475頁。

③ 蕭公權著,汪榮祖譯:《康有爲思想研究》,北京:新星出版社,2005年,第281-282頁。

超,要麽是後人的追認,如蕭公權等研究者們。

根源還在於,近代意義上的"世界"不僅落實到全球,更與國家意識緊密相關。而古代的天下觀念,雖不能説完全没有國家意識,至少相對於文化認同,還是要淡薄得多,與以經濟和政治爲主導的國家體,畢竟異趣。王賡武指出,辛亥革命之後,國家的概念逐漸加强,文化的意識則被沖淡,國家成了時代的主題,即便是講文化也是從國家强弱存亡的角度來講,國家成了文化的基準,[①]所論十分精闢。而這一切,在辛亥以前十餘年已見端倪。作爲强弱單位的"國"的概念的凸顯,從而習慣於以物質的、經濟的、政治的標準來分别文野,區分先進後進,與"世界"話語的興起幾乎同步。

康有爲、梁啓超二人在國家意識上,有着顯著的不同。梁啓超稱康有爲"以爲欲任天下之事,開中國之新世界,莫亟於教育","先生教育之所重,曰個人的精神,曰世界的理想",同時指出"先生教育之大段,固可以施諸中國,但其最缺點者有一事,則國家主義是也",因爲"個人的精神"與"世界的理想","斯二者非不要,然以施諸今日之中國,未能操練國民以戰勝於競争界也",還是"美猶爲憾"。[②] 竹内弘行認爲梁氏此處指出康有爲缺乏國家主義,簡明扼要,擊中要害。[③] 有研究者指出,牟宗三對康有爲對於國家和家庭的否定保持警惕,蕭公權也認爲康的烏托邦設計在世界化的同時,削弱了中國性和儒家性,康的大同難免泛濫無歸。[④] 形成對比的是,在一個流動而緊張的"世界"面前(梁本人意識到這個"世界",而不是他人或後人的闡釋),梁啓超似乎更加注重"國家"和"民族"在其中的處境如何以及應當如何,曾强調"夫世界者,變動不居者也。一國之形勢,與外國之關係,亦月異而歲不同者也"。[⑤]

與此相關的是,康有爲的三世進化説,更多是對未來説法,而不是對當下立言。照皮錫瑞的説法,《春秋》本就有現世主義和未來主義兩重維度:"聖人作《春秋》,因王靈不振,夷狄交横,尊王攘夷,是現世主義,不得不然者也。而王靈不振,不得不爲後王立法;夷狄交横,不能不思用夏變夷。爲後王立法,非可托之子虚烏有,故托王於魯以見義;思用夏變夷,非可限以種族不同,故進至於爵而後止。此未來主義,亦不得不然者也。"[⑥]文野之辨被放入流動的時間裏,夷夏就有溝通的可能。而康有爲的三世進化説正是未來主義的發揚,只不過夷夏的定位有所改變。梁啓超説道:"先生之治《春秋》

① 王賡武:《離鄉别土——境外看中華》,臺北:"中央研究院"歷史語言研究所,2007 年,第 39-40 頁。
② 梁啓超:《南海康先生傳》,張品興主編《梁啓超全集》,第 483、486 頁。
③ 竹内弘行:《關於梁啓超師從康有爲的問題》,狹間直樹編《梁啓超・明治日本・西方——日本京都大學人文科學研究所共同研究報告》(修訂版),北京:社會科學文獻出版社,2012 年,第 28 頁。
④ 干春松:《康有爲的三世説與〈大同書〉》,《思想與文化》第 16 輯,2015 年。
⑤ 梁啓超:《俾士麥與格蘭斯頓》,張品興主編《梁啓超全集》,第 337-338 頁。
⑥ 吴仰湘編:《皮錫瑞全集》第 6 卷,北京:中華書局,2015 年,第 524-525 頁。

也,首發明改制之義。……次則論三世之義。……小康爲國别主義,大同爲世界主義;……凡世界非經過小康之級,則不能進至大同;而既經過小康之級,又不可以不進至大同。孔子立小康義以治現在之世界,立大同義以治將來之世界。"①對於《大同書》,則説道:"有爲雖著此書,然秘不以示人,亦從不以此義教學者,謂方今爲'據亂'之世,只能言小康,不能言大同,言則陷天下於洪水猛獸。"②

泛濫無歸與着眼未來,有針對性與立足當下,本是一體兩面,而就當時中國的所處環境而言,難免後者更能引起注意。1897 年,孫寶瑄在讀了歐榘甲的《春秋公法序》後,也認爲《春秋》三世之説有如銅牆鐵壁,毫無疑義,並發揮道:

> 以今時勢言之,其國者,所居國也;諸夏者,凡歐、美、亞有教化之國也;彝狄者,亞洲之黎、瑶、苗、羌、蒙古、生番,非、澳、美諸洲之紅、黑人諸種皆是也。今猶據亂世,故諸國雖已文明,猶争雄不相下,所謂内其國,外諸夏,以力勝也。迨升平時,諸强國皆聯約弭兵,或盡變民主;而未受教化之種,猶待鉗勒,未能平視。所謂内諸夏,外彝狄,以智勝也。至太平時,榛塞盡辟,教無弗被,學無弗講,種無同異,人無知愚,悉皆平等。所謂内外遠近,大小若一,以仁勝也。③

中文古典的叙述與當下國際形勢的連接更加細緻,現時局勢判斷之外,還有對未來的設想,與梁啓超的思路頗爲接近。照村尾進的研究,孫寶瑄與梁啓超讀書方法近似,經常互相參看西學、佛學和諸子、經書,並且好用"據亂世"、"升平世"、"太平世"等詞,④宜乎其與梁氏有類似思路。並非巧合的是,西學、佛學與諸子、經書,正是"世界"一詞近代發展的三個互相關聯的板塊,且於斯爲盛。

在進化的觀念下,三世説變歷時性爲共時性,始於康有爲,盛於梁啓超。時人的運用和梁啓超一樣,常常關注的是中國的命運和道路。秦力山在《支那滅亡論》中説"支那今日尚是歐洲十四五世紀時之世界,與今日歐洲之世界,其文明之程度相隔尚五六百載",⑤共時性的中國與歐洲却存在着歷時性五六百年的差距,"世界"讓時空轉換變得如此圓融,現時的不足同時也是進步的空間和方向,憂心所在,即是希望所在。

楊度亦有具體的發揮,他以日本爲例,認爲"國民之感情,其必由鎖攘主義變爲歐化主義而歸於國粹保存主義者,皆其進化以漸所必經之階級而無可逃避者也"。中國

---

① 梁啓超:《南海康先生傳》,張品興主編《梁啓超全集》,第 487 頁。

② 梁啓超:《清代學術概論》,張品興主編《梁啓超全集》,第 3099 頁。

③ 孫寶瑄:《忘山廬日記》,上海:上海古籍出版社,1983 年,第 149–150 頁。

④ 參見村尾進《萬木森森:〈時務報〉時期的梁啓超及其周圍的情况》,收入狹間直樹編《梁啓超·明治日本·西方——日本京都大學人文科學研究所共同研究報告》(修訂版)。

⑤ 《支那滅亡論·時論》,《國民報》1901 年第 4 期。

“方在鎖攘時代,求其人於歐化且不可得,若遽以國粹保存主義施之,則愈以長其自尊之心而縛其進化之力,不能進取而思保守”,如此“蚩蚩蠢蠢之民而與世界各民族同立於生存競争之地,不亡何待焉?”楊度對此提出的辦法是“以日本之兩主義後先相繼者,吾以之同時並重,以相反之理爲相救之法:一以導國民之進步而采他人之長,一以固國民之團力而存一己之善”。如果這樣的“融貫”不可得,“然而國民之感情有必經於歐化一級之勢”,那就只有“以兩主義分爲兩派,分掌教育之精神,而合力以造成國民之性質。隨處開放即隨處提撕,隨時慕人即隨時顧己,庶國民之思想通於外而不爲所攝,其氣力團於内而不爲所縛”。[①] “同時並重”所體現的,也許並不是何種理性的兼顧融合,而是略帶茫然下的無所適從。楊氏也知道國民之思想通於外容易被外所攝,但他更擔心的顯然是自尊心太强而“縛其進化之力”。聽起來無比中肯的主張往往正落入言者所擔憂的另一面——爲外所攝。

無論三世説多麽鼓舞人心,中外强弱懸殊的壓力,還是不難感覺得到。而天演進化的鏈條之下,一元化的思維漸强,等級分明下的落後之感更加凸顯,三世説固然具有某種安慰作用,但面對現實想像未來,進化觀念更多帶來的還是緊迫感乃至存亡感。梁啓超便頗爲贊同西方天演家所言之“世界以競争而進化,競争之極,優者必勝,劣者必敗”的“天演之公例”。[②] 這種緊張感,在汪大燮那裏更加顯然,他在致堂弟汪康年的信中説“往後世界日益逼窄,人頭日窮”,“環球勁浪大作,一發難收,而盲人瞎馬,半夜深池,至今日而極矣”。[③]

1901 年,梁啓超爲《清議報》一百册祝賀時,特別點出該報特色之一爲“厲國耻”,即“務使吾國民知我國在世界上之位置,知東西列强待我國之政策,鑒觀既往,熟察現在,以圖將來,内其國而外諸邦,一以天演學物競天擇、優勝劣敗之公例,疾呼而棒喝之,以冀同胞之一悟”。[④] 正是“我國在世界上之位置”和優勝劣敗的法則,決定了“棒喝”的必要,而棒喝的内容,不是别的,正是“天理學物競天擇優勝劣敗之公例”。

在三世説的啓發下,出現許多大同小異的變種。廣泛接觸各類新學書籍及報刊的孫寶瑄 1898 年在日記中記道:“天演家言以人勝天,蓋以天爲勢也,自然也,無知也;以人爲理也,當然也,有知也。世界日進,必使理勝勢,當然勝自然,有知勝無知。”1901

---

① 《〈日本學制大綱〉後序》,劉晴波主編《楊度集》,長沙:湖南人民出版社,1986 年,第 72–73 頁。這種變前後相繼爲同時並存的思維和以歐化爲必經階段的前提預設均值得注意。

② 梁啓超:《論商業會議所之益》,張品興主編《梁啓超全集》,第 282 頁。

③ 上海圖書館編:《汪康年師友書札》(一),上海:上海書店出版社,2017 年,第 699 頁。

④ 梁啟超:《〈清議報〉一百册祝辭並論報館之責任及本館之經歷》,張品興主編《梁啓超全集》,第 478 頁。

年又説道：“生存競争之世界，其始争力也，其繼争智也，又進則争仁。争愈久，所争愈文明。今日地球，蓋由争力之期，漸入於争智之期也。”①均爲三世進化思維下的連貫現勢與未來的總體判斷，且貫穿着“天演家言”。

1902 年 9 月 27 日，孫寶瑄在友人處看到新出版的《新世界學報》，認爲“其中議論多襲梁飲冰之緒餘，惟陳介石文章當有可觀”。② 而這一期就刊登有湯爾和的《弭兵篇》，其中説道：

> 且天下古今進化之公例，曰力世界、智世界，而其極則歸於仁世界。中國之程度何等乎？彼以力世界亡我而有餘，而况遇我以智世界。吾中國而欲言弭兵乎，則必繼今以往，日出其心思才力以進於智世界，而白人之進化，固無窮期，吾知不追及之於仁世界不已也。③

湯氏之論，争先恐後的緊迫感更加明顯。以孫氏對三世説背景的瞭解和運用的嫻熟，湯氏之論恐怕即在“襲梁飲冰之緒餘”之列。

一時間，《新世界學報》上依托三世説宣講“世界進化”蔚然成風。黄式蘇稱：“今之世界，何世界哉？雖由力界而郵於智界，而實未足以翹仁界之影響。”④“世界”作爲時間鏈條上一個一個的階段或程度（即“界”）存在的含義甚明。黄群則“分世界爲三大别，一仁暴之世界，一智愚之世界，一强弱之世界”，並且扼要指出：“仁暴之世界尚情，智愚之世界尚理，强弱之世界尚勢。尚情之世界智愚不足言，是謂治世；尚勢之世界仁暴不必言，是謂亂世；尚理之世界，上不能言仁暴，而下不屑言强弱，是謂由亂之治之世。”⑤三世説的色彩甚明，而“世界”也是高頻詞彙。

王中江已經注意到“‘三世’進化歷史圖式”的表現與影響：通過把歷史劃分爲“後來居上”的不同階段，來展示歷史不可逆轉的直綫性進步和進化，是歐洲啓蒙時代以來很常見似乎又很廉價的一種做法。把“世界”看成一個“成長”的故事，有意無意間表現了“現代人的傲慢”和孤芳自賞心理。⑥ 在這裏，王氏特意提出“世界”並加以引號，可見他已經感覺到這是一個十分重要的歷史觀念，而非一個尋常名詞。在當時的情景下，進化論影響下的“現代人的傲慢”首先是通過面對西方之中國人的緊張乃至

---

① 孫寶瑄：《忘山廬日記》，第 274、337 頁。

② 孫寶瑄：《忘山廬日記》，第 573 頁。

③ 湯爾和：《弭兵篇・兵學》，《新世界學報》1902 年第 1 期。

④ 黄式蘇：《大大同説・心理學》，《新世界學報》1902 年第 5 期。

⑤ 黄群：《奴隸・法律學》，《新世界學報》1902 年第 7 期。

⑥ 王中江：《進化主義在中國的興起：一個新的全能式世界觀》（增補版），北京：中國人民大學出版社，2010 年，第 99-104 頁。

自卑表現出來的。嚴復於1902年有感於"物競之風潮甚大,優者必勝,劣者必僵",高度概括道:"中與西之言治也,有其必不可同者存焉,中之言曰,今不古若,世日退也;西之言曰,古不及今,世日進也。惟中之以世爲日退,故事必循故,而常以愆忘爲憂。惟西之以世爲日進,故必變其已陳,而日以改良爲慮。"①"世界進化"與中國命運便是這樣難解難分。

"世界"在1900年前後迅速實現近代意義的轉變,主要是在中外聯繫更加緊密的背景下,中國受到更多外國影響的結果。濃厚的外來和外在色彩却並不意味着不能與中國本土資源相結合,否則不可能在一個文化悠久的國度産生深遠而重大的影響,同時那麽潤物細無聲。固有的思想資源"三世説",與泰西學説進化論相結合,與當下局勢相因應,共同作用,有機融合,使得"世界"一詞轉變落實成地域指稱之後,又逐漸被敘述成流動的過程,"進化"的圖景,是爲"世界"觀念塑造中的重要一環。至此,"世界"已經不僅僅是一個客觀描述名詞,而是成爲一種具有體系的集合觀念,"進化觀"可謂是其核心。"世界進化"包含着"進化的世界"和"世界的進化"雙重暗示,即由進化而來,且需要繼續進化。這一古今中外的思想互動,既體現了傳統資源的活力,也反映了近代中國的窘境。

同時,反思的聲音也從未消沉。就是鼓吹三世進化、推動"世界"觀念演化和流行甚爲得力的梁啓超,在摘録西村茂樹之言論時也注意到進化論等泰西學説"有一定之主義","無散漫之患",却不免"拘泥主義之失"。如進化論者"欲據進化之理以盡世界萬事萬物",凡此種種均是"先畫一定義於己之胸中,而欲强世界之大現象大變化以悉從我,是大不可也",②似乎有所反省。無奈大勢已成,上船容易下船難。

作者簡介:

余露,1986年生,湖北英山人,湖南大學嶽麓書院助理教授。主要研究近代思想史。近年代表作有《清季民初世界语运动中的"世界"观念》(《学术研究》2015年第3期)、《虚实互用:洋务运动时期的"天下""地球"与"世界"》(《中山大学学报(社会科学版)》2017年第4期)等。

① 嚴復:《主客平議》,王栻主編《嚴復集》第1册,北京:中華書局,1986年,第116-117頁。

② 梁啓超:《西村博士自識録》,夏曉虹輯《〈飲冰室合集〉集外文》,北京:北京大學出版社,2005年,第130頁。

從經注本到經注附釋文本
——以《尚書》爲例談南宋經注附釋文本存在的問題

劉曉麗

内容提要　南宋時期,福建書坊開始將釋文摻入經注本,從而産生了新的經書文本類型——經注附釋文本。作爲一種新的嘗試,經注附釋文本在爲讀者提供便利的同時,也存在一些問題。本文以《尚書》爲例,對南宋經注附釋文所存在釋文標目漏標、錯標;釋文放置位置不統一;釋文脱漏等問題做專門研究。同時探究其對後世諸經注疏釋文合刻本所造成的影響,以期有裨于學界。

關鍵詞　經注附釋文本　《尚書》　南宋　釋文

南宋初年,福建地區的一些書坊開始將《經典釋文》打散依次摻入相應的經文、注文之下,从而産生了經書的另一種文本形式——經注附釋文本。這種文本,將經文、注文、釋文彙于一處,極便翻檢,故南宋時廣受歡迎。但經注附釋文本並非完美無缺,書坊在進行這項嘗試之初,也存在一些問題。這些問題不僅反映出了經注附釋文本這一新的文本形式在編纂之初的粗疏面貌,同時也影響到了之後較爲通行的經注疏釋文合刻本,如十行本、閩本、毛本、監本、殿本、阮本等。

現存宋本《尚書》中,經注附釋文本有 5 種,除南宋淳熙間所刻王朋甫本《尚書》之外,其餘 4 種還摻入了互注、重言、重意、句讀等便於帖括考試的内容,如宋福建刊《監本纂圖重言重意互注點校尚書》、宋福建刊《纂圖互注尚書》、[1]宋福建宗氏刊《纂圖互注尚書》、鐵琴銅劍樓舊藏宋福建刊《婺本點校重言重意互注尚書》。現以王朋甫本《尚書》、《監本纂圖重言重意互注點校尚書》爲例,與南宋福建刊魏縣尉宅本《尚書注疏》進行對校,同時參校閩本、監本、毛本、殿本、阮本等宋以後具有代表性的《尚書注疏》版本,考察南宋經注附釋文所存在的問題,以及其對後世經注疏釋文合刻本所造

① 存十一卷圖一卷,其中韋力芷蘭齋藏圖一卷並卷 1 至 2,哈爾濱圖書館藏卷 5 至卷 6,中國國家圖書館藏卷 7 至卷 13。

成的影響。

王朋甫本《尚書》(以下簡稱王朋甫本)現藏臺北"國家圖書館",刊刻于宋淳熙年間,是現存較早的經注附釋文本。[①] 此書《尚書序》後有木記稱:"五經,書肆屢常刊行矣,然魚魯混淆,鮮有能校之者。今得狀元陳公諱應行精加點校,參入音釋,雕開,於後學深有便矣。士夫詳查。建安錢塘王朋甫謡。"可見,王朋甫本是由陳應行"參入音釋"編纂而成,而非以經注附釋文本爲底本刊刻的,故具有獨創性和代表性。陳應行除編纂王朋甫本《尚書》之外,還幫助程大昌編過《演繁録》、《禹貢論》等。而劉承幹舊藏《監本纂圖重言重意互注點校尚書》(以下簡稱纂圖本)爲光宗時刻本,[②]書中除摻入了釋文之外,還有纂圖、重言、重意、互注、句讀等,可代表南宋時期《尚書》纂圖互注附釋文本系統。魏縣尉宅本《尚書注疏》(以下簡稱魏縣尉宅本)爲南宋寧宗慶元間刻本,[③]經、注、疏、釋文四者俱全。宋十行本《尚書》不存,我們以魏縣尉宅本爲依據,考察經注附釋文本對經注疏釋文合刻本的影響。此三本爲南宋時福建書坊刻書,刊刻時間相近,刊刻地點相同,且代表了三種文本形式。故以这三种版本爲依據考察南宋時期經注附釋文初創時的面貌及其所存在的問題。

一　釋文標目存在漏標、錯標現象

朱希祖曾經收藏過王朋甫本《尚書》,並將王朋甫本與纂圖本對校。他在《宋浙本尚書孔傳附釋文跋》中稱王朋甫本"凡釋文標題用白文,眉目頗醒"。又在《再跋宋浙本尚書孔傳附釋文》中稱:"況劉本(按:涵芬樓影印劉氏嘉業堂所藏宋刻《監本纂圖重言重意互注點校尚書》,本文簡稱爲"纂圖本")釋文,十之七八固有墨綫作圍,以示區别,然十之二三皆無此標識,孔傳與釋文已不能分别,不若浙本釋文,必用白文,與孔傳界畫分明也。"[④]朱希祖此段話雖然旨在分析王朋甫本與纂圖本釋文優劣,但同時也反映了對宋時經注附釋文的要求:一是釋文標目必須標識清楚,二是釋文標目必須起到區分釋文、注文的作用。

單行本《經典釋文》每條釋文的標識方法是釋文標目作單行大字,釋文作雙行小字,清晰醒目,極便檢索。但具體摻入到某一部經書時,每條釋文的標識體例就需要做

① 關於王朋甫本《尚書》刊刻時間的考證詳見拙作《關於南宋王朋甫刻本〈尚書〉的幾個問題》,《儒家典籍與思想研究》第6輯,第3–4頁。

② 纂圖本光宗諱"惇"及嫌名"敦"皆缺末筆,當爲光宗時刻本。

③ 臺北"故宫博物院":《景印宋本附釋文尚書注疏序》。

④ 朱希祖:《酈亭藏書題跋記》,北京:中華書局,2012年,第114頁。

相應的調整。因爲經書中的單行大字往往用來表示經文,而注文爲雙行小字。[①] 爲了區分注文和釋文,南宋初期釋文的標識方法往往是在釋文標目上做文章,如王朋甫本的釋文標目爲黑底白文,魏縣尉宅本、纂圖本的釋文標目則用"墨綫作圍"。通過校勘南宋刊刻的三種《尚書》發現,書中多有釋文未加標明、或標注不完整的情況。南宋書坊刻書,書估多以射利爲主,難免疏於校勘,出現漏標、標識不完整等問題。從小的方面來講,會造成兩條釋文界畫不清,而嚴重的則會使釋文混入注文,或被後世諸版本誤删,造成脱文。

(一)釋文標目不完整

上文提到,南宋初期在將《經典釋文》摻入經注本時,最初采用的方法是用一定的標記(或黑底白文或墨圍)把釋文標目逐一標識出來。釋文標目與被釋字並不完全等同。爲了讓讀者快速準確的定位被釋字,《經典釋文》往往在被釋字上方或下方多摘録幾字,與被釋字一起組成釋文標目。相較于後世標注釋文的方法,這種逐一標出釋文標目的方法是十分費力麻煩的,經常會出現漏標或釋文標目不完整的情況,即釋文標目雖被標識出來,但並不完整。如:

王朋甫本卷一《舜典》第四頁第十九行釋文:"'**曰若**稽古帝舜,[②]曰重華協于帝'此十二字是姚方興所上,孔氏傳本無。阮孝緒《七録》亦云。然方興本或此下更有'濬哲文明,温恭允塞,玄德外聞,乃命以位',凡二十八字異,聊出之於王生無施也。"既是"十二字",應當標出"曰若稽古帝舜,曰重華協于帝"十二字,而王朋甫本《尚書》僅"曰若"二字被標出,同樣是釋文標目的"稽古帝舜曰重華協于帝"却没有標出。卷二《益稷》第十頁第三行釋文:"**至于**五千,馬云:'面五千里爲方万里。'鄭云:'五服已五千,又弼成爲万里。'州十有二師,二千五百人爲師。鄭云:'師,長也。'""至于五千"爲釋文標目,王朋甫本只"至于"二字爲黑底白字,而"五千"却未被標出,"州十有二師"五字亦爲釋文標目,皆爲標出。又如纂圖本《酒誥》:"**文王**弟稱穆,[③]周自后稷而封爲始祖,后稷生不窋爲昭,鞠陶爲穆;公劉爲昭,慶節爲穆;……大並音太。""文王弟稱穆"爲釋文標目,陸德明在本段釋文中解釋了周代昭穆制度的源流,而纂圖本只"文王"二字以墨圍别之。此種情況王朋甫本、纂圖本時有出現,此處不再一一列舉。

---

① 直到明嘉靖中李元陽、江以達刊刻閩本《十三經注疏》時才將注文改作小字單行,釋文小字雙行。之後的北監本、毛本、武英殿本輾轉以之爲祖本。注文與釋文之間的區别逐漸清晰。即便如此,每段注文與釋文之間還是有一些特殊的符號加以間隔、區分,如"○"等。

② "曰若"字當作黑底白文,爲便於處理,現以加粗字體表示,下同。

③ "弟",宋本《經典釋文》作"第"。陸德明:《經典釋文》,上海:上海古籍出版社,1985年,第183頁。

(二)釋文標目未標識

在經注附釋文本産生之初,釋文標目未標識的情況十分普遍,王朋甫本、纂圖本亦不例外。上文朱希祖責斥纂圖本存在釋文標目不加標識的情況,"十之七八固有墨綫作圍,以示區别,然十之二三皆無此標識,孔傳與釋文已不能分别"。這種情況確實存在,但王朋甫本也同樣存在對釋文標目的標識不够細緻的問題,並非如跋文中所説的那樣釋文標目"必用白文"。有時纂圖本已經標識出來,但王朋甫本並未加以標識。現舉幾例,略加説明。

1.纂圖本未標釋文標目

王朋甫本卷一《堯典》第一頁第七行釋文:"**勳**,許雲反,功也。馬云:'放勳,堯名。皇甫謐同。一云放勳堯字。'**欽明文思**,馬云:'威儀表備謂之欽,照臨四方謂之明,經緯天地謂之文,道德純備謂之思。'""欽明文思"四字爲釋文標目,王朋甫本標識爲黑底白文,纂圖本未用墨圍加以標識。卷一《舜典》第五頁第四行釋文:"**從**,才容反。**八元**,《左傳》高辛氏有才子八人:伯奮、仲堪、叔獻、季仲、伯虎、仲熊、叔豹、季狸,忠肅恭懿,宣慈惠和。天下之民謂之'八元'。"釋文標目"八元"二字,王朋甫本爲黑底白文,纂圖本漏標。同頁下第八行釋文:"**禋**,音因。王云:'絜祀也。'馬云:'精意以享也。'**六宗**,王云:'四時、寒暑、日月星、水旱也。'馬云:'天地四時也。'""六宗"二字爲釋文標目,王朋甫本刊爲黑底白文,但纂圖本也没有加以標識。

2.王朋甫本未標釋文標目

王朋甫本卷一《堯典》第六頁第八行釋文:"度,如字。丈尺也。**量**,力尚反。鬥斛也。衡,稱也。""度"、"量"、"衡"三字,皆是釋文標目,纂圖本皆以墨圍標識,但王朋甫本僅"量"字爲黑底白文,"度"、"衡"皆未標識。同頁下第四行釋文:"**有**,如字。徐,於救反。如西禮,方興本同。馬本作'如初'。""有"、"如西禮"皆爲釋文標目,纂圖本皆以墨圍標識,但王朋甫本"如西禮"三字未標識。卷二《皋陶謨》第六頁第十二行釋文:"**翕**,許及反。俊乂,馬云:'千人曰俊,百人曰乂。'""俊乂"爲釋文標目,但王朋甫本未加標識。卷二《益稷》第十頁第十五行釋文:"**間**,間厠之間。鳥獸,孔以爲自舞也。馬云:'鳥獸,筍簴也。'""間"、"鳥獸"均爲釋文標目,纂圖本皆用墨圍别之,"鳥獸"二字王朋甫本未做標識。

由上可知,不止纂圖本中釋文標目有未標出的情況,王朋甫本中亦多常見。此是經注附釋文合刻初期的通病。在經書經注釋文合刻前期,書商爲了注明書中的各個組成部分,需要用不同的符號和特點來區别經文、注文、釋文以及其他文本内容,如用字體大小來區分經注,用加之墨圍或刻爲白文來區别音釋,但這種區分方法需要做到細緻周密,而書坊刻書以射利爲目的,難免疏於校勘,故而書中多有釋文未加標明的情況存在。

(三)釋文標目未標明對後世版本造成的影響

從上文可知,無論是王朋甫本《尚書》,還是纂圖本《尚書》都存在釋文標目漏標的問題。釋文標目不加標識,對版本的影響有大有小。如果是相連的幾條釋文之間,有未加標識的情況,造成兩條相鄰釋文之間的相互粘連,讀者自己很容易進行區分,並不會造成太大的影響。但如果釋文上面接的是注文,而釋文標目又未加標識,就會使釋文與注文粘連,從而造成釋文與孔傳界畫不分。因爲南宋時所刻經書,無論是經注附釋文本還是經注疏釋文合刻本,注文皆作雙行小字,即使到明永樂時刻十三經注疏,注文還是雙行小字。所以在注文、釋文同爲雙行小字的情況下,如果釋文標目没有加以標識的話,釋文與注文很難分清,極易造成釋文混入注文。

如前文所舉卷二《益稷》第十頁第三行釋文"**至于五千**,馬云:'面五千里,爲方万里。'鄭云:'五服已五千,又弼成爲万里。'州十有二師,二千五百人爲師。鄭云:'師,長也。'"王朋甫本只標了釋文標目"至于五千",未標"州十有二師",這會使兩條釋文相互粘連,讀者雖不易查檢這兩條釋文,但並不會造成太大的影響,但纂圖本釋文標目"至于五千""州十有二師"皆未做標記,這就使得該段釋文與注文"一州用三萬人功,九州二十七萬庸也"連在一起,混爲注文。

釋文誤爲注文,除對當時的讀者造成誤導之外,還會對後世的其他版本造成影響,如釋文脱漏等。原因在於後世刊刻經書時,校對過程中發現此處注文增多,以爲衍文,很容易删掉。

如孔安國《尚書序》第一頁第八行經文"伏羲神農皇帝之書"下有釋文:"神農,炎帝也。姜姓,母曰女登,以火德王,三皇之二也。黄帝,軒轅也。姬姓,少典之子,母曰附寶,以土德王,三皇之三也。《史記》云:'姓公孫,名軒轅,一號有熊氏。'""神農""黄帝"皆爲釋文標目,魏縣尉宅本以墨圍别之,纂圖本雖未用墨圍識别,但"神農"二字上有"釋文"字樣,以示區别,此處王朋甫本未做任何標識,使得釋文與注文無異。查後世諸本,元刊明修十行本脱,閩本、監本、阮本沿其誤,亦脱。直到乾隆間刻武英殿本時,才據通志堂本《經典釋文》補入。此處歷數三皇五帝,前文已稱伏羲爲"三皇之最先",故神農爲"三皇之二"、黄帝爲"三皇之三"兩條釋文不可省。

二　釋文標目脱文

(一)釋文標目脱文

我們在對南宋三個版本的《尚書》進行對校時發現,南宋初期經注附釋文本經常出現釋文標目脱文的情況,這種情況下,釋文標目之後的"馬云"、"王云"等字樣常常被當作釋文標目標識出來。如王朋甫本卷七《洪範》第一頁第二十行釋文:"上,時掌反。[禹所第叙,][1]**馬云**:'從五行已下至六極,洛書文也。'"王朋甫本此處無釋文標目"禹所第叙"四字,"馬云"爲黑底白文。同卷第四頁第十三行釋文:"[占用二,]**馬云**:'占,筮也。'"釋文標目"占用二"三字脱去,"馬云"二字被當作釋文標目標出。這種情況在纂圖本中也存在。如纂圖本卷八《康誥》"遂乃因大封命,大誥以治道。[乃洪大誥治,]陸云:乃洪大誥治,直吏反。注及下'其治民''安治''用安治'同。一本作'周公廼洪大誥治'。"釋文標目"乃洪大誥治"脱文,"陸云"、"治"被當作墨圍標出。"[盤庚,]馬云:'祖乙曾孫,祖丁之子,不言盤庚誥何?但録其誥也。取其徙而立功,故以盤庚名篇。'"釋文標目"盤庚"脱,"馬云"二字被標出。

(二)釋文標目脱文對後世版本造成的影響

釋文標目脱文,有時候讀者可以根據上下文意猜出其中缺漏的字詞,但有時却可能對之後的其他版本造成影響。如卷五《盤庚上》第一頁十二行釋文:"[五邦,]**馬云**:'五邦謂商丘、亳、囂、相、耿也。'"王朋甫本脱釋文標目"五邦","馬云"爲黑底白字,纂圖本、魏縣尉宅本亦脱釋文標目,"馬云"用墨圍别之,其他各本如十行本、閩本、監本、毛本、阮本皆同王朋甫本,無釋文標目,直到武英殿修四庫全書才把缺的釋文標目"五邦"補入。

又如卷一《舜典》第五頁第十七行釋文:"[上帝,]**王云**:'上帝,天也。'馬云:'上帝,大一神,在紫微宫。天之最尊者。'"王朋甫本《尚書》釋文標目"上帝"二字脱去,"王云"二字爲黑底白文。魏縣尉宅本無此段釋文,十行本、永樂本、李元陽本、閩本、明北監本此段皆作注文,且無"上帝"二字。查八行本無此段注文,而《經典釋文》有,爲釋文。可知當爲釋文無疑。由此可見王朋甫本把釋文標目"上帝"脱去,使得之後各本皆無"上帝"二字。進而導致各本釋文均作孔安國注。此處錯誤一直延續到乾隆四年刊武英殿本《尚書注疏》時,才依陸德明《經典釋文》改正。

從以上所列舉的情況可以看出,南宋時期這種一一標出釋文標目來區分釋文與注文的方法不僅非常費力,不易刊刻,而且容易造成疏漏。故當時及後世在區分注文合釋文的方法上,不乏變通和改進。如劉叔剛刻宋十行本《毛詩注疏》時,釋文的標識方法變爲釋文標目不做區分,只在整段釋文上加一小圓圈。陸心源皕宋樓藏《纂圖互注周禮》亦是於整段釋文上加圓圈以區别注文和釋文。"《禮記》於《釋文》所出之字,每

---

① "禹所第叙"四字王朋甫本脱,故加[ ]以示補全,下同。

字以圜圍之,此則但於注下加小圜别之,而不加圜。”[①]此法較之一一標出釋文標目要簡省很多,但此時的注文依然是雙行小字,如果圓圈脱漏,依然無法解決注文與釋文混淆的問題。如清吴憲澂跋宋刻《纂圖互注禮記》即提到此種情況。“至《鄉飲酒》‘鄉人士君子’節,李(按:李兆洛)跋謂脱去一百零八字,此本不脱。然考注内‘不敢專大惠’下‘鄉人士君子’一百零八字,皆陸氏釋文,本内未加圈間隔,途遂鄭注。而檢查别本,亦俱在音義,並未脱去。”[②]故明代嘉慶間李元陽、江以達刻《十三經注疏》時則把注文由雙行小字變爲單行小字,釋文依舊作雙行小字。且在“經”、“注”、“釋文”、“疏”之前都用符號加以識别,之後的北監本、毛本、殿本輾轉以閩本爲底本亦據此例。如此一來,經注疏釋文相互混合的情況才逐漸得以解決。

三　釋文放置位置的差異

自南宋初年始,一些書坊開始將《經典釋文》打散依次附在相應經文、注文之下者。兩書合爲一書,方便讀者閲讀。但是在經文、注文與釋文離析綴合的過程中,不同的編撰者綴合成的文本難免存在不同。這些不同主要表現在釋文的放置位置不够統一,有些甚至放置錯誤。而造成這種現象主要原因《經典釋文》的特點决定的。《經典釋文》在注釋各字音義時,只有隨文摘出要注釋的字或相鄰的幾個字,而編者在將《經典釋文》散入經書中時,也主要是根據釋文標目來確定其在書中的相應位置。但倘若兩段經文、注文文字略同,則釋文在經書之中的具體位置,也會根據編纂者的不同,放置位置有所不同。且在南宋初期,《經典釋文》摻入經書之中,本來就是經書刊刻過程中的一種新的嘗試,一開始只是某些書賈爲盈利而作,故不拘定法。所以各本《經典釋文》插入的位置有所不同。

(一)釋文放置位置不統一

我們在對南宋三種《尚書》版本進行對校時發現,三種文本的釋文放置位置並不十分固定,當兩段經文、注文相近時,釋文的放置位置會因編者不同表現出一定的隨意性。現略舉幾例,加以論述。

1.[經文]二卣,曰明禋,拜手稽首休享。[注文]周公攝政七年致太平……成王留之本説之。[釋文]秬,因巨。鬯,勑亮反。香酒也。卣,由手反,又音由,中

① 河田羆:《静嘉堂秘籍志》卷二,《日本藏漢籍善本書志書目集成》,北京:北京圖書館出版社,2003年,第76-77頁。

② 李致忠:《宋版書叙録》,北京:北京圖書館出版社,1994年,第144頁。

樽也。[經文]予不敢宿,則禋于文王武王。[注文]言我見天下太平,則潔告文武不經宿。[釋文]禋,音因。(《洛誥》)

王朋甫本釋文"禋,音因"歸於第二節經注,跟在注文"則潔告文武不經宿"下,而纂圖本把"禋,音因"放在第一節經注後,跟在釋文"卣,由手反,又音由,中樽也"後。魏縣尉宅本與纂圖本同。

2.[經文]今天相民,作配在下,明清于單辭。[注文]今天治民,人君爲配天在下,當承天意,聽訟當清審單辭。單辭特難聽,故言之。[釋文]相,如字。馬息量反,助也。[經文]民之亂,罔不中聽獄之兩辭。[注文]民之所以治,由典獄之無不以中正聽獄之兩辭,兩辭棄虚從實,刑獄清則民治。[釋文]治,直吏反。(《吕刑》)

釋文"治,直吏反",王朋甫本放在第二節注文"刑獄清則民治"後,而纂圖本放在第一節釋文"**相**,如字。馬息量反,助也"後,"息"作"悉"。魏縣尉宅本此卷闕。

3.[經文]周公既没,命君陳分正東郊成周。[注文]成王重周公所營,故命君陳分居正東郊成周之邑里官司。[經文]作《君陳》。[注文]作書命之。[經文]君陳。[注文]臣名也,因以名篇。[釋文][君陳,]鄭注《禮記》云:周公之子。(《君陳》)

王朋甫本釋文"[君陳,]**鄭**注《禮記》云:'周公之子'",脱"君陳"二字,"鄭"字被當作釋文標目刻作黑底白字,放在第三節經注之後,而纂圖本此條釋文放在第一節經注之後,緊接注文"故命君陳分居正東郊成周之邑里官司"。魏縣尉宅本此卷闕。

(二)釋文位置放置錯誤及對後世版本的影響

釋文放置位置不同在三種版本中比較常見,因陸德明《經典釋文》本身的特點決定了對釋文的定位存在不確定性,所以以上所據三例並不存在對錯之分,二者皆可。但通過對校,筆者也發現的確存在釋文的位置被放置錯誤的情況。

1.[經文]王不敢後用,顧畏於民碞。[注文]王爲政當不敢後能用之士,必任之爲先。碞,僭也。又當顧畏於下民僭差禮義,能此二者,則德化立,美道成也。[釋文]**碞**,五咸反,徐又音吟。**治**,直吏反,下"爲治""政治"皆同。[經文]王來紹上帝,自服於中土。[注文]言王今來居洛邑,繼天爲治,躬自服行教化,于地勢正中。(《召誥》)

王朋甫本釋文"**治**,直吏反,下'爲治''政治'皆同"跟在釋文"**碞**,五咸反,徐又音吟"之後,而纂圖本此條釋文則跟在下一節注文"于地勢正中"之後。魏縣尉宅本此條釋文脱。從經文、注文内容來看,此處王朋甫本釋文的位置放置錯誤,因爲在上一節的經文、注文中並無一“治”字,故不可能爲“治”進行釋音或釋義。

2.[經文]戊辰,王在新邑。[注文]成王既受周公誥,遂就居洛邑,以十二月戊辰晦到。[釋文][王在新邑,]馬孔絶句。鄭讀:“王在新邑烝”。[經文]烝祭歲,文王騂牛一,武王騂牛一。王命作册,逸祝册,惟告周公其後。[注文]明月,夏之仲冬,始於新邑烝祭。故曰“烝祭歲”。古者褒德賞功,必於祭日。示不專也。特加文武各一牛,告曰尊周公,立其後爲魯侯。[釋文]烝,之承反。騂,息營反。祝,之又反,一音之六反。(《洛誥》)

第一節釋文王朋甫本脱釋文標目“王在新邑”四字,“馬孔”二字刻作黑底白文。纂圖本作“王在新邑,孔馬絶句”,魏縣尉宅本作“王在新室,馬孔絶句”,纂圖本與魏縣尉宅本無“鄭讀:‘王在新邑烝’”七字。“鄭讀:‘王在新邑烝’”七字,纂圖本與魏縣尉宅本均在下一節釋文“烝,之承反”後,釋文放置位置與王朋甫本不同。查《經典釋文》作:“王在新邑,馬孔絶句。烝,之承反,鄭讀:‘王在新邑烝。’”知“鄭讀:‘王在新邑烝’”七字當屬下節釋文。且“孔馬”當作“馬孔”。

3.[經文]乃越逐,不復,汝則有常刑。[注文]越逐爲失伍,不换爲攘盗,汝則有常刑。[釋文]攘,如羊反。[經文]無敢寇攘,踰垣牆。[注文]軍人無敢暴劫人,踰越人垣牆,物有自來者,無敢取之。[釋文]垣,音袁。(《費誓》)

釋文“攘,如羊反”纂圖本在下一節釋文“垣音袁”之前。從經文、注文的内容上看,第一節經注文中没有“攘”字,此字釋文當放在第二節注文之後。此處王朋甫本誤。

4.[經文]浮于汶,達于濟,海岱及淮惟徐州。[注文]東至海北至岱南及淮。汶,音問。

纂圖本此處作:“[經文]浮于汶,達于濟,海岱及淮惟徐州。汶,音問。[注文]東至海北至岱南及淮。”魏縣尉宅本作:“[經文]浮于汶,達于濟。[疏文]浮于汶〇正義曰,地理志云:汶水出泰山萊蕪縣原山,西南入海也。[經文]海岱及淮惟徐州。[注文]東至海北至岱南及淮。汶,音問。”纂圖本與王朋甫本雖然釋文放置的位置不一樣,但並無錯誤。而魏縣尉宅本摻入疏文之後,却將“汶,音問”誤放在下一節經注之後,十行本、閩本、監本、毛本皆沿其誤,直到乾隆時刊武英殿才予以改正。

釋文放置位置的隨意性一方面是由《經典釋文》的特點決定的,一方面則是由不同的編者決定的。南宋時期,經注附釋文本尤其是纂圖互注本系統的經書文本廣受歡迎,在各書坊争相刊刻。而這些出自不同編者之手的經注附釋文本,也會隨着參編人數的增多,差異相對增大。十行本刊刻之後,後世諸本輾轉以此爲祖本,釋文的放置位置逐漸固定下來,故而各經注疏釋文合刻本的釋文放置位置相對比較統一。但釋文位置放置錯誤的問題,有些也會在統一的過程中被後世諸本如十行本、閩本、監本、毛本等所沿襲。直到清乾隆時刻武英殿本才發現這些問題,並對此做了一定的修正工作。

四　釋文脱漏現象嚴重

南宋時期經注附釋文本還存在一個問題:釋文脱漏現象比較嚴重。造成這一問題的主要原因是書坊刻書以謀利爲主,疏於校勘。而廖瑩中刊刻《九經》時,因反對陸德明《經典釋文》"音重複而徒亂人意",故有意識地對釋文加以簡化。[①] 這兩種情況顯然並不相同。而釋文的脱漏也從側面反映出將釋文摻入到經注之中並非易事。書坊在最初嘗試時無法做到一步到位,盡善盡美。作爲南宋時刊刻的經注附釋文本,纂圖本、王朋甫本同樣存在這些問題。

(一)纂圖本釋文脱漏

1.王朋甫本《堯典》經文"帝曰,吁! 嚚訟可乎?"下有釋文:"嚚,魚巾反。訟,才用反。馬本作'庸'。好,呼報反,下注同。争,鬭也。"十行本、永樂本、閩本、監本、毛本、殿本、阮本皆同。纂圖本作:"嚚,魚巾反,下注同",缺"訟,才用反。馬本作'庸'。好,呼報反"十二字,且"下注同"接在"嚚,魚巾反"。

2.王朋甫本卷三《胤征》第十三頁第二行經文"作帝告釐沃"下有釋文:"亳,旁各反,徐扶閣反。嚳,苦毒反。"纂圖本脱"亳,旁各反,徐扶閣反。嚳,苦毒反"十二字。

3.王朋甫本卷五《盤庚上》第一頁第五行釋文:"**盤庚**,殷王名也。馬云:'祖乙曾孫,祖丁之子,不言盤庚誥何? 但録其誥也。取其徙而立功,故以盤庚名篇。'"纂圖本無"盤庚,殷王名也"六字。

4.王朋甫本卷五《盤庚中》第六頁第六行釋文:"**暫**,才淡反。**隕**,于敏反。"纂圖本無"暫,才淡反"四字。

5.王朋甫本卷七《旅獒》第六頁十四行釋文:"**侈**,昌氏反,又式氏反。"纂圖本無"又式氏反"四字。

① 岳浚:《相臺書塾刊正九經三傳沿革例》,影印文淵閣《四庫全書》本,第183册,臺北:臺灣商務印書館,1986年,第564頁上。張政烺先生《讀〈相臺書塾刊正九經三傳沿革例〉》稱,廖瑩中《九經總例》的内容實際上都保存在岳氏《九經三傳沿革例》中。"《相臺書塾刊九經三傳沿革例》向皆以爲岳珂所作,事既無據,而按其内容則又《廖氏世綵堂刊正九經》之《總例》,除卷之前後相臺岳氏略有增附外,大抵保全原文,無所加減。"《張政烺文集·文史叢考》,北京:中華書局,2012年,第315頁。

6.王朋甫本卷十《立政》第十一頁十六行注文"然後莫不盡力"下有釋文:"**俾**,必爾反。下同。治,直吏反,下同。"纂圖本無"治,直吏反,下同"此六字。

7.同頁第十七行注文"言不可復變"下有釋文:"**間**,間厠之間,**復**,扶又反。"纂圖本無"復,扶又反"四字。

8.王朋甫本卷一一《君陳》第四頁第七行注文"勉明周公之教,惟民其治"下有釋文:"**懋**,音茂。**治**,直吏反,下注政治同。"纂圖本無後九字。

9.王朋甫本卷一一《君陳》第五頁第九行"有所包容,德乃爲大,欲其忍恥藏垢"下有釋文:"**長**,誅丈反。**垢**,工口反。"纂圖本無"垢,工口反"四字。

10.王朋甫本卷一三《費誓》第二頁下第八行注文"無敢不令至攻堅使可用"下有釋文:"**紛**,芳云反。令,力呈反。"纂圖本無"令,力呈反"。

(二)王朋甫本釋文缺漏

1.纂圖本卷七《金縢》第九頁第五行注文"許謂疾瘳,待命當以事神"下有釋文:"瘳,勑留反,下同。"王朋甫本無"瘳,勑留反,下同"六字。

2.纂圖本卷八《召誥》第十四頁第十八行注文"躬自服行教化,於地勢正中"下有釋文"治,直吏反。下'爲治''致治'皆同"十一字。王朋甫本闕。

3.纂圖本卷一一《康王之誥》第十二頁第五行注文"忠一不二心之臣,共安治王家"下有釋文:"熊,音雄。羆,彼皮反。"王朋甫本無"熊,音雄"三字。同頁下第三行注文"康王之謂也"下有釋文:"鞠,居六反。"王朋甫無"鞠,居六反"四字。

4.卷一二《畢命》第二頁第十九行注文"以禮閑禦其惟難"下有釋文:"侉,音苦瓜反。厭,於葉反。"王朋甫本無"侉,音苦瓜反"五字。

當然,也有纂圖本、王朋甫本釋文皆脱漏的情況,如:魏縣尉宅本《湯誓》"湯誓第一"下有釋文:"商書凡三十四篇,十七篇亡,十七篇見存。"王朋甫本、纂圖本皆無此段釋文。又如"舜典第二"下王朋甫本、纂圖本脱"釋文:王氏注,相承云:梅頤上孔氏傳古文《尚書》,亡《舜典》一篇,時以王肅注頗類孔氏,故取王注。從'慎徽五典'以下爲舜典,以續孔傳,徐仙民亦音此本,今依舊音之"六十二字。

宋代尤其是南宋,是我國經書發展史上一個重要的轉折點。不僅經書刊刻的數量明顯增多,而且經書的文本類型也逐漸多樣化。除宋代之前所流行的白文本、經注本之外,還出現了單疏本、經注附釋文本、經注疏本、經注疏釋文合刻本等。總之,我們現在所能見到的主要經書版本類型,在宋代已大致完備。而且到南宋末年,經書文本類型基本完成了從經注本爲主到經注疏釋文合刻本爲主的過渡。雖然對於這一過渡發生的過程,學界歷來説法不一,但經注附釋文本無疑是其中不可跳過的重要一環。通過以上對南宋時期所刊刻的《尚書》經注附釋文本的研究,我們發現經書在從經注本到經注附釋文本、經注疏釋文合刻本等文本類型過渡初期的確存在一些問題。如:釋文標目標識不完整或漏標、釋文位置放置不統一、釋文脱漏嚴重等,這些問題都反映出了經注附釋文本在初創之時的粗疏面貌。而有些問題又被後世諸本如十行本、閩本、監本、毛本等所沿襲,給後人造成理解上的困難和錯誤。儘管如此,它畢竟是經書刊刻史上一次新的嘗試,而這種嘗試不僅爲經書刊刻提供了新的經學文本類型,同時也是經書由經注本向經注疏釋文合刻本發展的重要一環。

作者簡介:

劉曉麗,女,1989年生,山東臨沂人,山東大學儒學高等研究院古典文獻學博士,主要研究方向爲版本目録學、經學文獻。近年代表作有《關於南宋王朋甫刻本〈尚書〉的幾個問題》(《儒家典籍與思想研究》第6輯)等。

《漢學商兑刊誤補義》發微
——再論方東樹《漢學商兑》之立意

虞思徵

内容提要 方東樹《漢學商兑》一書,乃嘉道年間反映漢宋之争的名著。關於其著述旨意,歷來學界多認爲源於漢宋門户之别及意氣之争。近年來亦有學者提出新見,以爲該書實主於張漢宋兼采。本文通過對《漢學商兑刊誤補義》的梳理,從成書的第三階段來考察文本變遷,以探究方氏撰述旨意爲何及態度之前後變化,在前賢的基礎上提出自己的看法。

關鍵詞 方東樹 《漢學商兑》 《漢學商兑刊誤補義》

引言

在嘉道年間漢宋之争的背景下,方東樹所撰《漢學商兑》一書,歷來被認爲是對江藩《漢學師承記》及《宋學淵源記》的回應與反擊。二人也理所當然被視作替漢、宋陣營發聲之代表人物。江藩師從余蕭客,乃惠棟之再傳弟子,嚴守漢學門户,作爲漢學先導的顧炎武、黄宗羲二人因“皆深入宋儒之室,多騎墻之見、依違之言”僅忝列《漢學師承記》末卷即是明證。爾后“姚門四傑”之一的方東樹撰《漢學商兑》,對漢學大加撻伐,將這場論争推向高潮。但事實上這場論争也許並非如後人所認爲的那樣白熱化,漢宋之界限亦非涇渭分明,有學者指出,江藩撰寫《漢學師承記》最主要的目的並非攻訐宋學,而是在阮元主持修纂《國史儒林傳》之背景下,構建以祖師惠棟吴派經學爲中心的漢學譜系,以著書的方式對《儒林傳》的編纂提出建議、施加影響,並爲漢學争取儒學正統地位。[1]《師承記》刊行後,江、方二人在阮元幕府共事數年,《漢學商兑》卷

① 戚學民:《阮元〈儒林傳稿〉研究》第六章《〈漢學師承記〉與〈儒林傳稿〉》,北京:生活·讀書·新知三聯書店,2011年。

下有"江藩嘗謂余曰"云云,[①]可見二人在幕中仍有交往,並非勢同水火。有學者據此提出新見,認爲《漢學商兑》之立意實主於漢宋融合兼采,而非門户之争。[②] 其論據有三:1.據方東樹爲向幕主阮元呈獻《商兑》一書所撰《上阮芸臺宫保書》中之文字,方氏撰書之用意主要是爲挽漢學之失。2.《商兑》中多有對漢學諸人及成就的肯定與褒揚,可見並無門户之見。3.方東樹自身亦精通考據之學。

然據以上三點遽認爲此書意在調和漢宋,未免證據不足。只有通過對文本的詳細梳理,方可得到近情近理之解答。

一　成書過程與文本變遷

《漢學商兑》之成書並非一蹴而就,該書從發軔、初稿、增補、刊行至刊誤補義前後綿延近二十年。在此過程中,隨着内容的擴充,不但卷數篇幅隨之增加,主要商兑對象及前後所持態度亦有微妙轉變。大致可分爲以下三個階段:

(一)發軔與稿本

方東樹乃安徽桐城人,其先莫不服膺程朱,以詩書傳家,是爲家學;他自幼師從桐城派巨擘姚鼐,是爲師承。[③] 受此二者影響,方氏之宗宋反漢思想淵源有自,於其書信文章之中皆有體現。如《辨道論》一文提到今時有名曰漢學考證者,闢佛、攻陸王而寇讎程朱,離經畔道過於楊墨佛老,[④]這與《商兑·序例》"近世有爲漢學考證者,著書以闢宋儒、攻朱子爲本"及卷下"今漢學家較之楊墨佛老而更陋,擬之洪水猛獸而更凶"語意相似。[⑤] 而嘉慶二十五年(1820)《與羅月川太守書》及道光元年(1821)末《復羅月川太守書》中,方東樹兩次語及著書立説以辨其妄之打算,並冀望得到一二大人君子在上位者的幫助。[⑥] 究其緣由,蓋因嘉慶二十四年(1819)受邀赴粤後身處漢學諸人

---

① 方東樹:《漢學商兑》,上海:商務印書館,1937年,第146頁。

② 尚小明:《門户之争,還是漢宋兼采?——析方東樹〈漢學商兑〉之立意》,《思想戰綫》2001年第1期,第139-140頁。

③ 姚鼐青年時客游京師,結識名震學林的戴震,欲拜其爲夫子但遭婉拒。彼時漢學之風日麗中天,故此次挫折並未改變他由辭章轉向考據的嘗試。但其後十餘年中,學風的遞變、揚漢抑宋的風氣與姚鼐自身學術立場之間的衝突愈演愈烈,終導致他在進入四庫館後的翌年便乞養歸里,絶意仕途。觀其文集中對漢學及漢學家多有指斥,如在《再復簡齋書》中言戴震、毛奇齡等人概因與程朱争名以致"爲天所惡,身死嗣絶"云云,其略可知。

④ 方東樹:《考槃集文録》卷一《辨道論》,清光緒二十年刻本,第4b-5a頁。

⑤ 方東樹:《漢學商兑》,第1、161頁。

⑥ 方東樹:《考槃集文録》卷六《與羅月川太守書》,第4a頁;方東樹:《考槃集文録》卷六《復羅月川太守書》,第9b-10a頁。

環伺的境地,兼之作爲漢學領袖的幕主阮元尊漢抑宋,使方東樹常有居同下客之感,以至"意興沮敗,生意全無"。[①] 兩相交織之下,促使他立意撰著作爲回應,《漢學商兑》當即發軔於此時。

梁啓超云《商兑》"成於嘉慶間",[②]錢穆斥爲"無據",然亦僅云"成書在丙戌(1826)前,刊行則在辛卯(1831)"。[③] 據方東樹門人鄭福照所纂《方儀衛先生東樹年譜》:"道光四年甲申(1824),先生年五十三歲,授經阮文達幕中,著《漢學商兑》四卷。"[④]又於本條"時阮文達方輯刻《皇清經解》,以漢學導世,先生以是書上之"下注曰:"按此書刊於辛卯而創稿實在粤東,《文集·上阮宫保書》可證。"[⑤]東樹從弟方宗誠《柏堂師友言行記》亦有相似記載:"著《漢學商兑》時實在阮文達公粤東幕府,阮公方修《皇清經解》,諸博學老儒皆在焉。先生獨著此書以匡其失,雖諸公位望隆重不顧也。"[⑥]是《商兑》創稿在道光四年方東樹再度入阮元幕府時,獻書則在修《皇清經解》至阮元調任之前,即道光五年(1825)八月至六年五月間。二人皆親至方東樹門下,記載較爲可信。另據其《上阮芸臺宫保書》"不揣檮昧,嘗著有《漢學商兑》三卷,蓄之笥中,未敢示人"云云,[⑦]可知至晚到道光六年六月阮元調任雲貴總督前,方東樹已完成稿本三卷。此處方氏所自言稿本之卷數與《商兑·序例》中"此書本止一卷,首尾脉絡相貫,以篇葉較多分爲三帙"語相合,[⑧]則此時書僅三卷,非今日所見卷中離爲上下之四卷本明矣。

(二)增補與刊行

道光六年(1826)六月,阮元調任雲貴總督,方東樹亦旋即歸里,其後六年間輾轉浙右、安徽各地,主廬州廬陽、亳州泖湖、宿松松兹書院。在此期間,他對稿本尤其是卷中進行增補,篇幅的增加致使卷中不得不離爲上下兩卷,故今所見之道光十一年刊本,卷中約占全書三分之二。就内容而言,在呈獻給阮元的三卷稿本中,提及阮元的條目較少且多贊譽之辭,與《上阮芸臺宫保書》主旨較爲一致,而與今見刊本中作爲主要商兑對象而大加指斥的狀况大相徑庭。這無外乎兩個原因,一則彼時方東樹尚屈居阮元幕府中,礙於幕僚與幕主的關係,雖有諸多不滿,只得隱忍不發;二來他獻書之主要目

① 方東樹:《考槃集文録》卷六《答姚石甫書》,第25a頁。

② 梁啓超:《清代學術概論》,朱維錚導讀,上海:上海古籍出版社,2011年,第69頁。

③ 錢穆:《中國近三百年學術史》,北京:商務印書館,1997年,第573–574頁。

④ 鄭福照:《方儀衛先生東樹年譜》,臺北:臺灣商務印書館,1978年,第11頁。

⑤ 鄭福照:《方儀衛先生東樹年譜》,第14–15頁。

⑥ 方宗誠:《柏堂師友言行記》卷一,《續修四庫全書》第540册,上海:上海古籍出版社,2002年,第552頁。

⑦ 方東樹:《考槃集文録》卷六《上阮芸臺宫保書》,第17a頁。

⑧ 方東樹:《漢學商兑·凡例》,第4頁。

的乃是冀望阮元能够聽從他的建議,挽漢學之失。故以常理揆之,所呈之書稿勢必不似刊本這般言辭激烈。然而阮元並未采納他的意見,而方東樹歸里後亦不必再有所顧忌,故在增補的過程中針對阮元頗爲自矜的《論語論仁論》、《論語一貫説》、《大學格物説》諸文中有關義理的闡釋進行商兑。卷中之上第十三條所引文字乃方東樹鈔撮阮元《書東莞陳氏學蔀通辨後》而成,此文爲道光八年(1828)春學海堂學人寄《學蔀通辨》來滇請序、序成後阮元所撰。方東樹既引用此文,則此條增補於道光八年後無疑,是前三卷稿本所無之明證,而卷中之上末八條皆針對阮元而發,細玩其文理,亦當是後來增補而稿本所無者。①

據《年譜》,《漢學商兑》初刻於道光十一年(1831)辛卯冬,錢穆亦同意此説。朱維錚據書前《重序》、《題辭》及復旦圖書館藏本手迹,認爲"至今没有見到《漢學商兑》的道光丙戌(1826)初刻本"、"辛卯本以前必有一初刻本"。② 漆永祥引《漢學商兑刊誤補義》之序文"往歲辛卯,《漢學商兑》稿成,一二同志勸刊行之"反駁,③其説可從。以成書過程而言,道光六年之三卷本僅是稿本,並未刊行,後經增補衍爲四卷,今仍當以道光十一年本爲初刻本。

(三)補義與合刊

道光十七年(1837),方東樹受兩廣總督鄧廷楨之邀再赴粤東,翌年成《漢學商兑刊誤補義》及《書林揚觶刊誤補義》各一卷,十月序而刊之。其叙自道光十一年《商兑》刊行以來,"其後觀書時有所獲,有可補入本條相發明者,更有前説誤而亟宜改正者,隨劄記於本書之上下方,朱墨狼藉,積久遂多,取而套輯之,彙成此卷"云云,④是越七年而彙成此卷。《刊誤補義》共131條,約三萬字,附於原書以行,並未合刊。太平天國亂後書板全毁,其從弟方宗誠命方東樹之孫方濤遵舊制續刻刊誤本,增删繕寫,又請同里吴廷棟校訂,復有所删削。其後方宗誠據刊誤本删補原書,仍爲四卷,同治十年(1871)由四川總督吴棠刊刻於成都,是爲望三益齋刻本,此乃兩書合刊之始。同光間,方宗誠頗受曾國藩、李鴻章賞識,盛推其從兄遺著,因大行於世。此後二十多個版本或以道光十一年刊本爲祖,或以同治十年望三益齋刻本爲源。前者較後者篇幅略少,即因望三益齋本經方宗誠等人整理並將《刊誤補義》逐條插入道光本並有所删削

① 參虞思徵《〈漢學商兑〉著述緣起與成書過程》,待刊。

② 朱維錚:《漢學師承記(外二種)·導言》,北京:生活·讀書·新知三聯書店,1998年,第3、30–31頁。

③ 方東樹:《漢學商兑刊誤補義》,清刻本,第1a頁;參見漆永祥《方東樹〈漢學商兑〉新論》,《文史哲》2013年第2期,第130頁。

④ 方東樹:《漢學商兑刊誤補義》,第1a頁。

之故。方宗誠曾評述光緒八年(1882)四明華雨樓本"仍粤原本而遺《刊誤》,非全書也"。[①] 故而將兩書合刊的望三益齋本更能完整反映方氏最終的學術思想,而細考《刊誤補義》對原書之增補删改,不但可探究方氏在成書第三階段中態度之微妙變化,亦可考見其撰著《商兑》之用意。

二 《漢學商兑刊誤補義》實例舉隅

《漢學商兑刊誤補義》一卷,共131條,近三萬字,大致可分爲增補、改補、删削三種形式。體例爲先注明某葉某行某句下,再换行以小字注明刊補類型,下接所刊補之内容。增補即原文本無而增補,標作"補"、"補大字"、"補小字"、"補小注"、"補大字一條"等,凡111條;改補即改動增減原文,標作"改"、"改補"、"刊改"等,計14條;删削則是原文有而删去之,注明某句削去,僅3條;他若刊補闕字、删除羡文亦有3條。在增補與改補形式的條目中,多爲注明出處,或補充引文、史事作爲論據並附益按語,以達到駁斥對手或證成己説之目的,此類占《刊誤補義》之絶大多數。除去無情感色彩的注釋性條目,細考其餘條目中涉及學術論争、觀點看法之文字乃至罵詈之詞,以及删削改動之處,皆可體現方氏自《商兑》刊行後七年間思想之發展,亦照映出他心態上的變化。

例一:《凡例》:"此書仿朱子《雜學辨》例,摘録原文,各爲辨正於下。"[②]《刊誤補義》於此下補大字一句:"曾南豐曰:'禁邪説者,固將明其説於天下也。'"[③]《漢學商兑·凡例》共十則,此爲第一則,開宗明義講明本書乃仿照朱子《雜學辨》。《雜學辨》之體例乃先摘録諸家原文,復各爲駁正於其下。朱熹撰《雜學辨》以斥諸儒之雜於佛老者,方氏則從其例以斥漢學之睥睨程朱者。《刊誤補義》此處所增補之言,出曾鞏《戰國策目録序》"君子之禁邪説也,固將明其説於天下,使當世之人皆知其説之不可從",亦有兩層用意:一則借人之口道出著作旨意,展現其衛道的决心;次則闡明之所以采用這種體例,是爲了昭明"邪説"於天下以爲招,其下之駁正方可有的放矢。"邪説"一詞全書中凡三十餘見,但在卷首即標明宗旨,將所欲與商兑的漢學比作"邪説",亦足見刊補時方氏態度之激烈尤勝往昔。

例二:《刊誤補義》卷上之第十五條,方氏先引錢謙益《新刊十三經注疏序》"宋之

① 方宗誠:《柏堂集餘編》卷三《校勘漢學商兑叙(代)》,《柏堂遺書》第43册,清光緒十一年刻本,第11b-12a頁。

② 方東樹:《漢學商兑》,第2頁。

③ 方東樹:《漢學商兑刊誤補義》,第1b頁。

學者自謂得不傳之學於遺經,掃除章句而歸之於身心性命。……《儒林》、《道學》分而古人傳注箋解義疏之學無復遺種,此亦古今經術升降絶續之大端也"一段,[①]復於段後按曰:

> 樹按:錢氏詩畔之徒,人頭畜鳴,[②]焉識是非!即如此論,誣謬蔽昧,無一語中理,實本不足與細辯,但近時攻道學者悉同此旨,奉爲篤論,故附録於此,以見邪説之興,必自邪人倡之也。錢在懷宗時,爲張漢儒、温體仁、蔡奕琛所攻,上疏自辨,其言有曰:"皇上全臣之軀命,尤不若全臣之名節。全臣之軀命,臣之得生,在一身在一家;全臣之名節,臣之得生,在天下在後世。"又曰:"若無行義壞名節,聖主不以爲臣,哲父不以爲子,生難戴面爲人,死當薦棘毒以入地。臣讀聖賢之書,奉父師之訓,於'名節'二字,亦既籌之熟矣,而謂臣忍爲之哉!"又曰"古未有城破而不死之縣令,陷賊而不死之臣子"云云。其言如此,不知其後降李賊時,用章句坊表與?用離經講道者之身心性命與?然不待至是而後敗也。即當上疏時,力辨己非東林、復社之黨,已自外於君子矣。此《序》之矯誣,政其根本如是也。[③]

此處引文乃錢謙益爲毛晋汲古閣刻《十三經注疏》所作之序文,錢氏並無經學專著,此文可視同其經學觀點之代表作。其中對漢儒治經方法的肯定及對宋儒治經流弊的批評,反映出錢氏揚漢抑宋的學術取向,下文更抨擊宋明理學"嗤點六經,呰毀三傳"之流害,實啓明清之際反理學之先聲。方氏按語斥錢謙益爲"詩畔之徒,人頭畜鳴",又評價此文誣謬蔽昧、不足與辯,隨後話鋒一轉,點出其真正用意:近時攻道學之漢學諸人,皆襲錢氏緒論,邪説之興必自邪人倡之。下又有小字一段,痛斥錢氏在明末黨争及清初迎降時之蒼黄翻覆、言行不符,並總結道:"此《序》之矯誣,政其根本如是也。"方氏實際上並未就錢氏《序》文觀點進行學術上的回應,而是擺出一副不屑與辨的姿態,着重對錢氏之政治污點進行抨擊,從否定其人品進而達到否定其學術觀點之目的,未免有以人廢言之嫌。錢謙益雖大節有虧,然實爲明末清初文壇領袖,無愧"四海宗盟五十年"之譽。但自從乾隆三十四年(1769)降旨毁其人、禁其書始,後又被列入《貳臣傳》,對錢氏之貶低遂成政治正確。故方東樹在此處巧妙將近世攻道學者與錢《序》之旨建立聯繫,並斥爲"邪人"、"邪説",與上例之"邪説"相呼應。而其手法則與《商兑》卷下引乾隆上諭來否定謝濟世,進而否定與程朱立異者如出一轍。

例三:卷中之上第四段論漢宋虚實曰:"以愚論之,實事求是莫如程朱,以其理信而足可推行,不誤于民之興行。然則雖虚理而乃實事矣。漢學諸人言言有據,字字有

---

① 方東樹:《漢學商兑刊誤補義》,第 9a-9b 頁。

② "人頭畜鳴",後在望三益齋本《漢學商兑》中經方宗誠改作"本不知學"。

③ 方東樹:《漢學商兑刊誤補義》,第 9b-10a 頁。

考,只向紙上與古人争訓詁形聲,傳注駁雜,援據群籍,證佐數百千條。反之身已心行,推之民人家國,了無益處,徒使人狂惑失守,不得所用。然則雖實事求是而乃虚之至者也。”①《刊誤補義》於其下補大字一段:

> 愚嘗謂宋學之虚,如飲蓡朮之汁,漢學之實,如飽烏頭附子,鴆酒毒脯,裂腸洞胃,狂吼以死而已。斯言誠若太過,然如余此一書所辨各條,無非鴆毒也。觀者幸詳之,知余非誣耳。②

例四:卷下列舉漢學家所執爲宋儒三罪曰:“夫以漢儒未有禪之世,而信其不流於禪,譬如執童子之未知妃色、未見可欲者,而信其與柳下同操也。程朱之言心言理嚴辨乎禪,坐懷不亂者也;賈、馬、服、鄭當未有禪之世,又不知有心性之學,而不流於禪,童子之未知妃色者也。”③《刊誤補義》於此下補大字及小注一條:

> 嵇中散曰:“豈可見黄門而稱貞哉?”何義門曰:“黄門,不男者也。按:《癸辛雜識》引佛書甚詳。”④

例三原文乃辨程朱與漢學家孰虚孰實。方氏以爲程朱雖是虚理,但可推之家國天下而不誤,乃實事也;漢學家倡實事求是爲宗旨,然僅就紙上與古人争訓詁形聲,無益於身心家國,乃虚之至者。如此正反對比,以大學之道比小學之事,正是揚長避短,切中漢學病痛,辯駁有力。然《刊誤補義》於此下所增文字,以人參喻宋學,以烏頭附子、鴆酒毒脯譬漢學,人食之必“裂腸洞胃,狂吼以死”。其亦自知“斯言誠若太過”,但又堅持己言非誣。例四原文論漢學家罪宋儒者三,其一即空言窮理恐墮狂禪。洪榜言“心性之學,賈馬服鄭所不詳,自王弼、何晏、柳子厚之徒逮於宋熙寧以後,此弊日深”。方氏以爲古今能嚴辨儒禪之分者莫如程朱,並以漢儒之世未有禪害反詰,亦可自圓其説。然以柳下惠坐懷不亂喻程朱,以童子未知妃色比漢儒,已不甚恰當,有失論學風度。而《刊誤補義》竟又引嵇康《與山巨源絶交書》語及何焯釋義,進一步將漢儒擬作閹人宦官,純屬人身攻擊,已經遠超學術論争的範疇。究其原因,或如朱維錚先生所分析的那樣:隨着江藩的去世與阮元的左遷,年過六旬的方氏歸鄉後已入桐城派活着的耆老之流,而離開阮元幕府後亦無須隱忍不發,故攻擊起“近世爲漢學者”越發没有顧忌。⑤

例五:《刊誤補義》卷上第五條將原文“按此説蔽昧無知,不識好惡,所謂詅癡符也,不審何所惡於斯名而詆之也”擴充爲:

---

① 方東樹:《漢學商兑》,第 39 頁。
② 方東樹:《漢學商兑刊誤補義》,第 18b-19a 頁。
③ 方東樹:《漢學商兑》,第 151 頁。
④ 方東樹:《漢學商兑刊誤補義》,第 54b 頁。
⑤ 朱維錚:《漢學師承記(外二種)·導言》,第 3-4 頁。

此說蔽昧無知,殆由病狂,喪其心之神識而譫語也。夫三代典籍所同謂條理者,政此理字的解,何得是二五而非十邪?譬如言古今典籍,但曰人身、人心、人手、人足、大人、小人、貴人、賤人、男人、女人、賢人、愚人,何得獨以一人字做個大布袋,賢愚貴賤男女手足身心盡納其中,而統名之爲人。李氏乃說,何以異是?而戴氏、阮氏諸家之蔑理者,謂程朱以理禍斯民,理必附於禮而行,皆同此譫狂而已。①

此段原僅一句,乃針對上文龍溪李威之言而發,②方氏原本評價此説"蔽昧無知,不識好惡",較爲中性,將李威比作自謂清華而實無才思的詅癡符,並反詰以何所惡於理學之名而詆之。經改補後則將"不識好惡,所謂詅癡符也"替爲"殆由病狂喪其心之神識而譫語也",語氣尤爲激烈。針對李威"何獨至於宋儒,乃把理字做個大布袋,精粗鉅細無不納入其中"的比喻,擬一相似比喻作爲回擊。末又牽混戴震"程朱以理禍斯民"、阮元"理必附於禮而行"二説,以爲與李氏此説同一狂誕,尤可見方氏在刊補的過程中,已將戴震、阮元兩人共同視作最主要的商兑對象。

例六:《漢學商兑》卷中之下第十二段末原作:

按:以此義求之,近人說經無過高郵王氏《經義述聞》,實足令鄭、朱俯首,自漢唐以來,未有其比也。然王氏所以援據衆說,得真得正,確不可易者,不專恃《說文》一書也。故謂說經者不可不治《說文》,此同然之論也。揭《說文》以爲幟,攘袂掉臂,以爲之宗,則陋甚矣。李仁甫曰"學無小,而古則謂字書之學爲小,何哉?亦志乎學當由此始爾。凡物雖微,必有理存,何况斯文。幼而講習,磨礲浸灌之久,逮其長也,於窮理乎何有?不則躐等陵節,君子不貴也。今學者以利禄之路初不假此,遂一切棄捐不省。喜字書者,求其心畫端方已絶不可得,但肆筆趁姿媚耳。偏旁横竪且昏不知,矧其文之理邪?先儒解經,固未始不用此,匪獨王安石也。安石初是《說文》,覃思頗有所悟,故其解經,合處亦不爲少,獨恨求之太鑿,所失更多。不幸驟貴,附和者益衆而鑿愈甚。蓋字有六義,而彼乃一之,雖欲不鑿,得乎"云云。是則通人之論也已。③

《漢學商兑刊誤補義》卷中之下第十條將以上原文削去,改作:

故謂說經者不可不治《說文》,此同然之論也。若揭《說文》以爲標幟,攘袂掉

① 方東樹:《漢學商兑刊誤補義》,第 5b 頁。

② 李威云:"理字見於三代典籍者,皆謂條理……未有以爲至精至完、無所不具、無所不周、爲萬事萬物之祖者也。《論語》,孔門授受之書,不言及理,何獨至於宋儒,乃把理字做個大布袋,精粗鉅細無不納入其中……從此遂標一至美之名曰理學,竟爲古昔聖賢未開之門庭,不亦異哉!"見方東樹《漢學商兑》,第 6 頁。

③ 方東樹:《漢學商兑》,臺灣:廣文書局,1977 年,第 234-235 頁。

臂,以爲説經之宗,則淺陋卑狹甚矣。昔顔黄門雖信《説文》,然又曰:"其所援引經傳與今乖者,未之敢從。"因論《説文》解"䆃"是禾名,引《封禪書》"䆃一莖六穗於庖犧"爲證,以爲不達文章之體。[①]

此上原文乃針對宋鑒《説文解字疏序》"經學不明由於小學不講、《説文》乃小學之祖"之觀點提出十五謬予以駁斥。此段原爲總結,方氏盛贊王氏父子《經義述聞》漢唐以來未有其比,足以令鄭玄、朱子俯首。隨後話鋒一轉,揭出該書之所以能達到如此高度,正在於不專恃《説文》一書。隨後引出自己的觀點,復爲總論,申説"《説文》固有功於小學,然不可以之爲説經之宗"。其下又引李燾語,許爲通人之論。經刊改後,盛贊《經義述聞》之文字被全部删除,究其原因,許是方氏自覺"實足令鄭、朱俯首,自漢唐以來未有其比也"之評價贊譽太甚。方氏在《商兑》中反覆申明朱子極重小學,而"令鄭、朱俯首"之語似與其專宗朱子之旨相左,故爲削去。其下將"則陋甚矣"衍爲"則淺陋卑狹甚矣",語氣較前愈加强烈。而將李燾《説文解字五音韻譜》序文替换爲《顔氏家訓・書證篇》之語,或有二因:第一,李《序》文長而略顯散亂,無法精确表達方氏之主旨,對以上十五謬作一明晰的總結;第二,《顔氏家訓・書證篇》該段采取主客互答的形式,主人所説"余亦不專以《説文》爲是也,其有援引經傳與今乖者,未之敢從",[②]正是方氏借顔氏之口表達己意。此後主人舉《説文》釋"䆃"爲"禾名"之例,[③]認爲"許慎純儒,不達文章之體"。[④] 這也正是方氏在書中多次批判漢學家的另一點——漢學家不懂文法,因而常常不顧文義,强爲之解。[⑤] 其言外之意是漢學家只重考據而不通文法、偏廢義理,這恰與其師姚鼐所提倡之"辭章、考據、義理"三者兼重形成反差。

三　餘論

方東樹爲獻書阮元所作《上阮芸臺宫保書》中有冀望阮元挽漢學之失一語,並非其意欲調和漢宋之确據。前此之《與羅月川太守書》、《復羅月川太守書》中,方氏求助

---

① 方東樹:《漢學商兑刊誤補義》,第37b-38a頁。

② 王利器:《顔氏家訓集解(增補本)》,北京:中華書局,1993年,第509頁。

③ 徐廣:"䆃,瑞禾也。"裴駰:"《漢書音義》曰'謂嘉禾之米,於庖廚以供祭祀'。"鄭德云:"䆃,擇也。"《説文》:"嘉禾一名䆃。"《字林》云:"禾一莖六穗謂之䆃也。"《説文繫傳・祛妄篇》引《顔氏家訓》"此導作禾"作"導,擇禾也",並有説。

④ 王利器:《顔氏家訓集解(增補本)》,第509頁。然而顔之推此説未必準確,徐鉉在《説文繫傳・祛妄篇》里就反駁了顔氏的觀點。

⑤ 如方東樹云"吾謂漢學家只是不顧上下文理也",見《漢學商兑》,第82頁;"及觀其自爲及所推崇諸家,類如屠酤記帳",見《漢學商兑》,第146頁。

與己旨趣相近的程含章時,對漢學之弊的指斥則直白露骨得多。以《上阮芸臺宫保書》與作於同時之《學海堂銘》齊觀,可知對阮元的頌揚之辭一則因彼時阮元乃其幕主,二則阮元確乎衆望,學界仰爲泰山北斗,而"挽漢學之失"之語當以婉詞視之更爲恰切。

至於因方氏曾以盧文弨手校《十三經注疏》詳校阮元《十三經注疏校勘記》就認爲其有漢宋兼采之旨趣,則恐失之。其師姚鼐以辭章見長,然亦深於考據之學,撰有《九經説》、《春秋三傳補注》等經學著作,更提出"辭章、考據、義理"的口號;而阮元雖爲漢學領袖,但亦究心於詩文,與桐城、陽湖諸人頗多來往,如在《漢學商兑題辭》、《書林揚觶題辭》中皆盛贊方氏的陸繼輅、與方氏同稱"姚門四傑"的劉開等。可見是否從事或精通考據之事並非衡量該學人學術取向的標準。而另一方面,亦可看出彼時漢宋之間絶非壁壘森嚴、劍拔弩張之態勢,阮元晚年嘗致書方東樹,贊其經術文章信今傳後,而方氏亦賦詩答謝即是明證。

倫明言方東樹"持論視前尤悍",[①]今由上文諸例觀之,可謂不誣。方氏在《刊誤補義》中一再將漢學及與程朱異見者斥爲邪説、邪人,將漢學漢儒喻作鴆酒毒脯及宦官,已遠超"商兑"範疇,而將盛贊《經義述聞》之文字删去,更從反面印證倫明的論斷。《刊誤補義》愈加激烈的言辭一則體現出方氏性格之偏激並未隨年老而和緩,二則與其奉程朱爲正朔及衛道熱忱一以貫之:方氏自謂"余平生觀書,不喜異説,惟於朱子之言有獨契"、"故見後人著書,凡與朱子爲難者輒恚恨,以爲人性何以若是其蔽也"云云。[②] 而對於漢學諸公在經學、小學上取得的成就,方氏雖有諸如"誠爲盛業"、"此自是其勝場"的肯定之辭,[③]但另一方面又强調朱子亦未嘗廢訓詁、注疏,漢學亦不過是在前人基礎上有所發明而已。[④] 是知《商兑》之發軔至成書再到刊誤補義,始終是以維護程朱在儒學中正統地位而非調和漢宋爲鵠的。

作者簡介:

虞思徵,1989年生,上海人,上海復旦大學出土文獻與古文字研究中心博士研究生。主要從事訓詁學與古典文獻研究。整理有《愚庵小集》(華東師範大學出版社2010年版)、《列女傳補注》(華東師範大學出版社2012年版)、《漢學商兑》(上海古籍出版社2018年版)等。

---

① 倫明:《漢學商兑刊誤補義提要》,《續修四庫全書總目提要・經部》,北京:中華書局,1993年,第1378頁。

② 方東樹:《書林揚觶・序纂》,上海:華東師範大學出版社,2015年,第110頁。

③ 方東樹:《漢學商兑》,第140、145頁。

④ 如"顧、江、戴、段諸公韻學,皆不能出陸法言之範圍也"云云,見方東樹《漢學商兑》,第145頁。

《清史稿藝文志拾遺》著録錢大昭《可廬著述十種》辨正※

丁喜霞

内容提要 《清史稿藝文志拾遺》作爲一部大型古籍目録,對於研究清代學術具有重要的參考價值。然美玉亦偶有微瑕,兹據相關史籍及志書等所載,對其所録錢大昭《可廬著述十種》之卷數、版本等略做考辨,並就叢書著録立目等相關問題提出商榷意見。

關鍵詞 《清史稿藝文志拾遺》 錢大昭 《可廬著述十種》

王紹曾先生以耄耋之年率杜澤遜諸先生用十載之功編纂而成的《清史稿藝文志拾遺》(下簡稱《拾遺》),分經、史、子、集、叢五部六十類,增録《清史稿藝文志》及《補編》所未收之清人著述五萬四千多部,並注版本及著録所據,爲纂修新《清史》、重修《清史藝文志》提供了可資利用的文獻依據。該書體大思精,"既爲目録學上大盛事,亦有清一代文獻括存之大業也"。① 然因《拾遺》工程浩大,書成衆手,難免有萬一之失。②

該書著録清代學者錢大昭的著述及傳本時,有如下内容:"《可廬著述十種》一百五十三卷,錢大昭撰,乾隆五十七年得自怡齋刻本。叢綜補。"此一著録,卷數、版本等或有可商。

錢大昭(1744-1813),號可廬、竹廬,清江蘇嘉定(今屬上海市)人,錢大昕之幼弟,

※本文爲國家社科基金項目"乾嘉時期游幕學者的生存境域與學術生態研究"(16BZS061)階段研究成果。

① 胡道静:《胡道静先生來書》,見王紹曾主編《清史稿藝文志拾遺》,北京:中華書局,2000 年,第 6 頁。

② 參見湯華泉《〈清史稿藝文志拾遺〉的成就與不足》,《安徽大學學報(哲學社會科學版)》2004 年第 2 期;喻春龍《淺談〈清文稿藝文志拾遺〉的美中不足》,《古籍整理研究學刊》2006 年第 2 期;趙晨《〈清史稿藝文志拾遺〉訂誤》,《菏澤學院學報》2009 年第 6 期;姚金笛《〈清史稿藝文志拾遺〉訂誤》,《西華師範大學學報(哲學社會科學版)》2011 年第 4 期。

一生淡於仕進,不慕榮利,曾游於錢大昕、阮元、謝啓昆等人幕中,以著書爲事。[①] 生平著述有25種,達247卷之多,經、史、子、集,四部兼具,[②]然限於各種條件,其著述刊行者僅《漢書補表》等少數幾種,餘悉未刊,有些著述如《詩古訓》、《廣雅疏義》、《説文統釋》等僅以稿本或鈔本流傳;有些著述如《得自怡齋詩集》、《尊聞齋詩集》、《尊聞齋文集》等僅見諸史志著録,不知如今是否存留,有待深入考索。[③]

《拾遺》著録《可廬著述十種》所據書目爲"叢綜補",是指上海圖書館編《中國叢書綜録補編》(徵求意見稿),1983年上海圖書館謄寫覆印本。[④] 檢《中國叢書綜録補編》所録,《可廬著述十種》的總卷數應爲159卷,《拾遺》著録爲153卷,疑誤。

檢閲已有大型書目《中國叢書廣録》和《中國叢書綜録續編》亦著録有《可廬著述十種》,但所記卷數與版本内容有異:

《中國叢書綜録補編》	《中國叢書廣録》	《中國叢書綜録續編》
可廬著述十種	可廬著述十種	可廬著述十種＊＊＊
清錢大昭撰	清錢大昭撰	清錢大昭撰
清乾隆五十七年(1792)得自怡齋刻本	清乾隆五十七年(1792)得自怡齋刻本	清嘉定錢氏得自怡齋刊本
詩古訓十二卷	詩古訓十卷	詩古訓十二卷
爾雅釋文補三卷	爾雅釋文補三卷	爾雅釋文補三卷
廣雅疏義二十卷	廣雅疏義二十卷	廣雅疏義二十卷
説文統釋六十卷	説文統釋六十卷	説文統釋六十卷
兩漢書辨疑四十四卷	兩漢書辨疑四十四卷	兩漢書辨疑四十四卷
後漢書補表八卷	後漢書補表八卷	後漢書補表八卷
補續漢書藝文志二卷	補續漢書藝文志二卷	補續漢書藝文志二卷

① 可參丁喜霞《未刊稿鈔本〈廣雅疏義〉成書與流存考略》,《中國典籍與文化》2014年第4期。

② 顧園:《錢大昭著作考》,《文教資料》2008年10月號上旬刊;徐世昌等編,沈芝盈、梁運華點校:《清儒學案》第4册,北京:中華書局,2008年,第3285頁;陳高春:《中國語文學家辭典》,鄭州:河南人民出版社,1986年,第385頁。

③ 參見顧吉辰《錢大昕錢大昭著作考》、朱瑞熙《錢大昕錢大昭著作續考》,載《錢大昕研究》,上海:華東理工大學出版社,1996年,第421-429、453-456頁;顧園《錢大昭著作考》,《文教資料》2008年10月號上旬刊。

④ 上海圖書館編《中國叢書綜録補編》(徵求意見稿)因編輯時間較早(1983)且未正式出版,流布有限,筆者曾廣爲搜求,均無果。後拜請杜澤遜先生在山東大學圖書館找到此書,並委托其博士生李振聚鈔示相關條目。謹此向杜澤遜先生及李振聚博士致以誠摯的謝意!

續表

《中國叢書綜録補編》	《中國叢書廣録》	《中國叢書綜録續編》
後漢郡國令長考一卷	後漢郡國令長考一卷	後漢郡國令長考一卷
三國志辨疑三卷	三國志辨疑三卷	三國志辨疑三卷
邇言六卷	邇言六卷	邇言六卷
	［按］是編系先刊序例，後刊全書。錢大昭(1744－1813)，字晦之，江蘇嘉定人。	＊＊＊，表示與《中國叢書廣録》著録有別。

三家書目所録《可廬著述十種》的總卷數有159卷與157卷之别，原因在於所録《詩古訓》的卷數有異。

關於錢大昭所著《詩古訓》的卷數，筆者所見除《清史稿·藝文志》著録爲"十卷"以外，《光緒嘉定縣誌·藝文志》、《嘉定錢氏藝文志略》、《漢學師承續記》、《清史稿·儒林傳·錢大昭》等均著録爲"十二卷"，《書目答問》著録曰："錢大昭《詩古訓》十二卷，未刊。"范希增《補正》曰："錢稿舊藏嘉興沈瓠廬處。"[①]錢大昭《可廬著述十種叙例》壬子(乾隆五十七年，1792)三月之自序曰："詩有魯、齊、韓、毛四家。……予撰《詩古訓》十二卷，凡三家之有可證者，必引而申之，外此則考異同，辨通俗，正刊謬，采衆説，兢兢於抱殘守缺而已，非敢與毛異也。守漢儒之遺説，以求無悖于義理，且于四家冀有小補耳。"[②]據《北京圖書館古籍善本書目》著録，北京圖書館今藏有清鈔本《詩古訓》三册十二卷，清趙烈文校並跋。由此，錢大昭所著《詩古訓》應爲十二卷，《可廬著述十種》的總卷數應爲159卷，《拾遺》著録爲153卷，確爲誤記。《中國叢書廣録》或依《清史稿·藝文志》著録《詩古訓》爲十卷，但《清史稿》年月、事實、人名、地名、書名、卷數等疏誤往往可見。以《詩古訓》而言，《清史稿·藝文志》録爲十卷，《清史稿·錢大昭傳》録爲十二卷，陽氏未細查相關志書著録，徑以《清史稿·藝文志》所録爲據以致誤。

《拾遺》據《中國叢書綜録補編》著録《可廬著述十種》的版本爲清乾隆五十七年(1792)得自怡齋刻本，《中國叢書廣録》所録同此，或爲以誤傳誤。

首先，《可廬著述十種》不可能刊於清乾隆五十七年(1792)，即使是先刻單行的

① 張之洞撰，范希曾補正：《書目答問補正》，上海：上海古籍出版社，2001年，第15頁。"嘉興沈瓠廬"，即清人沈濤。

② 錢大昭：《可廬著述十種叙例》，國家圖書館編《國家圖書館藏古籍題跋叢刊》第4册，北京：北京圖書館出版社，2002年，第327－329頁。

《可廬著述十種叙例》也不可能刊於清乾隆五十七年。因爲其中所收《廣雅疏義》之桂馥序作於乾隆五十八年(1793)七月,《三國志辨疑》錢大昭自序作於乾隆五十八年(1793)六月。這大概也是《中國叢書綜録續編》雖亦著録《可廬著述十種》,却將版本著爲"清嘉定錢氏得自怡齋刊本",而不標注刊刻時間的原因。

其次,《可廬著述十種》所録錢氏十種著述並未全部刊刻。錢大昭《可廬著述十種叙例》有"著述十種總目",並言:"右拙著十種並已成書,久思就正有道,而卷帙紛繁,無力剞劂,因先刊序例若干篇如左,全書梗概略見一斑,所望鴻儒碩彦匡其不逮焉。"①由此可知,錢大昭確實撰寫了上述十種著述,但因乏資金,這十種著述在當時並没有刻板,僅刊行《叙例》一卷。錢氏當然希望《叙例》刊行之後,能够有資金支持、有機會將十種著述全部刊刻行世,但是這種良好的願望和預定目標並未能實現。據《國朝耆獻類征》卷一八,錢氏在世時,"刊行者惟《後漢書補表》八卷而已",錢氏歿後,其著述如《兩漢書辨疑》、《後漢郡國令長考》、《補續漢書藝文志》、《三國志辨疑》、《説文統釋自叙》、《説文徐氏新補新附考證》等陸續由其子孫或假他人之手得以刊行,②但是,如前文所言,有一些著述如《詩古訓》、《廣雅疏義》却始終没有刊刻,僅以鈔傳。③ 陽海清先生所加按語"是編(《可廬著述十種》)系先刊序例,後刊全書",應該説是表達了作者的意願而非事實。

《拾遺》"凡例"云:"凡清人著作見於國内外公私簿録、各種專科性書目、確有刻本、稿本、鈔本流傳而爲《志稿》、《補編》所脱漏者,概行著録。"④但是,由於編纂《拾遺》"缺少了一個重要環節,就是没有對清代遺籍存藏的實際情況作普遍調查",⑤而徑從"廣搜公私名簿"開始,且如編者所言,所據之"各家書目,魚魯亥豕,未盡訂正,以誤傳誤,亦屬難免。且余等未見書目尚多,即已見之目,因工作粗疏,未盡鈎稽而失之眉睫者,所在都有",⑥故難免有所疏漏。就本文所論,《拾遺》著録錢大昭《可廬著述十種》之卷數或爲誤記,版本之誤則爲失查相關志書著録,徑以《中國叢書綜録補編》(徵求意見稿)所録爲據。

筆者目前所見大型書目對於《可廬著述十種》的著録,除《拾遺》所據之《中國叢書綜録補編》(徵求意見稿)之外,只有《中國叢書廣録》和《中國叢書綜録續編》,且所録

---

① 錢大昭:《可廬著述十種叙例》,第325-326頁。

② 参見錢師璟《嘉定錢氏藝文志略》序,光緒二十五年番禺端溪書院刊本。

③ 參丁喜霞《未刊稿鈔本〈廣雅疏義〉成書與流存考略》,《中國典籍與文化》2014年第4期。

④ 王紹曾主編:《清史稿藝文志拾遺・凡例》,北京:中華書局,2000年,第23頁。

⑤ 湯華泉:《〈清史稿藝文志拾遺〉的成就與不足》,《安徽大學學報(哲學社會科學版)》2004年第2期。

⑥ 王紹曾主編:《清史稿藝文志拾遺・前言》,北京:中華書局,2000年,第22頁。

版本和《詩古訓》的卷數也有區别,而《中國古籍善本書目》和《中國古籍總目》則只著録《可廬著述十種叙例》,未著録《可廬著述十種》。由此,筆者不揣冒昧在此提出一個疑問以就教于方家:對於"可廬著述十種"這類文獻(雖確有成書,但其中著述的傳本不同,或刊刻或傳鈔,刊行時間不一,現藏版本不同),應不應當作爲叢書立目?如果應當立目,又該如何著録?

作者簡介:

丁喜霞,女,1966 年生,河南滎陽人,河南大學文學院語言所教授,博士。主攻漢語詞彙學、古典文學整理等,代表作有《中古常用並列雙音詞的成詞和演變研究》(語文出版社 2011 年版)、《臧庸及〈拜經堂文集〉整理研究》(中國社會科學出版社 2016 年版)等。

第七屆中國經學國際學術研討會會議綜述※

陳冬冬

一 會議介紹

2017年9月16日至17日,由華中師範大學國學院、歷史文獻研究所暨清華大學經學研究中心聯合舉辦的第七屆中國經學國際學術研討會在武漢華中師範大學桂苑賓館隆重舉行。來自清華大學、復旦大學、南京大學、浙江大學、武漢大學、華中師範大學及臺北"中央研究院"、香港樹仁大學、澳門大學以及韓國水原大學等20餘所大學與科研機構的60餘位會議代表出席了會議。

9月16日上午,舉行了會議開幕式,由華中師範大學董恩林教授主持。華中師範大學歷史文化學院院長吳琦教授致歡迎辭,介紹了華中師範大學歷史學及歷史文獻學學科發展現狀。清華大學歷史系彭林教授、聊城大學校長蔡先金教授、臺北"中央研究院"中國文哲研究所林慶彰研究員分別發言。隨後,臺北"中央研究院"歷史語言研究所陳鴻森研究員、澳門大學中文系鄧國光教授、浙江大學浙江大學古籍研究所許建平教授、武漢大學楊華教授分別以《論語"唐棣之華偏其反"而解》、《甘鵬雲〈經學源流考〉曹元弼〈復禮堂述學詩〉經論勘議》、《敦煌本〈左傳〉寫卷的學術價值》、《僎的"復古"與鄉飲酒禮流變》爲題進行了大會主題報告。

9月16日下午及17日上午,根據會議代表提交論文的情況,組委會將近50篇論文分爲3組9個場次,圍繞"五經總義"、《周易》、《詩經》、"三禮"、《春秋》等經學專題進行了小組討論。9月17日上午,還舉行了會議閉幕式,由華中師範大學周國林教授

※本文爲2017年度教育部人文社會科學研究青年基金項目"晚清《公羊》學研究"(17YJCZH018)階段研究成果。

主持,清華大學彭林教授、南京師範大學楊新勳教授、山西師範大學張焕君教授、河南大學郭善兵副教授分别做了總結發言。

二　會議綜述與分析

(一)立足宏觀領域,探討經學核心問題

本次會議上,不少學者對經學、儒學進行了宏觀研究,挖掘其中的核心問題。王培峰、丁鼎《漢唐時期五經學系統的内部調整與發展》指出漢唐時期"五經"學系統内部出現了經傳地位有升有降,經傳的傳本由今文經變爲古文經、由單行本變成了經傳合編本,經書的注解有了較大發展等變化。陳鋭《馬一浮論六藝與六經》認爲馬一浮將六藝作爲國學的綱領,在文獻學和目録學上有其依據,與西方學術亦有相通之處。蔡先金《黑格爾哲學史視域下的孔子評判的批判》認爲黑格爾《哲學史演講録》對孔子的貶評,存在站在"西方中心論"立場上、對東方哲學認識模糊、對孔子哲學知識儲備不足、將"思辨"作爲衡量哲學的絶對標準、對哲學史論述過於主觀等問題。彭彦華《心學與國人的信仰哲學》認爲中國文化是一種心學,心是實現人生價值的根本途徑,人内在的生命價值必須通過個體的修行才能實現。董恩林《論清人文集"經義"文獻的整理問題》提出詩文集是古人最普遍的著述形式、最主要的學術思想表達方式,清代文集經義文章與經解專著、經義筆記同爲研究清代經學重要的文字資料。劉韶軍《論張舜徽先生〈清人筆記條辨〉對經學的論説》提出張舜徽先生在《清人筆記條辨》一書中,對顧炎武、毛奇齡、戴震等學者的經學研究進行了評述,對清代宋學、漢學及今文學有較爲持平的評價,並指出經學應講求義理與實用。方向東《上圖藏〈十三經注疏〉嘉慶二十年刊本初探》在對《禮記注疏》校勘的基礎上發現,嘉慶本是繼南昌府學初印本之後比較罕見的善本,在南昌府學本出來後發現了很多錯誤,並在原雕版基礎上進行了修版印刷。葛志毅《經學傳統在中國文化中的主導地位及其影響》指出,從古代社會向近代世界的轉變,絶非舊文化體系的經學本身所能完成,亦非僅憑學術思想到學術思想的純意識變革所能實現;不過,在由社會全面參與的總體變革過程中,經學自身,必將在全球化格局之下,作爲突顯中華文化民族性主體特徵的可貴資源,再度引起世人的關注。

(二)深入細分領域,進行專題研究

本次會議收到的專經研究論文,集中在"三禮"學及《周易》學方面,"三禮"學尤爲學者關注的焦點。其中《周禮》方面,郭善兵《杜子春〈周禮注〉考論》認爲杜子春是最早研究《周禮》的學者,其著作已亡佚,從清人馬國瀚的輯佚看來,主要有對《周禮》校勘、訓詁、音讀三方面的成就。《禮儀》方面,彭林《〈儀禮〉名物叢考》,分別考證了"韘"爲皮質指套,"翔行"爲行而張拱。佟雪《〈儀禮〉取脯歸俎考》考證了取脯爲但取一脡脯而不及籩,歸俎實於篚而不以俎。鍾誠《〈儀禮〉拜法面位考》梳理比較了凡門外之拜皆東西向、堂上之拜皆北面、凡室中之拜以西面爲敬、堂下拜以北面爲敬等前人提及或未提及的諸例。萬劍鋒《尊卑吉凶:論〈禮經〉的義例與情文》認爲鄭玄注《禮經》是從義例和情文出發,賦予十七篇儀禮以尊卑吉凶的内涵,進而明確《禮經》辨上下、序尊卑、别親疏的要旨。馬延輝《楊復"寢廟辨名圖"所見前廟後寢之制》發現楊復《儀禮圖》中所載"寢廟辨名圖"統合了"左廟右寢"與"前廟後寢"兩説,充分理解了鄭玄的宫室理論;區分了宫室的禮儀空間與居處空間,如正寢、燕寢之别;解答了東房、北堂、北階之間的關係與功能;研究方法上對注疏詳加考索,對建築結構有深刻理解。《禮記》方面,侯婕《顧廣圻校修張敦仁翻刻撫本〈禮記釋文〉探析》認爲嘉慶二十五年顧廣圻將小讀書堆所藏宋本《禮記釋文》,與嘉慶十一年初刻本詳細校勘一過後修訂重印,較初刻本後出轉精。高瑞傑《試析〈禮記〉"自某始"與〈公羊〉"托始"之義》通過比較發現,《禮記》"自某始"將禮制之得失與聖人改制情境具象化,而《公羊》"托始"則將禮制之得失與聖人改制之意抽象化,書寫側重有别而用意殊途同歸。其餘研究禮學的還有,楊華《僎的復古與鄉飲酒禮流變》提出歷代在制禮過程中對"僎"的理解各異,宋代制禮時打着復古旗號認爲唐代鄉飲酒禮不符合上古禮制,清代又打着復古旗號認爲僎位之設不符合上古禮制,這種復古與再復古的波浪式流變是中國禮學史上的重要規律。李旭《從禮經曲辨看漢宋禮經學構建的典範轉移》提出漢末至隋唐受鄭玄影響,多以《周禮》爲禮經;南宋中葉受朱熹影響,學者多以《儀禮》爲本經,鄭、朱的禮經學構建有相通之處,亦有"以政立教"、"以教立政"的不同取向。陳士銀《1382 遲到的祭孔——洪武十五年方許通祀孔子探由》認爲除朱元璋的個人好惡以外,洪武前期内外政局尚不穩固、不具備通祀孔子的經濟條件、大成樂器制作困難重重是明代直至洪武十五年方才許可天下通祀孔子的原因。

《周易》學方面,康學偉《群經之首大道之源——論周易在儒家經典中的本體地位》認爲《周易》在"六經"排序中轉變爲首位反映了戰國到秦漢間儒家學術的重要轉變,《周易》與群經共同本質是"天人之學"、統率群經且居於本體地位。黄懷信《〈周易〉卦名七釋》認爲對《需》、《咸》、《遁》、《大壯》、《夬》、《艮》、《中孚》等七卦的卦名皆給出新解,如《需》卦之"需"當讀"濡",謂下雨或天雨濡物,而舊皆讀"須",釋爲等待;《咸》卦之"咸"當讀"憾",謂摇動,而舊皆讀"感",釋爲交相感應;《遁》卦之"遁"當讀"豚",謂小豬,而舊皆如字讀,釋爲隱遁、逃遁等。楊效雷《王弼的〈周易〉詮釋》認爲王弼以"得意忘象"作爲方法論,以老莊"無爲"、"處下不争"、"崇静"、"貴柔"思想詮《易》,雖受當時視域影響,但大多符合《易經》本意。張學謙《關於今傳〈周易乾鑿度〉文本構成的再考察》認爲該書上卷、下卷分别是西漢初以前和兩漢之際的産物,其注釋分别爲佚名和鄭玄注,今本面貌是唐代人拼合文字、删去重複後的産物。楊新勳《四庫提要易類訂補四則》分别考證了舊本題卜子夏撰《子夏易傳》十一卷、明姚士粦輯《陸氏易解》一卷、唐李鼎祚撰《周易集解》十七卷、唐史徵撰《周易口訣義》六卷等四書的相關問題,如對《周易集解》考證了李鼎祚爲歷玄宗、肅宗、代宗之人,《集解》的卷數分合,以及《集解》所引唐以前《易》學的家數等。

"三禮"學、《周易》學之外,研究《詩經》學的有,馮一鳴《西漢武宣時期上疏對議用〈詩〉與政治事件的關係》,發現西漢武帝至宣帝時上疏用《詩》顯著增多,與武帝時期削藩政策、西南夷政策及巫蠱之禍、昌邑王的廢黜與宣帝即位、漢宣帝時期的匈奴關係及外戚問題等緊密關聯,反映了《詩經》與政治相結合强大的生命力。何潔瑩《孔穎達詩學思想研究》認爲《毛詩正義》具有"詩人救世"的思想意義,闡明了《詩經》中"王道"、"三風十愆"、"四始六義"等概念體現出"救世"的不同側面。

研究《春秋》學的有,田訪《劉師培的義例觀與劉氏家學》,他認爲劉師培《左傳》學構築了"六例"理論,其中"時月日例"、"名例"、"地例"、"詞例"是在繼承《舊注疏證》的基礎上充實而成;"事例""禮例"則是引申漢儒之説而成,與家學一致性很低。方韜《〈左傳〉"五十凡"解經淺析》,提出五十凡例是杜預《左傳》經解理論的核心概念,對某些内容晦澀的凡例作了重新界定;通過附加條件的闡説與設置緩和凡例與經解的衝突,維護了凡例的權威性;但也存在無經可解與辭重義複的條目,削弱了凡例經解的作用。陳冬冬《清代〈公羊〉學者論"王魯"》,以孔廣森、劉逢禄、廖平、康有爲等四位清代學者對漢人"王魯"説由反對到維護,再由否定"王魯"、提倡"素王"到肯定"王魯"、兼采"素王"的不同態度,從一個側面展示出清代《公羊》學的學術取向與發展脉絡。

其他方面,陳鴻森《論語"唐棣之華偏其反而"解》結合鄭玄、何晏、朱熹三家《論語》論説,漢晋學者論述唐棣、常棣名實異同,先秦典籍及晋以前學者論述"唐棣"之性狀,結合《毛詩》"騂騂角弓,翩其反矣"考察連聯綿詞"偏反"之義,考證出"偏反"即"繽紛"之義,與"經權"説無關,當從宋人説分爲兩章。鄭朝暉《略論"三省"的語言功夫》認爲可以將《論語》中曾子"三省"闡釋爲行己以恭敬、交友以信任、爲人以忠恕的人生修爲過程,從而明瞭"三省"言説運用時間性語詞構築工夫性言説的語言特色。張宗友《〈經義考〉"古論語"條通校》通過對《古論語》條全部内容之通校,知朱彝尊徵引自漢迄清初相關文獻二十二條,對《古論語》之文本篇次、傳授源流、後儒述評等作具體而微之體現,堪稱《古論語》之學術簡史。史應勇《君子小人之辨的兩種不同解釋路徑——以〈論語〉中的相關經學詮釋的漢宋之争爲考察對象》認爲宋學家强調君子與小人的區别在於道德境界高下不同,漢學家强調君子與小人的區别在於社會地位的不同,前者强調"德"的問題更應受到重視。許剛《把曾國藩的冠名權還給劉傳瑩——關於〈孟子要略〉一書的相關考辨》通過考證發現後人往往將《孟子要略》一書收入《曾國藩全集》,其實該書由朱子編選,後來亡佚,清儒劉傳瑩將其重新輯出,曾國藩是刊刻者而非作者。研究《孝經》學的有,王玉德《〈孝經〉不止講孝——兼説讀經的方法》,他認爲《孝經》不止講孝,也不僅僅是有關家庭倫理的書,而是包含博大之愛、敬畏之心、廣施之德、做人之道的宏大的思想體系,是一部文字簡扼、博大精深的"人經"。

(三)運用新見資料,拓展研究視野

本次會議中有學者運用新見資料如先秦簡帛、敦煌文書及稿鈔本文獻等,從事經學研究。研究先秦簡帛的有,張固也《上博簡〈詩論〉"關雎組"復原及其他》,其對上海博物館藏楚竹書《孔子詩論》中"關雎組"的編聯給出了新的意見,並補齊全文,復原出一套相當完整的詩論,在此基礎上對《詩論》的作者、性質、全篇編聯方法提出了新的看法。鄧志峰《思孟五行説新論》指出,思孟五行與陰陽五行兩種五行觀念的表述差異主要是由於傳統德性論的天人觀念所致,思孟學派有見於此,在天人合一論之基礎上,提出與天道五行相應的人道五行這一德性論的先天範疇,即後世所謂五常,簡帛《五行篇》出土以來,學界的思孟五行觀流於简单化。尉侯凱《上博簡〈魯邦大旱〉"抑吾子女重名其與"句讀獻疑》認爲上海博物館藏楚竹書《魯邦大旱》簡3"抑吾子女重名其與"當在"重命"下斷句,"其與"與下"女"字連讀,"女"讀爲"汝","其與汝"之"其"虚詞無意義,"與"訓爲許可、同意,"其與汝"即同意您。研究敦煌文書的有,許建平《敦煌本〈左傳〉寫卷的學術價值》,他發現敦煌本《左傳》在杜預《春秋經傳集解》的書寫格式、孔穎達《春秋正義》之體裁格式上均與通行本不同,寫本文字有獨特的校勘價值,寫本還是當時敦煌教育教授《左傳》等儒家經典的證據。研究稿鈔本文獻的有,蘇芃《南朝蕭梁時期〈春秋公羊傳〉經注文本探微——以原本〈玉篇〉引書爲例》,其以日本發現的原本《玉篇》寫本殘卷徵引《公羊》經注46則進行逐一考證,探求蕭梁時期《公羊傳》的文本面貌;指出原本《玉篇》徵引的《公羊傳》劉兆注出自劉兆《春秋公羊穀梁傳》,與何休傳承的《公羊傳》文本存在一定差異。黄覺弘《重慶圖書館藏注韓居鈔本〈慈湖春秋傳〉考説》認爲重慶圖書館藏清鄭氏注韓居鈔本《慈湖春秋傳》實爲《永樂大典輯佚本》,其證據有《注韓居書目》與《永樂大典書目》著録,鈔本闕失内容符合《永樂大典》輯佚本《春秋》經解著述的共同特點以及《永樂大典》殘卷今存《慈湖春秋傳》十一條均見於注韓居鈔本中。

有學者擴展研究視野,關注海外經學研究。李繼征、隋雨竹《韓國經學研究述略——21世紀韓國〈春秋〉學研究綜述》認爲21世紀是韓國《春秋》學的發展期,圖書出版以翻譯作品爲主,但研究論文主題更加豐富、研究内容呈現出深度與廣度,主要表現在對《春秋》學版本、史學、文學、思想政治哲學的研究,以及關於歷史上朝鮮半島學者《春秋》學接受情況研究。

三 總結

第七届中國經學國際學術研討取得了豐碩的成果,並且在有關經學研究的若干方面取得了共識:其一,重視經學的學科主體地位。經學是中國傳統思想的最高形態,是中國傳統文化之魂,是兩千年來中國人民做人之根,是國學的靈魂。要重視經學的本體地位,恢復經學的學科地位。其二,夯實經學研究的基礎。在經學研究中應重視由小學入經學,從經學固有的概念出發,進行專經研究,使研究成果扎實可信。其三,擴展經學研究的對象與範圍。利用先秦簡帛、敦煌文書及稿鈔本文獻等新見材料,將視野擴展到港澳臺地區、甚至國外的經學研究,這越來越成爲研究者關注的焦點。這些趨勢,爲今後的經學研究提供了借鑒。

作者簡介:

陳冬冬,1983 年生,湖北武漢人,現任華中師範大學歷史文獻研究所講師、碩士生導師,研究方向爲歷史文獻學、清代經學史。代表論著有《清代曲阜孔氏家族學術研究》(華中師範大學出版社 2017 年版)、《春秋公羊傳通釋》(四川大學出版社 2005 年版)、《乾隆年間孔氏家儀文字獄案》(《歷史檔案》2015 年第 4 期)、《清代公羊學者論三科九旨》(《北京理工大學學報》2014 年第 5 期)等。

編後記

2018年6月6日,是一個所有中國人聽着都會覺得喜歡的日子,而對於本刊而言,由於有兩個意外的收穫,而使這一天具有特殊意義,或將成爲我等永遠紀念的"節日":其一,是日上午,清華大學校務會正式通過決議,將此前我等經營的"中國經學/禮學研究中心",升格爲校級科研機構,並更名爲"中國經學研究院";其二,同日,香港著名實業家馮桑均先生與中國教育基金會在北京的人民大會堂舉行"大成國學基金"捐贈儀式,向北京大學、清華大學、北京師範大學等三校的國學研究機構提供資助,其中的2000萬圓人民幣贈予清華大學中國經學研究院。

學術研究機構的升級,在清華大學是一件非常嚴肅、非常較真的大事。三年前,我們在多年科研學術工作的基礎上,向校方提出升級申請,學校有專門機構接受申請,並嚴格審核,經多次退改,又經人文學院學術委員會討論通過,終於有資格到學校核心組作"三堂會審"式的答辯,並在校内徵求各方意見,最後才提交清華大學校務會議表決,前後經歷了將近三年的漫長過程。其間,先後有兩任校長、一位主管文科的副校長到中心調研,聽取彙報,詢問各方面情況。中國經學院的建立,給我們提供了一個更高、更大的發展平臺,理應把經學事業做得更大更好。香港馮先生的項目資助亦極之審慎,彼此之間往還溝通、磋商,至少也用了一年之久的時間。兩件好事居然在同一天相遇,頗有雙喜臨門之感。

2004年成立中國經學研究中心之初,我曾發心要在清華做成三件事:辦一本經學研究的刊物、兩年舉辦一届中國經學國際學術研討會、創建清華經學論壇。十幾年過去,在海内外經學界朋友的支持下,前兩件事都已經做到;唯獨第三件事,由於經費缺乏,力不從心,遲遲不能實現。如今有充足的國學發展基金的注入,使清華經學論壇的開辦成爲可能,亦爲全方位開展經學研究,奠定了厚實的物質基礎。在此需要特别預告的是,著名歷史學家、北京師範大學歷史文化學院的劉家和先生將成爲"清華大學大成經學論壇"的開壇講師。劉先生學貫中西,博極群籍,於經學浸潤尤深,數十年來,是我經學之路上的導師,對我賜教良多。劉先生光臨我們的論壇,必將語驚四座,學林歡呼。日後,希望經學界有更多的朋友成爲我們的座上嘉賓,發表宏論,嘉惠清華師生。同時也希望各位師友與我們有更多的合作,共襄經學復興大業。

本刊第22輯的文稿已完成編校,即將付印之際,拉雜成文,以紀念這一特殊之日的特別心情。

彭　林

2018年6月11日